Gerd Gigerenzer

Risiko

Wie man die richtigen Entscheidungen trifft

Aus dem Englischen von Hainer Kober

Pantheon

Die englische Originalausgabe erschien 2013 unter dem Titel
Risk Savy. How to Make Good Decisions
bei Penguin, New York.

Klimaneutral
Druckprodukt
ClimatePartner.com/14044-1912-1001

MIX
Papier | Fördert gute Waldnutzung
FSC® C083411

Penguin Random House Verlagsgruppe FSC® N001967

3. Auflage

Umschlaggestaltung: Büro Jorge Schmidt, München,
nach einer Vorlage von buxdesign, München
Satz: Uhl + Massopust GmbH
Druck und Bindung: CPI books GmbH
Printed in Germany
ISBN 978-3-570-55442-5

www.pantheon-verlag.de

Für Raine und Thalia

Inhalt

Teil I
Die Psychologie des Risikos

Ungewissheit ist gerade die Bedingung, die den Menschen zur Entfaltung seiner Kräfte zwingt.

Erich Fromm

Das Leben selbst birgt ein gewisses Risiko.

Harold Macmillan

Kapitel 1
Sind Menschen dumm?

Wissen ist das beste Mittel gegen Furcht.
Ralph Waldo Emerson

Erinnern Sie sich an den Vulkanausbruch auf Island mit seiner Aschewolke? Die Immobilienkrise? Was ist mit dem Rinderwahnsinn? Jede neue Krise macht uns Sorge, bis wir sie vergessen und uns wegen der nächsten sorgen. Viele von uns saßen in überfüllten Flughäfen fest, sahen sich durch wertlos gewordene Pensionsfonds ruiniert oder hatten Angst davor, sich ein saftiges Steak schmecken zu lassen. Wenn etwas schiefgeht, erzählt man uns, künftige Krisen ließen sich durch bessere Technik, mehr Gesetze oder aufwendigere Bürokratie verhindern. Wie können wir uns vor der nächsten Finanzkrise schützen? Strengere Vorschriften, kleinere Banken und bessere Berater. Wie können wir uns vor der Bedrohung durch den Terrorismus schützen? Größeres Polizeiaufgebot, Ganzkörperscanner, weitere Einschränkung der individuellen Freiheit. Was können wir gegen die Kostenexplosion im Gesundheitswesen tun? Steuererhöhungen, Rationalisierung, bessere Genmarker.

Ein Punkt fehlt auf dieser Liste: der risikokompetente Bürger. Das hat einen Grund.

»Menschen sind fehlbar: faul, dumm, gierig und schwach«, verkündet ein Artikel im *Economist*.[1] Es heißt, wir seien irrationale Sklaven unserer Marotten und Begierden, süchtig nach Sex, Nikotin und elektronischen Spielzeugen. 20-Jährige kleben beim Autofahren an ihren Handys, ohne sich klarzumachen, dass sie damit ihre Reaktionszeit auf die eines 70-Jährigen verlangsamen. Ein Fünftel der Amerikaner glaubt, dass sie zu dem bestverdienenden 1 Prozent der Bevölkerung gehören, und noch einmal so viele glauben, dass sie demnächst zu dieser Gruppe zählen werden. Banker haben eine geringe Meinung von der Fähigkeit der Menschen, Geld zu investieren, und mehr als ein Arzt hat mir erzählt, den meisten seiner Patienten fehle es an der nötigen Intelligenz; es sei deshalb zwecklos, ihnen Gesundheitsinformationen zu geben, die sie in den falschen Hals bekommen könnten. All das lässt darauf schließen, dass die Bezeichnung *Homo sapiens* (»der weise Mensch«) Etikettenschwindel ist. Irgendetwas ist schiefgelaufen mit unseren Genen. Die Evolution scheint uns drittklassige geistige Software angedreht und unsere Gehirne falsch verdrahtet zu haben. Mit einem Wort: Otto Normalverbraucher braucht ständige Anleitung wie ein Kind seine Eltern. Obwohl wir in der Hightech-Welt des 21. Jahrhunderts leben, ist eine gewisse Form der Bevormundung die einzig mögliche Strategie: Schließen wir die Türen, rufen wir die Fachleute zusammen und sagen wir der Öffentlichkeit, was das Beste für sie ist.

Nach dieser fatalistischen Botschaft werden Sie in diesem Buch vergebens suchen.[2] Das Problem ist nicht einfach individuelle Dummheit, sondern das Phänomen einer *risikoinkompetenten Gesellschaft.*

Risikointelligenz ist eine Grundvoraussetzung, um sich in einer modernen technologischen Gesellschaft zurechtzufinden. Die halsbrecherische Geschwindigkeit der technischen Entwicklung wird die Risikointelligenz im 21. Jahrhundert so unentbehrlich machen, wie es Lesen und Schreiben in früheren Jahrhunderten waren. Ohne sie setzen Sie Ihre Gesundheit und Ihr Geld aufs Spiel oder steigern sich möglicherweise in unrealistische Ängste und Hoffnungen hinein. Man sollte meinen, dass die Grundlagen der Risikointelligenz bereits vermittelt werden. Doch man wird in Schulen, juristischen und medizinischen Fakultäten und auch sonst vergebens danach suchen. Infolgedessen sind die meisten von uns risikoinkompetent.

Wenn ich den allgemeineren Begriff »risikokompetent« (*risk savvy*) verwende, meine ich damit mehr als Risikointelligenz, nämlich die Fähigkeit, auch mit Situationen umzugehen, in denen nicht alle Risiken bekannt sind und berechnet werden können. »Risikokompetenz« ist nicht das Gleiche wie »Risikoscheu«. Ohne die

Bereitschaft, Risiken einzugehen, gäbe es keine Innovation mehr, würden Spaß und Mut der Vergangenheit angehören. Risikokompetent zu sein heißt auch nicht, sich in einen tollkühnen Draufgänger oder Basejumper zu verwandeln, der die Möglichkeit, auf die Nase zu fallen, ausblendet. Ohne ein zuträgliches Maß an Vorsicht gäbe es die Menschheit schon lange nicht mehr.

Man könnte meinen: Wozu die Mühe, da man sich doch an Fachleute wenden kann? Aber so einfach ist das nicht. Weil die bittere Erfahrung lehrt, dass Expertenrat gefährlich sein kann. Viele Ärzte, Finanzberater und andere Risikoexperten sind selbst nicht in der Lage, Risiken richtig einzuschätzen oder sie anderen verständlich zu machen. Schlimmer noch, nicht wenige befinden sich in Interessenkonflikten oder haben solche Angst vor rechtlichen Konsequenzen, dass sie ihren Patienten oder Klienten Ratschläge erteilen, die sie ihren eigenen Angehörigen nie geben würden. Sie haben keine Wahl, Sie müssen selber denken.

Ich möchte Sie einladen, mir in die Welt der Ungewissheit und des Risikos zu folgen. Beginnen wir mit Wetterberichten und einem sehr geringen Wagnis – nämlich pitschnass zu werden.

Regenwahrscheinlichkeit

In einer Wettervorhersage des amerikanischen Fernsehens wurden die Aussichten für das Wochenende einmal wie folgt angegeben:

> Die Wahrscheinlichkeit, dass es am Samstag regnen wird, beträgt 50 Prozent. Die Aussicht, dass es am Sonntag regnet, liegt ebenfalls bei 50 Prozent. Daher wird es am Wochenende mit einer Wahrscheinlichkeit von 100 Prozent regnen.

Die meisten von uns werden darüber lächeln.[3] Aber wissen Sie, was es bedeutet, wenn es im Wetterbericht heißt, dass es morgen mit einer Wahrscheinlichkeit von 30 Prozent regnen wird? 30 Prozent von was? Ich lebe in Berlin. Die meisten Berliner glauben, es werde morgen während 30 Prozent der *Zeit* regnen, das heißt sieben bis acht Stunden. Andere meinen, es werde in 30 Prozent der

Region regnen, das heißt höchstwahrscheinlich nicht dort, wo sie wohnen. Die meisten New Yorker halten beides für Unsinn. Sie sind der Überzeugung, es werde an 30 Prozent der *Tage*, für die diese Vorhersage gemacht wurde, Regen geben, das heißt, morgen werde es höchstwahrscheinlich nicht regnen.[4]

Sind die Leute völlig verwirrt? Nicht unbedingt. Zum Teil liegt es daran, dass viele Experten nie gelernt haben, Wahrscheinlichkeiten richtig zu erklären. Wenn sie verständlich machen könnten, auf welche Kategorie sich die Regenwahrscheinlichkeit bezieht – Zeit? Region? Tage? –, würde die Verwirrung verschwinden. Tatsächlich wollen die Meteorologen damit sagen, dass es an 30 Prozent der Tage regnet, auf die sich die Vorhersage bezieht. Und »Regen« bezieht sich auf jede Menge oberhalb einer winzigen Schwelle, wie 0,1 Millimeter.[5] Auf sich selbst gestellt, suchen sich die Menschen eine Referenzklasse aus, die ihnen sinnvoll erscheint – etwa wie viele Stunden, wo oder wie stark es regnet. Fantasievollere Befragte finden noch andere Klassen. Eine Frau in New York: »Ich weiß, was 30 Prozent bedeuten: Drei Meteorologen denken, es wird regnen, und sieben nicht.«

Ich sehe das folgendermaßen: Neue Vorhersagetechniken haben den Meteorologen die Möglichkeit gegeben, rein verbale Äußerungen der Gewissheit (»Morgen wird es regnen«) oder der Wahrscheinlichkeit (»Es ist möglich, dass …«) durch numerische Exaktheit zu ersetzen. Aber größere Exaktheit hat *nicht* zu größerer Klarheit über die Bedeutung der Nachricht geführt. Die Verwirrung bezüglich der Niederschlagswahrscheinlichkeit hat vielmehr bestanden, seit diese in den USA 1965 zum allerersten Mal in der Wettervorhersage genannt wurde. Diese Verwirrung ist nicht auf Regen beschränkt, sondern macht sich stets bemerkbar, wenn eine Wahrscheinlichkeit mit einem *einzelnen Ereignis* verknüpft wird – zum Beispiel: »Wenn Sie ein Antidepressivum nehmen, haben Sie eine 30-prozentige Wahrscheinlichkeit, ein sexuelles Problem zu bekommen.« Heißt das, dass 30 Prozent aller Menschen ein sexuelles Problem entwickeln oder dass Sie selbst ein Problem bei 30 Prozent Ihrer sexuellen Begegnungen haben werden? Die Auflösung dieses weitverbreiteten und lang andauernden Wirrwarrs ist überraschend einfach:

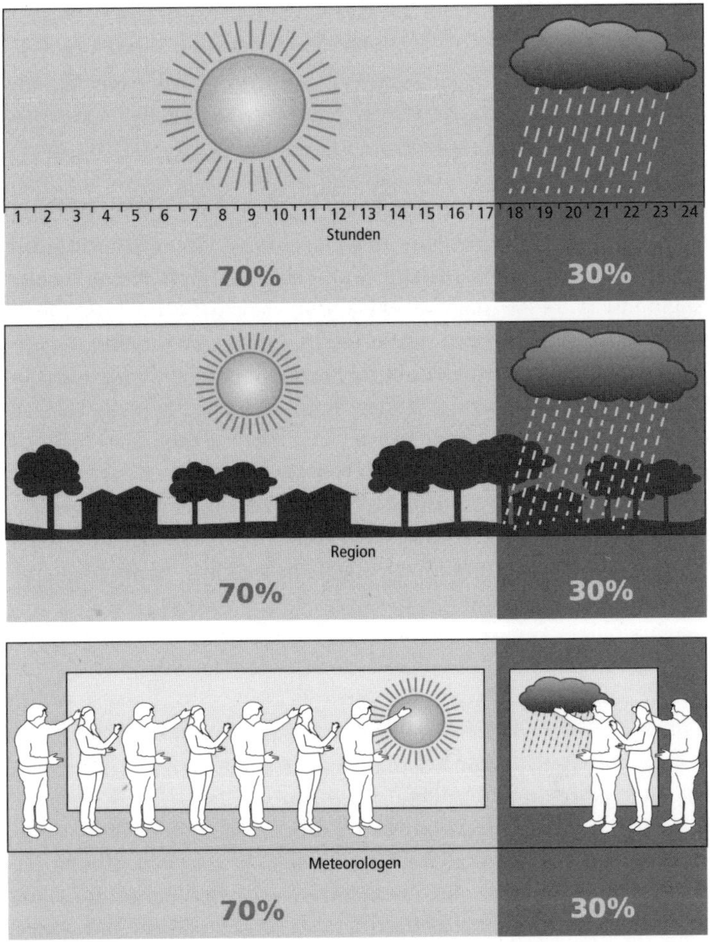

Abbildung 1.1: Was bedeutet »Es wird morgen mit einer Wahrscheinlichkeit von 30 Prozent regnen«? Einige glauben, es werde morgen 30 Prozent der Zeit regnen (oberes Bild). Andere meinen, es werde morgen in 30 Prozent der Region regnen (mittleres Bild). Wiederum andere sind schließlich der Ansicht, dass drei Meteorologen denken, es werde regnen, während sieben das nicht tun (unteres Bild). Tatsächlich wollen die Meteorologen etwas anderes damit sagen: dass es an 30 Prozent der Tage regnen wird, für die diese Vorhersage gilt. Das Problem ist nicht nur im Kopf der Menschen, sondern besteht auch in der Unfähigkeit von Experten, verständlich zu sagen, was sie meinen.

Frage stets nach der Referenzklasse: Prozent von was?

Wenn man Meteorologen beim Fernsehen beibringen würde, wie man den Zuschauern solche Sachverhalte vermittelt, bräuchte man noch nicht einmal zu fragen.

Pitschnass zu werden ist ein geringes Risiko, obwohl die Niederschlagswahrscheinlichkeit in manchen Fällen – für Autorennen etwa – durchaus eine Rolle spielt. Vor einem Grand-Prix-Rennen der Formel 1 ist eine der meistdiskutierten Fragen die Wettervorhersage – die Wahl der richtigen Reifen ist entscheidend für den Sieg. Gleiches gilt für die NASA: Die Wettervorhersage ist ausschlaggebend für die Entscheidung, ob der Start eines Spaceshuttle stattfinden kann oder verschoben werden muss – wie der Challenger-Unfall tragisch zeigte. Doch für die meisten Leute geht es nur darum, ob sie einen Familienausflug unnötigerweise absagen oder nasse Füße bekommen. Vielleicht missverstehen die Menschen die Niederschlagswahrscheinlich nur deshalb, weil so wenig auf dem Spiel steht. Sind wir risikokompetenter, wenn es um etwas wirklich Wichtiges geht?

Pillenangst

Großbritannien hat viele Traditionen, eine von ihnen ist die Angst vor Antibabypillen. Seit Anfang der 60er-Jahre werden die Frauen alle paar Jahre durch Berichte aufgeschreckt, dass die Pille Thrombosen verursachen kann – potenziell lebensbedrohliche Blutgerinnsel in Beinen oder Lunge. Berühmt ist die Schreckensnachricht, die das britische Komitee für Arzneimittelsicherheit herausgab: Die Antibabypillen der dritten Generation verdoppeln das Thromboserisiko – das heißt, sie erhöhen es um 100 Prozent. Kann man mehr Sicherheit verlangen? Diese erschreckende Information wurde in sogenannten *Dear Doctor Letters* an 190 000 praktische Ärzte, Apotheker und die Leiter von Gesundheitsämtern weitergegeben und in einer Eilmeldung an die Medien übermittelt. Überall im Land schrillten die Alarmglocken. Viele besorgte Frauen setzten die Pille ab, was zu unerwünschten Schwangerschaften und Abtreibungen führte.[6]

Fragt sich nur, wie viel sind 100 Prozent? Die Studien, auf die sich die Warnung stützte, hatten gezeigt, dass von je 7000 Frauen, welche die Vorgängerpille der zweiten Generation genommen hatten, eine Frau eine Thrombose bekam und dass die Zahl sich bei Frauen, die Pillen der dritten Generation nahmen, auf zwei erhöhte. Das heißt, die *absolute Risikozunahme* betrug nur 1 von 7000, während die *relative Risikozunahme* tatsächlich bei 100 Prozent lag. Wie gesehen, können relative Risiken – im Gegensatz zu absoluten Risiken – beunruhigend groß erscheinen und viel Staub aufwirbeln. Hätten das Komitee und die Medien die absoluten Risiken genannt, so hätten wohl nur wenige Frauen Panik bekommen und die Pille abgesetzt. Höchstwahrscheinlich hätte niemand die Meldung auch nur zur Kenntnis genommen.

Diese eine Warnung führte im folgenden Jahr in England und Wales zu geschätzten 13 000 (!) zusätzlichen Abtreibungen. Doch das Unheil währte länger als ein Jahr. Vor der Meldung gingen die Abtreibungsraten stetig zurück, aber danach kehrte sich dieser Trend um, und die Abtreibungshäufigkeit stieg in den folgenden Jahren wieder an. Die Frauen hatten das Vertrauen in orale Kontrazeptiva verloren, und die Pillenverkäufe gingen stark zurück. Nicht alle unerwünschten Schwangerschaften wurden abgebrochen; auf jede Abtreibung kam eine zusätzliche Geburt. Die Zunahme der Abtreibungen und der Geburten war besonders ausgeprägt bei Mädchen unter 16 – dort kam es zu 800 zusätzlichen Schwangerschaften.

Paradoxerweise bergen Schwangerschaften und Abtreibungen ein größeres Thromboserisiko als die Pillen der dritten Generation. Die Pillenangst schadete den Frauen, schadete dem National Health Service [dem britischen Gesundheitssystem] und sogar den Aktienkursen der Pharmaindustrie. Die durch Schwangerschaftsabbrüche verursachten Kosten für den National Health Service werden auf vier bis sechs Millionen Pfund geschätzt. Zu den wenigen Profiteuren gehören die Journalisten, die eine Geschichte für die Titelseiten hatten.

Eine unerwünschte Schwangerschaft ist nicht auf die leichte Schulter zu nehmen. Hören wir eine junge Frau:

»Als ich feststellte, dass ich schwanger war, waren mein Partner und ich seit zwei Jahren zusammen. Seine erste Reaktion war: ›Komm wieder, wenn's weg ist.‹ Ich habe ihn rausgeschmissen und versucht, eine Lösung zu finden. Ich wollte unbedingt aufs College. Obwohl ich mich verzweifelt bemühte, eine Zukunft für uns zu finden, wurde mir klar, dass wir keine hatten. Eines wollte ich auf keinen Fall: mich vom Staat oder – schlimmer noch – von einem Mann abhängig zu machen. Daher habe ich mich auf den letzten Drücker zu einer Abtreibung entschlossen. Das ist jetzt zwei Tage her, und ich habe einen Nervenzusammenbruch nach dem anderen. Mein Verstand sagt mir, es war die beste Entscheidung, aber mein Herz weint. Ich weiß, ich habe ein Leben umgebracht, und diese Schuld werde ich mir nie vergeben. All meine Lebensenergie ist dahin. Warum habe ich das getan? Wie konnte ich es zulassen? Ich hasse mich.«

Die Tradition der Pillenängste dauert bis auf den heutigen Tag an, und immer bedient sie sich des gleichen Tricks. Die Lösung sind nicht bessere Pillen und raffiniertere Abtreibungstechniken, sondern risikokompetente junge Frauen und Männer. Es wäre nicht besonders schwierig, Teenagern den einfachen Unterschied zwischen einem relativen Risiko (»100 Prozent«) und einem absoluten Risiko (»1 von 7000«) zu erklären. Schließlich sind viele Leute, alte wie junge, mit Sportstatistiken verschiedenster Art vertraut – Prozentsatz der Asse beim Tennis oder des Ballbesitzes beim Fußball. Doch bis auf den heutigen Tag gelingt es Journalisten, Ängste mit großen Zahlen zu wecken, woraufhin die Öffentlichkeit Jahr für Jahr auf vorhersehbare Weise in Panik gerät.

Auch hier bringt eine einfache Regel Abhilfe.

Frage stets: Wie groß ist die absolute Risikozunahme?

Journalisten sind nicht die Einzigen, die unsere Emotionen mithilfe von Zahlen manipulieren. Auch führende medizinische Zeitschriften, Gesundheitsbroschüren und das Internet unterrichten die Öffentlichkeit in Form relativer Veränderungen, weil größere Zahlen bessere Schlagzeilen liefern. 2009 hat das angesehene *British Me-*

dical Journal zwei Artikel zum Thema orale Kontrazeptiva und Thrombose veröffentlicht: Der eine nannte in seinem Abstract, der kurzen Zusammenfassung, die absoluten Zahlen, während der andere einmal mehr mit den relativen Risiken hausieren ging und berichtete: »Orale Kontrazeptiva erhöhten das Risiko von Venenthrombosen um das Fünffache.«[7] Jeder Herausgeber hat die ethische Verantwortung, für eine transparente Berichterstattung zu sorgen. Doch trotz unserer Hightech-Medizin bleiben verständliche Informationen für Patienten und Ärzte in der Regel die Ausnahme.

Wer ungerechtfertigte Ängste schürt und unerwünschte Schwangerschaften verschuldet, handelt moralisch höchst fragwürdig. Dies gehört auf die Tagesordnung jeder Ethikkommission und jedes Gesundheitsministeriums. Aber dem ist nicht so. Nach der Veröffentlichung meines Buchs *Das Einmaleins der Skepsis*, in dem ich darlege, wie man Öffentlichkeit und Ärzteschaft helfen könnte, Zahlen zu verstehen, besuchte mich der Neurowissenschaftler Mike Gazzaniga, der damals Dekan des Dartmouth College war. Empört über die Art und Weise, wie die Öffentlichkeit durch die Verwendung von relativen Risiken und anderen Mitteln an der Nase herumgeführt wird, sagte er, er werde dieses Problem dem US-amerikanischen Ethikrat (*President's Council on Bioethics*) vortragen, dem er angehöre. Schließlich werde die amerikanische Öffentlichkeit ebenso häufig durch Zahlen getäuscht wie die britische, und es sei eines der wenigen ethischen Probleme, für das man eine Lösung wisse. Über andere, weniger eindeutige Probleme wie Abtreibung, Stammzellen und Gentests führe der Rat endlose Diskussionen. Ich bin Gazzaniga dankbar für den Versuch. Doch der Ethikrat hat die Irreführung der Öffentlichkeit nie als ein akutes Problem anerkannt und sich nie damit befasst.

Wenn die Ethikkomitees die Menschen schon nicht schützen, warum tun es dann nicht wenigstens die Ärzte? Die überraschende Antwort lautet, dass viele Ärzte selbst nicht wissen, wie sie Risiken vermitteln sollen – eine Fertigkeit, die im Medizinstudium nur selten gelehrt wird. Die verheerende Wirkung der *Dear-Doctor*-Briefe zeigt, dass sich viele von ihnen von den relativen Risiken beeindrucken lassen. Wieder einmal brauchen auch die Experten Nachhilfe.

Sonst sind sie und die betroffenen Frauen bei der nächsten Pillenangst möglicherweise genauso unvorbereitet wie vorher, sodass es wiederum zu einer Abtreibungswelle kommt.

Ich habe Hunderten von Journalisten den Unterschied zwischen relativen und absoluten Risiken erklärt, woraufhin viele damit aufhörten, ihre Leser unnötig zu beunruhigen, und absolute Zahlen verwendeten – um dann feststellen zu müssen, dass ihre Chefredakteure die großen Zahlen wieder einführten. Möglicherweise sind wir nicht immer in der Lage, den Menschen Einhalt zu gebieten, die mit unseren Ängsten spielen, aber wir können lernen, ihre Tricks zu durchschauen.

Terroristen bedienen sich unserer Gehirne

Die meisten Menschen erinnern sich genau, wo sie am 11. September 2001 waren. Die Bilder der Flugzeuge, die in die Zwillingstürme des World Trade Center krachen, haben sich unauslöschlich in unser Gedächtnis gegraben. Inzwischen scheint alles über den tragischen Angriff gesagt zu sein. Um künftige Angriffe zu verhindern, richtete der drei Jahre später veröffentlichte *9/11 Commission's Report* [Bericht der Untersuchungskommission zu den Anschlägen des 11. September] sein Augenmerk vor allem auf die Frage, wie sich der Terrorismus von Al-Qaida entwickelte, und auf diplomatische Strategien, Justizreformen und technische Maßnahmen. Eine Maßnahme jedoch vernachlässigte der 636-seitige Bericht – nämlich risikokompetente Bürger.

Drehen wir die Uhr zurück auf den Dezember 2001. Stellen Sie sich vor, Sie leben in New York und möchten nach Washington, D.C., reisen. Würden Sie fliegen oder mit dem Auto fahren?

Wir wissen, dass viele Amerikaner nach dem Anschlag nicht mehr flogen. Blieben sie zu Hause oder stiegen sie ins Auto? Um eine Antwort zu finden, habe ich mir die Beförderungsstatistik angesehen. In den Monaten nach dem Anschlag nahmen die im Auto zurückgelegten Kilometer beträchtlich zu. Besonders deutlich war die Zunahme bei den ländlichen *Interstate Highways,* auf denen der Fernverkehr rollt: bis zu fünf Prozent in den drei Monaten

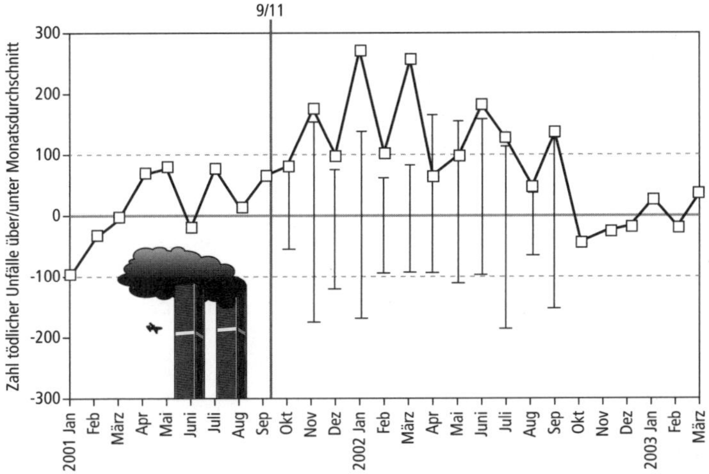

Abbildung 1.2: Der zweite Schlag der Terroristen. Nach den Anschlägen vom 11. September 2001 stieg die Zahl tödlicher Verkehrsunfälle in den USA über einen Zeitraum von zwölf Monaten an. Dadurch kamen schätzungsweise 1600 Amerikaner bei dem Versuch, das Risiko des Fliegens zu vermeiden, auf der Straße ums Leben.
Die Zahlen werden als Abweichungen von der 5-Jahres-Basislinie 1996–2000 (der Nulllinie) wiedergegeben. Vor dem September 2001 lag die Zahl der tödlichen Unfälle pro Monat nahe der Nulllinie. In den zwölf Monaten nach dem Anschlag überstieg sie jeden Monat die Nulllinie und übertraf in den meisten Fällen das Maximum der Vorjahre (die senkrechten Balken zeigen das jeweilige Maximum und Minimum an). Die Spitzen nach dem 11. September decken sich mit Terrorismuswarnungen.

nach dem Anschlag.[8] Zum Vergleich: In den Monaten vor dem Anschlag (Januar bis August) waren die Zahlen für die individuellen Autokilometer pro Monat gegenüber 2000 nur um knapp ein Prozent angestiegen, was der üblichen jährlichen Zunahme entspricht. Diese zusätzliche Autonutzung hielt zwölf Monate an und ging dann wieder auf ihr Normalmaß zurück. Zu diesem Zeitpunkt war das Feuer in den Zwillingstürmen aus der täglichen Medienberichterstattung verschwunden.

Die Zunahme des Straßenverkehrs hatte ernüchternde Konsequenzen. Vor dem Anschlag entsprach die Zahl tödlicher Verkehrsunfälle weitgehend dem Durchschnitt der vorausgegangenen fünf Jahre (Nulllinie in Abbildung 1.2). Doch in jedem der zwölf Monate nach dem 11. September lag die Zahl der tödlichen Unfälle über dem Durchschnitt und meist sogar noch höher als alle Werte aus den vorangegangenen fünf Jahren. Alles in allem sind etwa 1600 Amerikaner infolge ihrer Entscheidung, die Risiken des Fliegens zu vermeiden, auf der Straße umgekommen.

Diese Todesrate ist sechsmal so hoch wie die Gesamtzahl der Passagiere (256), die bei den vier Todesflügen starben. Alle diese Opfer des Straßenverkehrs könnten noch leben, wenn sie geflogen wären, statt sich für das Auto zu entscheiden. Von 2002 bis 2005 haben US-amerikanische Fluggesellschaften 2,5 Milliarden Passagiere befördert. Nicht ein einziger starb bei einem Flugzeugabsturz. Obwohl stets berichtet wird, bei den Anschlägen vom 11. September seien 3000 Amerikaner ums Leben gekommen, müsste man also eigentlich noch einmal die Hälfte dazurechnen.

Verleihen wir der Statistik ein Gesicht, aber das glückliche von jemandem, der dem Tod knapp entrann.

Justin Klabin, ein 26-jähriger Rugbyspieler und Feuerwehrmann, hatte über den Hudson River hinweg den Einsturz der Zwillingstürme beobachtet. Mit seiner Feuerwehreinheit war er zum Ground Zero gerast. Nach diesem zutiefst aufwühlenden Erlebnis beschloss er, nicht mehr zu fliegen. Einen Monat später traten seine Freundin und er eine Urlaubsreise nach Florida an – mit dem Auto. Ihr Pick-up schaffte die gut 1500 Kilometer der Hinfahrt problemlos. Doch nach einem langen Autotag auf der Rückreise gab es einen lauten Knall: Beide Vorderreifen hatten sich wie Skier beim Schneepflug nach innen gedreht. Die Spurstange, die die Lenksäule mit den Rädern verbindet, war gebrochen. Der Pick-up konnte keinen Meter weiterfahren. Zum Glück geschah das Unglück, als sie auf einen Parkplatz in South Carolina abbogen. Wäre die Spurstange ein paar Minuten früher, bei 120 Stundenkilometern, gebrochen, hätten Klabin und seine Freundin wohl zu den vielen unglückseligen Reisenden gezählt, die ihr Leben bei dem Versuch verloren haben, das Risiko des Fliegens zu meiden.

Terroristen schlagen zweimal zu: zuerst mit physischer Gewalt und dann mithilfe unserer Gehirne. Der erste Schlag zieht die ganze

Aufmerksamkeit auf sich. Für die Entwicklung riesiger bürokratischer Strukturen, wie der *Homeland Security*, und neuer Technologien, wie Ganzkörperscanner, die nackte Hautoberfläche unter der Kleidung sichtbar machen, hat man Milliarden ausgegeben. Der zweite Schlag hingegen bleibt fast unbemerkt. Bei den Vorträgen, die ich weltweit, von Singapur bis Wiesbaden, vor Nachrichtendiensten und Antiterrorbehörden über Risikomanagement hielt, zeigten sich meine Gastgeber immer wieder überrascht, weil sie diesen Aspekt nie berücksichtigt hatten. Bin Laden, der Gründer von Al-Qaida, erklärte einmal genüsslich, wie wenig Geld er aufwenden musste, um Amerika einen ungeheuren Schaden zuzufügen: »Al-Qaida hat für das Unternehmen 500 000 Dollar ausgegeben, während Amerika durch den Vorfall und seine Folgen – nach zurückhaltendsten Schätzungen – mehr als 500 Milliarden Dollar verlor. Mit anderen Worten: Jeder Dollar von Al-Qaida hat eine Million Dollar vernichtet.«[9] Es mag schwierig sein, Selbstmordattentate von Terroristen zu vereiteln, aber es ist gewiss leichter, sie daran zu hindern, unsere Gehirne als Waffen zu gebrauchen.

Welche psychologische Regel unseres Gehirns machen sich die Terroristen dabei eigentlich zunutze? Ereignisse mit geringer Eintrittswahrscheinlichkeit, bei denen viele Menschen plötzlich getötet werden, sogenannte Schockrisiken (*Dread Risks*)[10], bringen eine unbewusste Faustregel zur Anwendung:

> *Wenn viele Menschen gleichzeitig sterben, reagiere mit Furcht und vermeide die Situation.*

Dabei gilt die Furcht nicht dem Sterben an sich, sondern dem Umstand, dass viele Menschen *zur gleichen Zeit* – oder in kurzen Zeitabständen – gemeinsam ihr Leben verlieren. Bei solchen Anlässen, etwa den Anschlägen vom 11. September, reagiert unser evolutionär geprägtes Gehirn mit großer Angst. Doch wenn genauso viele oder mehr Menschen *über einen längeren Zeitraum verteilt* sterben, beispielsweise bei Auto- und Motorradunfällen, bleiben wir eher gelassen. Allein in den Vereinigten Staaten von Amerika sterben jedes Jahr rund 35 000 Menschen bei Verkehrsunfällen, trotzdem haben nur wenige Leute beim Autofahren Angst. Anders, als manchmal behauptet wird, liegt das nicht einfach an dem psychologischen Aspekt, dass Menschen beim Autofahren – im Gegensatz zum Fliegen – Kontrolle haben. Leute, die neben oder gar hinter dem Fahrer sitzen, haben auch keine Kontrolle und trotzdem wenig Angst. Paradoxerweise haben wir keine Angst davor, bei einem Unfall zu sterben, sondern zusammen mit vielen anderen umzukommen. Wir fürchten den seltenen Kernkraftwerksunfall, nicht die stetige Sterberate, die die Luftverschmutzung durch Kohlekraftwerke bewirkt. Wir fürchten die Schweinegrippepandemie, nachdem mehrere zehntausend mögliche Todesfälle angekündigt wurden – zu denen es nie kam –, während nur wenige Angst davor haben, zu den Zehntausenden zu gehören, die jedes Jahr tatsächlich der normalen Grippe zum Opfer fallen.

Woher kommt dieser Hang, Schockrisiken zu fürchten? Wahrscheinlich gab es eine Zeit in der Menschheitsgeschichte, als dies eine vernünftige Reaktion war. Über weite Strecken der Evolution lebten die Menschen in kleinen Verbänden von Jägern und Sammlern, die zwanzig bis fünfzig Personen umfassten und selten mehr als hundert Mitglieder aufwiesen – ähnlich entsprechenden Verbänden, die es heute noch gibt. In so kleinen Gruppen konnte der schlagartige Verlust vieler Leben das Risiko erhöhen, Raubtieren zum Opfer zu fallen oder zu verhungern, und damit das Überleben der ganzen Gruppe gefährden.[11] Doch was in der Vergangenheit vernünftig war, muss es heute nicht mehr sein. In modernen Gesellschaften ist das Überleben des Individuums nicht mehr auf die Unterstützung und den Schutz von Kleingruppen oder Stämmen angewiesen. Trotzdem lässt sich diese psychologische Reaktion immer noch leicht hervorrufen. Bis auf den heutigen Tag sind reale oder vorgestellte Katastrophen in der Lage, Panikreaktionen auszulösen.

Diese »Althirn-Furcht« vor Schockrisiken kann jeden Anflug von rationalem Denken in den neueren Teilen unseres Gehirns unterdrücken. So schrieb mir ein Professor der Loyola University in Chicago: »Nach dem 11. September erklärte ich meiner Frau, dass es gefährlicher ist, mit dem Auto zu fahren, als zu fliegen; doch alle Mühe war vergebens.« Argumente tragen selten den Sieg über die Furcht davon, besonders wenn ein Ehepartner den anderen zu überzeugen versucht. Doch es gibt eine einfache Faustregel, die unserem Professor hätte helfen können:

Wenn ein Konflikt zwischen der Vernunft und einer starken Emotion vorliegt, verzichte auf Argumente. Mache dir lieber eine gegensätzliche und stärkere Emotion zunutze.

Ein Gefühl, das sich im Gegensatz zur Furcht vor Schockrisiken befindet, ist die elterliche Sorge. Der Professor hätte seiner Frau vor Augen führen können, dass sie mit Fernreisen im Auto das Leben ihrer Kinder – nicht nur ihres Ehemanns – gefährdet. Elterngefühle sind eher in der Lage, die schleichende Furcht vor dem Fliegen zu überwinden. Ein intelligentes »Neuhirn« kann eine evolutionär bedingte Furcht gegen eine andere ausspielen, um besser in einer modernen Welt zu überleben. Evolution ist kein Schicksal.

Der zweite Schlag der Terroristen geht in seiner Wirkung sogar noch über die geschilderten Zusammenhänge hinaus. Er hat zu einer Aufweichung der Bürgerrechte geführt: Vor dem 11. September galten Leibesvisitationen ohne triftigen Grund als Menschenrechtsverletzungen; heute hält man ihre Duldung für eine Bürgerpflicht. Dafür sind wir bereit, einiges hinzunehmen – in langen Schlangen auf Flughäfen ausharren, Flüssigkeiten in Plastiktüten verstauen, Schuhe, Gürtel und Jacken ablegen, den eigenen Körper von Fremden abtasten lassen. Höhere Ausgaben für Flugsicherheit haben im Gegenzug zu schlechteren Dienstleistungen und beengtem Sitzen geführt, als würden die Fluggesellschaften um den schlechtesten Service konkurrieren. Die Menschen sind ängstlicher geworden, sind nicht mehr so unbeschwert wie früher. Nicht zuletzt haben die Kriege in Afghanistan und Irak mehr als eine Billion Dollar gekostet, vom Leben Tausender Soldaten und einer sehr viel größeren Zahl von Zivilisten ganz zu schweigen. Diese finanziellen Belastungen haben vermutlich auch eine Rolle gespielt beim Ausbruch der Finanzkrise 2008.[12]

Resilienz ist die Fähigkeit, Stress zu bewältigen und ohne nachteilige Auswirkungen wieder in das normale Verhalten »zurückzuspringen«. Wenn wir wissen, woher die Angst vor Schockrisiken kommt, wenn wir lernen, sie zu bekämpfen, indem wir uns gegensätzliche Gefühle zunutze machen, falls uns die Vernunft nicht weiterhilft, und wenn wir die Risiken des Fliegens richtig einzuschätzen lernen, dann verfügen wir schon über drei Instrumente der Risikokompetenz. Sollte sich jemals ein ähnlicher Anschlag wiederholen, werden wir unsere Gehirne nicht mehr so leicht für einen zweiten Schlag missbrauchen lassen.

Kommen wir noch einmal auf die Frage zurück, die ich oben gestellt habe: fliegen oder fahren? Nehmen wir wieder an, Sie leben in New York und möchten nach Washington reisen. Sie haben nur ein Ziel: lebend anzukommen. Wie viele Kilometer müssten sie mit dem Auto fahren, bis das Risiko eines tödlichen Unfalls genauso hoch wäre wie bei einem Nonstopflug? Diese Frage habe ich bei meinen Vorträgen Dutzenden von Expertengremien gestellt. Die Antworten waren bunt gemischt: 1000 Kilometer, 10 000 Kilometer, dreimal um die Erde. Doch die genaueste Schätzung lautet: 20 Kilometer. Wenn sie mit Ihrem Auto heil am Flughafen ankommen, haben Sie den gefährlichsten Teil ihrer Reise wahrscheinlich schon hinter sich.

Sind die Menschen vom Umgang mit Risiken hoffnungslos überfordert?

Wie können so viele Menschen nicht merken, dass sie die Niederschlagswahrscheinlichkeit nicht verstehen? Ungewollte Schwangerschaften und Abtreibungen in Kauf nehmen, weil sie den Unterschied zwischen relativen und absoluten Risiken nicht kennen? Oder sogar vom Regen in die Traufe kommen? Schließlich leben sie mit den Niederschlagswahrscheinlichkeiten und Pillenängsten seit Mitte der 60er-Jahre, und die Angst vor Schockrisiken wiederholt sich mit jeder neuen Bedrohung, vom Rinderwahnsinn über SARS bis zur Vogelgrippe, in einem scheinbar endlosen Kreislauf. Warum lernen die Menschen nicht?

Nach Meinung vieler Experten sind die Menschen hoffnungslos überfordert. Versuche, sie von ihren Irrtümern zu befreien, schlügen in der Regel fehl. Ausgehend von dieser zutiefst pessimistischen

Einschätzung der allgemeinen Öffentlichkeit, präsentiert eine Veröffentlichung von *Deutsche Bank Research* eine Liste mit Verstößen, die wir »Homer Simpsons« gegen die Vernunft begehen.[13] In populärwissenschaftlichen Büchern hat man diese Botschaft rasch aufgegriffen und verkündet nun, *Homo sapiens* sei »vorhersagbar irrational« und brauche »Anstöße« zum vernünftigen Verhalten durch die wenigen zurechnungsfähigen Menschen auf der Erde.[14]

Ich sehe das anders. Unser Bildungssystem ist erschreckend blind im Hinblick auf Risikointelligenz. Wir lehren unsere Kinder die Mathematik der Sicherheit – Geometrie und Trigonometrie –, aber nicht die der Ungewissheit: Statistisches Denken. Und wir unterrichten unsere Kinder in Biologie, aber nicht in Psychologie, die ihre Ängste und Wünsche prägt. Selbst viele Experten sind nicht dazu ausgebildet, der Öffentlichkeit Risiken verständlich zu vermitteln, was höchst schockierend ist. Und es kann durchaus Interesse daran bestehen, die Menschen zu erschrecken: um einen Artikel auf die Titelseite zu bekommen, Menschen einzureden, die Abschaffung der Bürgerrechte sei legitim, oder ein Produkt zu verkaufen. Alle diese äußeren Gründe tragen zu dem Problem bei.

Die gute Nachricht lautet: Es gibt eine Lösung. Wer hätte vor ein paar hundert Jahren gedacht, dass eines Tages so viele Menschen auf der Erde lesen und schreiben lernen würden? Wir werden sehen, dass jeder, der es will, risikokompetent werden kann. Gestützt auf meine Forschungsarbeiten und die anderer Kollegen, werde ich darlegen, dass

1. *jeder den Umgang mit Risiko und Ungewissheit lernen kann.* In diesem Buch werde ich Prinzipien erläutern, die leicht zu verstehen sind für jeden, der *den Mut hat, sich seines eigenen Verstandes zu bedienen.*
2. *Experten eher ein Teil des Problems sind als die Lösung.* Viele Fachleute haben selber Probleme, Risiken zu verstehen, keine angemessenen Kommunikationsfähigkeiten oder Interessen, die sich nicht mit den ihren decken. Aus solchen Gründen gehen riesige Banken pleite. Wenig ist gewonnen, wenn man risikoinkompetente Institutionen zur Anleitung der Öffentlichkeit einsetzt.

3. *weniger mehr ist.* Wenn wir vor einem komplexen Problem stehen, suchen wir nach einer komplexen Lösung. Und wenn diese nicht klappt, suchen wir nach einer noch komplexeren Lösung. In einer ungewissen Welt ist das ein großer Fehler. Nicht immer verlangen komplexe Probleme komplexe Lösungen. Allzu komplizierte Systeme – egal, ob Finanzderivate oder Steuersysteme – sind schwer zu verstehen, leicht zu missbrauchen oder potenziell gefährlich. Und sie sind nicht geeignet, den Menschen Vertrauen einzuflößen. Dagegen können uns einfache Regeln klüger und die Welt sicherer machen.

»Kompetent« heißt sachkundig, versiert und klug. Doch risikokompetent ist mehr, als gut informiert zu sein. Man braucht *Mut*, um einer ungewissen Zukunft zu begegnen, um sich gegen Experten zu behaupten und um kritische Fragen zu stellen. Wir können die Fernbedienung für unsere Emotionen wieder selbst in die Hand nehmen. Es bedarf einer gewaltigen psychologischen Umstellung, um den eigenen Verstand ohne Anleitung durch andere zu nutzen. Eine solche innere Revolution sorgt für mehr Aufklärung und weniger Angst im Leben. Ich habe dieses Buch geschrieben, um die Menschen zu mehr Risikokompetenz zu ermutigen.

Risikokompetent werden

In seinem Aufsatz »Beantwortung der Frage: Was ist Aufklärung?« beginnt Immanuel Kant mit den folgenden Worten:[15]

> »Aufklärung ist der Ausgang des Menschen aus seiner selbst verschuldeten Unmündigkeit. Unmündigkeit ist das Unvermögen, sich seines Verstandes ohne Leitung eines andern zu bedienen. Selbst verschuldet ist diese Unmündigkeit, wenn die Ursache derselben nicht am Mangel des Verstandes, sondern der Entschließung und des Muthes liegt, sich seiner ohne Leitung eines andern zu bedienen. *Sapere aude!* Habe Muth, dich deines eigenen Verstandes zu bedienen!«

Redefreiheit, Wahlrecht und Schutz vor Gewalt gehören zu den wichtigsten Errungenschaften seit der Aufklärung. Diese Freiheit ist kostbar. Sie entscheidet über die Türen, die Ihnen offenstehen, über Ihre Chancen. Heute hat jeder Internetnutzer freien Zugang zu mehr Informationen, als der Menschheit je zur Verfügung standen. Doch das Bild der offenen Türen ist ein passiver oder »negativer« Freiheitsbegriff. *Positive Freiheit* dagegen bedeutet mehr als freier Zugang. Die Frage ist, ob Sie in der Lage sind, durch diese Türen zu gehen, ob Sie Ihr Leben ohne die ständige Anleitung durch andere meistern können.[16] Die drei Beispiele stehen für verschiedene Möglichkeiten, an dieser Aufgabe zu scheitern: Experten, denen es an der Fähigkeit zur Risikokommunikation fehlt, und Laien, die Risiken missverstehen, ohne es zu merken; Frauen, die von Journalisten zu ungewollten Schwangerschaften und Abtreibungen verleitet werden; und Terroristen, die sich die emotionale Prägung unseres Gehirns zunutze machen. In demokratischen Gesellschaften, in denen die Menschen ihre Chancen erheblich verbessert haben, ist die positive Freiheit zur eigentlichen Herausforderung geworden.

Risikokompetente Bürger sind die unverzichtbaren Säulen einer Gesellschaft, die bereit ist zur positiven Freiheit. Wie die drei Beispiele zeigen, läuft Risikokompetenz auf ein grundlegendes Verständnis unserer intuitiven Psychologie und unserer statistischen Informationen hinaus. Nur mit diesen beiden Fertigkeiten und einer Portion Neugier und Mut werden wir in der Lage sein, unser Leben selbst in die Hand zu nehmen. In dem Buch *Das Einmaleins der Skepsis – Über den richtigen Umgang mit Zahlen und Risiken* habe ich mich mit Risiken und statistischem Denken befasst, und in *Bauchentscheidungen – Die Intelligenz des Unbewussten und die Macht der Intuition* ging es um Ungewissheit und intuitive Psychologie. Im vorliegenden Buch bringe ich diese beiden Strategien für den Umgang mit einer ungewissen Welt zusammen.

Kapitel 2
Gewissheit ist eine Illusion

Nichts wird uns trennen. Wahrscheinlich werden wir noch weitere zehn Jahre verheiratet bleiben.

Elizabeth Taylor 1974, fünf Tage bevor sie und Richard Burton ihre Scheidung bekannt gaben

Wir denken, Ungewissheit sei etwas, was wir uns nicht wünschen. In der besten aller Welten sollten alle Dinge gewiss sein, absolut gewiss und sicher. Deshalb schließen wir Versicherungen gegen alles ab, schwören auf Horoskope oder beten zu Gott. Wir sammeln Terabytes von Informationen, um unsere Computer in Kristallkugeln zu verwandeln. Aber stellen Sie sich einmal vor, was geschehen würde, wenn Ihre Wünsche in Erfüllung gingen. Würden wir mit Gewissheit alles über die Zukunft wissen, so gäbe es in unserem Leben kaum Anlass für Gefühle mehr. Weder Überraschung noch Vergnügen, weder Freude noch Aufregung – wir wüssten ja alles schon längst. Der erste Kuss, der erste Heiratsantrag, die Geburt eines gesunden Kindes wären so aufregend wie der Wetterbericht des vergangenen Jahres. Sollte unsere Welt jemals gewiss werden, wäre unser Leben todlangweilig.

Die Illusion der Gewissheit

Trotzdem wollen viele von uns Gewissheit haben von Bankern, Ärzten und politischer Führung. Tatsächlich liefern sie uns die *Illusion* der Gewissheit, die Überzeugung, dass etwas gewiss ist, obwohl dies nicht der Fall ist. Jedes Jahr finanzieren wir eine milliardenschwere Industrie, die – meist fehlerhafte – Prognosen erstellt, von Aktientipps bis zu globalen Grippepandemien. Viele Menschen lächeln über altmodische Wahrsager. Doch sobald die Hellseher mit Computern arbeiten, nehmen wir ihre Vorhersagen ernst und sind bereit, für sie zu zahlen. Erstaunlich dabei ist unsere kollektive Amnesie: Die meisten von uns warten noch immer ungeduldig auf die Kursvorhersagen des Aktienmarkts, obwohl sie sich Jahr für Jahr als falsch erweisen.

Im Laufe der Geschichte haben die Menschen Glaubenssysteme wie Astrologie und Weissagung geschaffen, die Gewissheit versprechen. Ein Blick ins Internet zeigt die anhaltende Attraktivität dieser Systeme. Die moderne Technik hat weitere Instrumente entwickelt, die scheinbare Gewissheit vermitteln – von Gentests über personalisierte Medizin bis zur Risikobewertung im Bankwesen.

Testgläubigkeit

Wenn ein Gentest zeigt, dass sich die DNA des Angeklagten mit den Spuren deckt, die an dem ermordeten Opfer gefunden wurden, ist das dann nicht ein hundertprozentiger Beweis dafür, dass er der Täter ist? Wenn sich eine Schwangere einem HIV-Test unterzieht und der Test positiv ausfällt, ist das dann nicht ein hundertprozentiger Beweis dafür, dass sie – und wahrscheinlich auch ihr Kind – infiziert ist? Um zu ermitteln, wie verbreitet die Illusion der Gewissheit ist, befragte ich eine repräsentative Stichprobe von 1000 erwachsenen Deutschen. Im Rahmen von Face-to-Face-Interviews – persönlichen Gesprächen – wurden sie gefragt: »Welche der folgenden Tests sind absolut sicher?« Das Ergebnis ist in Abbildung 2.1 dargestellt.

Wenn ein Astrologe Ihnen ein professionelles Horoskop erstellt und voraussagt, Sie würden schwer erkranken und möglicherweise mit 49 Jahren sterben, werden Sie dann Angst bekommen, wenn das Datum näherrückt? Bei etwa vier Prozent der Deutschen wäre das der Fall; sie glauben, dass ein professionelles Horoskop absolut gewiss sei.[1] Nun gibt es aber keinen Beleg dafür, dass Horoskope zuverlässiger sind als ein guter Freund, den Sie bitten, Ihnen die Zukunft vorherzusagen. Wenn moderne Technik ihre Hand im

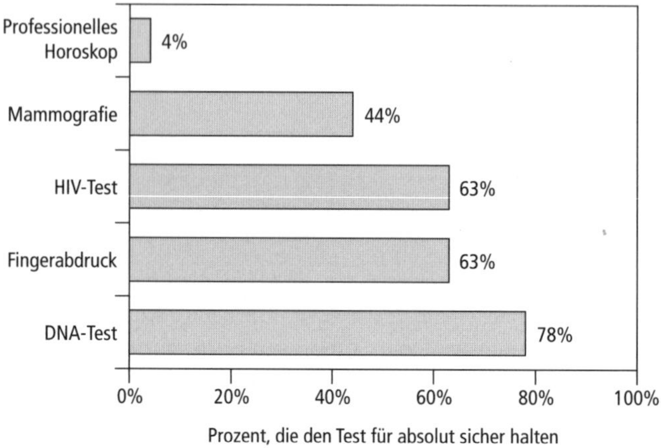

Abbildung 2.1: Welcher Test ist absolut sicher? In einer repräsentativen Stichprobe von 1000 Deutschen glaubten 4 Prozent, ein professionelles Horoskop sei absolut sicher. Wenn moderne Technik ins Spiel kommt, verstärkt sich die Illusion der Gewissheit. Bei all diesen Tests kommen Fehler vor.

Spiel hat, verstärkt sich die Illusion der Gewissheit noch. Elfmal so viele Befragte, 44 Prozent, glauben, dass das Ergebnis eines Mammografie-Screenings Gewissheit bringe. Frauen aus dieser Gruppe unterziehen sich dem Test, weil sie sicher sein wollen. Tatsächlich aber bleiben zehn Prozent der Krebserkrankungen in den Mammogrammen unentdeckt, und je jünger die getesteten Frauen sind, desto fehleranfälliger sind die Ergebnisse, weil das Gewebe ihrer Brüste dichter ist. Schließlich glauben zwei Drittel der Deutschen, HIV-Tests und Fingerabdrücke seien sicher, während sie DNA-Tests das größte Vertrauen entgegenbringen. Diese Tests sind in der Tat viel genauer als Mammogramme, aber keiner bringt absolute Gewissheit. Tatsächlich sind Fingerabdrücke unverwechselbare Merkmale eines Individuums, was sogar für eineiige Zwillinge gilt, die bekanntlich gleiche Gene haben. Welches Gericht würde einen Verdächtigen freisprechen, wenn sich seine Fingerabdrücke mit denen am Tatort eines Verbrechens deckten? Fingerabdrücke galten als »pannensicher«, bis das FBI 1998 zwei Abdrücke aus einem Fluchtauto und die vermeintlich identischen Fingerabdrücke des

Beschuldigten an die Labors der US-amerikanischen Strafverfolgungsbehörden schickte. Nur vier von je fünf Labors fanden eine Übereinstimmung, jedes fünfte keine.[2]

Eine neue Technologie nicht zu verstehen ist eine Sache. Zu glauben, dass sie Gewissheit bringt, eine ganz andere. Für Menschen, die unter der Illusion der Gewissheit leiden, gibt es einfache Abhilfe. Sie müssen nur im Gedächtnis behalten, was Benjamin Franklin sagte:

> »In dieser Welt ist nichts gewiss außer dem Tod und den Steuern.«

Meine Schmusedecke[3], bitte

Menschen scheinen ein Bedürfnis nach Gewissheit zu haben, den Drang, an etwas festzuhalten, statt es infrage zu stellen. Wer ein hohes Sicherheitsbedürfnis hat, neigt eher zu Stereotypen und zeigt eine geringere Tendenz, sich an Informationen zu erinnern, die seinen Stereotypen widersprechen.[4] Er empfindet Mehrdeutigkeit als verwirrend und verspürt den Wunsch, sein Leben rational zu planen. Zuerst ein Studienabschluss, ein Auto, eine Berufslaufbahn, anschließend der vollkommene Ehepartner, das Eigenheim und gut geratene Kinder. Doch dann kommt die Wirtschaftskrise, geht der Arbeitsplatz verloren, hat der Partner eine Affäre mit jemand anderem, und am Ende packt man seine Sachen in Kartons, um in eine billigere Wohnung zu ziehen. In einer ungewissen Welt lässt sich nicht alles planen. Hier können wir erst über eine Brücke gehen, wenn wir zu ihr kommen, nicht schon vorher. Dieser Wunsch, alles zu planen und zu organisieren, ist möglicherweise ein Teil des Problems und nicht seine Lösung. Es gibt einen jüdischen Witz: »Wie bringt man Gott zum Lachen? Erzähl ihm von deinen Plänen.«

Illusionen haben ihre Funktion. Häufig brauchen kleine Kinder Kuschel- oder Schmusedecken, um ihre Ängste zu lindern. Doch bei einem Erwachsenen kann sich ein hohes Sicherheitsbedürfnis als gefährlich erweisen. Es hindert uns daran, uns der Ungewissheit zu stellen, die unser Leben durchdringt. Sosehr wir uns auch bemühen, wir können unser Leben nicht auf die gleiche Weise risikofrei machen, wie wir unsere Milch fettfrei machen.

Andererseits ist das psychologische Bedürfnis nicht allein für die Illusion der Gewissheit verantwortlich. Auch die Gewissheitsproduzenten sind entscheidend daran beteiligt, die Illusion zu nähren. Sie wiegen uns in der Gewissheit, die Zukunft sei vorhersagbar, wenn wir uns nur der richtigen Technologie bedienten. Doch die Zukunft kann einfach eine verdammte Sache nach der anderen sein. Manch ein Experte verbreitet falsche Gewissheit, und das gelegentlich schamlos. »Ich bin sicher, dass ich den heiligen Gral gefunden habe«, verkündete ein Finanzexperte einem andächtig lauschenden Kunden in einem Zürcher Nobelhotel in einem so volltönenden Bariton, dass ich nicht umhinkonnte, das Gespräch mitzuhören. Nachdem er eine Stunde lang eine scheinbar todsichere, über jeden Zweifel erhabene Investition in allen Tonarten gepriesen hatte, war ihm der Kunde – und dessen Geld – sicher.

Die Suche nach Sicherheit ist ein uraltes menschliches Bestreben. Es hat magische Riten, Wahrsager und Autoritätsfiguren hervorgebracht, die wissen, was richtig und was falsch ist. Entsprechend sind viele Philosophen jahrhundertelang in die Irre gegangen, indem sie nach Gewissheiten suchten, wo es keine gibt, oder, wie John Dewey, der bedeutende Vertreter des philosophischen Pragmatismus, dargelegt hat, Wissen mit Gewissheit und Glaube mit Ungewissheit gleichsetzten.[5] Heute wird mithilfe moderner Technik – von der mathematischen Vorhersage der Aktienkurse bis hin zu bildgebenden Verfahren in der Medizin – um jenes Vertrauen geworben, das bisher Religion und Autorität einflößten.

Die Suche nach Gewissheit ist das größte Hindernis auf dem Weg zur Risikokompetenz. Es gibt Dinge, die wir wissen können, aber wir müssen auch wissen, was wir nicht wissen können. Wir wissen fast mit Sicherheit, dass der Halley'sche Komet im Jahr 2062 zurückkehren wird, aber wir können selten Naturkatastrophen und Börsencrashs vorhersagen. »Nur Narren, Lügner und Scharlatane prognostizieren Erdbeben«, sagte Charles Richter, Namengeber der Skala, die ihre Stärke misst.[6] Ganz ähnlich erbrachte eine Analyse der Vorhersagen Tausender politischer und wirtschaftlicher Fachleute, dass sie selten besser abschnitten als Laien oder Dart werfende Schimpansen.[7] Sehr beschlagen erwiesen sich die Experten jedoch darin, Entschuldigungen für ihre Irrtümer zu finden (»Ich lag fast richtig«). Das Problem besteht darin, dass falsche Gewissheit enormen Schaden anrichten kann. Wie wir sehen werden, führt blinder Glaube an Tests und finanzielle Prognosen unter Umständen zu einem Leben in Not und Elend. Er kann nicht nur unsere körperliche und geistige Gesundheit gefährden, sondern auch unser Bankkonto und die Wirtschaft in Gänze ruinieren. Wir müssen lernen, mit Ungewissheit zu leben. Es wird Zeit, dass wir uns dieser stellen. Ein erster Schritt besteht darin, uns den Unterschied zwischen bekannten und unbekannten Risiken klarzumachen.

Risiko und Ungewissheit

Zwei prächtig gekleidete junge Frauen sitzen, einander zugewandt, aufrecht und ruhig auf ihren Stühlen. Doch keine nimmt Notiz von der anderen. Fortuna, die launische, mit dem Lebensrad spielende Göttin, sitzt mit verbundenen Augen auf der linken Seite, während menschliche Figuren verzweifelt versuchen, das Rad in ihrer Hand zu erklettern, sich an ihm festklammern oder von ihm herunterfallen (Abbildung 2.2). Sapientia, die berechnende, eitle Göttin des Wissens und der Wissenschaft, blickt, versunken in die Bewunderung ihrer selbst, in einen Handspiegel. Diese beiden allegorischen Figuren stellen einen uralten Gegensatz dar: Fortuna bringt, je nach Laune, Glück oder Unglück, Wissen hingegen Gewissheit.

Dieser Holzschnitt aus dem 16. Jahrhundert entstand hundert Jahre vor einer der größten Umwälzungen des menschlichen Denkens, der »probabilistischen Revolution«, umgangssprachlich auch als »Zähmung des Zufalls« bezeichnet. Dessen Domestizierung begann Mitte des 17. Jahrhunderts. Seither hat sich der Gegensatz zwischen Fortuna und Sapientia zu einer engen Beziehung gewandelt, die allerdings nicht frei ist von Versuchen, einander die angestammten Besitzungen streitig zu machen. Das Wissen versuchte, die Menschen vom Rad der Fortuna zu befreien, den Glauben an

Abbildung 2.2: Fortuna, die mit dem Lebensrad spielende Göttin des Glücks und des Zufalls (links), rechts Sapientia, die himmlische Göttin des Wissens und der Wissenschaft. Auf diesem Holzschnitt aus dem 16. Jahrhundert sind die beiden Frauen traditionell gegenübergestellt: Das launische Glück der Fortuna lässt die Menschen an dem Rad in ihrer Hand emporklettern und abstürzen, während Wissen Gewissheit verspricht. Ein Jahrhundert später sorgte eine der größten wissenschaftlichen Revolutionen dafür, dass der Zufall gezähmt wurde und die Wissenschaft ihre Gewissheit verloren hat.

das Schicksal zu verbannen und den Zufall durch Kausalität zu ersetzen. Fortuna wehrte sich, indem sie das Wissen ihrerseits mit dem Zufall unterwanderte und das ausgedehnte Reich der Wahrscheinlichkeit und Statistik schuf.[8] Beide gingen gewandelt aus diesen Kämpfen hervor: Fortuna war gezähmt, und das Wissen hatte seine Gewissheit verloren.

Heute leben wir in der berauschenden Welt, die diese beiden allegorischen Figuren hervorgebracht haben. In unserem Bewusstsein wimmelt es von Zahlen und Wahrscheinlichkeiten. Der Fußball ist den Straßen und Bolzplätzen in den Arbeitervierteln entwachsen und wird heute von Statistiken beherrscht: Prozent des Ballbesitzes, Zahl der Torschüsse, Prozent der gewonnenen Zweikämpfe, Anzahl der roten Karten pro Spiel und pro Saison. Märkte und Handel wurden von kühnen, weltklugen Männern geschaffen, die ferne Reiche bereisten und Vermögen erwarben, bis sie die herrschende Aristokratie an Reichtum übertrafen und am Ende eine Revolution auslösten, die anderen Leuten ohne Titel und Stammbaum ein menschenwürdiges Leben ermöglichte. Heute müssen sich die Händler nicht mehr auf abenteuerliche Reisen begeben, um ihre Vermögen zu machen; ihnen genügen Hochgeschwindigkeitsrechner, die mithilfe von mathematischen Modellen die Entwicklung der Aktienmärkte voraussagen sollen. Währenddessen dreht Fortuna mit verbundenen Augen still und unbeirrt an ihrem Rad, führt Wirtschaftsprognostiker an der Nase herum und stürzt Hedgefonds von Nobelpreisträgern ins Verderben.

Das Zwielicht der Ungewissheit weist unterschiedliche Schattierungen und Abstufungen auf. Seit dem 17. Jahrhundert vermittelte die probabilistische Revolution der Menschheit die Methoden des statistischen Denkens, um über Fortuna zu triumphieren. Doch diese Methoden waren nur für die blassesten Töne der Ungewissheit bestimmt, für eine Welt *bekannter Risiken*, oder einfach: von *Risiken* (Abbildung 2.3, Mitte). Ich verwende diesen Begriff für eine Welt, in der alle Alternativen, Folgen und Wahrscheinlichkeiten bekannt sind. Das gilt beispielsweise für Lotterien und Glücksspiele. Meistens leben wir jedoch in einer sich verändernden Welt, in der einige dieser Faktoren unbekannt sind: wir haben es mit unbekannten Risiken oder *Ungewissheit* zu tun (Abbildung 2.3, rechts). Die Welt der Ungewissheit ist riesig im Vergleich zu der des Risikos. Wen sollen wir heiraten? Wem vertrauen? Was fangen wir mit dem Rest unseres Leben an? In einer ungewissen Welt ist es unmöglich, den optimalen Verlauf einer Aktion zu bestimmen, indem man die genauen Risiken berechnet. Wir müssen mit den »unbekannten Unbekannten« fertig werden. Überraschungen sind unvermeidlich. Doch selbst wenn Berechnungen keine klaren Antworten liefern, müssen wir Entscheidungen treffen. Zum Glück können wir weit Besseres leisten, als uns panisch an Fortunas Lebensrad

Abbildung 2.3: Gewissheit, Risiko und Ungewissheit. In unserer Alltagssprache unterscheiden wir zwischen »Gewissheit« und »Risiko«, trotzdem werden die Begriffe »Risiko« und »Ungewissheit« meistens synonym verwendet. Das sind sie aber nicht. In einer Welt bekannter Risiken weiß man alles, einschließlich der Wahrscheinlichkeiten, mit Gewissheit. Hier reichen statistisches Denken und Logik aus, um gute Entscheidungen zu treffen. In einer ungewissen Welt ist nicht alles bekannt und lässt sich die beste Option nicht berechnen. Da sind zusätzlich gute Faustregeln und Intuitionen erforderlich.

zu klammern und von ihm herunterzupurzeln. Fortuna und Sapientia zeugten neben der mathematischen Wahrscheinlichkeit noch ein zweites Geisteskind, das häufig übersehen wird: die Faustregel oder, wissenschaftlich ausgedrückt, die Heuristik.[9] Um gute Entscheidungen zu treffen, sind zwei Arten geistiger Werkzeuge erforderlich:

> RISIKO: Wenn die Risiken bekannt sind, verlangen gute Entscheidungen logisches und statistisches Denken.
> UNGEWISSHEIT: Wenn einige Risiken unbekannt sind, verlangen gute Entscheidungen auch Intuition und kluge Faustregeln.

Meistens ist eine Kombination von beidem erforderlich. Einige Dinge lassen sich berechnen, andere nicht, und was berechnet werden kann, ist oft nur eine grobe Schätzung.

Bekannte Risiken

Die Zähmung des Zufalls brachte die mathematische Wahrscheinlichkeit hervor. Ich werde den Ausdruck *bekanntes Risiko* oder einfach *Risiko* für Wahrscheinlichkeiten verwenden, die sich empirisch messen lassen, im Gegensatz zu jenen Ungewissheiten, bei denen das nicht möglich ist.[10] Beispielsweise lässt sich Regenwahrscheinlichkeit ebenso wie durchschnittlicher Ballbesitz und Thromboserisiko anhand der beobachteten Häufigkeiten berechnen. Ursprünglich bedeutete *Risiko* nicht nur Gefahr oder Schaden, sondern auch gleichermaßen Glück wie Unglück in den Händen Fortunas: Ein Risiko kann eine Bedrohung oder eine Hoffnung sein. Ich werde diese ursprüngliche Bedeutung des Wortes beibehalten. Schließlich gäbe es ohne Risikobereitschaft wenig Innovation. Und in vielen Situationen kann ein negatives Ergebnis aus einer anderen Perspektive auch als positiv beurteilt werden: Die Regenwahrscheinlichkeit kann sich auf ein gefährliches Ereignis beziehen, etwa schwere Regenfälle, die Autounfälle verursachen, aber auch auf einen positiven Ausgang, zum Beispiel Regen, der eine Trockenperiode und Hungersnot beendet. Das Risiko, dass Sie Ihr Vermögen in einem Spielkasino verlieren, ist eine Katastrophe für Sie, aber ein willkommenes Ereignis für die Kasinobesitzer.

Die drei Gesichter der Wahrscheinlichkeit

Eine wichtige Tatsache wird häufig übersehen: Wahrscheinlichkeit ist kein einheitliches Phänomen; sie ist mit drei Gesichtern zur Welt gekommen: Häufigkeit, Design und Überzeugungsgrad.[11] Und die sind bis auf den heutigen Tag erhalten geblieben.

Häufigkeit: Bei der ersten Identität beruht die Wahrscheinlichkeit auf Abzählen. Das Zählen der Tage mit Niederschlägen oder der Minuten, während derer eine Mannschaft den Ball in den eigenen Reihen hält, sowie die Division dieser Resultate durch die Gesamtzahl der Tage oder Spielminuten ergibt Wahrscheinlichkeiten, die relative Häufigkeiten sind. Ihr historischer Ursprung liegt in den Sterbetafeln, aus denen Lebensversicherungen die Todeswahrscheinlichkeiten errechneten.

Design: Zweitens, Wahrscheinlichkeit hat mit Konstruktion zu tun. Wenn etwa ein Würfel so hergestellt wird, dass er vollkommen symmetrisch ist, dann beträgt die Wahrscheinlichkeit einer Sechs 1/6. Dazu brauchen Sie nicht zu zählen. Entsprechend sind mechanische Spielautomaten so konstruiert, dass sie, sagen wir, 80 Prozent dessen ausgeben, was die Leute hineinwerfen. Bei elektronischen Automaten werden die Wahrscheinlichkeiten von der Software bestimmt. Eingebaute Wahrscheinlichkeiten heißen auch *Propensität* oder *Tendenz*. Historisch betrachtet waren Glücksspiele der Prototyp der Propensität. Diese Risiken sind bekannt, weil die Menschen sie konstruiert, nicht gezählt haben.

Überzeugungsgrad: Drittens, Wahrscheinlichkeit hat mit Überzeugung zu tun. Die Grundlage einer Überzeugung kann alles sein von einer Erfahrung bis zu einem persönlichen Eindruck. Historisch liegt ihr Ursprung in der Augenzeugenaussage vor Gericht oder, noch spektakulärer, in der Überlieferung der Wunder in der jüdisch-christlichen Tradition.[12] Bis auf den heutigen Tag zählt die Aussage zweier unabhängiger Zeugen mehr als diejenige zweier Zeugen, die zuvor miteinander gesprochen haben, und Gleiches gilt für die Aussage eines Zeugen, der den Angeklagten nicht kennt, im Vergleich zu derjenigen des Bruders. Doch wie soll man solche Intuitionen quantifizieren? Diese Frage führte zu Überzeugungsgraden, die als Wahrscheinlichkeiten ausgedrückt werden.

Anders als bekannte Risiken, die auf messbaren Häufigkeiten oder Design beruhen, können Überzeugungsgrade sehr subjektiv und unterschiedlich sein. Häufigkeiten und Design grenzen die Wahrscheinlichkeit auf Situationen ein, für die große Datenmengen vorliegen oder über deren Beschaffenheit vollkommene Klarheit herrscht. Überzeugungsgrade dagegen sind weit umfassender und erwecken den Eindruck, dass mathematische Wahrscheinlichkeit auf jedes denkbare Problem anwendbar sei. Dadurch kann man leicht zu der Annahme verführt werden, ein Werkzeug – die Berechnung von Wahrscheinlichkeiten – genüge für den Umgang mit allen Arten von Ungewissheit. Infolgedessen werden andere wichtige Werkzeuge, etwa Faustregeln, in der Kiste vergessen.

Spielt diese »multiple Identität« eine Rolle? Keine besondere, wenn es ums Würfelspiel geht, aber sicherlich eine beträchtliche, wenn wir uns der modernen Technik zuwenden. Das Risiko eines größeren Störfalls in einem Kernkraftwerk lässt sich anhand der Anzahl früherer Störfälle, der Konstruktion des Kraftwerks oder der Überzeugungsgrade von Fachleuten oder durch eine Kombination derselben abschätzen. Die resultierenden Bewertungen können sich erheblich voneinander unterscheiden. Während es an der Zahl der Störfälle kaum Zweifel geben kann, lassen sich Propensitäten für die Konstruktion eines Kernkraftwerks schwer bestimmen, sodass es zu erheblich voneinander abweichenden Einschätzungen kommen kann – je nachdem, welche politischen Einstellungen die Gutachter haben oder wer ihre Geldgeber sind. Aus diesem Grund ist es immer wichtig zu fragen, wie die Risiken einer Kernschmelze oder irgendein anderes Risiko tatsächlich berechnet wurden.

Die Kunst der Risikokommunikation

Ein Risiko zu berechnen ist eine Sache, es den Menschen zu vermitteln eine andere. Risikokommunikation ist eine wichtige Fertigkeit für Laien und Fachleute gleichermaßen. Da sie jedoch selten gelehrt wird, ist die Fehldeutung von Zahlen eher die Regel als die Ausnahme. Jede der drei Wahrscheinlichkeitsarten – relative Häufigkeit, Design oder Überzeugungsgrad – lässt sich verwirrend oder verständlich darstellen. Bislang haben wir zwei Werkzeuge für die Vermittlung von Risiken kennengelernt:

- *Verwende Häufigkeiten statt Wahrscheinlichkeiten von Einzelereignissen.*
- *Verwende absolute statt relative Risiken.*

Diese »Denkwerkzeuge« lassen sich relativ leicht erlernen und anwenden. Das erste hilft uns, die Wahrscheinlichkeit eines Risikos, etwa von Regen, zu verstehen, während das zweite die Veränderung eines Risikos verdeutlicht, beispielsweise durch die Verwendung einer neuen Antibabypille. Weitere hilfreiche Werkzeuge werden Ihnen im Fortgang dieses Buchs begegnen. Allerdings möchte ich Sie warnend darauf hinweisen, dass keines der Verfahren immer klappt; in manchen Fällen ist vielleicht ein wenig Übung erforderlich. Lorin Warnick, Associate Dean of the College of Veterinary Medicine der Cornell University, berichtete mir über einen erfolglosen Versuch, auf verständliche Weise Häufigkeiten zu verwenden statt Einzelfall-Wahrscheinlichkeiten.

> »Vor einigen Jahren nahm ich einen Eingriff vor, um auf einer Milchfarm bei Ithaca, New York, bei einer Kuh eine Labmagenverlagerung [*Dislocatio abomasi*] zu korrigieren. Wir wissen aus früheren Studien, dass ungefähr 85 Prozent der Kühe, die mit dieser Methode behandelt werden, genesen und die normale Milchproduktion wieder aufnehmen. Ben, der Besitzer der Farm, fragte, wie wahrscheinlich es sei, dass die Kuh nach der Operation Probleme haben würde. In dem Versuch, es ihm möglichst verständlich mitzuteilen, sagte ich: ›Wenn wir diesen Eingriff an 100 Kühen vornehmen, gehen wir davon aus, dass 10 bis 15 sich innerhalb weniger Wochen nicht vollständig von der Operation erholen.‹ Nach kurzem Schweigen meinte er: ›Na, das ist gut, denn ich habe nur 35 Kühe.‹«

Ungewissheit

In einer ungewissen Welt reichen statistisches Denken und Risikokommunikation nicht aus. Gute Faustregeln sind von entscheidender Bedeutung für gute Entscheidungen.

Wunder gibt es immer wieder

An einem sonnigen Januarnachmittag im Jahr 2009 gingen 150 Passagiere an Bord des US-Airways-Flugs 1549. Drei Minuten nach dem Start vom LaGuardia-Flughafen in New York geschah etwas vollkommen Unvorhergesehenes. Ein Schwarm Kanadagänse näherte sich in perfekter Formation. Auf einer Höhe von

850 Metern hörten es Passagiere und Bordpersonal plötzlich mehrfach knallen. Die Gänse waren in die Turbinen geraten. Die Turbine eines Verkehrsjets kann zwar kleinere Vögel »verdauen«, aber keine Kanadagänse, die fünf Kilo und mehr wiegen. Wenn ein Vogel zu groß ist, schaltet sich die Turbine ab, um nicht zu explodieren. Doch dieses Mal war das Unwahrscheinliche geschehen: Die Gänse waren nicht nur in eine, sondern in beide Turbinen geflogen und hatten sie außer Gefecht gesetzt. Als den Passagieren klar wurde, dass sie sich im Gleitflug auf den Erdboden zubewegten, wurde es still an Bord. Keine Panik, nur stumme Gebete. Captain Chesley Sullenberger meldete der Flugsicherung: »Vogelkollision. Haben den Schub in beiden Turbinen verloren. Wir kehren nach LaGuardia zurück.«

Doch eine Landung kurz vor dem Flughafen hätte katastrophale Konsequenzen für Passagiere, Besatzung und die Menschen in dem dortigen Wohnviertel gehabt. Der Kapitän und sein Kopilot mussten eine kritische Entscheidung fällen. Konnte es das Flugzeug tatsächlich bis LaGuardia schaffen, oder mussten sie etwas Riskanteres versuchen, etwa eine Notwasserung im Hudson River? Man sollte meinen, die Piloten hätten nun Geschwindigkeit, Wind, Höhe und Entfernung gemessen und ihren Bordcomputer mit diesen Informationen gefüttert. Doch sie hielten sich einfach an eine Faustregel:

Fixiere den Tower: Wenn der Tower in der Cockpitscheibe aufsteigt, schaffst du es nicht.

Man braucht also die Länge des Gleitflugs nicht zu berechnen. Es wird keine Zeit vergeudet. Und die Faustregel ist gegen Rechenfehler gefeit. Hören wir dazu den Kopiloten Jeffrey Skiles: »Es ist weniger eine mathematische Berechnung als etwas Visuelles, denn wenn Sie ein Flugzeug fliegen, sind Dinge, die ... da wird ein Punkt, den Sie nicht mehr erreichen können, in ihrer Cockpitscheibe aufsteigen. Ein Punkt, den Sie überfliegen können, verschwindet in Ihrer Cockpitscheibe nach unten.«[13] Dieses Mal verschwand der Punkt, den sie erreichen wollten, nicht nach unten, sondern stieg auf. Sie nahmen Kurs auf den Hudson.

Die Passagiere in der Kabine wussten nicht, was im Cockpit vor sich ging. Sie hörten lediglich: »Hier spricht der Kapitän: Machen Sie sich auf den Aufprall gefasst.« Die Flugbegleiter riefen: »Köpfe nach unten! Bleiben Sie unten!« Passagiere und Besatzung erinnerten sich später, dass sie sich vorzustellen versuchten, wie der Tod und das Leid ihrer Angehörigen sein würden. Dann erfolgte der Aufschlag, und das Flugzeug kam zum Stillstand. Als Passagiere die Notausstiege öffneten, strömte Sonnenlicht in das Flugzeug. Alle standen auf, stürzten zu den Öffnungen. Nur eine Passagierin griff nach dem Gepäckfach, um ihr Bordgepäck zu suchen, wurde aber augenblicklich daran gehindert. Die Tragflächen des schwimmenden, aber langsam sinkenden Flugzeugs waren dicht mit Menschen in Schwimmwesten besetzt, die auf Rettung hofften. Dann sahen sie die Fähre kommen. Alle überlebten.

Zwischen dem Aufprall der Gänse und der Notwasserung auf dem Fluss waren nur drei Minuten vergangen. In dieser Zeit begannen die Piloten die Checkliste für beidseitigen Turbinenausfall durchzugehen, eine dreiseitige Anleitung, die für die Verwendung in 10 000 Meter und nicht 1000 Meter Höhe gedacht war: Zündung anstellen, Flugcomputer zurücksetzen und so fort. Aber sie konnten die Lektüre nicht beenden. Auch hatten sie keine Zeit, die Checkliste für Notwasserungen durchzugehen. Während die Evakuierung vonstatten ging, blieb Skiles im Cockpit und arbeitete die betreffende Checkliste ab, um eventuelle Brände und andere Gefahren auszuschließen. Sullenberger ging nach hinten, sah nach den Passagieren und verließ die Kabine erst, als er sicher war, dass niemand zurückgeblieben war. Ermöglicht wurde das Wunder durch eine Kombination aus Teamarbeit, Checklisten und klugen Faustregeln.

Das Geheimnis der Intuition: Unbewusste Faustregeln

Eine Faustregel oder *Heuristik* ermöglicht uns, eine Entscheidung schnell zu treffen, ohne viel Informationssuche und doch mit einem hohen Maß an Genauigkeit. Die Regel, die die Piloten verwendeten, um herauszufinden, ob das Flugzeug es noch bis zum nächsten Flughafen schaffen würde oder nicht, ist ein Beispiel dafür. Piloten lernen in ihrer Ausbildung, die Regel bewusst anzuwenden. Andere Menschen verwenden diese Regel unbewusst. Die Regel ist ein Sonderfall der *Blickheuristik*, mit deren Hilfe sich Objekte im dreidimensionalen Raum abfangen lassen:

> *Fixiere das Objekt, und passe deine Geschwindigkeit so an, dass der Blickwinkel konstant bleibt.*

Baseballprofis verlassen sich auf diese Regel, wenn auch meist unbewusst. Wenn der Ball hoch geschlagen wird, fixiert der Spieler den Ball, beginnt zu laufen und passt seine Laufgeschwindigkeit so an, dass der Blickwinkel konstant bleibt.[14] Der Spieler muss die Flugbahn des Balls nicht berechnen. Um die richtige Parabel zu finden, müsste das Gehirn des Spielers Anfangsentfernung, Geschwindigkeit und Winkel des Balls schätzen, was nicht einfach wäre. Kompliziert wird der Sachverhalt noch dadurch, dass Bälle in der Wirklichkeit nicht in Parabeln fliegen. Wind, Luftwiderstand und Spin beeinflussen die Bahn. Selbst leistungsfähigste Roboter oder Computer können bislang in den wenigen Sekunden, die ein Ball in der Luft ist, seinen Landepunkt nicht richtig bestimmen. Die Blickheuristik löst das Problem, indem sie den Spieler ohne entsprechende Berechnungen zum Landepunkt leitet. Das ist der Grund, warum die Spieler nicht genau wissen, wo der Ball landen wird, und bei der Verfolgung des Balls häufig gegen Wände und in die Zuschauer laufen.

Die Piloten des US-Airways-Flugs hatten keine Möglichkeit, ihre Geschwindigkeit anzupassen, konnten aber trotzdem die einfache Regel anwenden, um zu bestimmen, ob das Flugzeug es bis LaGuardia schaffen würde oder nicht. Diese Regel wird auch mit dem umgekehrten Ziel verwendet: um den Zusammenstoß mit einem Objekt zu vermeiden. Stellen wir uns einen Piloten in einem kleinen Flugzeug vor, der ein großes näher kommen sieht und ein Unglück befürchtet. Ihm bleibt keine Zeit, um zu berechnen, ob sich die Bahnen der beiden Flugzeuge irgendwann in Raum und Zeit überschneiden werden. Für solche kritischen Situationen gibt man Piloten in der Ausbildung eine Spielart der Blickheuristik an die Hand: *Schaue auf einen Kratzer in deiner Cockpitscheibe. Wenn sich das andere Flugzeug relativ zu diesem Kratzer nicht bewegt, tauche schleunigst ab.* Sonst könnte das andere Flugzeug direkt in das eigene fliegen. Die gleiche Regel hilft Seglern, Kollisionen zu vermeiden: »Fixiere das andere Boot. Wenn der Blickwinkel konstant bleibt, drehe rasch ab.«

Jede mir bekannte Faustregel kann bewusst und unbewusst verwendet werden. Wird sie unbewusst benutzt, sprechen wir von intuitiven Urteilen. Eine Intuition oder ein Bauchgefühl ist ein Urteil,

1. das unvermittelt im Bewusstsein auftaucht,
2. dessen tiefere Gründe uns nicht ganz bewusst sind,
3. das stark genug ist, um danach zu handeln.

Ein Bauchgefühl ist weder eine Laune noch ein sechster Sinn noch Hellseherei noch Gottes Stimme. Es ist eine Form unbewusster Intelligenz. Die Annahme, Intelligenz sei notwendigerweise bewusst und überlegt, ist ein Riesenirrtum.

Die meisten Regionen unseres Gehirns sind unbewusst, und wir wären wohl verloren ohne den dort gespeicherten immensen Bestand an Erfahrung. Rechenintelligenz mag bei bekannten Risiken ausreichend sein, doch angesichts von Ungewissheit ist Intuition unentbehrlich. Allerdings weigert sich unsere Gesellschaft häufig, Intuition als eine Form von Intelligenz anzuerkennen, während sie logische Berechnungen unbesehen als intelligent wertet. Entsprechend betrachten manche Sozialwissenschaftler Intuition mit Misstrauen und halten sie für eine der größten menschlichen Fehlerquellen. Einige postulieren sogar die Existenz zweier kognitiver Systeme, das eine bewusst, logisch, kalkulativ und rational, das andere unbewusst, intuitiv, heuristisch und fehleranfällig – und beide nach unterschiedlichen Prinzipien arbeitend.[15] Das eben geschilderte Beispiel widerspricht dieser Darstellung. Eine Heuristik kann sicherer und genauer sein als eine Berechnung, und die gleiche Heuristik kann sowohl bewussten als auch unbewussten Entscheidungen zugrunde liegen.

Auf keinen Fall kann eine Faustregel alle Probleme lösen; aus diesem Grund hat sich unser Verstand einen »Werkzeugkasten« mit

Regeln zugelegt. Wie ein Hammer sich am besten für Nägel und ein Schraubendreher am besten für Schrauben eignet, so müssen diese Faustregeln den Erfordernissen angepasst werden. Intelligente Entscheidungsfindung setzt also voraus, dass wir wissen, welches Werkzeug wir für welches Problem verwenden. Intelligenz ist keine abstrakte Zahl wie etwa ein IQ, sondern ähnelt eher dem intuitiven Wissen des Zimmermanns, der mit sicherem Griff das richtige Werkzeug auswählt. Das ist der Grund, warum sich die moderne Intelligenzforschung mit dem »adaptiven Werkzeugkasten« beschäftigt, über den Individuen, Organisationen und Kulturen verfügen – das heißt mit den evolutionär entstandenen und erlernten Regeln, die unsere bewussten und intuitiven Entscheidungen leiten.[16]

Woher stammen diese Faustregeln? Einige begleiten Menschen und Tiere seit langer Zeit. Fledermäuse, Hunde und Fische bedienen sich der Blickheuristik, um Beutetiere und Paarungspartner zu erwischen. Fische fangen ihre Beute, indem sie einen konstanten Winkel zwischen ihrer Bewegungslinie und der des Ziels einhalten. Wenn ein Hund hinter einer segelnden Frisbee-Scheibe herjagt, folgt er derselben Regel: Er versucht, beim Laufen einen konstanten Blickwinkel beizubehalten. Wir werden in diesem Buch noch mehr solchen Faustregeln begegnen.

Einfache Lösungen für komplexe Probleme

Die Blickheuristik zeigt, wie der Verstand einfache Lösungen für komplexe Probleme entdecken kann. *Heuristik* heißt sie, weil sie sich auf die eine oder die wenigen Informationen konzentriert, die wichtig sind, und die anderen außer Acht lässt. Experten suchen oft nach weniger Informationen als Neulinge und begnügen sich mit Heuristiken. Im Beispiel des US-Airways-Flugs ignorierten die Piloten alle Informationen, die sie gebraucht hätten, um die Bahn des Gleitflugs zu berechnen, und verließen sich stattdessen auf eine einzige Information: das Bild des Towers in der Cockpitscheibe. Entscheidend ist dabei, dass die Ausblendung von Informationen zu besseren, schnelleren und sichereren Entscheidungen führen kann.

Ihren Erfolg verdankt die Blickheuristik der Evolutionsgeschichte unserer Gehirne. Das ist der Grund, warum Piloten, Baseballspieler oder Hunde sich auf sie verlassen können, während sie für Roboter und Computer nur von begrenztem Nutzen ist. Die haben nämlich nicht die evolutionär erworbene Fähigkeit, vor einem »geräuschvollen« Hintergrund ein bewegtes Objekt im Auge zu behalten. Anstelle dieser mentalen Fähigkeit müssen sie Flugbahnen berechnen. Was für einen Menschen einfach ist, ist oft alles andere als einfach für einen Computer, und umgekehrt.

Man sollte meinen, dass die Erforschung intelligenter Heuristiken ein Schwerpunkt vieler Disziplinen sein müsste. Ganz und gar nicht! Seltsamerweise suchen die meisten Theorien rationaler Entscheidungsfindung – von der Wirtschaft bis zur Philosophie – noch immer ihre Antworten bei Fragen, die nur bekannte Risiken betreffen. Viel Denkaufwand wurde in den Sozialwissenschaften komplizierten Logik- und Statistiksystemen gewidmet, fast keiner jedoch dem heuristischen Denken, und wenn doch, dann vor allem, um darzulegen, dass Heuristiken ein Grund für menschliche Fehler und Katastrophen seien.

Nach der probabilistischen Revolution brauchen wir eine zweite Revolution, welche die Heuristik ernst nimmt und die Menschheit endlich mit den Fertigkeiten ausstattet, die sie braucht, um mit der ganzen Palette von Ungewissheiten umzugehen. Als einer der Ersten hat der amerikanische Universalgelehrte Herbert Simon nach dieser Revolution gerufen, und ich habe einen Großteil meiner Forschungstätigkeit darauf verwandt, meinen Beitrag dazu in Form mathematischer Modelle für die Entscheidungsfindung unter Ungewissheit zu leisten. Diesen nächsten Schritt bezeichne ich als die »heuristische Revolution«.[17] Dazu müssen wir lernen, in ungewissen Welten mithilfe von intelligenten Faustregeln zu agieren.

Risiko nicht mit Ungewissheit verwechseln

Angesichts der vielen Unbekannten bieten uns nur wenige Situationen im Leben die Möglichkeit, alle Risiken exakt zu berechnen. In den meisten Fällen sind die beteiligten Risiken eine Mischung aus mehr oder weniger bekannten. Nach dem 11. September blieb

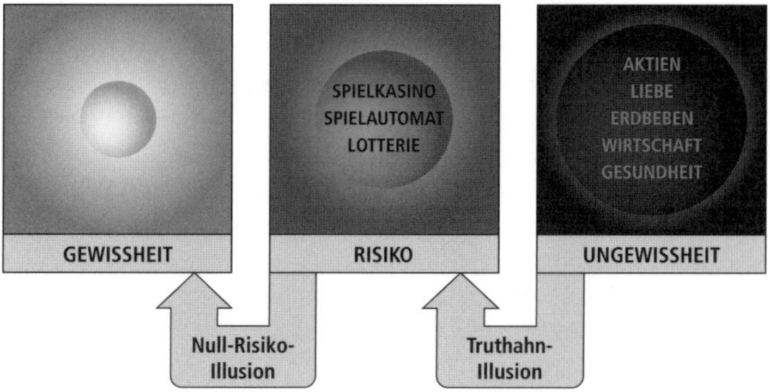

Abbildung 2.4: Illusionen der Gewissheit auf zweierlei Weise. Im einen Fall wird eine Welt des Risikos mit einer der Gewissheit verwechselt – die »Null-Risiko-Illusion«. Im anderen Fall verwechselt man eine Welt der Ungewissheit mit einer Welt bekannter Risiken – die Truthahn-Illusion (Illusion des kalkulierbaren Risikos). In beiden Fällen entspricht die Illusion einem Pfeil, der sich von rechts nach links bewegt.

das Risiko des Autofahrens beispielsweise unverändert gegenüber der Zeit vor dem terroristischen Anschlag, während das Risiko des Fliegens viel ungewisser wurde: Es hätte ein weiteres Flugzeug entführt werden können. Hier war weniger klar, ob die Zukunft wie die Vergangenheit sein würde. Im Gesundheitswesen, einer weiteren Welt mit einem hohen Maß an Ungewissheit, muss ein Arzt mit statistischem Denken vertraut sein, um die Ergebnisse der medizinischen Forschung zu verstehen, braucht aber auch gute Intuitionen, um den Patienten zu verstehen. Genauso reichen in der Geschäftswelt statistische Berechnungen nicht aus; um zu wissen, wem man vertrauen kann, bedarf es guter Intuitionen für andere Menschen. So sagte John F. »Jack« Welch von General Electric, einer der erfolgreichsten Manager der Welt, gute Entscheidungen würden »direkt aus dem Bauch« getroffen.[18]

Die Illusion der Gewissheit hat zwei Aspekte. Immer wenn bekannte Risiken als absolute Gewissheit missverstanden werden, kommt es zur Null-Risiko-Illusion (Abbildung 2.4, linker Pfeil). Moderne Technologien wie HIV-Tests, Genanalysen und bildgebende Diagnoseverfahren liefern Hightech-Vehikel für illusorische

Sicherheit. Die Illusion des *kalkulierbaren Risikos* (oder die Truthahn-Illusion; siehe unten) ist etwas anderes. Sie verwechselt Ungewissheit mit bekannten Risiken. Wie die Null-Risiko-Illusion wird sie in Abbildung 2.4 als ein Zug nach links dargestellt (rechter Pfeil). In beiden Fällen gibt es eine Diskrepanz zwischen der wirklichen und der wahrgenommenen Welt. Fangen wir mit den Risiken an, die fälschlicherweise für Gewissheit gehalten werden.

Die Null-Risiko-Illusion

Menschen, die ungeschützten Sex mit wechselnden Partnern haben, laufen Gefahr, sich mit HIV (Humanes Immundefizienz-Virus) zu infizieren. Wer glaubt, ihm könne das nicht passieren, erliegt der Null-Risiko-Illusion. Aber es gibt noch ein weiteres gefährliches Risiko, das weniger bekannt ist: das Risiko eines falschen positiven Ergebnisses, wenn man sich einem routinemäßigen HIV-Test unterzieht.

Illusorische Gewissheit kann Ihr Leben ruinieren

HIV-Screening ist weitverbreitet und nicht immer freiwillig. Blutbanken screenen potenzielle Spender, Streitkräfte screenen Rekruten und Angehörige im aktiven Dienst, und Einwanderungsbehörden screenen Immigranten. Man rät Männern und Frauen, die heiraten wollen, ebenso zu HIV-Tests wie Schwangeren. Plakatwände an US-Highways werben mit glücklichen Mädchen und der Botschaft »Tu es für deine Mom. Free HIV test.net.« Beim Test auf HIV wird zunächst ein EIA [Enzymgekoppelter Immunadsorptionstest, englisch: ELISA – Enzyme-Linked Immunoassay] durchgeführt. Ist das Ergebnis negativ, so wird der Testperson die gute Nachricht übermittelt. Ist es positiv, wird ein weiterer EIA – nach Möglichkeit von einem anderen Hersteller – vorgenommen. Ist das Ergebnis auch dieses Mal positiv, kommt der teurere Westernblot als sogenannter »Bestätigungstest« zum Zuge. Fällt auch der Westernblot positiv aus, wird die Testperson in der Regel benachrichtigt, dass sie HIV-positiv ist. Im Einzelnen sind die Abläufe unterschiedlich.

In meinem Buch *Das Einmaleins der Skepsis* erläutere ich einige Dinge, die Sie wissen sollten, wenn Sie sich einem HIV-Test unterziehen. Wenn Sie zu keiner Risikogruppe gehören und das Ergebnis positiv ist, sind Sie nicht unbedingt infiziert. Falsche Positive kommen vor. Ein falsches Positiv ist wie ein falscher Alarm: Jemand, der nicht infiziert ist, kann durchaus ein positives Ergebnis erzielen. Wie aus Abbildung 2.1 ersichtlich wird, ist eine Mehrheit der Öffentlichkeit auch nach Jahren über die Möglichkeit falscher positiver HIV-Tests nicht informiert. Durch solche falschen Ergebnisse sind Leben zerstört worden. In der Frühzeit der HIV-Tests erhielten 22 Blutspender in Florida die Information, bei ihnen sei das Resultat des EIA positiv gewesen; sieben von ihnen begingen Selbstmord, ohne zu wissen, ob das Ergebnis stimmte.[19]

Einige Jahre nachdem ich *Das Einmaleins der Skepsis* geschrieben hatte, erläuterte Dr. Eileen Munro meine Analyse in einem Artikel. Nicht lange danach leitete sie folgenden Brief an mich weiter:[20]

> Sehr geehrte Frau Dr. Munro,
> vor zwei Wochen ließ ich einen HIV-Test machen. Ich bin frisch verheiratet und zum ersten Mal schwanger, und der Test ist ein Standardverfahren bei Schwangeren. Eine Woche später bestellte man mich wieder ein und sagte, mein Testergebnis sei positiv. Ich fragte, wie hoch die Häufigkeit falscher positiver Resultate sei; der Arzt sagte mir, sie liege bei 5/100 000. Man gab mir einige Ausdrucke von Internetseiten zum Leben mit HIV mit und schickte mich fort, um meinem Mann und meiner Familie die Neuigkeit mitzuteilen.
> Ich hatte einen schlechten Abend und nachfolgenden Morgen, aber am nächsten Tag während der Arbeit begann ich nachzudenken. Ich recherchierte ein wenig und stellte fest, dass sie sich dort nicht an das Standardprotokoll gehalten hatten (zwei EIAs und dann ein Westernblot). Sie hatten nur den Westernblot vorgenommen und dazu erklärt, es sei der Bestätigungstest, daher habe man sich nicht mit den EIAs aufhalten müssen. Ich las mir

noch einmal Ihren Artikel durch, hielt mir meine risikoarme Lebensweise vor Augen und fasste etwas Hoffnung. An diesem Wochenende ging ich mit meinem Mann zu einer anderen Beratungsstelle, wo wir uns einem zwanzigminütigen Schnelltest unterzogen und beide negativ waren; bei jedem nachfolgenden Test waren die Ergebnisse negativ.
Ihr Artikel hat mich vor einer Verzweiflung bewahrt, deren Ausmaß ich nicht in Worte fassen kann; er gab mir genügend Kraft, um meine Recherchen fortzusetzen und mich unverzüglich erneut testen zu lassen. Ich schätze Ihren Artikel als Beitrag auf dem Gebiet der Risikobeurteilung, aber ich möchte Ihnen auch sagen, wie wichtig er auf einer weit tieferen Ebene für mich war.

Mit freundlichen Grüßen
Amy D.
Berkeley, CA

Nachdem ich diesen Brief gelesen hatte, wusste ich, dass sich all die Stunden gelohnt hatten, die ich in das *Einmaleins der Skepsis* investiert hatte. Betrachten wir das Argument etwas genauer. Was bedeutet ein positiver Test tatsächlich? Nehmen wir an, der Arzt dieser jungen Frau hätte recht gehabt und es kämen tatsächlich fünf falsche positive Ergebnisse auf je 100 000 Tests (vgl. Abbildung 2.5, links). Betrachten wir 100 000 Frauen aus der allgemeinen Bevölkerung, die einem HIV-Screening unterzogen werden. Laut Statistik sind rund zehn infiziert (das ist die sogenannte Prävalenz oder Krankheitshäufigkeit), die durch den Test mit an Sicherheit grenzender Wahrscheinlichkeit entdeckt werden.[21] Bei der Mehrheit der Frauen, die *nicht* infiziert sind, können wir laut Amys Arzt erwarten, dass fünf weitere Frauen positiv getestet werden. Das ergibt zehn richtige und fünf falsche positive Ergebnisse, also eine Infektionswahrscheinlichkeit von 2/3, was weit entfernt von absoluter Gewissheit ist. Nur wenn Amy eine hochriskante Lebensweise gehabt hätte, stünden ihre Aussichten schlecht.

Die Lehre daraus: Wenn Sie keiner Risikogruppe angehören, verfallen Sie nicht in Panik. Denken Sie daran, was die Zahlen bedeuten, und lassen Sie einen zweiten, unabhängigen Test durchführen.

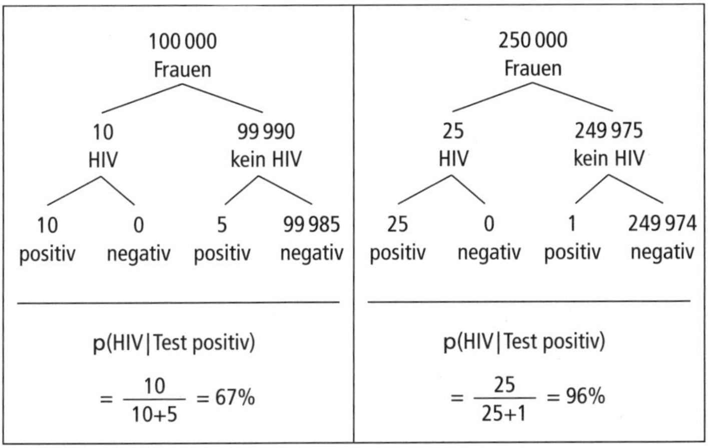

Abbildung 2.5: Was bedeutet ein positiver HIV-Test? Die Antwort hängt von der Prävalenz und der Falsch-positiv-Rate ab. *Linker Baum*: Die Falsch-positiv-Rate beträgt laut Amys Arzt 5 von 100 000. Die Prävalenz beträgt 1 von 10 000 für Frauen ohne bekannte Risikofaktoren. Von 100 000 Frauen, die an dem Test teilnehmen, sind 10 wahrscheinlich infiziert; diese werden zu Recht positiv getestet. Von den 99 990, die nicht infiziert sind, wird der Test wahrscheinlich in fünf Fällen fälschlicherweise ein positives Ergebnis zeigen. Folglich ist zu erwarten, dass 15 positiv getestet werden, aber nur zehn tatsächlich infiziert sind.
Rechter Baum: Hier beträgt die Falsch-positiv-Rate 1 von 250 000, wie aus den neuesten Studien hervorgeht, die bessere Tests verwenden. Von 250 000 Frauen, die an dem Test teilnehmen, sind 25 wahrscheinlich infiziert; alle richtigerweise mit einem positiven Testergebnis. Von den 249 975 nicht infizierten Frauen wird das Testergebnis wahrscheinlich in einem Fall falsch sein. Wir können also erwarten, dass von je 26 positiv getesteten Frauen eine nicht infiziert ist. Die Zahlen schwanken je nach Land, Risikogruppe und Testqualität.

Wie gesehen hängt die Bedeutung eines positiven HIV-Tests weitgehend von der Prävalenz und der Falsch-positiv-Rate ab. Die besten verfügbaren Tests haben eine Falsch-positiv-Rate, die kleiner ist als die von Amys Arzt genannte – nur etwa 1 von 250 000. Wenn die Prävalenz wie oben 1 von 10 000 (oder 25 von 250 000) beträgt, kann man ein falsches positives Ergebnis auf 25 richtige positive erwarten (Abbildung 2.5, rechts). Das heißt, die Wahrscheinlichkeit, bei einem positiven Test tatsächlich infiziert zu sein, beträgt rund 96 Prozent. Das ist ein hoher Wert, aber immer noch bei Weitem keine Gewissheit. Aids-Berater haben die ethische Verpflichtung, ihre Klienten darüber aufzuklären, wie hoch ihr tatsächliches Infektionsrisiko angesichts der Prävalenz und der Falsch-positiv-Rate des Tests ist. Doch die Mehrheit der von mir befragten Aids-Berater teilte ihren Klienten aus Niedrigrisikogruppen mit, das Ergebnis sei hundertprozentig gewiss.[22]

In unseren Beispielen erfassten die Tests alle infizierten Personen; trotzdem kommen auch falsche negative Ergebnisse vor. Den Weltrekord hält offenbar ein amerikanischer Bauarbeiter, der rund 30-mal negativ getestet wurde, obwohl er infiziert war.

Statt das Risiko zu erklären, verbreiten viele Institutionen – nicht nur in Kalifornien – die Illusion der Gewissheit. Wenn Sie beispielsweise in Chicago leben und die Website der staatlichen Gesundheitsbehörde von Illinois aufrufen, können Sie dort lesen:[23]

> »Ein positives Testergebnis bedeutet, dass in Ihrem Blut HIV-Antikörper gefunden wurden. Das heißt, Sie haben eine HIV-Infektion. Sie bleiben Ihr Leben lang infiziert und können HIV auf andere übertragen.«

Diese Aussage vermittelt falsche Gewissheit. Die Ärzte, die Amy nach Hause schickten, damit sie ihrem Mann und ihrer Familie die Nachricht überbrachte, litten unter der gleichen Illusion. Kein Wenn, kein Aber, kein Hinweis auf die Möglichkeit falscher positiver Ergebnisse. Schwangere verdienen, wie wir alle, bessere Informationen.

Nicht jeder hat so viel Glück wie Amy. Es gibt Menschen, die haben Arbeit, Heim, Gesundheit, Kinder und Freunde verloren, nachdem sie fehldiagnostiziert und überflüssigerweise mit Medikamentencocktails behandelt worden waren. Einige begingen Selbstmord, andere rutschten in eine Abwärtsspirale selbstzerstörerischen Verhaltens, wozu auch ungeschützter Sex mit HIV-Infizierten gehörte, weil sie meinten, das spiele nun auch keine Rolle mehr.[24]

Die Truthahn-Illusion

Es ist nicht immer leicht zu erkennen, wie ungewiss die Situation ist, in der wir uns befinden, ob die Risiken wirklich bekannt oder weitgehend unvorhersagbar sind. Beginnen wir mit einer Erzählung des Autors Nassim Taleb.[25] Versetzen Sie sich in die Gemütsverfassung eines Truthahns. Am ersten Tag Ihres Lebens kam ein Mann. Sie befürchteten, er wolle Sie töten, aber er war freundlich und gab Ihnen Futter. Am folgenden Tag näherte sich der Mann erneut. Wird er mich wieder füttern? Nach der Wahrscheinlichkeitstheorie können Sie berechnen, wie groß die Aussicht dafür ist. Die *Laplace-Regel*, so benannt, weil der bedeutende Mathematiker Pierre Simon de Laplace sie abgeleitet hat, liefert die Antwort:

> Wahrscheinlichkeit, dass etwas abermals geschieht, wenn es schon n Male vorher geschehen ist = $(n+1)/(n+2)$

Hier ist n die Zahl der Tage, die der Bauer Sie gefüttert hat. Das heißt, nach dem ersten Tag beträgt die Wahrscheinlichkeit, dass der Bauer Sie am nächsten Tag füttern wird, 2/3, nach dem zweiten Tat steigt sie auf 3/4 und so fort, sodass die Gewissheit mit jedem Tag zunimmt. Gleichzeitig wird die Alternative, dass er Sie töten könnte, immer unwahrscheinlicher. Am Tag 100 ist es fast gewiss, dass der Bauer kommt, um Sie zu füttern – das könnten Sie jedenfalls meinen. Was Sie nicht wissen: Dieser Tag ist der Tag vor Thanksgiving. Ausgerechnet an dem Tag, an dem die Wahrscheinlichkeit gefüttert zu werden, größer als je zuvor ist, kommen Sie unters Beil.

Thanksgiving war dem Truthahn unbekannt. Wenn der Truthahn alle möglichen Risiken gekannt hätte, wäre die Laplace-Regel durchaus rational gewesen. Doch der Truthahn musste auf bittere Art herausfinden, dass ihm eine wichtige Information fehlte.

Fälschlicherweise anzunehmen, dass alle Risiken bekannt sind, ist eine Gewissheitsillusion. Nennen wir sie die *Truthahn-Illusion*, obwohl sie vermutlich häufiger bei Menschen als bei Truthähnen anzutreffen ist.

Pech oder illusorische Gewissheit?

Es besteht eine gewisse Ähnlichkeit zwischen dem unerwarteten Ende des Truthahns und der Unfähigkeit von Experten, Finanzkrisen vorauszusagen: Beide verwenden Modelle, die kurzfristig funktionieren mögen, aber nicht die Katastrophe erkennen können, die weiter in der Zukunft droht. Wie im Fall des Truthahns beruhte die Risikobeurteilung beim US-amerikanischen Immobilienmarkt auf historischen Daten und Modellen, die im Prinzip der Laplace-Regel ähnelten. Da die Immobilienpreise ständig stiegen, schien das Risiko abzunehmen. Am größten war das Vertrauen in die Stabilität unmittelbar vor Beginn der Immobilienkrise. Noch im März 2008 erklärte US-Finanzminister Henry Paulson: »Unsere Finanzinstitutionen, Banken und Investmentbanken sind stark. Unsere Kapitalmärkte sind robust. Sie sind effizient. Sie sind flexibel.«[26] Kurz darauf stürzte die ganze Wirtschaft in Turbulenzen. Die Risikomodelle, auf die Paulson seine Aussage stützte, sahen nicht das Ausmaß der Blase voraus, so wie der Truthahn nicht die Bedeutung von Thanksgiving voraussah. Der einzige Unterschied bestand darin, dass die Steuerzahler den Banken, statt sie zu schlachten, aus der Klemme halfen. Modelle, die von einem bekannten Risiko ausgehen, sind unter Umständen eher geeignet, eine Katastrophe heraufzubeschwören, als dazu, sie zu verhindern.

Beispielsweise meldete David Viniar, Finanzvorstand von Goldman Sachs, riesige Verluste, weil deren Risikomodelle völlig überraschend an mehreren Tagen hintereinander 25-Sigma-Ereignisse verzeichneten. Wie unwahrscheinlich ist ein 25-Sigma-Ereignis? Laut den verwendeten Risikomodellen (nach dem sogenannten »Wert-im-Risiko-Ansatz« oder *value at risk*) ist davon auszugehen, dass ein 3-Sigma-Ereignis alle zwei Jahre an einem einzigen Tag auftritt, ein 5-Sigma-Ereignis nur einmal seit der letzten Eiszeit und ein 7-bis-8-Sigma-Ereignis einmal seit dem Urknall; ein 25-Sigma-Ereignis ist absolut jenseits all dessen, was sich aufgrund der Modelle vorstellen lässt. Und dieses undenkbare Ereignis fand nicht nur einmal, sondern gleich an mehreren Tagen statt. War das nun einfach schlecht gelaufen oder schlecht berechnet? Schlecht gelaufen, also Pech, ist unwahrscheinlich. Das Problem ist ungeeignete Risikoeinschätzung: Methoden, die in einer Welt der Ungewissheit fälschlicherweise von bekannten Risiken ausgehen. Gerade ihre Genauigkeit erzeugt illusorische Gewissheit.[27]

Banken wird manchmal vorgeworfen, sie würden wie Spielkasinos agieren. Wenn dem doch so wäre! Wie Mervyn King, der Gouverneur der Bank of England, anmerkte, wäre es in diesem Fall zumindest möglich, die Risiken zu berechnen. Doch Investmentbanken spielen in der realen, sich ständig verändernden Welt. Hier ist nicht jedem zu trauen, kommt es zu Überraschungen und führt der Versuch, exakte Risiken zu berechnen, unter Umständen in die Katastrophe. Tatsächlich steht die Anwendung von Finanztheorien, die für eine Welt bekannter Risiken konzipiert wurden, in dem Verdacht, eine der Ursachen der Finanzkrise zu sein. So meinte Joseph E. Stiglitz zur Krise von 2008: »Es stimmte einfach nicht, dass eine Welt mit *fast* vollständiger Information einer Welt mit vollständiger Information entspricht.«[28]

Die Suche nach Gewissheit

Absolute Gewissheit ist ein geistiger Zustand, der jeden Zweifel ausschließt. Ein Großteil unserer Geschichte wurde von Menschen geprägt, die sich absolut gewiss waren, dass ihre Religion, Sippe oder Rasse die von Gott oder vom Schicksal auserwählte war, woraus sie das Recht ableiteten, sich aller widersprechenden Ideen samt der von ihnen infizierten Menschen zu entledigen. Ganz wichtig: Die Null-Risiko-Illusion entsteht nicht so einfach im Geist der Menschen. Sie wird vermarktet, sorgfältig auf die Adressaten zugeschnitten und massiv beworben. Einige Verfasser von Wirtschaftsbestsellern versprechen, ihren Lesern beizubringen, wie diese ihren Kunden absolute Gewissheit suggerieren können, und Gesundheitsbroschüren verzichten darauf, die Risiken für Patienten zu erwähnen.

Der Wunsch nach Gewissheit ist tief im Menschen verwurzelt. Der Traum, dass alles Denken auf Rechnen reduziert werden könne, ist alt und schön. Im 17. Jahrhundert malte sich der Philosoph Leibniz aus, man könne für alle Ideen Zahlen oder Symbole einsetzen, mit deren Hilfe sich die beste Antwort auf jede Frage finden lasse. Das würde das ganze gelehrte Gezänk beenden: Wenn ein Disput entstehe, könnten die streitenden Parteien ihn rasch und friedlich beilegen, indem sie sich hinsetzten und sagten: »Lass uns rechnen.«[29] Das einzige Problem war, dass es weder dem großen Leibniz noch sonst jemandem je gelang, dieses universelle Rechensystem zu finden. Leibniz hatte dabei nämlich die Unterscheidung zwischen Risiko und Ungewissheit übersehen. Doch in unserem Jahrhundert haben schlaue Wissenschaftler viele Kunstgriffe etabliert, um Ungewissheiten so zu behandeln, als wären sie bekannte Risiken. So fühlen manche Forscher sich dann legitimiert, ihre mathematischen Standardmodelle anwenden zu können, statt sich mit der realen Welt auseinanderzusetzen.

Mehr Information ist immer besser. Mehr Rechnen ist immer besser. Derartige Ratschläge erscheinen so offensichtlich, dass sie nur wahr sein können. Wie wir sehen werden, ist diese Annahme ein großer Fehler. In einer ungewissen Welt sind komplexe Methoden der Entscheidungsfindung, die auf mehr Informationen und Berechnungen setzen, häufig schlechter und können Schaden anrichten, weil sie die ungerechtfertigte Hoffnung auf Gewissheit wecken.

Diese Erkenntnis hat sich noch nicht durchgesetzt. Viele Experten und das breite Publikum hängen gleichermaßen der Überzeugung an, dass mehr stets besser sei. Wer wird denn auch mehr Informationen und raffinierte Berechnungen ablehnen, wenn er sie umsonst haben kann? Es heißt, Faustregeln würden bei der Faktensuche Zeit und Mühe sparen, jedoch auf Kosten der Genauigkeit – eine These, die als »Genauigkeit-Aufwand-Konflikt« *(accuracy-effort trade-off)* bezeichnet wird. Bei der Entscheidungsfindung, so das Argument weiter, seien Faustregeln immer die zweitbeste Möglichkeit. Doch das gilt nur in einer Welt bekannter Risiken, nicht in einer ungewissen Welt. Um gute Entscheidungen in einer ungewissen Welt zu treffen, müssen wir einen Teil der Informationen außer Acht lassen, und genau das geschieht bei der Anwendung von Faustregeln. Dadurch lassen sich Zeit und Mühe sparen *und* bessere Entscheidungen treffen.

Fassen wir zusammen:

1. *RISIKO ≠ UNGEWISSHEIT.* Die beste Entscheidung unter Risiko ist nicht die beste Entscheidung unter Ungewissheit.
2. *FAUSTREGELN SIND NICHT DUMM.* In einer ungewissen Welt können einfache Faustregeln zu besseren Ergebnissen führen als raffinierte Berechnungen.
3. *WENIGER IST MEHR.* Komplexe Probleme brauchen nicht immer komplexe Lösungen. Suchen Sie zunächst nach einfachen Lösungen.

In den nächsten Kapiteln werde ich diese Erkenntnisse illustrieren.

DIE UNGEWISSE ZUKUNFT

Vorhersagen sind schwierig, besonders über die Zukunft.

Niels Bohr.
Auch Mark Twain, »Yogi« Berra
und vielen anderen zugeschrieben.

Telefone

1876 weigerte sich die Western Union, die größte amerikanische Telegrafengesellschaft, Graham Bells Patent für 100 000 Dollar zu kaufen, weil sie meinte, die Menschen seien nicht gescheit genug, um mit einem Telefon umzugehen: »Bell erwartet, dass das breite Publikum das Gerät ohne ausgebildetes Personal bedienen kann. Jeder Telegrafist wird sofort den Trugschluss in diesem Plan erkennen. Man kann den Leuten den Umgang mit technischen Nachrichtengeräten einfach nicht zutrauen.«[30]

Eine Gruppe von britischen Fachleuten sah dies etwas anders: »Das Telefon mag für unsere amerikanischen Vettern angemessen sein, aber nicht hier, weil wir in ausreichendem Maße mit Botenjungen versorgt sind.«

Glühlampen
Einige Jahre später bewertete ein britischer Parlamentsausschuss Thomas Edisons Glühlampen und gelangte zu dem Schluss, sie seien »gut genug für unsere transatlantischen Freunde [...] aber der Aufmerksamkeit praktisch oder wissenschaftlich denkender Männer nicht wert«.

Rundfunk
»Der Rundfunk hat keine Zukunft.« Lord Kelvin, ehemaliger Präsident der Royal Society, um 1897.

Eisenbahn
»Der Schienenverkehr mit hohen Geschwindigkeiten ist unmöglich, weil die Passagiere, unfähig zu atmen, an Asphyxie [Erstickung] sterben würden.« Dr. Dionysus Lardner (1793–1859), Professor am University College, London, und Verfasser eines Buchs über Dampfmaschinen, war einer von mehreren Ärzten, die prophezeiten, dass die rasche Bewegung der Züge Tod oder Hirnläsionen bei Reisenden und Schwindelanfälle bei Beobachtern hervorrufen würde.

Autos
Der Automobilpionier Gottlieb Daimler (1834–1900) glaubte, es würde weltweit aus Mangel an geeigneten Fahrern nie mehr als eine Million Autos geben. Daimler stützte seine falsche Vorhersage auf die Annahme, dass Automobile von Chauffeuren bedient werden müssten.

Computer
Howard Aiken, der 1943 den Computer Mark I für IBM konstruierte, erinnerte sich: »Ursprünglich dachten wir, wenn es ein halbes Dutzend Großrechner in diesem Land gäbe – irgendwo in Forschungslaboren versteckt –, wäre damit der landesweite Bedarf gedeckt.« Die Voraussage beruhte auf der falschen Annahme, dass Computer nur dazu da sind, wissenschaftliche Probleme zu lösen.

Kapitel 3
Defensives Entscheiden

CALVIN: Je mehr du weißt, desto schwerer wird es, entschlossen zu handeln.
HOBBES: mmh.
CALVIN: Je mehr Informationen du bekommst, desto mehr Vertracktheiten und Grautöne siehst du.
HOBBES: mmh.
CALVIN: Du erkennst, dass nichts so klar und einfach ist, wie es dir zuerst erschien. Letztlich erweist sich Wissen als lähmend.
HOBBES: mmh.
CALVIN: Als Mann der Tat kann ich dieses Risiko nicht eingehen.
HOBBES: Du hast keine Ahnung, aber wenigstens handelst du danach.

Die Risikoscheu ist eng mit der Angst vor Fehlern verknüpft. Wenn Sie im mittleren Management eines Unternehmens beschäftigt sind, kreist ihr Leben vermutlich um die Angst, etwas falsch zu machen und dafür gerügt zu werden. Ein solches Klima ist nicht innovationsfreundlich, denn Originalität setzt voraus, dass man auf dem Weg dorthin Risiken eingeht und Fehler macht. Keine Risiken, keine Fehler, keine Innovation! Risikoscheu wird schon in der Schule gefördert, wo man den Kindern abgewöhnt, eigene Lösungen für mathematische Probleme zu finden und dabei möglicherweise Fehler zu machen. Stattdessen teilt man ihnen die Antwort mit und überprüft, ob sie sich die Formel einprägen und sie anwenden können. Es geht nur darum, dass sie für den Test lernen und möglichst wenige Fehler machen. So zieht man keine großen Denker heran.

Ich verwende den Begriff »Fehlerkultur« für eine Kultur, in der man sich offen zu Fehlern bekennen kann, um aus ihnen zu lernen und sie in Zukunft zu vermeiden. Beispielsweise ist einer der großen Vorzüge der amerikanischen Kultur ihr Hang zu »Versuch und Irrtum«, mit geringer Scheu vor dem Misslingen. Zur Beruhigung von Lesern mit ausgeprägter Angst vor Fehlern folgt hier eine Geschichte, die zeigt, dass sich auch die klügsten Köpfe austricksen lassen.

Irren ist menschlich

Albert Einstein (1879–1955) und Max Wertheimer (1880–1943) waren eng befreundet seit ihrer gemeinsamen Zeit in Berlin, wo Einstein Direktor am Kaiser-Wilhelm-Institut für Physik, dem späteren Max-Planck-Institut für Physik, und Wertheimer einer der Begründer der Gestaltpsychologie war. Beide flohen Anfang der 30er-Jahre vor den Nazis und gingen ins amerikanische Exil, Einstein nach Princeton und Wertheimer nach New York. Sie pflegten ihre Freundschaft durch einen Briefwechsel, in dem Wertheimer seinen Freund mit kleinen Denksportaufgaben unterhielt.

Wertheimer nutzte seine Kenntnisse über Denkgesetze, als er versuchte, Einstein mit der folgenden Knobelei hinters Licht zu führen:[1]

> Ein altes klappriges Auto soll einen Weg von 2 Meilen fahren, einen Hügel hinauf und hinunter $\wedge$. Die erste Meile – den Anstieg – kann's, weil's so alt ist, nicht rascher fahren als mit der Durchschnittsgeschwindigkeit von 15 Meilen pro Stunde. Frage: Wie rasch muss es die zweite Meile laufen – beim Herunterfahren kann's natürlich rascher vorwärtskommen –, um eine Gesamtgeschwindigkeit (für den Gesamtweg) von 30 Meilen pro Stunde zu erzielen?

Wertheimers Aufgabe legt den Gedanken nahe, dass die Antwort 45 oder 60 Meilen pro Stunde sei. Aber es existiert keine derartige Antwort. Selbst wenn die alte Klapperkiste wie eine Rakete

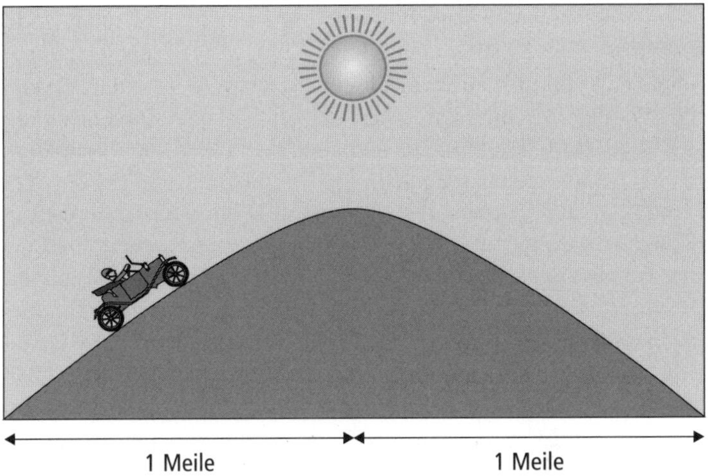

Abbildung 3.1: Einstein fiel auf diese Denksportaufgabe herein.

den Berg hinunterschießen würde, käme sie nicht auf eine Durchschnittsgeschwindigkeit von 30 Meilen pro Stunde. Wenn Sie es nicht sofort herausgefunden haben, lassen Sie sich keine grauen Haare wachsen: Einstein schaffte es auch nicht. Er gestand, dass er seinem Freund bei dieser Knobelaufgabe auf den Leim gegangen war: »Erst durch Rechnung merkte ich, dass für den Herunterweg keine Zeit mehr verfügbar bleibt! […] Solche Witzchen zeigen einem, wie blöd man ist!«[2]

Gestaltpsychologen lösen Probleme, indem sie die Frage so lange umformulieren, bis die Antwort klar wird. Und das geht so: Wie lange braucht das alte Auto, um oben auf dem Hügel anzukommen? Die Straße nach oben ist eine Meile lang. Der Wagen fährt mit 15 Meilen pro Stunde, also braucht er vier Minuten (1 Stunde geteilt durch 15), um die Spitze zu erreichen. Wie lange braucht der Wagen den Hügel rauf und runter mit einer Durchschnittsgeschwindigkeit von 30 Meilen pro Stunde? Die Straße rauf und runter ist zwei Meilen lang. Dreißig Meilen pro Stunde entspricht zwei Meilen in vier Minuten. Folglich müsste das Auto die ganze Strecke in vier Minuten zurücklegen. Doch diese vier Minuten sind bereits für den Weg den Hügel hinauf aufgebraucht.

Es ist keine Schande, einen Fehler zu machen; niemand ist vollkommen.

Ein System, das keine Fehler macht, ist nicht intelligent

Gestaltpsychologen und ihre Anhänger illustrieren mit optischen Täuschungen, wie unsere Wahrnehmung arbeitet, wozu auch die intelligenten Faustregeln gehören, auf die sie sich stützt. Wenn wir uns umschauen, denken wir, wir nehmen die Außenwelt wahr. Das ist aber nicht der Fall. Unsere Gehirne sind keine Spiegel. Sie haben nicht genügend Informationen, um die Welt widerzuspiegeln. Beispielsweise ist die Welt dreidimensional, das Bild auf der Netzhaut aber nur zweidimensional. Infolgedessen können wir Entfernungen nicht direkt sehen, sondern müssen intelligente Vermutungen anstellen. Der bedeutende Physiologe Hermann von Helmholtz nannte diese Schätzungen »unbewusste Schlussfolgerungen«. Ohne diese intelligenten Schätzungen würden wir schlecht dastehen. Intelligenz heißt, über die vorliegenden Informationen hinaus- und Risiken einzugehen.

Schauen Sie sich das Schachbrett auf der linken Seite der Abbildung 3.2 an. Die Quadrate, die Sie sehen, sind schwarz und weiß. Das mit A bezeichnete Quadrat ist beispielsweise schwarz, das mit B bezeichnete weiß. Doch die Quadrate A und B haben in Wirklichkeit denselben Grauton. Es ist kaum zu glauben, weil Ihre Augen ihn in zwei verschiedenen Schattierungen wahrnehmen. Schauen Sie sich zum Beweis das Schachbrett auf der rechten Seite an, wo die beiden Quadrate durch zwei senkrechte Streifen im selben Grauton miteinander verbunden sind. Daraus geht hervor, dass die beiden Quadrate von derselben Farbe sind. Sie können es auch beweisen, indem Sie sich ein Stück Papier nehmen und es so mit zwei Löchern versehen, dass Sie nur die Quadrate A und B sehen können. Doch obwohl Sie es besser wissen, bleibt die Täuschung.

Was für ein unglaublich hartnäckiger Fehler! Doch denken Sie einen Augenblick nach. Würde Ihr Gehirn nicht diesen »Fehler« erzeugen, so würden Sie viele verschiedene Grauabstufungen sehen, aber kein Schachbrett mit schwarzen und weißen Feldern. Mit an-

Abbildung 3.2: Schachbrett-Täuschung (von E. H. Adelson). Links: Quadrat A sieht schwarz aus, Quadrat B weiß. Rechts: Die senkrechten Verbindungsstreifen offenbaren uns, dass die Quadrate A und B in Wirklichkeit dieselbe Farbe haben.
Unser Gehirn misst nicht einfach das Licht, das von jedem Quadrat reflektiert wird, sondern nutzt auch benachbarte Quadrate für intelligente Schlussfolgerungen. Sonst würden wir kein Schachbrett sehen, sondern nur viele Quadrate in verschiedenen Farben. Optische Täuschungen sind keine Fehlleistungen, sondern Nebenprodukte eines intelligenten Systems.

deren Worten: Würde Ihr Gehirn nur das von der Oberfläche jedes Quadrats eintreffende Licht messen, würde es sich von dem Schatten irreführen lassen. Der Schatten, den das Objekt auf der rechten Seite des Bretts wirft, verdunkelt die Oberfläche, sodass ein weißes Quadrat im Schatten noch weniger Licht reflektieren kann als ein schwarzes im vollen Licht.

Statt einfach das reflektierte Licht eines jeden Quadrats zu messen, macht sich das Gehirn deshalb die Kontextinformation zunutze und schließt daraus auf das, was es sieht. Die Schachbrett-Täuschung ist der Nebeneffekt einer von der Evolution wunderbar geformten Intelligenz, kein peinlicher Mangel. Wie arbeitet diese Intelligenz?

Die evolutionär erworbenen »unbewussten Schlussfolgerungen« scheinen eine Reihe intelligenter Kunstgriffe oder Faustregeln zu sein, mit deren Hilfe unser Gehirn die Anforderungen einer ungewissen Welt bewältigt. Es folgen zwei von ihnen. Die erste wird als *lokaler Kontrast* bezeichnet:

Schätze die Helligkeit eines Quadrats relativ zu derjenigen seiner benachbarten Quadrate ein, nicht allein aufgrund der absoluten Lichtstärke, die von diesem Quadrat ausgeht.

Beispielsweise ist auf dem Schachbrett das helle Quadrat im Schatten von dunkleren Quadraten umgeben. Daher ist die wahrgenommene Helligkeit relativ zu den es umgebenden Quadraten und nicht absolut. Das wirft die Frage auf, wie das Gehirn zu dem Schluss gelangt, dass es sich hier um einen Schatten handelt und nicht einfach um eine Reihe dunklerer Quadrate. Die zweite Faustregel orientiert sich an *Unschärfe*:

Lass allmähliche Veränderungen der Lichtstärke außer Acht.

Schatten sind in der Regel unscharf und haben weiche Ränder, während echte Objektgrenzen wie die Schachbrettquadrate scharf abgesetzte Ränder aufweisen. Diese Faustregel macht es möglich, die Farbe der Oberfläche zu bestimmen, ohne von Schatten irregeführt zu werden.

Das Schachbrett zeigt, dass Intelligenz nicht die Fähigkeit ist, jede von einem Quadrat reflektierte Abstufung des Lichts oder – allgemeiner – jede Information exakt wiederzugeben, sondern die Kunst, fundierte Vermutungen anzustellen. Optische Täuschungen helfen uns, die Arbeitsweise unseres Gehirns zu verstehen:

- Unser Gehirn hat unzureichende Informationen über die Welt.
- Intelligent sein heißt, über die vorliegenden Informationen hinauszugehen und fundierte Vermutungen über die Außenwelt anzustellen.
- Im Zuge solcher Vermutungen begeht jedes intelligente System »gute« Fehler.

Vielleicht haben Sie schon einmal eines dieser populärwissenschaftlichen Bücher über kognitive Prozesse gelesen, die auflisten, welche Verstöße wir gemeinhin gegen die Vernunft begehen. Meist stellen sie eine direkte Analogie zwischen visuellen und kognitiven Täuschungen her. Die Begründung lautet: Was können wir von unserer Vernunft und unserem Denken erwarten, wenn schon das Wahrnehmungssystem systematische Fehler begeht? Wie optische Täuschungen, so die darin verbreitete Ansicht, seien auch kognitive Täuschungen nur schwer zu überwinden. Das sei der Grund, warum die Erziehung der breiten Öffentlichkeit zum Scheitern verurteilt sei und warum paternalistische Strategien, welche den Menschen zum »richtigen« Verhalten lenken, die einzig denkbare Alternative seien. Diese Argumentation lässt das Wesen menschlicher Intelligenz außer Acht.

Weder eignet sich das Sehsystem als physikalisches Lichtmessgerät, noch sollte es das sein. Das ist nicht seine Aufgabe. Es soll über die gesammelten Informationen hinausgehen und Vermutungen über die Außenwelt anstellen.

Solche »Fehler« zu machen ist kein Mangel; ohne sie würden wir die Gegenstände in unserer Umgebung nicht erkennen. Wenn ein System keine Fehler macht, ist es nicht intelligent. Tatsächlich sind optische Täuschungen ein Beweis für den Erfolg und nicht das Versagen der Kognition.

Gute Fehler

Einer optischen Täuschung zu unterliegen bedeutet, wie gesehen, dass man einen guten Fehler macht. Gute Fehler sind nützliche Fehler. Kinder sind dafür bekannt. Nehmen Sie einen Dreijährigen, der »ich gebte« sagt statt »ich gab«. Das Kind kann nicht von vornherein wissen, welche Verben regelmäßig und welche unregelmäßig sind. Da unregelmäßige Verben selten sind, geht das Kind von der regelmäßigen Form aus, bis es eines Besseren belehrt wird. Wenn das Kind dagegen beschlösse, auf Nummer sicher zu gehen und nur jene Verben zu verwenden, die es bereits gehört hat, würde es viel langsamer lernen. Daher sind solche Fehler gut oder funktional. Wir müssen durch Misslingen lernen, oder es wird uns misslingen zu lernen.

Der glückliche Zufall – die Entdeckung von etwas, was man nicht zu entdecken beabsichtigte – ist häufig das Ergebnis eines Fehlers. Christoph Kolumbus wollte einen Seeweg nach Indien finden. Er glaubte, er könne Indien per Schiff erreichen, weil er einen Fehler beging: Er unterschätzte den Erddurchmesser erheblich. Andere wussten es besser und kritisierten seinen Plan als töricht. Sie hatten recht. Doch dank seines Fehlers entdeckte Kolumbus etwas anderes, Amerika. Ganz ähnlich waren einige meiner Entdeckungen nie geplant, so zum Beispiel die des »Weniger-ist-mehr-Effekts«. Das war folgendermaßen:

Für ein Experiment brauchten wir eine Reihe leichter und eine Reihe schwerer Fragen. Da die Versuchsteilnehmer Deutsche waren, stellten wir ihnen Fragen zur Einwohnerzahl deutscher Städte (leicht) und amerikanischer Städte (schwer). Dazu wählten wir jeweils die 75 größten Städte beider Länder aus. Zum Beispiel:

»Welche Stadt hat mehr Einwohner: Detroit oder Milwaukee?«
»Welche Stadt hat mehr Einwohner: Bielefeld oder Hannover?«

Das Ergebnis frappierte uns. Die Deutschen schnitten nicht bei den deutschen Städten am besten ab, über die sie eine Menge wussten, sondern bei amerikanischen Städten, über die sie wenig wussten. Unser Fehler lag in der Annahme, dass mehr Wissen immer zu besseren Schlussfolgerungen führe. Ohne diesen Fehler hätten wir nie die Faustregel entdeckt, die wir *Rekognitionsheuristik* nennen:[3]

Wenn du den Namen einer Stadt erkennst, aber nicht den einer anderen, dann schließe daraus, dass die erkannte Stadt mehr Einwohner hat.

Viele der deutschen Versuchsteilnehmer hatten noch nie von Milwaukee gehört und schlossen daraus zu Recht, Detroit müsse mehr Einwohner haben. Da ihnen jedoch sowohl Bielefeld als auch Hannover vertraut waren, konnten sie die Faustregel nicht auf diese Frage anwenden. Ein Amerikaner, der noch nie von Bielefeld gehört hätte, würde korrekterweise annehmen, Hannover müsse größer sein, während die Deutschen sich schwertun. Entsprechend kamen in einer anderen Studie nur 60 Prozent der Amerikaner auf die richtige Antwort – Detroit ist größer als Milwaukee –, während es bei den Deutschen rund 90 Prozent waren. Die Rekognitionsheuristik zieht intelligente Schlüsse aus Halbwissen. Diese einfache Regel funktioniert nicht immer, sondern genau dann, wenn größere Objekte tatsächlich einem breiteren Publikum bekannt sind.

Gute Fehler helfen uns, zu lernen und zu entdecken. Ein System, das keine Fehler macht, lernt wenig und entdeckt noch weniger.

Schlechte Fehler

Erzieher träumen manchmal davon, junge Menschen zu formen, die im Idealfall keine Fehler machen. Diese Ansicht ist ein Beispiel für einen schlechten Fehler. Intelligenz, Kreativität und Innovation versiegen, wenn man den Menschen verbietet, Fehler zu machen. Was nicht heißt, dass jeder Fehler gut wäre. Schlecht sind Fehler, wenn sie nicht zum Lernen oder zur Entdeckung führen und besser vermieden würden.

Ein schrecklicher Fehler passiert rund dreißig Eltern jedes Jahr in den USA. Sie lassen ihr Kind zu lange in einem überhitzten Auto zurück, wo es an Hyperthermie stirbt. Auch Geschäftsleute und Experten begehen schlechte Fehler. Ein Expertenausschuss der Russischen Akademie der Wissenschaften in Sankt Petersburg gelangte 1806 zu dem Schluss: »Es gibt keine Verwendung für Erdöl.« In den 1940er-Jahren lehnte Dial Press George Orwells Buch *Animal Farm* mit der Begründung ab, »es sei unmöglich, in den Vereinigten Staaten Tiergeschichten zu verkaufen«.[4] Die Ausbreitung von Aids in Afrika wurde in den 1980er-Jahren von der Weltgesundheitsorganisation (WHO) weit unterschätzt, da deren Computermodelle annahmen, die Wahrscheinlichkeit einer Übertragung würde mit der Anzahl der sexuellen Kontakte ansteigen, nicht aber mit der Anzahl der sexuellen Partner. Zehn Kontakte mit einem Partner führen aber zu einer viel geringeren Chance einer Ansteckung als jeweils ein Kontakt mit zehn Partnern.[5] Die Null-Risiko-Illusion und die Truthahn-Illusion sind, wie wir gesehen haben, ebenfalls eine ständige Quelle von gefährlichen Fehlern. Beispielsweise verwenden Banken auch heute noch Modelle (wie *value-at-risk*), welche annehmen, dass alle Risiken bekannt seien und sich präzise berechnen ließen, obgleich diese illusorische Gewissheit zur globalen

Finanzkrise beigetragen hat, statt sie zu verhindern. Schnitzer wie diese können sich im Nachhinein nicht nur als peinlich erweisen, sondern ganze Länder in Krisen stürzen und weit ins Hintertreffen bringen. Schlechte Fehler sind nicht produktiv und sollten im Interesse aller Beteiligten vermieden werden.

Positive und negative Fehlerkulturen

Berufe, Unternehmen und Gruppen von Individuen haben Fehlerkulturen. Das eine Extrem bilden negative Fehlerkulturen. Menschen, die in einer solchen Kultur leben, haben Angst, Fehler zu begehen, gute oder schlechte, und tun alles, um einen Fehler zu verbergen, sollte ihnen doch einer unterlaufen. Eine solche Kultur hat wenig Aussichten, aus Fehlern zu lernen und neue Chancen zu entdecken. Am anderen Ende des Spektrums gibt es die positiven Fehlerkulturen, die Fehler transparent machen, zu guten Fehlern ermutigen und aus schlechten Fehlern lernen, um eine sicherere Lebenswelt zu schaffen.

Zwei Beispiele für Berufsgruppen mit gegensätzlichen Fehlerkulturen sind die zivile Luftfahrt und die Medizin. Die Lufthansa und andere internationale Fluggesellschaften zeichnen sich durch eine weitgehend positive Fehlerkultur aus, was einer der Gründe dafür ist, dass das Fliegen so sicher geworden ist. Statt eine Illusion der Gewissheit zu liefern, gibt die Lufthansa offen Auskunft, wie hoch das Risiko eines Flugzeugabsturzes ist: einmal bei zehn Millionen Flügen. Um diese extrem niedrige Rate zu erzielen, bedarf es Sicherheitsregeln. Beispielsweise wird die Treibstoffmenge, die jedes Flugzeug getankt haben muss, durch die folgende Regel bestimmt:

> Die Mindestkraftstoffmenge, die bei jedem Flug mitgeführt werden muss, besteht aus
>
> 1. Streckenkraftstoff (*trip fuel*), um den Bestimmungsort zu erreichen,
> 2. Kraftstoff für unvorhergesehenen Mehrverbrauch (*contingency fuel*), zum Beispiel fünf Prozent des Streckenkraftstoffs,

um Fehler bei der Berechnung des Streckenkraftstoffs etwa infolge falscher Windvorhersagen auszugleichen,
3. Ausweichkraftstoff (*alternate fuel*), um eine Schleife zu fliegen und einen anderen Flughafen anzusteuern,
4. Endreserve (*final reserve*), um 30 Minuten über dem Ausweichflughafen kreisen zu können, und
5. Extra-Kraftstoff (*extra fuel*) nach Einschätzung der Besatzung, um für Ausnahmesituationen wie extreme Wetterverhältnisse gewappnet zu sein.

Diese Sicherheitsmengen bei der Kraftstoffbetankung kosten die Lufthansa Geld, weil zusätzliches Gewicht höheren Kraftstoffverbrauch bedeutet. Auf einem Langstreckenflug werden rund 30 Prozent des Kraftstoffs für den Transport des Kraftstoffs aufgewendet. Sicherheitsmaßnahmen sind ein Aspekt einer Fehlerkultur, das Informieren über tatsächliche Fehler ein anderer. Schwerwiegende Fehler werden von denen berichtet, die sie begangen haben, und von einer Sondergruppe dokumentiert, die mit den Piloten spricht und die Informationen an die ganze Gemeinschaft weitergibt. Das ermöglicht den Piloten, aus den Fehlern anderer zu lernen. Obwohl der Sicherheitsstandard bereits außerordentlich hoch ist, werden ständig Anstrengungen unternommen, die Unfallzahlen weiter zu senken, so beispielsweise im US-amerikanischen Luftfahrtprogramm *System Think*, bei dem alle Beteiligten – Piloten, Mechaniker, Fluglotsen, Hersteller, Fluggesellschaften und Flugaufsichtsbehörde – sich zusammensetzen, um Fehler zu diskutieren und zu lernen, wie das Fliegen noch sicherer werden kann.

In Krankenhäusern gibt es nichts, was auch nur von fern an diese Maßnahmen erinnert. Die Fehlerkultur in der Medizin ist überwiegend negativ; institutionalisierte Berichtssysteme zu kritischen Zwischenfällen sind selten. Angesichts drohender Schadenersatzprozesse ist die Medizin vorwiegend defensiv: Ärzte sehen Patienten als potenzielle Kläger, und Fehler werden infolgedessen oft verheimlicht. Auf nationaler Ebene gibt es kaum systematische Auswertungen von Fehlern, anhand derer man lernen könnte – wie in der Luftfahrt. Daher ist die Patientensicherheit in Krankenhäusern – anders als die Sicherheit der Passagiere in Flugzeugen –

ein großes Problem. Das US-amerikanische Institute of Medicine (IOM) schätzt, dass rund 44 000 bis 98 000 Patienten jedes Jahr in US-amerikanischen Krankenhäusern durch vermeidbare Kunstfehler sterben. In Deutschland sind es etwa 17 000.[6] Halten wir fest, dass das nur die dokumentierten Fälle sind.

Geben wir der Statistik ein paar Gesichter. Der achtjährige Ben Kolb starb während eines geringfügigen Eingriffs wegen einer Arzneimittelverwechslung. Die neunzehnjährige Jasmine Grant kam mit ihrem ersten Kind in die Wehen und bekam irrtümlich ein Epiduralanästhetikum injiziert. Zwanzig Minuten später erlitt sie einen epileptischen Anfall und konnte nicht wiederbelebt werden. Die Medizinjournalistin Betsy Lehman vom *Boston Globe* starb während der Chemotherapie an einer Überdosis. Dem Diabetiker Willie King wurde das falsche Bein amputiert.[7] Solche Fehler kommen selbst in den besten US-amerikanischen Krankenhäusern häufig vor, und ihre Zahl hat im Laufe der Jahre zugenommen. Laut WHO-Bericht erleidet jeder zehnte Patient Schaden an seiner Gesundheit, während er in technisch hochgerüsteten Krankenhäusern behandelt wird.[8] Über die weitaus umfangreichere medizinische Versorgung außerhalb von Krankenhäusern ist wenig bekannt. Eine negative Fehlerkultur führt zu mehr Fehlern, weniger Sicherheit und geringerem Interesse an wirksamen Sicherheitsmaßnahmen. Um den Leiter des Risikomanagements einer internationalen Fluggesellschaft zu zitieren: »Hätten wir die Sicherheitskultur eines Krankenhauses, wir hätten zwei Abstürze pro Tag.«

Warum verwenden Piloten Checklisten, aber die meisten Ärzte keine?

In der Anfangszeit der Luftfahrt konnte ein Pilot ein Flugzeug ohne viel Technik fliegen. Checklisten wurden in der U.S. Air Force erst eingeführt, nachdem sich gezeigt hatte, dass der B-17-Bomber zu viel Flugzeug für einen einzelnen Piloten war. Als 2009 beim US-Airways-Flug 1549, wie oben geschildert, gleich nach dem Start von LaGuardia beide Turbinen ausfielen, gingen die Piloten die Checkliste für Turbinenausfall und Neustartversuche durch, während die Flugbegleiter ihre Protokolle abarbeiteten und dafür sorgten, dass die Passagiere die vorgeschriebene Crash-Haltung einnahmen. Die Checklisten liefern ein einfaches, kostengünstiges Werkzeug zur Verbesserung der Sicherheit.

In der Medizin bietet sich ein ganz anderes Bild. Jedes Jahr verursachen zentrale Venenkatheter in US-amerikanischen Krankenhäusern geschätzte 80 000 Blutbahninfektionen und – dadurch bedingt – 28 000 Todesfälle auf Intensivstationen. Patienten, die eine Katheterinfektion überleben, verbringen im Durchschnitt eine Woche länger in der Intensivpflege. Die Gesamtkosten dieser Infektionen werden auf 2,3 Milliarden Dollar pro Jahr geschätzt. Was können wir tun, um einige dieser Leben zu retten? Bessere Medikamente zur Behandlung der Infektionen, bessere Technik? Die Antwort lautet: eine bessere Fehlerkultur.

2001 entwickelte Peter Pronovost, ein Intensivmediziner am Johns Hopkins Hospital, eine einfache Checkliste für Ärzte auf Intensivstationen, um festzustellen, ob sich die Zahl der Katheterinfektionen verringern lässt.[9] Fünf Schritte verhindern das Eindringen von Bakterien. Hier ist die Liste:

CHECKLISTE

Ärzte sollen

1. sich die Hände mit Seife waschen,
2. die Haut des Patienten mit dem Antiseptikum Chlorhexidin säubern,
3. den Patienten vollständig mit sterilen Tüchern abdecken,
4. Maske, Mütze, Kittel und Handschuhe tragen, die steril sind,
5. die Eintrittsstelle mit einem sterilen Überzug abdecken, sobald der Katheter eingeführt ist.

Jede Maßnahme auf der Liste war bekannt, nichts war neu. Pronovost hielt die Krankenschwestern und Pfleger auf der Intensivstation dazu an, darauf zu achten, ob die Ärzte die fünf Schritte befolgten. Die Schwestern berichteten, dass bei mehr als einem Drittel aller Patienten ein oder mehrere Schritte ausgelassen wurden. Im Johns Hopkins Hospital betrug die Rate der Katheterinfektionen elf Prozent.

Als Nächstes bewog Pronovost die Krankenhausverwaltung, die Schwestern zum Eingreifen zu ermächtigen, wenn die Ärzte einen Schritt ausließen. Diese revolutionäre Maßnahme brachte die hierarchische Struktur durcheinander, die nicht vorsieht, dass die überwiegend weiblichen Krankenpfleger den überwiegend männlichen Chirurgen sagen, was diese zu tun haben. Nach einjähriger Anwendung der Checkliste fiel die Rate der Katheterinfektionen von elf Prozent auf null(!). Während der folgenden 15 Monate traten nur zwei Fälle von Katheterinfektionen auf. In diesem einen Krankenhaus hatte die Checkliste 43 Infektionen und acht Todesfälle verhindert – und eine Ersparnis von zwei Millionen Dollar gebracht.

Um zu zeigen, dass die Wirkung der Checkliste nicht auf das eigene Krankenhaus beschränkt war, veranlasste Pronovost mehr als hundert Intensivstationen in Michigan zur Mitarbeit an einer umfassenden Studie. Ein wichtiger Aspekt war, dass jede Intensivstation dazu angehalten wurde, ihre eigene Checkliste aufzustellen, um ihren eigenen Hemmnissen und ihrer besonderen Kultur Rechnung zu tragen. Die teilnehmenden Intensivstationen hatten vor der Studie 695 katheterassoziierte Blutbahninfektionen pro Jahr gemeldet. Schon drei Monate nach Einführung der Checklisten sank die Infektionsrate in den meisten Intensivstationen auf null. Auf den restlichen Intensivstationen gelang es in den 18 Monaten, die die Studie dauerte, die Rate erheblich zu senken.[10] Dieses enorme Lebensrettungsprogramm wurde ohne aufwendige Technik und zusätzliches Personal bewerkstelligt.

Pronovost und seine Kollegen entwickelten ferner Checklisten, um neben Katheterinfektionen auch andere Schäden von Patienten abzuwenden. Der Chirurg Atul Gawande war so begeistert, dass er das Buch *The Checklist Manifesto* schrieb. Er beschloss, mit gutem Beispiel voranzugehen und in seinem eigenen Team eine Checkliste zu verwenden. In seinem Innersten war er davon überzeugt, dass die Liste in seinem Bereich keinen Unterschied bewirken würde. Doch er musste sich eines Besseren belehren lassen. Kaum eine Woche verging, in der die Checkliste ein Versäumnis aufdeckte, das ihm und seinem Team bis dahin entgangen war. Ein Beispiel:[11]

»Ich hatte eine Patientin, die das Antibiotikum nicht bekommen hatte, das sie vor dem Schnitt hätte einnehmen sollen – eines unserer häufigsten Versäumnisse. Das Anästhesieteam war durch die übliche Hektik abgelenkt. Es hatte Schwierigkeiten, eine geeignete Vene für einen intravenösen Zugang zu finden, und einer der beiden Monitore flackerte. Dann rief die OP-Schwester die Teampause vor dem Schnitt aus, um die Checkliste durchzugehen.

›Ist ihr während der letzten sechzig Minuten ein Antibiotikum gegeben worden?‹, fragte ich, indem ich die entsprechenden Sätze von einem Wandposter ablas.

›Oh, richtig, hm, ja, kriegt sie sofort‹, erwiderte der Anästhesie-Assistenzarzt.«

Checklisten retten Menschenleben kostengünstig und ohne zusätzliche Technik. Man sollte meinen, dass mittlerweile, viele Jahre später, jedes Krankenhaus Checklisten zur Verbesserung der Patientensicherheit verwendet. Keineswegs. Die Begeisterung hält sich in Grenzen, und Checklisten sind eher die Ausnahme als die Regel. Pronovost wurde gefragt, wann man denn Checklisten in der Hand der meisten Ärzte und Krankenschwestern erwarten dürfe. Seine resignierte Antwort lautete: »Beim gegenwärtigen Tempo wird das nie der Fall sein.« Würde ein neues Medikament entdeckt, das die Infektionsgefahr so wirksam eindämmen könnte, so ginge die Nachricht wie ein Lauffeuer um die Welt, und jede Intensivstation würde sich, unabhängig von den Kosten, große Bestände davon zulegen.

Im Laufe unseres Lebens werden die meisten von uns irgendwann schwach und hilflos zwischen den Glaswänden einer Intensivstation landen. Einige werden einen Katheter gesetzt bekommen, und wer Pech hat, stirbt daran. Diese Leben könnten gerettet werden, aber es geschieht nicht. Die Patientensicherheit scheint in vielen Krankenhäusern keine Priorität zu genießen. Es gibt allerdings etwas, was viele Patienten machen könnten, um diese Situation zu verändern:

Frage nach, ob Checklisten verwendet werden; wenn die Antwort Nein ist oder keine kommt, dann wähle ein anderes Krankenhaus.

Warum werden Checklisten in jedem Cockpit, aber nicht auf jeder Intensivstation verwendet? In beiden Fällen sind es im Wesentlichen Wirtschaftsunternehmen, warum also ist es dann so viel sicherer in einem Flugzeug als in einem Krankenhaus? Die Antwort ist in den unterschiedlichen Fehlerkulturen zu suchen. Erstens ist die hierarchische Struktur in Krankenhäusern kein fruchtbarer Boden für Checklisten, bei denen es, wie erwähnt, unter Umständen erforderlich ist, dass eine Krankenschwester, eine weibliche Angestellte, einen Chirurgen, einen männlichen Vorgesetzten, an das Händewaschen erinnert. Zweitens betreffen die Konsequenzen im Flugzeug beide Parteien: Wenn die Passagiere bei einem Absturz sterben, teilen die Piloten deren Schicksal; wenn Patienten sterben, ist das Leben von Ärzten nicht in Gefahr. Drittens: Wenn ein Flugzeug abstürzt, wird darüber auf den Titelseiten berichtet, und die Fluggesellschaft wird weniger gebucht werden; wenn Patienten an vermeidbaren Kunstfehlern sterben, handelt es sich um Ereignisse, über die zwar gelegentlich berichtet wird, die aber selten in die Schlagzeilen oder ins öffentliche Bewusstsein gelangen.

Im Gegensatz zu einer Fluggesellschaft hat ein wirtschaftlich geführtes Krankenhaus also kaum mit finanziellen Konsequenzen zu rechnen. Je mehr die Medizin als profitables Geschäft verstanden wird, desto weniger Bedeutung wird der Patientensicherheit zugemessen. Für Manager, die versuchen, die Gewinne eines Krankenhauses zu maximieren, hat die Infektionsvorbeugung keine Priorität. Anders als mit Medikamenten und Hightech-Ausrüstung ist für das Heer von Vertretern, die an die Türen der Großkliniken klopfen, mit Checklisten wenig Geld zu machen. Als dagegen silberbeschichtete zentrale Venenkatheter angeboten wurden, waren die Krankenhäuser bereit, Zigmillionen Dollar für sie auszugeben, obwohl sie die Infektionen nur marginal reduzierten.[12]

Die Medizin ist zu sehr zum Geschäft geworden, dadurch ist die optimale Versorgung des Patienten in den Hintergrund gerückt. Das ist eine gefährliche Entwicklung, welche die Patienten das Vertrauen in das System verlieren lässt. Umgekehrt kann eine positive Fehlerkultur den gegenteiligen Effekt haben, wie der folgende Fall zeigt. Der Chirurgieprofessor Matthias Rothmund machte einmal einen großen Fehler.[13] Als einer seiner Patienten einige Tage nach einer erfolgreichen Tumoroperation untersucht wurde, zeigte das Röntgenbild, dass eine Wundklammer irrtümlich im Körper des Patienten vergessen worden war. Augenblicklich informierte Rothmund den Patienten, entfernte die Klammer und unterrichtete seine Versicherung, woraufhin der Patient eine Entschädigung erhielt. Die Erinnerung an diesen Fehler verfolgte den Chirurgen noch lange Zeit. Fünf Jahre später suchte ihn der Patient wieder auf und bat ihn, dass er seinen Leistenbruch operieren solle. Rothmund war überrascht. Der Patient erklärte, er vertraue Rothmund und seinem Krankenhaus, eben weil sie ihren Fehler sofort zugegeben und behoben hätten.

Als Rothmund Präsident der Deutschen Gesellschaft für Chirurgie wurde, eröffnete er eine Tagung mit dem Hinweis, dass in den USA jedes Jahr 44 000 bis 98 000 Patienten an vermeidbaren Kunstfehlern sterben – wie weiter oben schon erwähnt wurde. Die Neuigkeit schlug ein wie eine Bombe. Augenblicklich wurde er von seinen Kollegen angegriffen, weil er Fakten über Patientensicherheit öffentlich verbreitete, und die Presse zog über den gesamten ärztlichen Berufsstand und seine schludrige Arbeit her, statt Rothmund für seine Offenheit zu loben. Null Toleranz gegenüber offener Erörterung von Fehlern erzeugt mehr Fehler und weniger Patientensicherheit. Als Rothmund die Klammer vergaß, zählte niemand die Instrumente im Anschluss an eine Operation. Nach diesem Unfall etablierte er in seiner Klinik eine Fehlerkultur: Die Instrumente wurden gezählt, die Fehler offen angesprochen und ihre Ursachen herausgefunden, um sie in Zukunft zu vermeiden.

Defensives Entscheiden

Viele Ausschusssitzungen enden mit den Worten: »Wir brauchen mehr Daten.« Alles nickt, stößt einen Seufzer der Erleichterung aus und ist glücklich, dass die Entscheidung hinausgeschoben wurde. Etwa eine Woche später, wenn die Daten vorliegen, ist die Gruppe noch keinen Schritt weiter. Alle verschwenden ihre Zeit mit einer neuen Sitzung, mit Warten auf noch mehr Daten. Schuld daran ist eine negative Fehlerkultur, in der allen der Mut zu einer Entscheidung fehlt, für die sie möglicherweise verantwortlich gemacht werden könnten. Keine Entscheidung zu treffen oder sie hinauszuzögern, um der Verantwortung aus dem Weg zu gehen, ist defensives Entscheiden in Reinkultur. Wenn etwas schiefgeht, hat jemand anderer die Entscheidung getroffen. Doch es gibt noch subtilere und intelligentere Strategien. Die Furcht vor Prozessen und Haftung hat die defensive Entscheidungsfindung zu einer Kunstform werden lassen. Es ist die moderne Kunst der Selbstverteidigung auf Kosten des Unternehmens, des Steuerzahlers oder des Patienten.

Den Zweitbesten einstellen

Ein Freund von mir arbeitete für eine internationale Hilfsorganisation, die viel Gutes tut. Ehrenamtlich tätige Ärzte und Krankenschwestern versorgen Opfer von Katastrophen und Kriegen überall auf der Welt. Um unverzüglich auf Notfälle reagieren zu können, muss die Organisation in der Lage sein, eine Krise rasch einzuschätzen und unabhängig von politischen Interessen zu entscheiden, welche Bedürfnisse die betroffenen Menschen haben. Wie viele finanziell unabhängige Hilfsorganisationen lebt auch diese von Spenden. Spender wollen sicher sein, dass ihr Geld zweckentsprechend ausgegeben und nicht verschwendet wird. Um sie zu beruhigen, beauftragt die Organisation Wirtschaftsprüfungsgesellschaften, ihre Mittelverwendung zu überprüfen und zu beglaubigen.

Welches Wirtschaftsprüfungsunternehmen soll man wählen? In einem Fall standen zwei Unternehmen zur Wahl: eine lokale, gut unterrichtete Firma, die sich mit einem vernünftigen Preis begnügte, und eine große, internationale Gesellschaft mit einem großen Namen und höherem Preis. Die einheimische Firma wollte erfahrene Spezialisten schicken, das große Unternehmen hingegen junge Mitarbeiter, die vergleichsweise geringe Kenntnisse besaßen. Die beste Entscheidung scheint auf der Hand zu liegen: dem örtlichen Unternehmen den Auftrag zu geben und damit eine bessere Qualität für einen günstigeren Preis zu bekommen. Doch das war nicht der Fall. Die Organisation entschied sich für die zweitbeste Möglichkeit, den großen Namen. Warum? Eine gemeinnützige Organisation ist ihren Spendern gegenüber rechenschaftspflichtig. Stellen Sie sich vor, etwas geht schief – was immer passiert. Wenn die Spender erfahren, dass eine Firma, von der sie noch nie gehört haben, die Bücher geprüft hat, schrillen bei ihnen sämtliche Alarmglocken. Doch wenn es sich um eine ihnen bekannte Wirtschaftsprüfungsgesellschaft handelt, werden weniger Fragen gestellt. Diese Geschichte illustriert einen verblüffenden Prozess:

> *Defensives Entscheiden:* Eine Einzelperson oder eine Gruppe hält A für die beste Option, entscheidet sich aber für die schlechtere Option B, um sich für den Fall eines Misserfolgs abzusichern.

Die Wahl der zweitbesten Möglichkeit ist nicht Dummheit oder böse Absicht. Defensive Entscheidungen werden den Beteiligten von der Psychologie des Systems aufgezwungen. Im vorliegenden Fall beruhte die Psychologie auf einer Faustregel, der wir im vorigen Kapitel begegnet sind:

> Rekognitionsheuristik*: Wenn du den Namen eines Unternehmens erkennst, aber nicht den eines anderen, dann schließe daraus, dass das erkannte Unternehmen den höheren Nutzen liefert.*

Diese einfache Regel ist oft eine gute Richtschnur.[14] Doch sie kann zur Vorherrschaft einiger weniger Firmen führen, die immer größer werden und nicht mehr beste Qualität liefern können. Defensives Entscheiden macht sich die Bekanntheit von Markennamen zunutze, aber auch alles andere, was die Entscheidungsträger schützt. Das Ergebnis ist ein paradoxes soziales Spiel: Die Organisation schützt sich gegen ihre Spender, indem sie einen Teil der Spenden für zweitbeste Dienstleistungen ausgibt, weil sie befürchtet, dass die Spender ihr Schwierigkeiten machen könnten.

Dieses Selbstverteidigungsspiel findet nicht nur in gemeinnützigen Organisationen statt. Auch Regierungen spielen es. Denken Sie an die Wolke aus Vulkanasche, die 2010 von Island kommend über Europa zog und die Frage aufwarf, ob das Fliegen nicht gefährlich sei. Um ganz sicherzugehen, sprachen die Politiker ein wochenlanges Flugverbot für Verkehrsflugzeuge aus. Wäre eine Maschine beim Flug durch die Aschewolke abgestürzt, hätte man sie dafür verantwortlich gemacht. Wenn Menschen getötet werden, weil sie stattdessen das Auto nehmen müssen, kommt die Frage der Schuld noch nicht einmal auf.

Jemand muss schuld sein

Peter, einer meiner Studenten, fuhr einmal nach Cape Cod zu einer Walbeobachtungstour. Es war ein stürmischer Tag, und das Boot krängte in schwerer See. Bei einem heftigen Brecher rutschte Peter auf dem nassen Deck aus, fiel und tat sich weh. Freundlich half ihm ein anderer Passagier auf und stellte sich als Anwalt vor.

»Haben Sie sich was getan?«
»Oh, mein Knöchel tut weh. Aber es geht schon. Danke«, erwiderte Peter.
»Verklagen wir den Schiffseigner. Wenn wir verlieren, brauchen Sie keinen Cent zu bezahlen. Wenn wir gewinnen, teilen wir uns die Entschädigung.«
Peter war verblüfft.
»Bei der Sache können Sie nicht verlieren«, stellte der Anwalt fest, an Peters gesunden Menschenverstand appellierend.
»Aber es war doch meine Schuld«, stotterte Peter.
»Warum lassen Sie das nicht den Richter herausfinden?«, fuhr der Anwalt mit unwiderlegbarer Logik fort.
»Ich hatte wirklich selber Schuld und niemand anders.«

Schließlich lehnte Peter das sichere Geschäft ab. Er fand einfach, dass es nicht richtig sei.

Nicht jeder würde sich eine solche Chance entgehen lassen. Walbeobachtungstouren sind nicht die einzigen Anlässe, bei denen solche Rechtsanwälte auf der Lauer liegen und auf Klientenfang gehen. Gut gekleidete Jäger pirschen durch Krankenhäuser, jagen hinter Krankenwagen her und mieten Plakatwände für Tausende von Dollar im Monat, um ihre Dienste anzubieten. Man könnte meinen, eine derart eingehende Kunstfehlerüberwachung müsse sich zum Vorteil der Patienten auswirken, doch das ist eine Täuschung. Sie hat ihren Preis, einen hohen Preis – besonders im Gesundheitswesen, wo sie die Beziehung zwischen Arzt und Patient vergiftet.

Defensive Medizin

Wenn Sie denken, Ihr Arzt empfiehlt Ihnen die beste Behandlungsmethode, haben Sie vielleicht recht – und Glück. Eine beträchtliche Zahl von Ärzten fürchtet jedoch, ihre Patienten könnten sie verklagen, wenn sie eine Krankheit übersehen oder keine aggressive Therapie vornehmen. Sie glauben, sie hätten keine andere Wahl, als überflüssige Tests, Medikamente oder Operationen vorzuschlagen, selbst auf die Gefahr hin, dem Patienten zu schaden. Ihren eigenen Ehepartnern und Kindern, bei denen die Gefahr juristischer Konsequenzen geringer ist, würden sie diese Eingriffe nicht vorschlagen. In der Schweiz etwa beträgt die Rate von Hysterektomien – Entfernungen der Gebärmutter – 16 Prozent, während sie bei Arztfrauen und Ärztinnen bei nur zehn Prozent liegt.[15] In den USA, wo die Prozessangst höher ist, wird rund jede dritte Frau einer Hysterektomie unterzogen, wobei diese Zahl starken regionalen Schwankungen unterworfen ist. Die Mehrzahl der annähernd 600 000 jährlich in den USA vorgenommenen Hysterektomien ist klinisch nicht gerechtfertigt. In der Hälfte der Fälle lassen die Frauen dabei gleichzeitig ihre Eierstöcke entfernen, was der männlichen Kastration entspricht, ungeachtet der Hinweise auf schwerwiegende Konsequenzen, einschließlich frühzeitigen Tod. Insgesamt schätzt man, dass an Amerikanern jedes Jahr 2,5 Millionen überflüssige Operationen vorgenommen werden.[16] Kein anderes Land geht so invasiv gegen die Körper seiner Bürger vor.

Es gibt viel zu viele Rechtsanwälte in den USA, mehr pro Kopf als in irgendeinem anderen Land, ausgenommen Israel, und die Zahl der Jurastudenten nimmt ständig zu. Doch selbst in Ländern wie der Schweiz, in denen die Prozesssucht weniger ausgeprägt ist, ist die defensive Medizin im Aufstieg begriffen. Obwohl von 250 Schweizer Internisten nur die Hälfte der Meinung war, die Vorteile des PSA-Screening für Prostatakrebs überwögen seine Nachteile bei Männern über 50 Jahren, empfahlen 75 Prozent von ihnen diesen Patienten das regelmäßige PSA-Screening. Warum haben sie es trotzdem empfohlen? Viele Ärzte sagten, sie hätten es aus rechtlichen Gründen getan, um sich gegen potenzielle Klagen zu schützen – obwohl die Gefahr solcher Schadenersatzprozesse in der Schweiz gering ist.[17]

Jetzt können wir die Praxis definieren:

> *Defensive Medizin:* Ein Arzt verordnet klinisch nicht gerechtfertigte und für den Patienten möglicherweise sogar schädliche Tests oder Behandlungen aus Angst vor rechtlichen Konsequenzen.

Viele Ärzte haben Angst vor Rechtsanwälten oder sind sogar wütend auf sie. Deshalb mögen sie Anwaltswitze. Hier ein Witz, den mir ein Chirurg mit hämischem Grinsen erzählt hat:

> *Frage: Was haben Sie, wenn zwei Anwälte bis zum Hals im Sand vergraben sind?*
> *Antwort: Nicht genügend Sand.*

93 Prozent der Ärzte praktizieren defensive Medizin

In Pennsylvania wurden 824 Notfallmediziner, Radiologen, Geburtshelfer/Gynäkologen, Allgemeinchirurgen, orthopädische Chirurgen und Neurochirurgen gefragt, ob sie defensive Medizin praktizieren.[18] In allen sechs Fachgebieten besteht eine hohe Prozessgefahr. 93 Prozent (!) der Ärzte berichteten, sie würden in ihrem Beruf manchmal oder oft defensiv handeln. Da nicht alle bereit sein dürften, das – noch nicht einmal gegenüber sich selbst – einzugestehen, könnte die tatsächliche Zahl sogar noch höher sein. Was genau tun Ärzte, um sich vor Patienten zu schützen?

Es folgen vier besonders beliebte Maßnahmen und die Zahl der Ärzte, die Zuflucht dazu nehmen:

Art der defensiven Medizin:	Zahl der Ärzte (Prozent)
• Verordnung von mehr Tests (z. B. bildgebend) als medizinisch gerechtfertigt	405 (59)
• Verschreibung von mehr Medikamenten (z. B. Antibiotika) als medizinisch gerechtfertigt	223 (33)
• Überweisung von Patienten an andere Fachärzte ohne Notwendigkeit	349 (52)
• Empfehlung invasiver Verfahren (z. B. von Biopsien) zur Bestätigung von Diagnosen	221 (32)

Am häufigsten unter den überflüssigen Tests waren Computertomografien (CTs), Magnetresonanztomografien (MRTs) und Röntgenuntersuchungen. Das erklärten fast zwei Drittel der Notfallmediziner, die Hälfte jeweils der Allgemeinchirurgen, der orthopädischen Chirurgen und der Neurochirurgen sowie ein Drittel der Radiologen. Wobei festzuhalten ist, dass eine CT – im Gegensatz zur MRT – nicht nur kostspielig ist. Sie kann Patienten auch einer hohen Strahlendosis aussetzen und bei einer kleinen Anzahl von ihnen zu Krebs führen. Außerdem berichtete ein Drittel der Ärzte, sie würden Risikoeingriffe, Entbindungen und die Behandlung von Risikopatienten vermeiden. Die Umgehung solcher Zuwendungen bezeichnen wir als negative defensive Medizin, im Gegensatz zur positiven defensiven Medizin in Form übertriebener Behandlungen. In jedem Fall steht die kollektive Angst der Ärzte einer guten Behandlung im Wege.

Schauen wir uns die übertriebene Verwendung von bildgebenden Verfahren etwas genauer an.

Kinder: Eine Million überflüssige CT-Scans

Einem kleinen Jungen läuft die Nase. Um ganz sicherzugehen(!), bringt ihn die Mutter zu einem CT-Scan. Sie sitzen im Wartezimmer, bis die CT-Assistentin sie aufruft. Mom hängt am Handy; der Junge ist mit seiner PlayStation beschäftigt. Alle drei gehen in den Aufnahmeraum. Mom spricht noch ins Handy, während die Assistentin sich um die Aufmerksamkeit des Sohns bemüht, doch der wird vollkommen von seinem Spiel in Anspruch genommen. Die genervte Assistentin schreit die Mutter an: »Ich mache den Scan nicht zweimal!« Der CT-Scan ist so selbstverständlich geworden, dass ihm nur noch wenige Leute Aufmerksamkeit schenken. Werden CTs in den Fällen verwendet, für die sie gedacht sind, können sie außerordentlich wertvoll sein. Aber nicht für eine laufende Nase.

Jedes Jahr werden geschätzte *eine Million US-amerikanische Kinder* unnötigen CT-Scans unterzogen.[19] Wenn ein Kind Magenschmerzen, eine Beule am Kopf oder andere Beschwerden hat, denken viele Eltern: Besser Vorsicht als Nachsicht. »Unklare Bauchschmerzen« können Kindern einen CT-Scan der Bauch- und Beckenhöhle einbringen; »Husten« verlangt möglicherweise nach einer Brust-CT. Ein Hauptgrund für die Zunahme von CT-Scans bei Kindern ist die Diagnose von Blinddarmentzündungen, obwohl es keinen Beleg dafür gibt, dass dies genauer ist als ungefährlichere Methoden wie die körperliche Untersuchung und Ultraschall.[20]

Ein überflüssiger CT-Scan ist nicht einfach nur Geldverschwendung. Die Strahlendosen bei der CT sind in der Regel rund 100-mal so hoch wie bei einem Röntgenbild des Brustraums, der Mammografie oder ähnlichen Durchleuchtungen.[21] Wie viel ist das? Je nach Gerät und untersuchtem Organ liegt die effektive Strahlendosis im Bereich von 15 Millisievert (mSv) bei einem Erwachsenen bis 30 mSv bei einem Neugeborenen. Die Strahlenexposition bei einer CT-Untersuchung mit mehreren Scans ist mit der durchschnittlichen Belastung der Überlebenden von Hiroshima und Nagasaki zu vergleichen, die zwei bis drei Kilometer von *Ground Zero* entfernt waren (sie betrug etwa 40 mSv; Bereich: 5–100 mSv).[22] Infolgedessen ergeben sich aus den mehr als 70 Millionen CT-Scans, die in den USA pro Jahr an Kindern und Erwachsenen durchgeführt werden, geschätzte 29000 Krebserkrankungen.[23] Dabei sind Kinder für die Strahlungsfolgen anfälliger als Erwachsene. Ihr Hirngewebe wächst, ihre Zellen teilen sich rasch, und ihre DNA wird leichter geschädigt. 1500 der amerikanischen Kinder, die jedes Jahr CT-Scans absolvieren, werden möglicherweise später in ihrem Leben an Krebs sterben.[24]

Warum bewahren Eltern ihre Kinder nicht vor überflüssigen Strahlungsdosen? Sie würden es wahrscheinlich, wenn sie Bescheid wüssten. Betrachten Sie die folgende Alternative:

> Was wäre Ihnen lieber: ein kostenloser Ganzkörper-CT-Scan oder 1000 Dollar in bar?

Eine repräsentative Stichprobe von 500 Amerikanern in der Altersgruppe der über 40-Jährigen sollte zwischen den beiden Möglichkeiten wählen. Drei Viertel von ihnen entschieden sich für den CT-Scan und waren bereit, auf das Geld zu verzichten.[25] Nur sehr wenige vermochten sich vorzustellen, dass es, abgesehen von der Unbequemlichkeit während der Untersuchung, noch irgendwelche Nachteile gab. Sie wussten nicht, das zwei von hundert 45-Jährigen, die bis zu ihrem 75. Lebensjahr jährlichen Ganzkörper-CT-Scans unterzogen werden, wahrscheinlich infolge der Strahlung an Krebs sterben werden.[26]

Patienten, an denen solche Scans tatsächlich vorgenommen werden, erweisen sich als ähnlich zuversichtlich. Forscher der Yale University befragten Patienten aller Altersgruppen, die leichte bis mäßige Schmerzen in Bauch, Becken oder an den Seiten hatten. Praktisch keiner der Befragten glaubte, CT-Scans könnten sein Lebenszeitrisiko für Krebserkrankungen erhöhen.

Wie können so viele Patienten so unwissend sein? Schließlich hatten sie alle die Möglichkeit, mit den Notfallmedizinern zu sprechen, die die Tests anordneten.[27] Es gibt eine einfache Antwort: Viele Ärzte wissen es selbst nicht. Fast alle Ärzte in der Notaufnahme des Yale-Klinikums, die die CT-Scans veranlassten, und mehr als die Hälfte der Radiologen, die sie durchführten, gingen von der irrigen Annahme aus, dass kein Lebenszeitrisiko für Krebs bestehe. Als die Ärzte nach der Strahlendosis gefragt wurden, wussten weniger als ein Viertel der Notfallmediziner und Radiologen, dass sie 100-mal höher ist als bei einer Röntgenaufnahme des Brustraums. Die meisten glaubten, sie sei nur zehnmal so hoch, und einige hielten sie sogar für niedriger.

Warum werden überflüssige CT-Scans an Kindern durchgeführt? Wie wir gerade gesehen haben, wissen viele Ärzte und Eltern nichts von der Strahlenbelastung, der die kindlichen Gewebe bei CT-Scans ausgesetzt sind. Ein weiterer Grund sind Interessenkonflikte. In einem auf Einzelleistungsvergütung beruhenden System verlieren die Krankenhäuser Geld, wenn sie keine überflüssigen Scans vornehmen, um die Eltern zu »beruhigen«. Ein dritter Grund ist die defensive Medizin: Die Ärzte verordnen überflüssige CTs aus Angst vor Schadenersatzklagen der Eltern. Man schätzt, dass auf 1000 Kinder, die einem CT-Scan unterzogen wurden, eines kommt, das irgendwann in seinem Leben an einem strahlenbedingten tödlichen Krebs erkrankt.[28] Doch ein Arzt muss kaum mit rechtlichen Konsequenzen rechnen, wenn das 30 Jahre später geschieht und das Kind längst erwachsen ist. Kunstfehlerprozesse dienen nicht immer dem Schutz des Patienten.

Was ist zu tun?

Wir leben in einem Gesundheitssystem, in dem Ärzte nicht die gleichen Ziele haben wie Patienten. Das ist nicht allein die Schuld der Ärzte; schließlich strengen die Patienten die Prozesse an und tragen damit zu der anhaltend negativen Fehlerkultur in der Medizin bei. Statt zu klagen, müssen wir mehr Verantwortung für unsere eigene Gesundheit und die unserer Kinder übernehmen.

Unterschreiben Sie!

Als meine Tochter sechs war, lebten wir in Hyde Park, Chicago. Eines Tages gingen wir zu ihrer ersten zahnärztlichen Untersuchung. Nennen wir den Zahnarzt Dr. Push. Meine Tochter hatte keine Schmerzen; der einzige Zweck des Besuchs bestand darin, sie an solche Zahnuntersuchungen zu gewöhnen. Für derartige Anlässe empfiehlt die US-Gesundheitsbehörde eine gründliche klinische Untersuchung und warnt vor Röntgenaufnahmen: »Auf Röntgen-Screening vor der klinischen Untersuchung sollte verzichtet werden.«[29] Als ich die Zahnarztpraxis betrat, erblickte ich eine kleine Fabrik: Ein Behandlungsstuhl neben dem anderen, während Dr. Push zwischen ihnen umherflitzte. Als meine Tochter schließlich auf einem Stuhl untergebracht wurde, der viel zu hoch für sie war, wandte sich eine freundliche Schwester mit den Worten an sie:

»Wir machen jetzt ein hübsches Röntgenbild von deinen Zähnen.«

»Entschuldigen Sie«, mischte ich mich ein, »das ist ein Missverständnis. Sie hat keine Schmerzen, keine Symptome. Es geht nur um ihre erste Untersuchung.«

»Wir machen immer Röntgenaufnahmen. Jeder bekommt eine Röntgenaufnahme, damit Herr Doktor sehen kann, wie es drinnen aussieht.« Das teilte sie mir mit einem Lächeln, aber in entschiedenem Tonfall mit.

»Hören Sie, sie hat keine Schmerzen, keine Symptome. Es gibt keinen Grund für eine Röntgenaufnahme.«

Ihr Lächeln gefror. Dunkle Wolken dräuten. »Bei ihr muss eine Röntgenaufnahme gemacht werden. Wenn Sie es nicht für richtig halten, müssen Sie es Herrn Doktor erklären.«

»Es wäre mir ein Vergnügen«, erwiderte ich.

Daraufhin machte sie kehrt und entschwand energischen Schrittes. Nach einer Weile kehrte sie mit Dr. Push zurück.

»Kein Grund zur Sorge«, versicherte er mir höflich, »es ist nur eine Röntgenaufnahme. Ich brauche sie, damit ich sehen kann, ob etwas mit den Zähnen Ihrer Tochter nicht in Ordnung ist.«

»Mag sein. Aber sie hat keine Schmerzen. Ich möchte nur, dass Sie eine klinische Untersuchung vornehmen. Es ist nicht im Interesse eines kleinen Mädchens, jedes Mal geröntgt zu werden, wenn sie einen Arzt aufsucht.«

»Überlegen Sie doch einmal«, erwiderte er. »Wenn etwas in ihren Zähnen ist, kann ich es nicht mit bloßem Auge sehen. Ich könnte etwas übersehen. Das wollen Sie doch nicht, oder?« Ich spürte, wie der Druck stieg. Daher fragte ich ihn: »Könnten Sie mir bitte sagen, was Sie über mögliche Schäden durch Röntgenaufnahmen von Zähnen bei Kindern wissen? Etwa Schilddrüsen- oder Hirntumore?«

Sein Blick wurde leer.

»Oder nennen Sie mir eine wissenschaftliche Untersuchung, sodass ich es selbst nachlesen kann«, sagte ich.

Auch darauf antwortete Dr. Push nicht. »Auf Ihre Verantwortung«, drohte er, da er keine Ahnung von der medizinischen Evidenz hatte.

»In Ordnung.«

Er ging in sein Büro und händigte mir ein Blatt Papier aus. »Unterschreiben Sie hier.«

Dr. Push war sichtlich zornig geworden, als ich ihn nach Belegen fragte; er hätte sie kennen müssen, tat es aber nicht. Und ich war wütend über einen Mann, der Kinder durch die Bank röntgen ließ, egal, ob sie Zahnprobleme hatten oder nicht, und sich um mögliche Schäden nicht scherte. Doch meine Wut war unberechtigt. Tatsächlich ließ mich Dr. Push eine Erklärung unterschreiben, um sich gegen mich zu schützen. Die Prozesskultur der Eltern zwang ihn dazu.

Frage deinen Arzt, was er tun würde, nicht, was er empfiehlt.

Patienten können einen Beitrag zu ihrer Gesundheit leisten, indem sie nach Belegen fragen. Außerdem können sie es, wie Peter, ablehnen, sich an fadenscheinigen Klagen zu beteiligen. Schließlich gibt es eine Faustregel, die ich persönlich als nützlich empfunden habe.

Mit etwa 80 Jahren begann meine Mutter ihr Sehvermögen auf

dem rechten Auge zu verlieren. Die Diagnose lautete »feuchte Maculadegeneration«, eine chronische Augenkrankheit infolge abnorm wachsender Blutgefäße, die zu Blindheit im Zentrum des Gesichtsfelds (der Macula) führt. Häufig entwickelt sie sich aus der trockenen Maculadegeneration, einer weniger schweren Form. Es war zwar keine wirksame Therapie bekannt, aber man empfahl die sogenannte fotodynamische Therapie, die das Fortschreiten der Krankheit möglicherweise aufhalten kann. Dabei wird der Wirkstoff Verteprofin injiziert, der sich in den abnormen Blutgefäßen konzentriert, dann wird er mit Laserlicht aktiviert, damit er die abnormen Blutgefäße schädigt. Ich las die wenigen verfügbaren Studien und fand die vorliegenden Belege ziemlich uneindeutig: Das Verfahren kann nützen, aber auch schaden.

Was tun? Ich trieb einen medizinischen Experten auf, der die fotodynamische Therapie schon oft durchgeführt hatte, und schilderte ihm das Leiden meiner Mutter.

> »Was empfehlen Sie?«, fragte ich.
>
> »Wenn Sie mich so fragen, denke ich, Ihre Mutter sollte die Behandlung versuchen«, erklärte er.
>
> In diesem Augenblick erkannte ich, dass ich die falsche Frage gestellt hatte.
>
> »Ich habe nur eine Mutter«, sagte ich. »Wenn es Ihre Mutter wäre, was würden Sie tun?«
>
> »Oh, ich würde es nicht machen, nein, ich würde ihr raten, noch abzuwarten«, antwortete er wie aus der Pistole geschossen.

Ich berichtete meiner Mutter von dem Gespräch, und sie lehnte die Behandlung ab. Warum gab der Arzt eine Antwort, als ich ihn fragte, was er empfehle, und eine ganz andere, als ich ihn fragte, was er täte, wenn es seine Mutter wäre? Der Arzt wusste, dass seine Mutter ihn nicht verklagen würde, nicht aber, ob ich es vielleicht tun würde. Die Frage nach seiner Mutter veränderte seine Perspektive. Daher kann folgende Faustregel oft helfen:

> *Frage deinen Arzt nicht, was er empfiehlt, sondern frage ihn, was er tun würde, wenn es seine Mutter, sein Bruder, sein Kind wäre.*

Doch die Geschichte meiner Mutter hat noch einen zweiten Teil, der nichts mit defensiver Medizin zu tun hat, sondern mit der Unfähigkeit vieler Ärzte, die medizinische Evidenz ihres Fachs zu verstehen. Einige Jahre später begann sie aus dem gleichen Grund die Sehfähigkeit im anderen Auge zu verlieren. Dieses Mal glaubte sie, sie müsse ihre letzte Chance ergreifen, und ich widersprach ihr nicht. Nachdem ich einen Fachmann für die fotodynamische Therapie in der Heimatstadt meiner Mutter ermittelt hatte, stellte ich einen ersten Kontakt her. Hier unser Telefongespräch:

»Sie müssen wissen, dass die Behandlung nicht zu einer Heilung führt, sondern lediglich das weitere Fortschreiten der Erblindung aufhalten kann«, erklärte der Experte in etwas herablassendem Ton.
»Ich verstehe.«
»Und sie müssen wissen, dass der Erfolg nicht sicher ist, sondern dass die Wahrscheinlichkeit, das Fortschreiten aufzuhalten, 50 Prozent beträgt«, fuhr der Experte fort.
»Wir gehen das Risiko ein«, bestätigte ich.
»Und Sie müssen sich darüber im Klaren sein, dass ich die Behandlung vier- bis fünfmal wiederholen muss, wenn sie beim ersten Mal nicht anschlägt.«
»Oh«, sagte ich, »beziehen sich die 50 Prozent auf die erste Behandlung oder auf die ganze Folge von vier oder fünf Behandlungen?«
»Auf die erste, und das Gleiche gilt für die zweite. Wieder 50 Prozent.«
»Aber das ist doch ausgezeichnet, das bedeutet, dass der Erfolg nach fünf Behandlungsdurchgängen so gut wie sicher ist – denn am Ende ist das Fortschreiten der Krankheit zu mehr als 90 Prozent aufgehalten, weil …«
»Nein, nein«, unterbrach er mich, »nach allen Durchgängen haben wir immer noch eine Wahrscheinlichkeit von 50 Prozent.«
»Aber dann würden doch der zweite und der dritte Durchgang keinen Beitrag mehr leisten, oder?«
Es folgte eine lange Pause am anderen Ende der Leitung. Ich konnte fast hören, wie der Spezialist nachdachte.

»…Hmmm«. Der Spezialist hatte das Problem nun erkannt. »Ich muss mir den Artikel noch einmal vornehmen.«

Ich verfolgte die Angelegenheit nicht weiter. Eine Kollegin des Spezialisten erzählte mir, er sei nach diesem Telefongespräch zu ihr hinausgestürzt und habe sich über mich beklagt. Ich hatte sein Unfehlbarkeitsgefühl verletzt. Doch er nahm sich den Artikel tatsächlich noch einmal vor und las ihn. Was auch ich tat – und dabei einige interessante Dinge herausfand.

Halten wir zunächst einmal fest, dass mir der Spezialist eine Einzelfall-Wahrscheinlichkeit nannte: die 50-prozentige Chance, dass das Fortschreiten der Erkrankung zum Stillstand gebracht wird. Wie wir in Kapitel 1 gesehen haben, können diese Wahrscheinlichkeiten verwirrend sein, weil die Referenzklasse nicht angegeben wird. Es könnten alle Patienten sein, die sich der Behandlung einmal unterziehen, oder die Patienten, die sie mehrfach erhalten. Hier ging es um Patienten, die mehrfach behandelt wurden. Zweitens ist eine 50-prozentige Wahrscheinlichkeit, das Fortschreiten der Erblindung aufzuhalten, an sich wenig aussagekräftig. Sie muss mit der Wahrscheinlichkeit verglichen werden, dass das Fortschreiten zum Stillstand kommt, wenn nichts unternommen wird. In dem Artikel wurde berichtet, dass dies bei 38 Prozent der Patienten auch ohne Behandlung der Fall ist.[30] Daraus folgt, dass nicht 50, sondern nur 12 Prozent der Patienten aus der Behandlung Nutzen zogen. Dann erfuhr ich, dass Stillstand nicht wirklich Stillstand bedeutet, sondern definiert wurde als ein Verlust von nicht mehr als drei Sehschärfelinien. Einige der Patienten, die laut der Studie von der Behandlung »profitierten«, hatten tatsächlich eine weitere Einbuße ihres Sehvermögens erlitten. Dann waren da noch die möglichen Schädigungen: Mehrere Patienten berichteten von abnormem Sehen und Sehverlust nach der Behandlung. Nicht zuletzt fand ich bei der Frage nach Interessenkonflikten heraus, dass die Studie von dem Unternehmen finanziert worden war, welches das kostspielige Medikament herstellte, und dass viele der Autoren Angestellte oder bezahlte Berater des Unternehmens waren.

Der zweite Teil der Geschichte illustriert, was ein Patient immer fragen sollte:

- Welchen Nutzen hat die Behandlung?
  - 50 Prozent von wie viel (zum Beispiel von denen, die einmal, oder von jenen, die fünfmal behandelt wurden)?
  - Wie groß ist der »Erfolg« bei denen, die nicht behandelt wurden?
  - Was genau meinen Sie, wenn Sie von »Erfolg« sprechen?
- Welche Schädigungen können durch die Behandlung entstehen?
- Wer hat die Studie finanziert?

Ich beschloss, meiner Mutter nichts von der Verwirrung des Spezialisten zu erzählen. Das Ende der Geschichte war, dass ich sie zu dem Behandlungstermin begleitete, bei dem der Spezialist sich mir gegenüber außerordentlich freundlich benahm und mir mehrmals signalisierte, dass er den Artikel gelesen hatte. Meine Mutter hatte große Hoffnungen auf die Behandlung gesetzt. Doch sie hatte kein Glück. Kurz nach der Behandlung wurde sie blind. Der Spezialist ordnete sie in die Kategorie der erfolgreichen Behandlungen ein.

Prozedere über Leistung

Furcht vor Tadel, Kritik und rechtlichen Konsequenzen liefern die Beweggründe dafür, den Zweitbesten einzustellen, die zweitbesten Managemententscheidungen zu treffen und defensive Medizin zu praktizieren. Um Vorwürfe zu vermeiden, verstecken sich viele hinter dem »sicheren« Prozedere. Sie verlassen sich auf große Namen, tun, was alle anderen tun, und hören nicht auf ihre Intuition. Setzen auf Tests und Hightech-Geräte, auch wenn sie nutzlos oder schädlich sind. Unter Ärzten gibt es eine Redensart: »Wegen Überbehandlung ist noch niemand verklagt worden.« Wer möchte schon eine gerichtliche Klage von Patienten riskieren, weil er nach bestem Wissen und Gewissen deren Interessen wahrgenommen hat? Und nicht zuletzt lockt die defensive Medizin auch mit finanziellen Anreizen: Krankenversicherungen bezahlen Ärzten und Kliniken fürstliche Honorare für Überbehandlungen, aber nur ein paar Euro dafür, dass sie sich die Zeit nehmen, den Patienten zu erklären, welche Alternativen es zu einer bestimmten Behandlung gibt und welche tatsächlichen Vor- und Nachteile sie hat.

Defensive Entscheidungen sind nicht das Gleiche wie Risikoscheu. Vielmehr können sie zu übermäßiger Risikobereitschaft führen. Wenn Ihnen Ihre Intuition sagt, dass eine Investition überbewertet ist, Sie diese aber trotzdem tätigen, weil alle anderen es tun, gehen Sie unter Umständen ein unangemessenes Risiko ein. Darin liegt einer der Gründe für den Herdentrieb von Finanzinvestoren, der in der jüngsten Finanzkrise zu übermäßiger Risikobereitschaft führte. Das Problem ist nicht Risikoscheu, sondern der Mangel an einer positiven Fehlerkultur. Die Menschen müssen ermutigt werden, über ihre Fehler zu sprechen und die Verantwortung für sie zu übernehmen, damit sie aus ihnen lernen und ihre Leistung verbessern können.

Vor einiger Zeit besuchte mich ein erfahrener Headhunter. Dank seiner profunden Kenntnisse der Geschäftswelt hatte er rund 1000 Spitzenmanagern und Vorständen zu ihren Stellungen verholfen. Fast immer hatte seine Auswahl auf einer Bauchentscheidung beruht. Aber seine Welt verändert sich. In immer stärkerem Maße wird Erfahrung durch die psychometrischen Tests junger Psychologen ersetzt, die noch nie ein Unternehmen von innen gesehen haben. Ich fragte ihn, warum diese Veränderung stattfindet. Er sagte, die Manager hätten Angst, zur Rechenschaft gezogen zu werden. Wenn sich eine Einstellung als Fehlgriff erweise und sie zugeben müssten, dass sie der Intuition eines Headhunters vertraut hätten, könnte das gegen sie verwendet werden. Doch wenn sie darauf verweisen könnten, dass psychometrische Tests durchgeführt und dabei keinerlei Probleme entdeckt worden seien, dann seien sie auf der sicheren Seite. Prozeduren schützen. Die defensive Einstellungspolitik stellt, wie die defensive Medizin, das Prozedere über die Leistung.

Kapitel 4
Warum fürchten wir, was uns höchstwahrscheinlich nicht umbringt?

Man braucht im Leben nichts zu fürchten, man muss es nur verstehen. Jetzt ist es an der Zeit, mehr zu verstehen, damit wir weniger fürchten.

Marie Curie

Nur ein Idiot glaubt, aus den eigenen Erfahrungen zu lernen. Ich ziehe es vor, aus den Erfahrungen anderer zu lernen, um von vornherein eigene Fehler zu vermeiden.

Otto von Bismarck zugeschrieben

Warum fürchten wir, von einem Hai gefressen zu werden, verschwenden aber keinen Gedanken daran, dass wir auf dem Weg zum Strand bei einem Autounfall sterben könnten? Weltweit verlieren jedes Jahr etwa zehn Menschen ihr Leben durch Haiangriffe, während Tausende auf der Straße sterben. Studien zeigen, dass viele Menschen fürchten, was sie wahrscheinlich nie verletzen oder töten wird, während sie fröhlich gefährlichen Verhaltensweisen frönen. Wäre es nicht vernünftiger, ganz ruhig die Gefahren zu testen und berechnen, ohne Angst und Furcht? Aber überlegen Sie einen Augenblick. Unmittelbar durch Versuch und Irrtum zu lernen, was schädlich ist und was nicht, wäre wirklich gefährlich. Meine Hypothese lautet: Im Laufe unserer Geschichte haben wir in Situationen, in denen Fehler tödlich waren, die Tendenz entwickelt, das Lernen durch Erfahrung zu vermeiden. Stattdessen verlassen wir uns auf das soziale Lernen dessen, was zu fürchten ist.

Furcht ist einer der grundlegenden emotionalen Schaltkreise unseres Gehirns, die im Bereich der Amygdala liegen. Die Amygdala

Abbildung 4.1: Furcht verhindert, dass wir in gefährlichen Situationen zu lange nachdenken.

sendet mehr Informationen an den Kortex, als sie empfängt. Das könnte der Grund sein, warum die Furcht das Denken stärker beeinflusst als umgekehrt. In gefährlichen Situationen ist unser Gehirn also eher geneigt, sich auf seine evolutionäre Intelligenz zu verlassen als auf unser Denken.[1] Da diese subkortikale Lage bei allen Säugetieren zu beobachten ist, kann man davon auszugehen, dass die Furcht einen alten, evolutionären Ursprung hat. Sie soll uns in Gefahrensituationen veranlassen, in Bewegungslosigkeit zu erstarren, zu fliehen oder zu kämpfen. Von unerschrockenen literarischen Helden wie Siegfried oder Sherlock Holmes abgesehen, empfinden wir sie alle. Furcht ist ein Schutzsystem, das uns hilft, Gefahren zu vermeiden, statt ihnen blindwütig zu begegnen. Wenn

Homo sapiens, mit einem Löwen konfrontiert, erst die Sprungbahn des Tiers berechnete, um dann zu entscheiden, was zu tun sei, würde er eine leichte Beute werden (Abbildung 4.1). Ganz ähnlich verhielte es sich, wenn Versuch-Irrtum-Lernen durch persönliche Erfahrung der einzige verfügbare Lernmechanismus wäre: Tiere und Menschen wären längst aus dem Genpool entfernt worden, bevor sie herausgefunden hätten, welche Fressfeinde und Situationen vermieden werden müssten. Doch die Objekte unserer Furcht sind nicht gänzlich in unsere Gene eingeschrieben; sonst könnten wir niemals lernen, gefährliche neue Technologien zu vermeiden. Aber wenn weder Kultur noch Natur, was dann?

In diesem Kapitel möchte ich zwei ausgeklügelte Methoden beschreiben, die uns ermöglichen, gefahrlos zu lernen, *was* wir fürchten müssen: soziale Nachahmung und biologisch vorbereitetes Lernen (*preparedness*). Ich möchte aber auch zeigen, wie externe Kontrolle Angst erzeugt und den Menschen die Fähigkeit zum Umgang mit Ungewissheit nehmen kann. Wenn wir unsere unbewussten psychologischen Funktionen verstehen, sind wir möglicherweise ein wenig besser in der Lage, überflüssige Ängste abzulegen und zugleich die richtigen Dinge zu fürchten.

Soziale Nachahmung

Viele Europäer gehen in den Wald und suchen sich Pilze zum Mittagessen; Amerikaner schütteln angesichts solchen Leichtsinns den Kopf. In den Vereinigten Staaten gibt es mehr Gewehre und Pistolen in Privatbesitz als Einwohner; Europäer wären entsetzt bei dem Gedanken, ihr streitsüchtiger und betrunkener Nachbar könnte eine Waffe zur Hand haben. Warum fürchten Menschen unterschiedliche Dinge? Interessanterweise liegt diesen kulturellen Unterschieden eine gemeinsame Psychologie zugrunde, die nicht auf unmittelbarer persönlicher Erfahrung beruht. Bei Pilzen, Schlangen oder Spinnen wäre es sicherlich nicht ratsam, jedes einzelne Exemplar auszuprobieren, um zu sehen, ob es giftig ist. Unsere Psychologie schützt uns davor, diese tödlichen Fehler in ungewissen Welten zu begehen. Das Sprichwort sagt: Nur der Dumme lernt aus *seinen*

Fehlern, der Kluge aus den Fehlern der anderen. Dieser Klugheit liegt ein unbewusstes Prinzip zugrunde, die *soziale Nachahmung der Furcht*:

Fürchte, was deine soziale Gruppe fürchtet.

Dieses einfache Prinzip schützt uns, wenn persönliche Erfahrung tödlich sein kann. Gleichzeitig kann es uns aber auch veranlassen, die falschen Dinge zu fürchten. Allerdings ist es oft weniger gefährlich, die falschen Dinge zu fürchten, als den anderen Fehler zu begehen – eine tödliche Gefahr nicht zu bemerken. Es ist besser, zweimal auf blinden Alarm hereinzufallen, als einmal das Leben zu verlieren.

Die seltsamen Ängste, die andere Kulturen zeigen, würzen die Anekdoten von Globetrottern in aller Welt. Doch die Kulturen sind nicht mehr die isolierten Einheiten, die sie vor dem Zeitalter der Mobilität waren. Daher sind die Unterschiede nie absolut, sondern nur durchschnittliche Tendenzen, und es kann enorme Unterschiede innerhalb einer einzigen Kultur gegen. Die folgenden Geschichten sind unter diesem Vorbehalt zu betrachten.

Weihnachtskerzen

In Deutschland kennt man noch den Geruch brennender Kerzen an einem Weihnachtsbaum und den warmen Widerschein ihrer Lichter in glänzenden Kinderaugen. Schließlich will die Überlieferung, dass Martin Luther, von einem Sternenhimmel zu Heiligabend angeregt, als Erster auf die Idee kam, einen Baum mit Lichterkerzen zu schmücken. Viele Deutsche können sich kaum etwas Traditionelleres und Friedvolleres vorstellen als Wachskerzen, welche die Zweige ihrer Tannenbäume schmücken.

Nordamerikaner dagegen neigen bei dem gleichen Anblick zu hysterischen Anfällen, heimgesucht von der schrecklichen Vision, der Baum werde – samt dem Rest des Hauses – in Flammen aufgehen. Ich erinnere mich noch daran, dass mir ein Vater in Chicago erzählte, wie gefährlich Wachskerzen seien und wie unverantwortlich europäische Eltern sich zu Weihnachten verhielten. Wenig später zeigte er mit Stolz das Weihnachtsgeschenk für seinen 16-jährigen Sohn. Unter dem elektrisch beleuchteten Baum lag eine nagelneue Winchester Modell 70 Coyote Light Rifle, Kaliber 7 mm.

Kulturelle Unterschiede sind nicht ganz grundlos. Häuser in Deutschland sind fast immer aus Stein erbaut, während Häuser in den Vereinigten Staaten oft aus Holz sind, weshalb ein Feuer in ihnen größeren Schaden anrichten kann und dies auch tatsächlich tut. Der wirkliche Schaden ist jedoch relativ gering. Jährlich kommen rund zehn Deutsche zur Weihnachtszeit infolge von Bränden um, die durch den nachlässigen Umgang mit Wachskerzen entstehen, während ungefähr die gleiche Anzahl von Amerikanern an Unfällen stirbt, die durch elektrische Kerzen verursacht werden. Dazu gehören Kinder, die solche Leuchtkörper verschlucken, und Erwachsene, die elektrische Schläge und Verbrennungen durch fehlerhafte Lichterketten erleiden.[2] Eines haben beide Kulturen gemeinsam: die Überzeugung, dass ihre Tradition die richtige ist.

Lebendig begraben

Stellen sie sich vor, Sie würden im 19. Jahrhundert leben. Sie wären weder besonders reich noch arm, daher müssten Sie sich nicht um Nahrung, Kleidung und Unterkunft sorgen. Was wäre dann aller Wahrscheinlichkeit nach Ihr schlimmster Albtraum? Lebendig begraben zu werden – die gleiche Tragödie, die ihre Freunde befürchten würden. Damals war diese Furcht nicht unbegründet. So ein *Vorzeitiges Begräbnis*, wie es in Edgar Allan Poes gleichnamiger Horrorerzählung geschildert wird, war nicht nur das Produkt lebhafter poetischer Fantasie, sondern auch wirkliches Geschehen. Vor der Entwicklung von Elektrokardiografie und Elektroenzephalografie konnten Menschen, die gelähmt waren oder sich in Trancezuständen befanden, schon einmal für tot gehalten werden.

Im 17. Jahrhundert wurde Françoise, ein dreijähriges französisches Mädchen, auf hoher See für tot erklärt und in einen Sack genäht, um über Bord geworfen zu werden. Ein plötzliches Miauen verriet, dass sich ihre Lieblingskatze in den Sack geschmuggelt hatte. Als man die Katze aus dem Sack holte, stellte man fest, dass das Mädchen noch quietschlebendig war. Später wurde sie die zweite Frau des Sonnenkönigs Ludwig XIV. von Frankreich und Navarra, und starb im betagten Alter von 84 Jahren.[3] Ein Jahrhundert später öffnete ein Diener auf dem öffentlichen Friedhof von Orléans den Sarg einer Frau, um ihren Ring zu stehlen. Da er ihr ihn nicht vom Finger streifen konnte, beschloss er, den ganzen Finger abzuschneiden, was zur Folge hatte, dass die Frau infolge des Schmerzes wieder zu sich kam. Sie erschreckte den Dieb damit so sehr, dass er davonlief, kehrte nach Hause zurück und überlebte ihren Mann. Weniger Glück hatte ein Scharlachopfer, das Anfang des 19. Jahrhunderts exhumiert wurde. Bei dem erfolglosen Versuch, aus dem Sarg zu kommen, hatte der Mann die Vorderseite aus Glas zerschlagen, die Seiten eingetreten und war mit dem Gesicht nach unten und einer Handvoll Haare in seinen geballten Fäusten aufgefunden worden. Als eine Gruft im österreichischen Rudenberg 15 Jahre nach der Beerdigung geöffnet wurde, fand man das Skelett des Mannes in einer Ecke sitzend vor. Vor wenigen Jahrzehnten war ein 56-jähriger Mann aus einem hyperglykämischen Koma in einem Leichensack eines Bestattungsunternehmens erwacht. 1971 sollte der Venezolaner Roberto Rodriguez nach einem Herzanfall bestattet werden, erwachte aber gerade noch rechtzeitig wieder zum Leben, um sich aus dem Sarg zu befreien. Als seine Schwiegermutter den »Toten« aus seinem Grab klettern sah, brach sie zusammen und starb. So wurde sie an seiner Stelle begraben.

Bis zum Anfang des 19. Jahrhunderts kam es etwa jede Woche zu einem verfrühten Begräbnis, wobei nicht alle Fälle entdeckt wurden. Horrorgeschichte über Kratzspuren im Inneren von Särgen und Holzsplittern unter den Fingernägeln der Opfer jagten den Mensch kalte Schauer über den Rücken. Vor seinem Tod bat George Washington: »Lasst meinen Leichnam erst zwei Tage nach meinem Tod in die Gruft.«[4] Frédéric Chopins letzte Worte lauteten: »Da diese Erde mich ersticken wird, beschwöre ich Euch, meinen Körper öffnen zu lassen, damit ich nicht lebendig begraben werde.«[5] Schlaue Geschäftsleute nutzten die Gelegenheit und verkauften Sicherheitssärge mit Luftschläuchen und Leinen, mit denen die lebenden Toten Glocken läuten konnten, wenn sie in der Dunkelheit erwachten.

Sieht man von Bergleuten und U-Boot-Fahrern ab, ist die Furcht vor dem Lebendigbegrabenwerden heute nicht mehr so virulent wie früher. Doch die Fortschritte bei Organspenden haben einen Aspekt dieses Problems wieder ins Bewusstsein gerückt. Manche Menschen haben Angst, ihre Organe zu spenden, weil Menschen, die für tot erklärt wurden, aber deren Körper noch lebendig ist, Organe entnommen werden. Eine Augenchirurgin erzählte mir, sie habe mit Ärzten anderer Fachrichtungen Schlange gestanden, um einem jungen Mann, der auf einem Operationstisch lag, die Augen zu entfernen. Seine Organe sollten mit Einverständnis seiner Angehörigen gespendet werden. Als sich der vermeintlich Tote plötzlich aufsetzte, leerte sich der Raum schlagartig. Überflüssig zu erwähnen, dass die Chirurgin seine Augen nicht bekam.

Geister und Unglückszahlen

Stellen Sie sich vor, sie leben in den engen Gassen von Nizamuddin, einem halb mittelalterlichen, halb neuzeitlichen dorfähnlichen Quartier mitten in Delhi. Wovor hätten Sie dann vermutlich Angst? Vor Geistern und bösen Vorzeichen wie alle anderen. Auf den Straßen würden sie vielleicht Männergruppen sehen, die SMS-Nachrichten versenden, während sie ein rituelles Ziegenopfer beobachten und aus dem Inneren der Häuser das Wehklagen der Frauen beim Verjagen böser Dschinnen vernehmen. Eine 20-jährige Frau, die den Koran lehrt, erklärte: »Wenn du hinausgehst, weißt du nie, welcher böse Teufel dich erwartet. Du möchtest nicht, dass dieses Böse dich berührt und Besitz von dir ergreift. Deshalb trägt man eine Burka.«[6]

Wie viele andere Formen des Aberglaubens wird die Furcht vor Geistern durch soziale Nachahmung erlernt. Geister sind überall – oder vielmehr: Sie waren es. Wie ein Ladenbesitzer erklärte, gingen die meisten Geister nach Einführung des elektrischen Lichts woanders hin.

Auch die aufgeklärten Bewohner der westlichen Welt sind nicht frei von Aberglauben. 2008 sagte ein Drittel der Amerikaner, sie glaubten an die Existenz von Geistern und Gespenstern.[7] Vierzig Prozent der Briten glauben an Spukhäuser, wie sie in den Geschichten von Charles Dickens oder Stephen King vorkommen. Eine stattliche Anzahl von aufgeklärten Bürgern hat auch vor bestimmten Zahlen Angst, und zwar denselben, vor denen sich ihre Mitbürger fürchten. Als ich vor dem Flug mit einer US-Inlandsfluglinie auf der Suche nach meinem Sitzplatz im Mittelgang des Flugzeugs entlangging, konnte ich keine Reihe 13 finden. Gleiches gilt für Air France und KLM. Bekanntlich wird der 13 nachgesagt, eine Unglückszahl zu sein, und die Fluggesellschaften behaupten, dass nur wenige dort sitzen wollen. Um ganz sicherzugehen, haben die Lufthansa-Flugzeuge weder eine Reihe 13 noch eine Reihe 17, die italienische Unglückszahl. Auch Hotels zollen dem Aberglauben Tribut. Westliche Hotels haben manchmal kein 13. Stockwerk, viele asiatische Hotels kein viertes, weil man der Zahl 4 in der chinesischen Kultur wegen ihrer Klangähnlichkeit mit dem Wort für »Tod« nachsagt, sie bringe Unglück. Einigen Hochhäusern in Hongkong fehlen alle Stockwerke mit einer 4, also 4, 14, 24, 34 und alle 40er-Zahlen. Daher sind die Fahrstühle in Hongkong die schnellsten der Welt: Im Handumdrehen erreichen sie Etage 50.

Genetisch veränderte Lebensmittel

Viele Lebensmittelängste beruhen nicht auf persönlicher Erfahrung, sondern sind gesellschaftlich vermittelt. Vor dem Backen werden die köstlichen Laugenbrezeln kurz in eine Natronlauge (Lösung von Natriumhydroxid in Wasser) getaucht. Dieses Verfahren wird von der US-amerikanischen Gesundheitsbehörde (FDA) eingeschränkt, weil die Lauge als gefährlich eingestuft wird. Nun ist dieses Verfahren aber genau das, was die Besonderheit – Geschmack und Kruste – der Brezeln ausmacht. In Frankreich gelten Rohmilch und Rohmilchkäse als Maßstab für qualitativ hochwertige Milchprodukte, auch einige der besten italienischen Käsesorten werden aus Rohmilch hergestellt. Bei den dortigen Küchentraditionalisten gilt Käse aus pasteurisierter Milch als eine Beleidigung des guten Geschmacks. Die FDA dagegen warnt vor dem Verzehr von nicht pasteurisierter Milch und Weichkäse aus solcher Milch. In Kanada ist der Verkauf von Rohmilch sogar verboten.

Nun könnte man daraus schließen, dass die Europäer bei der Wahl ihrer Lebensmittel risikobereiter als die Nordamerikaner sind. Doch bei genetisch veränderten Lebensmitteln ist die Rollenverteilung umgekehrt. Europäer wie Japaner sind eher bestrebt, gentechnisch veränderte Nahrung zu meiden, während Amerikaner sie schlucken, ohne mit der Wimper zu zucken. Europäer sind geneigt, genetisch veränderte Lebensmittel als ein riskantes Spiel mit der Natur, als Geschmacksbeeinträchtigung und Gesundheitsrisiko anzusehen. Diese Ängste sind nicht immer faktisch begründet. In einer repräsentativen Erhebung in allen Mitgliedstaaten der Europäischen Union wurde gefragt, ob die folgende Aussage wahr sei:

> Gewöhnliche Tomaten enthalten keine Gene, während genetisch veränderte Tomaten welche besitzen.

Wahr	36 %
Falsch	41 %
Weiß nicht	23 %

Also nur 41 Prozent der Europäer wissen, dass auch gewöhnliche Tomaten Gene haben, während die übrigen glauben, die Natur produziere sie ohne Gene, oder es nicht wissen.[8] Wie sich die Mehrheit die Fortpflanzung von Gemüsesorten vorstellt, bleibt ein Geheimnis. Ein Teil der Furcht vor genetisch veränderten Lebensmitteln scheint in einer biologischen Ahnungslosigkeit verwurzelt zu sein.

Die Deutschen neigen dazu, sich vor Strahlung von Kernkraftwerken, Handys und Mammografie zu fürchten. Ähnlich ergeht es den Österreichern, während Franzosen und Amerikaner damit weniger Probleme haben. 1972 erbauten die Österreicher ihr erstes Kernkraftwerk nordwestlich von Wien am Donauufer. Der Bau dauerte sechs Jahre und kostete ungefähr eine Milliarde Euro. Als er vollendet war, durften die Österreicher in einem Referendum darüber abstimmen, ob er in Betrieb genommen werden sollte. Eine knappe Mehrheit von 50,5 Prozent entschied sich für Nein – überwiegend junge Österreicherinnen mit überdurchschnittlichem Bildungsniveau. Die betriebsbereite Anlage ging nie ans Netz. Dann folgte die Katastrophe von Tschernobyl, und in Österreich mussten Kopfsalat und Erdbeeren eingestampft werden. Das verstärkte die Kernkraftaversion des Landes. Die Anlage steht noch immer am Flussufer und ist zur Besichtigung freigegeben: das einzige Museum der Welt mit einem Modell eines Kernkraftwerks im Maßstab 1:1.

Nachdem Japan 2011 von einem Erdbeben der Stärke 9,0 und nachfolgend von einem Tsunami heimgesucht worden war, befassten sich die deutschen Medien mehr mit der potenziellen Strahlengefährdung als mit den Zehntausenden Japanern, die durch das Erdbeben und den Tsunami umgekommen waren oder verzweifelt nach Angehörigen suchten. Unter dem Einfluss einer German-Angst-Epidemie erlebte der hiesige Absatz von Geigerzählern und Jodpillen einen jähen Anstieg und wurden ältere Kernkraftwerke abgeschaltet. Der Schutz vor einer möglichen Kernschmelze nach einem wenig wahrscheinlichen Flugzeugabsturz oder terroristischen Angriff wurde in den Medien zur höchsten Priorität und zur politisch korrekten Botschaft. Selbst Politiker, die wenige Monate zuvor versichert hatten, es gebe keine Alternative zur Laufzeitverlängerung der Kernkraftwerke, waren plötzlich damit einverstanden, irgendwann alle Anlagen stillzulegen. In Zeiten der Knappheit müsse Deutschland dann vielleicht Elektrizität von den Kernkraftwerken der Nachbarländer wie Frankreich und der Tschechischen Republik importieren.

Neben dem Katastrophenpotential (Schockrisiko) mag es einen historischen Grund für die deutsche Furcht vor der Kerntechnik geben. Wie die Österreicher lebten die Deutschen während des Kalten Krieges unmittelbar an der Grenze des Ostblocks und hätten unter einem Kernwaffenkrieg besonders zu leiden gehabt.

Amerikaner haben vergleichsweise wenig Angst vor Strahlung. Von den 20er- bis in die 60er-Jahre hinein boten tonangebende amerikanische Schuhgeschäfte Kindern die aufregende Gelegenheit, ihre Füße in einem Röntgengerät zu betrachten. Werbespots im Rundfunk versprachen Eltern, dass die Gesundheit ihrer Kinder fortan dank des Schuh-Fluoroskops nicht mehr durch schlecht sitzende Schuhe gefährdet werde. Schließlich wurde dieser Marketing-Gag verboten, nachdem Schuhverkäufer Dermatitis bekamen, weil sie ihre Hände in dem Röntgenstrahl bewegten. Wie erwähnt, werden heute im US-Gesundheitswesen Röntgenuntersuchungen und Computertomografie aggressiv vermarktet als Mittel, um Krankheiten frühzeitig, rasch und schmerzlos zu entdecken.

Kulturen unterscheiden sich jedoch nicht nur in dem, was sie fürchten, sondern auch in dem, was sie beruhigend finden. Auch vieles von dem, was uns beruhigt, ist sozial gelernt.

Beruhigung

Sie sind müde, haben Kopfschmerzen und unbestimmte Verdauungsbeschwerden. Sie beschließen, einen Arzt aufzusuchen. Wenn das in Frankreich geschieht, wird die Diagnose in vielen Fälle lauten, dass Ihre Symptome mit der Leber zu tun haben: *une crise de foie*, also eine »Leberkrise«. Offenbar ist das ein Leiden, das nur Franzosen befällt. Nach Überzeugung vieler Franzosen ist für ihre Nationalkrankheit gutes Essen und Trinken verantwortlich. Wenn Sie Franzose sind und diese Diagnose hören, werden Sie höchstwahrscheinlich beruhigt sein. Nur die Leber! Nichts Unerwartetes. Ein Amerikaner wäre – wie die meisten Menschen auf der Erde – höchst betroffen, würde man ihm mitteilen, dass mit diesem Organ etwas nicht stimmt.[9]

Gingen Sie zu einem deutschen Arzt, so würde er wahrscheinlich diagnostizieren, dass Sie etwas am Herzen haben: Probleme mit dem Kreislauf, beispielsweise einen zu niedrigen Blutdruck. Eine häufige Erkrankung in Deutschland. Diese Diagnose wird einen deutschen Patienten vermutlich beruhigen. Wieder einmal nichts Überraschendes. Niedriger Blutdruck wird in Deutschland ernst genommen, ein Zustand, der medikamentös behandelt werden muss, während Amerikaner, die sich vor der entgegengesetzten Diagnose fürchten, die Behandlung eines niedrigen Blutdrucks wohl eher als Kunstfehler einordnen würden.

Ein amerikanischer Arzt schließlich würde vermutlich nach einem »Virus« suchen. Das würde amerikanische Patienten beruhigen, französische und deutsche hingegen alarmieren. Während Leber- und Herzleiden darauf schließen lassen, dass die Ursache innen zu suchen ist, geht die amerikanische Vorstellung davon aus, dass der Körper an sich gesund ist und der Feind von außen kommt.

Wenn Ärzte nicht wissen, was ihren Patienten fehlt, neigen sie dazu, die Symptome einer Ursache zuzuschreiben, welche die Menschen beruhigt: der Leber, dem Kreislauf oder einem Virus. Beruhigung heißt nicht unbedingt, dass die Menschen die Krankheit für harmlos halten, sondern dass es nichts Ungewöhnliches ist. Eine solche Ersatz- oder Beruhigungskategorie gibt es aber nicht nur bei Franzosen, Deutschen und Amerikanern. In Großbritannien beispielsweise würde der Arzt seinem Patienten wahrscheinlich eine affektive Störung oder Depression attestieren.

Auch die Behandlungsarten hängen von der Kultur ab. Deutsche haben eher eine romantische Beziehung zu ihrem Herzen, während Amerikaner es häufiger als eine mechanische Pumpe ansehen und es entsprechend behandeln: Sie willigen weit öfter in koronare Bypassoperationen ein als Deutsche und andere Europäer. Chinesen dagegen stehen chirurgischen Eingriffen eher ablehnend gegenüber und sehen körperliche Gesundheit unter der Perspektive von Harmonie. Der Gedanke, einen funktionsgestörten Körperteil zu entfernen, ohne seine Beziehung zu anderen Teilen zu berücksichtigen, erschiene ihnen viel zu simpel, um ihn in Erwägung zu ziehen.[10] Alles in allem führt soziales Lernen zu einem paradoxen Ergebnis. In Frankreich, Deutschland, Italien, Großbritannien und den

USA haben die Überzeugungen von Ärzten über Ernährung und Gesundheit – etwa über die Einnahme von Vitaminzusätzen und die Ausübung von Sport – mehr Ähnlichkeit mit der öffentlichen Meinung in ihrem eigenen Land als mit denen ihrer Kollegen in den anderen Ländern.[11]

Ist Risikoscheu eine Frage der Kultur oder der Persönlichkeit?

Diese Geschichten illustrieren einige der kulturellen Unterschiede im Hinblick darauf, was Menschen Angst macht oder was sie beruhigt. Manch einer mag einwenden, es sei eher eine Frage der Persönlichkeit als der Kultur, ob man ein Angsthase oder ein Löwenherz sei. In der Risikoforschung werden die Menschen häufig zwei Persönlichkeitskategorien zugeordnet: den Risikofreudigen und den Risikoscheuen. Doch das soziale Lernen erklärt, warum es solche Persönlichkeiten selten, wenn überhaupt, gibt. Ein Kettenraucher kann gleichzeitig das Risiko genetisch veränderter Lebensmittel scheuen, und einen Waffenbesitzer kann der Gedanke an Wachskerzen auf einem Weihnachtsbaum entsetzen. Soziales Lernen ist der Grund, warum Menschen in der Regel nicht durchgehend risikofreudig oder risikoscheu sind. Sie neigen dazu, zu fürchten, was ihre Bezugsgruppe fürchtet, und das hat einen Flickenteppich aus akzeptierten und vermiedenen Risiken zur Folge.

Doch soziales Lernen ist nicht die einzige Methode, die uns vermittelt, was wir zu fürchten haben und was nicht. Das zweite Prinzip ist das biologisch vorbereitete Lernen, dank dem wir rasch »lernen«, Situationen zu fürchten, die in unserer evolutionären Geschichte gefährlich waren.

Biologisch vorbereitetes Lernen

Warum fürchten Kinder sich vor Schlangen und Spinnen, auch wenn es die giftigen Spielarten schon längst nicht mehr in ihrem Land gibt? Das scheint vollkommen töricht zu sein. Und doch gibt es eine vernünftige Erklärung für ihre Furcht. Müssten wir durch persönliche Erfahrung lernen, ob von einem Tier eine tödliche Gefahr ausgeht, hätten wir eine höchst begrenzte Lebenserwartung. Auch das Lernen durch soziale Nachahmung wäre zu langsam. Aber die Evolution hat uns mit einem zweiten Lernprinzip ausgerüstet, das eine höchst sinnreiche Kombination aus Natur und Kultur ist. Das Angstobjekt ist genetisch »vorbereitet«, doch um die Angst zu aktivieren, bedarf es eines sozialen Inputs.

Die Gefahren der Vergangenheit von anderen lernen

Biologische Vorbereitung bezieht sich auf Objekte und Situationen, die eine Bedrohung für das Überleben unserer Vorfahren darstellten – Spinnen, Schlangen, Dunkelheit und so fort. Beobachtet ein Kind beispielsweise, wie sein Vater vor Angst kreischt, weil ihm eine Spinne über den Arm kriecht, kann dieses eine Erlebnis ausreichen, dass es die Furcht erwirbt. Sieht aber dasselbe Kind, wie seine Großmutter furchtsam auf Gewehre, Motorräder und andere potenzielle tödliche Erfindungen der Neuzeit reagiert, wird die Furcht nicht so rasch erlernt. Es ist leichter, einem Kind die Furcht vor einer Spinne als die vor einer Steckdose beizubringen. Soziales Lernen vorbereiteter Furcht beruht auf der folgenden Kette:[12]

> Vorbereitetes Objekt ➔ anderer Mensch zeigt Furcht vor dem Objekt ➔ Erwerb der Furcht.

Anders als beim Lernen durch Versuch und Irrtum werden vorbereitete Assoziationen zwischen einem Objekt und der Furcht rasch gelernt, oft schon beim ersten Mal, und einmal erlernt, ist die emotionale Reaktion kaum wieder abzulegen. Viele Phobien, die Menschen leicht erwerben, sind biologisch vorbereitete Assoziationen. Dazu gehören die Ängste vor Tieren (Spinnen, Reptilien), vor physikalischen Objekten oder Ereignissen (weite, offene Räume, Donner) und vor anderen Menschen (bedrohliche Gesichter, soziale Ablehnung). Für die vorherrschende Rolle von Tieren in menschlichen Phobien ist wahrscheinlich der evolutionäre Ursprung des

Furcht-Schaltkreises verantwortlich, der eine Abwehrmaßnahme gegen tierische Fressfeinde darstellt. Biologische Vorbereitung ermöglicht dem Menschen, zu lernen, was er zu fürchten hat, ohne tatsächlich die negativen Konsequenzen einer solchen Begegnung zuerst erfahren zu müssen.

Biologisch vorbereitetes Lernen lässt sich auch bei Affen beobachten. Wie Menschen zeigen Rhesusaffen, die im Labor aufgewachsen sind, keine angeborene Furcht vor Giftschlangen. Aber sie haben eine vorbereitete Assoziation:

> Schlangenartiges Objekt ➔ anderer Affe zeigt Furcht vor der Schlange ➔ Erwerb der Furcht.

In einer Reihe von Experimenten beobachteten Affen auf Videobändern, wie ein anderer Affe furchtsam auf die Gegenwart einer Schlange reagierte.[13] Daraufhin reagierten die Affen, die die Bänder gesehen hatten, in ähnlicher Weise auf Schlangen und schlangenartige Objekte. Doch das klappt nicht bei jedem Objekt. Wenn der Affe auf dem Video wieder (echte) Furcht zeigte, aber das Bild der Schlange durch das einer bunten Blume ersetzt wurde, bekamen die Affen, die die Szene beobachteten, keine plötzliche Angst vor Blumen.

Wie bei der Schockrisiko-Furcht (*dread risk fear*), der wir in Kapitel 1 begegneten, geht es beim biologisch vorbereiteten Lernen darum, die Furcht vor Gefahren aus sehr viel früheren Zeiten zu erlernen. Bei der sozialen Nachahmung dagegen lernen wir neue Gefahren kennen.

Was Kinder fürchten

Eltern glauben manchmal, die Geburt eines neuen Geschwisterkinds sei ein außerordentlich verstörendes Ereignis für ihre anderen Kinder. Schließlich bedeute es, die Liebe und Zuwendung der Eltern zu teilen. Doch für amerikanische Kinder von der vierten bis zur sechsten Klasse zählte dieses Ereignis tatsächlich zu den am wenigsten belastenden Vorfällen, vergleichbar mit einem Referat oder Zahnarztbesuch.[14] Wissen Eltern, was ihre Kinder tatsächlich fürchten? Wie Untersuchungen zeigen, nehmen Eltern zu Recht an, dass Kinder sich vor einer Scheidung und dem Tod eines Elternteils fürchten, sind sich aber weniger darüber im Klaren, dass Kinder sich durch Streitereien der Eltern belastet fühlen. Außerdem unterschätzen Eltern häufig die emotionale Bedeutung des Schullebens und der Meinung von Gleichaltrigen: Furcht vor Demütigung, vor Einnässen im Unterricht und peinlichen Situationen in Gegenwart der Gleichaltrigen.

Doch bei solchen Studien ist Vorsicht geboten. Die Antworten hängen davon ab, welche Punkte Forscher und Lehrer in die Liste aufgenommen haben, aus der die Kinder auswählen können. Natürlich kann ein Kind nicht auswählen, was nicht auf der Liste steht. Als man in einer Studie 394 holländische Kinder im Alter zwischen sieben und zwölf Jahren aufforderte, aus einer Liste auszuwählen und frei anzugeben, wovor sie Angst hatten, unterschieden sich die Ergebnisse.[15] Hier ein Vergleich der sechs am meisten gefürchteten Situationen:

Was Kinder aus einer Liste auswählen:	Was Kinder frei antworten:
Bombenangriffe oder eine Invasion	Spinnen
Von einem Auto oder Lkw angefahren werden	Tod
Nicht atmen können	Krieg
Eine schwere Krankheit bekommen	Krankheit
Aus großer Höhe abstürzen	Dunkelheit
Feuer oder verbrannt werden	Schlangen

Die Hälfte der jeweils am meisten gefürchteten Ereignisse überschneiden sich: Krieg, Krankheit und Tod. Diese Überschneidung kann jedoch teilweise darauf zurückzuführen sein, dass man den Kindern zunächst die Liste vorlegte und sie dann um eine freie Antwort bat. Die anderen am meisten gefürchteten Ereignisse decken sich nicht: Spinnen, Schlangen und Dunkelheit. Die Furcht vor Spinnen und Schlangen erscheint besonders erstaunlich, da es in den Niederlanden keine giftigen Spinnen und aggressiven Schlangen mehr gibt, die eine tödliche Gefahr für den Menschen darstellen. Daher konnten die Kinder diese Furcht nicht aus persönlicher Erfahrung lernen. Ist diese Furcht angeboren? Nein. Die Furcht von Kindern vor Spinnen, Schlangen und Dunkelheit beruht auf biologischer Vorbereitung, dieser, wie gezeigt, besonders raschen Form des sozialen Lernens. Um ihre Kinder also daran zu hindern, die falschen Dinge zu fürchten, sollten sich Eltern, die diese Angst selbst empfinden, nach Kräften bemühen, sie nicht in Gegenwart ihrer Kinder zu zeigen.

Innere Kontrolle kann gegen Angst helfen

In vielen Kulturen scheinen sich die Menschen immer größere Sorgen um Beruf, Sicherheit und soziale Akzeptanz zu machen. Stehen wir am Beginn eines Zeitalters der Angst? Von jungen Amerikanern heißt es, sie würden von Jahrzehnt zu Jahrzehnt depressiver. Bei einer Stichprobe mit Menschen verschiedenen Alters berichteten nur knapp zwei Prozent der Befragten, die Anfang des 20. Jahrhunderts geboren worden waren, von größeren depressiven Störungen, während es bei denen, die Mitte des Jahrhunderts zur Welt gekommen waren, bis zu 20 Prozent waren.[16] Diese Unterschiede könnten jedoch nur scheinbar bestehen und nicht der Wirklichkeit entsprechen. Ältere Menschen haben ein selektives Gedächtnis und erinnern sich vielleicht nur an die schönen Zeiten ihrer Jugend. Um diese Möglichkeit auszuschließen, werden in Kohortenstudien junge Leute gleichen Alters miteinander verglichen und im Laufe ihres Lebens immer wieder befragt.

Sind junge Menschen heute ängstlicher?

Der MMPI (*Minnesota Multiphasic Personality Inventory*) ist ein Fragebogen, mit dem man verschiedene psychische Störungen erfasst. Er misst Depression, Hypochondrie, Hysterie und andere Formen der Psychopathologie. Seit den 30er-Jahren wurde er Tausenden von Kindern und Jugendlichen in den USA vorgelegt, was einen Vergleich über einen längeren Zeitraum ermöglicht.

Die Entwicklung ist erstaunlich. Zwischen 1938 und 2007 sind die klinischen Punktzahlen der Collegestudenten ständig angestiegen, besonders in den Kategorien emotionale Verstimmung, Ruhelosigkeit, Unzufriedenheit und Instabilität (die sogenannte F-Skala). Je höher die Punktwerte, desto beherrschender werden diese Merkmale. Nehmen wir die Durchschnittswerte der Collegestudenten aus den 30er- und 40er-Jahren als Bezugsgröße. In den jüngeren Generationen erzielten fast alle Studenten – 94 von je 100 – höhere Werte! Ein ähnlicher Anstieg wurde bei unrealistisch positiver Selbsteinschätzung, Hyperaktivität und geringer Selbstkontrolle beobachtet. Nimmt man alle in dem Fragebogen verwendeten Skalen zusammen, so lagen 85 von je 100 Studenten mit ihrem Punktwert über der Bezugsgröße: Sie waren nicht nur narzisstischer, egozentrischer und antisozialer, sondern auch besorgter, trauriger und unzufriedener. Das ist das auf die Selbstbewertung der Studenten gestützte psychologische Profil der jüngeren amerikanischen Generationen. Was einst als seelisches Ungleichgewicht galt, ist zur Norm geworden.

Was verbirgt sich hinter diesem sich wandelnden emotionalen Profil? Vielleicht empfinden junge Menschen das moderne Universitätsleben als bedrückend und belastend: zum ersten Mal von zu Hause fort und unter starkem Druck stehend. Aber die gleichen Resultate wurden auch von Highschool-Schülern berichtet. Es wurden auch keine geschlechterspezifischen und regionalen Unterschiede festgestellt. Eine andere Erklärung könnte darin liegen, dass heute die Akzeptanz für depressive Verstimmungen oder Unruhe größer ist. Das erklärt zwar einen Teil der Veränderung, ändert aber nichts am Grundmuster. Die Ursache könnte auch wirtschaftlicher Natur sein: Möglicherweise folgt das psychologische Profil den großen wirtschaftlichen Auf- und Abschwüngen von der Großen Depression bis heute. Doch die tatsächlichen Anstiege haben wenig mit wirtschaftlichen Veränderungen oder Arbeitslosigkeit zu tun: Die Punktwerte der jungen Leute nehmen langsam und stetig zu, nicht in Wellen, die den Wirtschaftszyklen folgen. Tatsächlich war die Häufigkeit von Angst und Depression bei Kindern im Zweiten Weltkrieg, während des Kalten Krieges und während der stürmischen 60er- und 70er-Jahre geringer als heute.

Innere Kontrolle: Fähigkeit, nicht Aussehen

Am besten lässt sich das wohl damit erklären, was junge Leute für wichtig im Leben halten: mit der Unterscheidung zwischen inneren und äußeren Zielen. Zu den inneren Zielen gehört das Bestreben, ein reifer Mensch zu werden, indem man seine Fertigkeiten, Fähigkeiten, moralischen Werte stärkt und ein sinnvolles Leben führt. Äußere Ziele haben mit materiellen Belohnungen und den Meinungen anderer Menschen zu tun – etwa hohes Einkommen, soziale Anerkennung und gutes Aussehen. Seit Ende des Zweiten Weltkrieges haben sich die Ziele der Menschen immer stärker in Richtung äußerer Ziele verlagert. Jährliche Umfragen unter Studienanfängern zeigen, dass die jüngeren Generationen den Punkt »finanziell gutgestellt zu sein« für wichtiger halten als »eine sinnvolle Lebensphilosophie zu entwickeln«. In den 60er- und 70er-Jahren war es umgekehrt.

Infolge dieser Veränderung haben junge Menschen weniger Einfluss auf das Erreichen ihrer Ziele. Daher sind ihre Gefühle und Verhaltensweisen zunehmend außengeleitet. Die *Internal-External Locus of Control Scale* ist ein Fragebogen, der misst, wie überzeugt die Menschen davon sind, ihr Schicksal selbst zu kontrollieren und nicht von anderen kontrolliert zu werden. Von 1960 bis 2002 hat man ihn Kindern im Alter zwischen neun und 14 Jahren zur Beantwortung vorgelegt. In diesem Zeitraum hat die Überzeugung, sie hätten Kontrolle über ihr Leben, erheblich abgenommen. 2002 berichtete ein Kind im Durchschnitt über größere externe Kontrolle als 80 Prozent seiner Altersgenossen in den 60er-Jahren. Wenn Kinder den Eindruck haben, ihr Leben wenig kontrollieren zu können, reagieren sie in der Regel ängstlich auf Ungewissheit. Ich bin verloren; es hat keinen Zweck, etwas zu versuchen.

Das Licht am Ende des Tunnels ist, dass Menschen mit größerer innerer Kontrolle meist besser im Leben zurechtkommen. Sie spielen eine aktivere Rolle in ihrem sozialen Umfeld, kümmern sich mehr um ihre Gesundheit und bekommen bessere Jobs. Wir haben vielleicht keine Kontrolle darüber, ob andere unsere Kleidung, unsere Fähigkeiten und unser Aussehen attraktiv finden. Aber wir können unsere inneren Ziele kontrollieren – Sprachen erwerben, ein Musikinstrument spielen, die Verantwortung für Kleinkinder oder unsere Großeltern übernehmen. Die Verlagerung zu externen Zielen ist keine biologische Tatsache, die in unsere Gene eingeschrieben ist; wir alle können uns umorientieren, innere Ziele wieder ins Auge fassen und die übermäßige Angst abschütteln.

Teil II
Risikokompetent werden

Ein Problem zu lösen bedeutet einfach, es so darzustellen, dass die Lösung erkennbar wird.

Herbert A. Simon

Eine gewisse Grundunterweisung in der statistischen Methode ist für jeden, der in unserer heutigen Welt lebt, so unabdingbar wie Lesen und Schreiben.

H. G. Wells[1]

Kapitel 5
Alles was glänzt

Es geht darum, alles so einfach wie möglich zu machen, aber nicht einfacher.

Albert Einstein zugeschrieben

Bekanntlich sind Amerikaner ziemlich optimistisch, was ihre Aussichten auf Reichtum angeht. Laut einer Meinungsumfrage glauben 19 Prozent der Amerikaner, dass sie zu dem 1 Prozent der absoluten Spitzenverdiener gehören. Weitere 20 Prozent glauben, dass sie eines Tages noch dort hinkommen werden.[2] Positives Denken ist gut, wenn man jung ist, hat aber auch seine Schattenseiten. Tatsächlich ist die Aufwärtsmobilität in den Vereinigten Staaten nicht mehr größer als in den meisten anderen westlichen Ländern. Große Teile einer optimistischen amerikanischen Öffentlichkeit unterstützen Steuersenkungen für Reiche, von denen sie nie profitieren werden.

Es ist leicht, über so viel Naivität zu schmunzeln. Schließlich leben wir im digitalen Zeitalter und haben Zugang zu allen Informationen, die wir uns wünschen. Denken wir jedenfalls.

Tatsächlich hat das digitale Zeitalter unseren Umgang mit Geld verändert: Mithilfe von Supercomputern sagen wir Wechselkurse und den Aktienmarkt voraus und wenden raffinierte Finanzprogramme an, welche die meisten Sterblichen nicht verstehen. Doch hat all das wirklich zu besseren Vorhersagen geführt? Erinnern wir uns, dass die Welt des Investments weitgehend ungewiss ist und dass das Vertrauen in Finanztheorien, die für eine Welt bekannter Risiken entwickelt wurden, zu illusorischer Gewissheit führt, der Truthahn-Illusion, wie ich sie nenne.

Finanzexperten: Götter oder Schimpansen?

Der Vermögensverwalter einer großen Versicherungsgesellschaft beklagte einmal mir gegenüber, seine Verwandten würden ihn ständig mit der Frage löchern, in welche Aktien sie investieren sollen. »Ich weiß es nicht. Wie denn auch?«, sagte er. »Aber sie wollen unbedingt glauben, ich sei Gott.« Er ist ein ehrlicher Mann, aber es gibt andere, die weniger Skrupel haben und ihre Klienten gar zu gerne in dem Glauben wiegen, sie besäßen übermenschliche Fähigkeiten. Immer wenn ein Jahr zur Neige geht, sagen namhafte Finanzinstitute die Wechsel- und Aktienkurse des nächsten voraus. Die Medienaufmerksamkeit ist garantiert. Schließlich möchte jeder wissen, ob das nächste Jahr gut oder schlecht wird und was er mit seinem Geld anfangen soll. Niemand nimmt an, dass die Vorhersagen hundertprozentig exakt sind, aber jeder geht doch davon aus, dass sie nicht allzu weit danebenliegen. Ganz besonders wichtig: Große Auf- und Abschwünge sollten nicht übersehen werden. Wie gut sind diese Vorhersagen, die wir jedes Jahr hören?

Wird der Dollar oder der Euro steigen?

Beginnen wir mit den Wechselkursen. Jeder, der Geld aus Europa nach USA überweist oder einen Überseeurlaub plant, würde nur allzu gerne wissen, welches der beste Zeitpunkt für den Umtausch von Euro in Dollar ist. Besonders groß ist das Interesse von Unternehmen, die ihre Produkte nach Übersee exportieren, denn für sie steht weit mehr auf dem Spiel. Um diesem Wunsch nachzukommen, sagen Banken in aller Welt den Euro-Dollar-Wechselkurs für ihre Kunden voraus. Können wir uns auf das, was sie sagen, verlassen? Die Antwort scheint klar zu sein. Würden die Vorhersagen nichts taugen, so gäbe es sie gar nicht, denn niemand würde einen Cent für sie bezahlen. Um zu sehen, ob das stimmt, untersuchte ich, was es mit diesen Prognosen auf sich hat und wie gut sie sind. In Abbildung 5.1 zeige ich für einen Zeitraum von zehn Jahren die Vorhersagen, die 22 internationale Banken jeweils am Jahres-

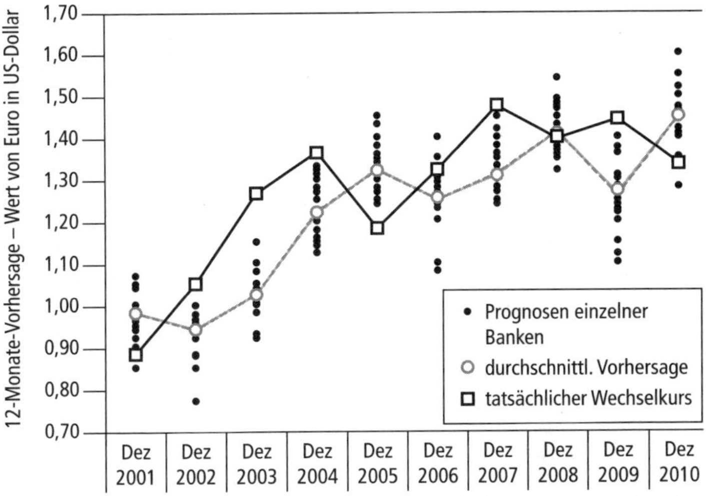

Abbildung 5.1: Voraussagen der Euro-Dollar-Wechselkurse sind wertlos. Jedes Jahr im Dezember sagen internationale Banken die Wechselkurse für das Ende des folgenden Jahres vorher. Meistens liegt der tatsächliche Kurs außerhalb des gesamten Prognosebereichs.
Doch die Vorhersagen sind nicht beliebig: Analysten prophezeien gewöhnlich, dass das folgende Jahr wie das gegenwärtige werden wird. Daher hinken sie beständig ein Jahr hinterher und verpassen alle Auf- und Abschwünge. Jeder Punkt zeigt die Vorhersage einer von 22 internationalen Banken, darunter Bank of America, Bank of Tokyo Mitsubishi, Barclays Capital, Citigroup, Commerzbank, Credit Suisse, Deutsche Bank, HSBC, JP Morgan Chase, Merrill Lynch, Morgan Stanley und Societé Générale. Gestützt auf Consensus-Economics 2001–2010.

ende machten.[3] Schauen wir uns diese Prognosen etwas genauer an.

Im Dezember 2000 sagten die meisten Banken voraus, Ende 2001 würden Euro und Dollar ungefähr gleich stehen. Das ist ganz links in Abbildung 5.1 zu sehen. Unter anderem prophezeiten Credit Suisse, Bank of Tokyo Mitsubishi, Royal Bank of Canada, UBS und Deutsche Bank einen Wechselkurs von 1 zu 1. Ende 2001 betrug der Wechselkurs von Euro zu Dollar jedoch nur 1 zu 0,88. Alle Banken überschätzten den Kurs, ausgenommen die Citigroup, die mit ihrer Prognose von 0,85 fast richtiglag. Das war aber das erste und letzte Mal in diesem Jahrzehnt, dass die Citigroup mit ihrer Vorhersage Glück hatte. Schauen wir uns jetzt die Prognosen für 2002 an. In Reaktion auf die Überbewertungen des Vorjahrs korrigierten die Banken ihre Vorhersagen durchgehend nach unten. Abermals lagen sie um mehr als 20 Cent auseinander. Aber der Euro stieg; der tatsächliche Wechselkurs lag bei 1 zu 1,05 – höher, als irgendeine der Banken prognostiziert hatte. Überrascht vom Aufwärtstrend des Euro, korrigierten die Banken ihre Vorhersagen im folgenden Jahr, 2003, nach oben. Erneut kletterte der Euro rascher, als irgendjemand erwartet hatte, und erneut lag der tatsächliche Wechselkurs außerhalb des Bereichs aller Schätzungen. Das gleiche Bild 2004. Zwar folgte der Schwarm der Vorhersagen dem Aufwärtstrend des Vorjahres, doch abermals war der wirkliche Wechselkurs höher, als irgendeine Bank in Aussicht gestellt hatte.

Für Ende 2005 prognostizierte jede Bank, dass sich der Kurs, dem Trend des Vorjahres folgend, weiter nach oben bewegen würde. Doch jetzt fiel der Euro, und der Dollar stieg. Nicht eine einzige Bank hatte den Kursrückgang im Auge gehabt. Wie in den Vorjahren bewegte sich der tatsächliche Wechselkurs außerhalb des gesamten Prognosebereichs. Für das nächste Jahr passten die Banken ihre Prognosen dieser Abwärtsbewegung an, indem sie erneut den Trend des zurückliegenden Jahres voraussagten. Der Euro stieg. Dieses Mal lagen wenigsten einige Schätzungen der Banken nahe am Ziel. 2007 setzte der Euro seinen steilen Aufstieg fort und erreichte einen höheren Wert, als irgendeine der Banken geschätzt hatte. Im Jahr darauf deckten sich der vorausgesagte und der tatsächliche Kurs zum ersten und letzten Mal. In den letzten beiden Jahren meines Untersuchungszeitraums kletterte der Euro zuerst nach oben, dann sackte er ab; die Vorausberechnungen der Banken bewegten sich im Schnitt genau gegenläufig zur tatsächlichen Entwicklung.

Diese Vorhersagen wurden nicht etwa von Amateuren gemacht, sondern von einer Vielzahl stattlich entlohnter Analysten, die mit hochkomplexen mathematischen Modellen arbeiteten. Beispielsweise verschätzte sich JP Morgan Chase, nach der Bilanzsumme die größte US-amerikanische Bank, beim Wechselkurs im Durchschnitt jedes Jahr um 13 Cent. Alle diese Experten hatten den gleichen Gedanken: Das nächste Jahr wird wie dieses sein. Ein Blick auf die Prognosen der zehn Jahre zeigt, dass die Fachleute durchgehend den Aufwärts- oder Abwärtstrend des Vorjahres voraussagten. Bei mehr als 90 Prozent der einzelnen Prognosen folgten die Experten dieser Regel. Das könnten Sie genauso gut. Das einzige Problem ist der Euro-Dollar-Wechselkurs, der sich nicht an diese Logik hält, was zur Folge hat, dass jede Trendveränderung übersehen wird.

Vorhersagen, die immer zutreffen, *nur dann nicht, wenn dieses Jahr nicht wie das letzte ist,* bieten uns die falsche Sicherheit eines Airbags, der immer funktioniert, nur dann nicht, wenn wir einen Unfall haben.

Warum bezahlen dann die Führungskräfte großer Unternehmen für solche nutzlosen Voraussagen? Einige wissen es vielleicht nicht, weil die Banken nicht veröffentlichen, was Sie in Abbildung 5.1 sehen. Andere sind weniger an den tatsächlichen Prognosen interessiert als daran, ihre Haut zu retten. Wenn ein Unternehmen infolge einer Wechselkursschwankung Verluste erleidet, kann der Manager auf die falsche Vorhersage der Banken verweisen, sodass die Bank verantwortlich ist und nicht er, der Manager. Dieses Verhalten kennen wir bereits: defensives Entscheiden, von Personen praktiziert, die Zeit und Geld verschwenden, um sich auf Kosten anderer, auch ihres Unternehmens, zu schützen (Kapitel 3). Die Furcht vor persönlicher Verantwortung schafft einen Markt für wertlose Produkte, die von hochbezahlten Fachleuten geliefert werden.

Wohin geht der Aktienmarkt?

Beginnen wir mit dem entscheidenden Jahr 2008, dem Beginn der Hypothekenkrise. Die von Bloomberg.com befragten Berufsauguren rechneten mit einem ertragreichen Jahr; durchschnittlich sagten sie einen Gewinn von 11 Prozent voraus.[4] Niemand rechnete mit einem Verlust. Ende des Jahres war der Standard & Poor-Index um 38 Prozent gefallen, und ein Großteil der Weltwirtschaft lag in Trümmern. Für den deutschen DAX-Index waren die Vorhersagen für Ende 2008 ebenso positiv gewesen. Die optimistischste Einschätzung kam von der WGZ-Bank in Düsseldorf, die einen Anstieg des DAX von 8067 Punkten Ende 2007 auf 10250 Punkte bis Ende 2008 prophezeite.[5] Entsprechend prognostizierte die Deutsche Bank, dass der Index von 8200 auf 8600 klettern würde. Die pessimistischste Vorhersage lieferte die US-amerikanische Investmentbank Morgan Stanley mit 7770 Punkten. Ende 2008 war der DAX auf 4810 Punkte abgestürzt. Nicht eine einzige Bank hatte den Crash vorhergesehen.

Zur Ehrenrettung der Analysten könnte man einwenden, dass jeder Fehler mache und dass dieses Jahr das einzige sei, in dem die Prognosen so krass danebenlagen. Gehen wir also ein Jahr zurück und schauen wir, wie genau 30 Banken Ende 2006 den Schlusswert des Jahres 2007 vorhersagten. Die Vorausberechnungen bewegten sich zwischen 5800 und fast 8000 Punkten. Wieder lag der tatsächliche Wert mit 8067 Punkten außerhalb des Gesamtbereichs der Voraussagen. Dabei erklärt sich das prognostische Unvermögen der Banken nicht etwa damit, dass sie generell übermäßig zuversichtlich oder vorsichtig wären. Dieses Mal waren alle 30 Banken zu pessimistisch gewesen, nur um ein Jahr später wieder viel zu optimistisch zu sein.

Nun ließe sich vorbringen, dass es, auch wenn prominente Banken keine glückliche Hand mit ihren Prognosen haben, doch einige Geldinstitute geben muss, die besser als die anderen abschneiden. Natürlich werden immer einige bessere Ergebnisse erzielen als andere, selbst wenn sie ihre Vorhersagen erwürfeln. Das können wir etwa überprüfen, indem wir feststellen, ob die Banken, die den DAX besser vorhersagen, auch bessere Prognosen zum Wechselkurs abgeben. Abbildung 5.2 zeigt den DAX-Ausblick der besten Banken zwei Jahre vor der Krise zusammen mit ihren Einschätzungen des Euro-Dollar-Wechselkurses. Wir erinnern uns: 2006 war eines der wenigen Jahre, in denen die Vorhersagen über die Wechselkurse nicht vollkommen danebenlagen (Abbildung 5.1). Wenn mehr als bloßes Glück im Spiel wäre, hätten die Banken, die den DAX am besten voraussagten, auch besser bei den Prognosen der Wechselkurse abschneiden müssen. Doch es gibt nicht das geringste Anzeichen dafür, dass hier echte Fertigkeiten im Spiel gewesen wären. Credit Suisse, die bei den DAX-Vorhersagen an der

Spitze lag, schnitt beim Wechselkurs schlechter ab als die fünf Banken, die beim DAX die Schlusslichter gebildet hatten.

Generell entsteht der Eindruck, dass Bankanalysten die Volatilität des Aktienmarkts und der Wechselkurse unterschätzen. Schuld daran sind zum einen die mathematischen Modelle, die sie verwenden. Diese behandeln die extrem unberechenbaren Finanzmärkte, als könnte man die Risiken vorhersagen. Infolgedessen entgehen den Prognosen ständig die großen Auf- und Abschwünge; zutreffend sind die Vorhersagen nur, wenn nichts Auffälliges geschieht, das heißt, wenn sich der Trend des Vorjahres fortsetzt.

Bankanalysten und Vermögensverwalter sind für das Geld auf

	DAX (Aktien)	Wechselkurs (Wert von Euro in Dollar)
Tatsächlicher Wert am 15. Dezember 2006	6588	1,31
Die fünf besten Vorhersagen		
Credit Suisse	6100	1,08
Bear Steams	6060	1,15
ABN Amro	6000	1,25
Landesbank Rheinland-Pfalz	6000	1,15
West LB	6000	1,35
Die fünf schlechtesten Vorhersagen		
JP Morgan Chase	5000	1,25
Helaba Trust	5100	1,28
Morgan Stanley	5200	1,20
UBS	5300	1,30
Nomura	5400	1,10

Abbildung 5.2: Illusorische Gewissheit bei Aktien- und Wechselkursvoraussagen. Prognosen der Aktienkurse (DAX) und der Euro-Dollar-Wechselkurse, abgegeben Ende 2005 für Ende 2006. Zur Zeit der Vorhersage lag der DAX bei rund 5400 und der Euro bei etwa 1,18 US-Dollar. Credit Suisse, die Bank mit den besten Vorhersagen für Aktien, gab eine der schlechtesten Prognosen über den Wechselkurs ab, und UBS, die Bank mit einer der schlechtesten Vorhersagen für Aktien, lieferte die beste Prognose zum Wechselkurs.
Die Treffgenauigkeit beider Vorhersagen wies keinerlei Zusammenhang auf und war erschreckend schlecht. Der tatsächliche Aktienkurs lag weit außerhalb des gesamten Prognosebereichs, und der Wechselkurs wurde von den meisten Banken unterschätzt (vgl. Abbildung 5.1).

unserem Planeten verantwortlich. Können sie Wechsel- und Aktienkurse voraussagen? Nein. Doch die Kunden möchten glauben, dass sie es können, und die Banken tragen ihren Teil dazu bei, um diese Illusion aufrechtzuerhalten.

Jeder kann ein Marktguru werden

In seinem Roman *Pudd'nhead Wilson* (deutsch: *Knallkopf Wilson*) erklärt Mark Twain das Geheimnis narrensicherer Vorhersagen.[6] »Oktober. Dies ist einer der besonders gefährlichen Monate für Aktienspekulationen. Die anderen sind Juli, Januar, September, April, November, Mai, März, Juni, Dezember, August und Februar.« Eine etwas subtilere Methode ist: *Mache ständig Vorhersagen, aber mache keine Aufzeichnungen.* Es heißt, Roger Babson habe den Börsenkrach von 1929 prophezeit. Weniger bekannt ist die Tatsache, dass er den Krach seit Jahren vorhersagte.[7] Der Trick besteht darin, die Talfahrt so oft vorherzusagen, dass die Prophezeiung irgendwann in Erfüllung gehen muss, und dann alle prognostischen Fehlgriffe zu vergessen. Elaine Garzarelli von Lehman Brothers wurde der Roger Babson des Schwarzen Montags 1987. Am 12. Oktober sagte sie »einen unmittelbar bevorstehenden Kollaps des Aktienmarkts« vorher. Vier Tage später kam es tatsächlich zum großen Börsenkrach. Von den Medien zum »Guru des Schwarzen Montags« hochgejubelt, gehörte sie bald zu den höchstbezahlten Strategen der Wall Street. Doch der Crash war ihr letzter Triumph. Danach erreichte sie mit ihren Vorhersagen über die Auf- und Abwärtsbewegungen des Marktes noch nicht einmal die Zuverlässigkeit von Münzwürfen. Wer ihr sein Geld anvertraute, wurde bitter enttäuscht.

Die Moral der Geschichte: Unter den Tausenden von Finanzexperten wird es immer einige geben, die mit ihren Vorhersagen richtigliegen. Selbst eine kaputte Uhr zeigt zweimal am Tag die richtige Zeit an. Doch wie ist es, wenn jemand mehrere Male hintereinander recht behält? Stellen wir uns 10 000 Anlageberater vor, deren Empfehlungen die Trefferquote von Münzwürfen haben. Nach einem Jahr dürfen etwa 5000 von sich behaupten, sie hätten Geld verdient, während die anderen 5000 Verluste machten. Von denen, die einen Gewinn verbuchten, wird die Hälfte – 2500 – auch im zweiten Jahr wieder Gewinne verzeichnen. Von diesen kann wiederum die Hälfte – 1250 – auch im dritten Jahr behaupten, ihre Methode habe geklappt. Eine einfache Rechnung zeigt, dass rund zehn Investmentgurus mit ihren Einschätzungen zehn Jahre hintereinander recht behalten werden. Da fällt es schwer, ein solch eindrucksvolles Ergebnis den einzigartigen, tiefen Einsichten des Gurus in das Marktgeschehen zuzuschreiben. Um es mit Nassim Taleb zu sagen: Wenn Sie es täten, würden Sie sich vom bloßen Zufall hinters Licht führen lassen.[8]

Selbst nachdem Sie die grottenschlechten Aktien- und Wechselkursvoraussagen in den Abbildungen 5.1 und 5.2 gesehen haben, widerstrebt Ihnen möglicherweise der Gedanke, dass diese selbstsicheren Profis mit ihren Prognosen nicht mehr Erfolg haben sollen als der sprichwörtliche Schimpanse mit seinem Dartpfeil. Zwei Studien lassen darauf schließen, dass der Schimpanse seine Sache unter Umständen sogar besser macht. In der ersten Untersuchung wurden schwedische Portfoliomanager, Broker und Anlageberater gebeten, die Performance von zwanzig Blue-Chip-Aktien vorherzusagen.[9] Dabei legte man ihnen jeweils zwei Aktien gleichzeitig vor und forderte sie auf, diejenige auszuwählen, die 30 Tage später besser dastehen würde. Eine Gruppe von Laien erhielt die gleiche Aufgabe gestellt. Ihre Antworten bewegten sich auf dem Zufallsniveau, das heißt, ihre Vorhersagen trafen in der Hälfte der Fälle zu. Die Fachleute dagegen blieben hinter dem Zufall zurück, sie wählten nur zu 40 Prozent die richtige Aktie aus. Eine Wiederholung der Studie mit anderen Experten und Amateuren führte zum gleichen Ergebnis. Wie gelang es den Profis, noch schlechter abzuschneiden als die Laien? Die Fachleute scheinen sich bei ihren Prognosen auf besondere Informationen verlassen zu haben, ohne sich über deren Unzuverlässigkeit im Klaren gewesen zu sein. Trotzdem waren diese Experten davon überzeugt, sie würden weit bessere Vorhersagen treffen und nur halb so viele Fehler machen wie die Laien. Und diese waren der gleichen Meinung.

Wenn Sie also ein Anlageberater wären und noch schlechtere Prognosen ablieferten als Ihre Kunden, könnten Sie dann immer noch ein Finanzguru werden? Stellen wir uns noch einmal 10 000 Anlageberater vor, die den gleichen Grad von Inkompetenz haben wie ihre schwedischen Kollegen in den beschriebenen Studien. Nach dem ersten Jahr ist davon auszugehen, dass 4000 von ihnen richtig und die anderen 6000 falsch vorhergesagt haben. Im zweiten Jahr sind es 1600, deren Prognosen sich zweimal hintereinander bewahrheitet haben. Nach fünf Jahren können wir erwarten, dass es noch immer rund 100 Anlageberater gibt, deren Vorhersagen Jahr um Jahr in Erfüllung gegangen sind. Und einem der Experten wird es sogar gelingen, zehn Jahre hintereinander ins Schwarze zu treffen. Man braucht nur einen großen Haufen unfähiger Experten, dann wird am Ende einer eine fantastische Leistungsbilanz haben.

Wie man selbst ein nobelpreisgekröntes Portfolio übertrifft

Ich glaube an die Wirksamkeit einfacher Regeln in einer realen, unüberschaubaren Welt. Auch wenn sie vielleicht nicht immer helfen, sollte die erste Frage lauten: Können wir eine einfache Lösung für ein komplexes Problem finden? Diese Frage wird selten gestellt. Der erste Reflex ist, nach komplexen Lösungen zu suchen, und wenn die nicht funktionieren, sie noch komplexer zu machen. Das Gleiche gilt im Investmentbereich. Nach finanziellen Turbulenzen, die noch nicht einmal Spezialisten prognostizieren konnten, bieten einfache Faustregeln eine Alternative. Nehmen wir ein komplexes Problem, vor dem viele von uns stehen. Sie haben eine gewisse Summe Geld zur Verfügung und möchten sie investieren. Sie wollen nicht alles auf ein Pferd setzen und ziehen eine Anzahl von Aktien in Betracht. Sie möchten diversifizieren. Aber wie?

Harry Markowitz ist für die Lösung dieses Problems mit einem Nobelpreis in Wirtschaftswissenschaften ausgezeichnet worden. Die Lösung wird als *Mean-Variance-Portfolio* [deutsch: Minimum-Varianz-Portfolio] bezeichnet. Das Portfolio maximiert die Rendite (*mean*) oder minimiert das Risiko (*variance*). Einfach ausgedrückt: Das Modell sagt Ihnen beispielsweise, wie Sie die höchste Rendite bei gegebenem Risiko erwarten können. Viele Banken verlassen sich auf diese und ähnliche Investmentmethoden und warnen ihre Kunden davor, ihrer Intuition zu vertrauen.

Man sollte annehmen, dass Markowitz, als er selbst Investitionen für seine Alterssicherung tätigte, seine nobelpreisgekrönte Methode anwendete. Aber nein, er hielt sich an die einfache Faustregel »1/N«:

Verteile dein Geld gleichmäßig auf N Fonds.

Warum verließ er sich auf eine Heuristik statt auf Berechnungen? In einem Interview erklärte Markowitz, er habe sich Selbstvorwürfe ersparen wollen: »Ich dachte: ›Wenn die Kurse nach oben gehen, und ich bin nicht dabei, komme ich mir blöd vor. Und wenn sie fallen, und ich bin dabei, komme ich mir blöd vor.‹ Daher entschied ich mich für 50/50.«[10] Er hielt sich an das Motto vieler Investoren: Mach es einfach! Und 1/N ist nicht nur einfach, es ist auch die reinste Form der Diversifizierung.

Wie gut ist diese Faustregel? In einer Studie wurde sie mit dem Minimum-Varianz-Portfolio und einem Dutzend anderen komplexen Methoden verglichen. Sieben Anlageprobleme, wie etwa die Investition in zehn amerikanische Industriefonds, wurden analysiert.[11] Beim Minimum-Varianz-Portfolio zog man die Aktiendaten der letzen zehn Jahre heran, während 1/N keine Daten braucht. Und das Ergebnis? In den meisten der sieben Tests schnitt 1/N nach den üblichen Leistungskriterien besser ab als die Minimum-Varianz-Methode. Mehr noch, keine der anderen zwölf komplexen Methoden prognostizierte den künftigen Wert der Aktien durchgehend besser.

Ist also die nobelpreisgekrönte Methode ein Schwindel? Nein. Sie ist optimal in einer idealen Welt bekannter Risiken, aber nicht notwendigerweise in der ungewissen Welt des Aktienmarkts, in der so vieles unbekannt ist. Hier müssen die Parameter des Portfolios aus früheren Daten abgeleitet werden. Nun sind aber, wie gezeigt, zehn Jahre ein zu kurzer Zeitraum, um zuverlässige Schätzungen zu erhalten. Nehmen wir an, Sie investieren in 50 Fonds. Wie viele Jahre an Aktiendaten würde die Minimum-Varianz-Methode dann wohl brauchen, um besser abzuschneiden als 1/N? Eine Computersimulation liefert die Antwort: rund 500 Jahre!

Das heißt, im Jahr 2500 können die Investoren von der einfachen Regel zur höheren Mathematik des Minimum-Varianz-Modells übergehen und hoffen, dabei zu gewinnen. Doch das gilt nur für den Fall, dass es die gleichen Aktien – und den Aktienmarkt – noch gibt.

Verstehen unsere Banken die Grenzen der Optimierung in einer ungewissen Welt? Vor einigen Jahren schickte meine Internetbank einen Brief an ihre Kunden. Dort hieß es:

> *Mit nobelpreisgekrönter Strategie zum Anlageerfolg!*
>
> Kennen Sie Harry M. Markowitz? Nein? Dann sollten Sie ihn kennenlernen: Der amerikanische Wissenschaftler erhielt im Jahr 1990 den Nobelpreis für Wirtschaftswissenschaften. Mit seiner Portfoliotheorie hatte er nachgewiesen, dass die richtige Gewichtung von Einzelwerten das Chancen-Sicherheits-Verhältnis eines Wertpapierdepots erheblich optimieren kann. So viel zur Theorie. Die Depots der meisten Anleger sehen jedoch anders aus. Da sie oftmals eher willkürlich denn systematisch zusammengestellt worden sind, besteht starker Optimierungsbedarf.

Weiter wird in dem Brief erklärt, dass die Bank das Minimum-Varianz-Portfolio verwende, und die Warnung ausgesprochen, nicht auf intuitive Regeln zu vertrauen. Allerdings hatte die Bank nicht begriffen, dass sie den Brief 500 Jahre zu früh abgeschickt hatte.

»Das kann ich doch selber!«

Vor einiger Zeit hielt ich einen Vortrag auf der *Morningstar Investment Conference*, in dem ich eingehender beschrieb, wann und warum einfache Regeln komplexen Strategien überlegen sind.[12]

Minimum-Varianz und ähnliche Modelle sind gut, wenn die Risiken genau bekannt sind, etwa wenn sie die Vergangenheit »voraussagen« müssen. Doch zur Vorhersage der Zukunft sind sie nicht unbedingt geeignet; hier bewähren sich einfache Regeln oft weitaus besser. Nach dem Vortrag war ich zu einer Podiumsdiskussion mit zwei führenden Finanzanalysten eingeladen. Das Publikum – mehrere hundert der besten Kunden – war gespannt, wie sie reagieren würden. Ich auch. Die Moderatorin wandte sich an den ersten Analysten:

> »Sie haben gerade gehört, welche Ansicht Professor Gigerenzer vertritt: dass in einer ungewissen Welt einfache Regeln oft besser sind als Optimierung. Da Sie bekanntlich für komplexe Investmentmethoden eintreten, würde uns interessieren, was Sie dazu meinen?«
> Alle wollten wissen, wessen Blut nun fließen würde.
> »Ich muss zugeben«, sagte der Analyst, »dass ich mich häufig auch auf 1/N verlasse.«

Ich war überrascht, wie rasch dieser Analyst eine Kehrtwende vollzog, als er herausgefordert wurde. Nach der Podiumsdiskussion kam der Chef der Investmentabteilung einer großen internationalen Versicherungsgesellschaft zu mir und sagte, er werde die Investitionen seines Unternehmens überprüfen. Drei Wochen später kam er mit seinem Assistenten in mein Büro.

> »Ich habe unsere Investitionen seit Anfang 1969 überprüft. Dabei habe ich 1/N mit unseren tatsächlichen Investmentstrategien verglichen. Wir hätten mehr Geld verdient, wenn wir uns an diese einfache Faustregel gehalten hätten.«

Doch dann kam die eigentliche Schwierigkeit zur Sprache.

> »Ich habe mich davon überzeugt, dass einfach besser ist. Aber da liegt mein Problem. Wie erkläre ich das meinen Kunden? Die könnten doch sagen, das kann ich selber!«

Ich versicherte ihm, dass es da noch eine Vielzahl offener Fragen gebe, etwa nach der richtigen Größe von *N*, der Art der Aktien, dem geeigneten Zeitpunkt eines Rebalancing – und vor allem, wann und wo 1/N eine erfolgreiche Strategie ist.

Die Moral von der Geschichte lautet, dass sich in einer Welt bekannter Risiken, die den mathematischen Annahmen des Minimum-Varianz-Portfolios entspricht, das Rechnen lohnt. Dass aber in der realen Welt des Investments einfache, intuitive Regeln klüger sein können. Das Gleiche gilt generell in ungewissen Welten.

Weniger ist mehr: Einsteins Regel

Wie kann eine einfache Faustregel eine nobelpreisgekrönte Methode schlagen? War das einfach Zufall? Nein. Es gibt eine mathematische Theorie, die uns sagt, warum und wann das Einfache besser ist. Sie heißt *Bias-Varianz-Dilemma*. Damit jeder Leser – egal, ob mathematisch vorgebildet oder nicht – diese komplizierte, aber wichtige Erklärung verstehen kann, lasse ich die mathematischen Einzelheiten fort.[13] Die Quintessenz der Theorie kommt in einer Aussage zum Ausdruck, die Albert Einstein zugeschrieben wird:

> *Es geht darum, alles so einfach wie möglich zu machen, aber nicht einfacher.*

Wie weit wir bei der Vereinfachung gehen, hängt von drei Merkmalen ab. Erstens, je größer die Ungewissheit, desto mehr sollten wir vereinfachen. Je geringer die Ungewissheit, desto komplexer sollte die Methode sein. Der Aktienmarkt ist insofern außerordentlich ungewiss, als er sich sehr schlecht vorhersagen lässt. Das spricht für eine einfache Methode wie 1/N. Zweitens, je mehr Alternativen, desto stärker sollten wir vereinfachen; je weniger, desto komplexer darf es sein. Der Grund liegt darin, dass komplexe Methoden Risikofaktoren schätzen müssen, und eine größere Zahl von Alternativen bedeutet, dass mehr Faktoren geschätzt werden müssen, was zu mehr Schätzfehlern führt. Im Gegensatz dazu wird 1/N nicht durch mehr Alternativen beeinträchtigt, denn es verlangt keine Schätzungen anhand früherer Daten. Schließlich gilt: Je mehr Daten vorhanden sind, desto besser für die komplexen Methoden. Daher lohnen sich die Markowitz-Berechnungen – wie oben erwähnt – erst dann, wenn 500 Jahre lang Börsendaten vorliegen. Die verschiedenen Faktoren beeinflussen sich: Wenn es nur 25 statt 50 Alternativen gibt, sind nur rund 250 Jahre Börsendaten erforderlich. Auf diese Weise lässt sich ein Verständnis dafür entwickeln, wann weniger mehr ist und wie sehr wir vereinfachen müssen.

Hohe Ungewissheit Viele Alternativen Kleine Datenmenge	Niedrige Ungewissheit Wenige Alternativen Große Datenmenge
←	→
Mach es einfach	Mach es komplex

All dies hilft uns, eine allgemeine Gesetzmäßigkeit zu verstehen – das Bias-Varianz-Problem, wie die Statistiker sagen. Wenn wir eine bestimmte Methode verwenden, um eine Vorhersage zu treffen, nennen wir den Unterschied zwischen der Vorhersage und dem tatsächlichen Ergebnis (das wir vorher nicht kennen können) »Bias«. In einer ungewissen Welt ist das Bias unvermeidlich (es sei denn, uns hilft ein glücklicher Zufall). Doch es gibt noch eine zweite Fehlerart, die sogenannte »Varianz«. Im Gegensatz zu 1/N sagen komplexe Methoden anhand früherer Beobachtungen die Zukunft voraus. Die Prognosen hängen von der spezifischen Stichprobe der zugrunde gelegten Beobachtungen ab und können daher instabil sein. Diese Instabilität (die Variabilität um ihren Mittelwert) heißt Varianz. Je komplexer also die Methode, desto mehr Faktoren müssen geschätzt werden, und desto größer wird der varianzbedingte Fehler. 1/N liefert immer die gleiche stabile Empfehlung, denn die Methode benötigt keine Investmentdaten aus der Vergangenheit. Aus diesem Grund wird sie nicht durch Varianz beeinträchtigt. Wenn die Datenmenge sehr groß ist – etwa 500 Jahre umfasst –, wird die Instabilität so weit reduziert, dass sich die Komplexität schließlich auszahlt.

Jetzt sollte klar sein, wann und warum komplexe Methoden zu schlechteren Vorhersagen führen: wenn sie unter zu großer Instabilität (»Varianz«) leiden, das heißt unter den Bedingungen, die auf der linken Seite des obigen Doppelpfeils aufgelistet sind. Einsteins Regel ist eine allgemeine Formulierung der Tatsache, dass in einer ungewissen Welt weniger mehr sein kann.

Schon mal üben, reich zu sein

Wenden wir uns nun dem schönen Österreich zu. In den goldenen Zeiten allgemeinen Wohlstands, als die Sozialsysteme sich um jeden kümmerten, ganz gleich, ob er arm oder reich war, brauchten sich die Österreicher keine Sorgen um ihre Alterssicherung zu machen. 2003, als die Zukunft nicht mehr ganz so rosig aussah, wurden die Österreicher ermuntert, sich an steuerlich begünstigten privaten Vorsorgemodellen zu beteiligen. Von Wien bis Salzburg begannen die Banken diese Pensionspläne zu bewerben. Ende 2004 hatten bereits 410 000 Österreicher (von rund acht Millionen Einwohnern) einen solchen Pensionsplan gezeichnet. Nach dem Beitritt zahlen die Teilnehmer bis zum Ruhestand einen Monats- oder Jahresbeitrag. Die Bank zahlt einen veränderlichen Zinssatz und der Staat eine Prämie. Die Logik ist makellos. Es wird kein Gewinn garantiert, sondern nur, dass jeder zum Zeitpunkt seines Ruhestands mindestens das zurückbekommt, was er eingezahlt hat – plus Prämie, ohne Inflationskorrektur.

Allerdings verschwendeten die Banken ihre Werbeetats nicht für die Verbreitung dieser harten Fakten. Stattdessen appellierten die Kampagnen an das Wunschdenken: Üben Sie schon mal, reich zu sein! Landesweit verkündeten Plakatwände in Riesenlettern »9 %«. In einer Zeit niedriger Zinssätze sind 9 Prozent spektakulär, nicht nur in Österreich. Was für ein großzügiges Sozialsystem, in dem Banken und Staat gemeinsam zum Wohlstand der Bürger beitragen! Doch die 9 Prozent sind kein Zinssatz, sondern eine Prämie. Die Prämie wird einmal jährlich auf den im jeweiligen Jahr in den Pensionsplan eingezahlten Beitrag ausgeschüttet. Beispielsweise erhält jemand, der jährlich 1000 Euro einzahlt,

90 Euro pro Jahr. Was die Bank beiträgt, bleibt offen; nur die eingezahlte Summe plus Prämie ist garantiert. Nach 30 Jahren sind das 30 000 Euro plus 2700 Euro Prämie. Doch das entspricht nicht dem, was die Österreicher, auf der Suche nach einem guten Geschäft, auf den Plakatwänden lasen. Wie aus einer Untersuchung hervorgeht, glaubten viele, die sich für den Pensionsplan entschieden, sie würden einen festen Zinssatz von 9 Prozent erhalten.

Sind diese Kunden ihrem eigenen Wunschdenken oder dem ihrer Berater zum Opfer gefallen? Erklären die Banker ehrlich und offen, was unter diesen 9 Prozent zu verstehen ist?

Um diese Frage zu beantworten, wurde eine verdeckte Studie durchgeführt. Anne, die damals 25 Jahre alt war, besuchte zehn verschiedene Banken in Klagenfurt.[14] In Vier-Augen-Gesprächen fragte sie jeden Berater nach Informationen, die den staatlich subventionierten Pensionsplan betrafen. Alle empfahlen ihr, den Pensionsplan zu zeichnen. Dann stellte sie jedem Berater die entscheidende Frage: Sind die 9 Prozent eine Zinsrate?

Drei Berater (1, 3 und 7) antworteten fälschlicherweise mit Ja. Nachdem Beraterin 5 zunächst korrekt mit Nein geantwortet hatte, besann sie sich und versicherte ebenfalls, es sei ein Zinssatz (Abbildung 5.3). Drei Berater machten sich die Mühe auszurechnen, wie viel mehr Geld Anne durch den Pensionsplan bekommen würde, verglichen mit dem regulären Zinssatz von 2 bis 3 Prozent. Alle drei waren vollkommen verwirrt, als die Berechnungen das Gegenteil dessen offenbarten, was sie erwartet hatten. Das Ausmaß der Bestürzung, das die Berater zeigten, lässt darauf schließen, dass sie nicht vorsätzlich logen, sondern die Bedingungen einfach nicht verstanden hatten. Vier Berater (2, 4, 9 und 10) antworteten zutreffend, doch Berater 2 prophezeite dann einen hohen, aber illusorischen Zinssatz, damit der Pensionsplan trotzdem noch attraktiv aussah.

Allen Beratern gemeinsam war der Versuch, Anne zu überreden, sich an dem Pensionsplan zu beteiligen. Jeder stellte ihn ihr als die einzige vernünftige Alternative dar. Die geschätzten Zinssätze, die ihr einige der Berater im Brustton der Überzeugung nannten, waren jedoch reine Fiktion. Viele der Kunden, die sich in den Plan eingekauft hatten, versuchten später wieder herauszukommen. Sie fürchteten, da fast keine Zinsen von den Banken kamen, sie wür-

Frage: »Sind die 9% ein Zinssatz?«

Bank 1: Berater, Ende 40, erklärt gemessen und belehrend:

»Ja, es sind alles Gewinne. Um die gleiche Rendite auf ein Sparbuch zu bekommen, bräuchten Sie einen Zinssatz von 8 Prozent.«

Bank 2: Beraterin, Mitte 30:

»Nein, Prämien sind keine Zinsen. Sie bekommen sie nur für Ihre jährlichen Einzahlungen. Aber der durchschnittliche Zinssatz für den Pensionsplan beträgt rund 6%, gegenüber 3% für ein Sparbuch.«

Bank 3: Beraterin, Mitte 20, freundlich, unsicher und zu Wiederholungen neigend:

»Ja, Prämie und Zins ist dasselbe, nur dass Sie die Prämie jedes Jahr bekommen.« Am Computer will sie zeigen, wie viel höher die Rendite des Pensionsplans als die 3% eines Sparplans ist. Das Ergebnis zeigt das Gegenteil. Die Kundin ist verwirrt. Die Beraterin sieht hilflos aus und holt einen älteren Kollegen, der ebenfalls überrascht ist, dass 3% mehr sind als 9%, aber trotzdem versichert, dass die Prämie ein Zins ist. Verlegen erklären beide Berater der Kundin: »Man darf nicht alles glauben, was die Regierung sagt.«

Bank 4: Berater ist Anfang 40, ziemlich knapp und klar:

»Nein.«

Bank 5: Beraterin ist Mitte 30, freundlich und enthusiastisch:

»Nein, die Prämie ist zusätzliches Geld vom Staat.« Sie empfiehlt den Pensionsplan, berechnet die Rendite im Vergleich zu regulären Versicherungen. Die Ergebnisse verwirren Beraterin und Kundin. Kundin fragt wieder, ob die Prämie Zins sei. Dieses Mal lautet die Antwort: »Ja, die Prämien sind Zinsen, nur dass sie vom Staat kommen.«

Abbildung 5.3: Für Pensionsvorsorge warben österreichische Banken in Riesenlettern mit »9 %«. Das vermittelte den Eindruck eines staatlich subventionierten Zinssatzes, bezog sich aber in Wirklichkeit auf eine einmalige Prämie.

Frage: »Sind die 9% ein Zinssatz?«

Bank 6: Berater ist Mitte 30, nicht gerade gesprächig, starrt auf seine Papiere und vermeidet den Augenkontakt:

»Die Prämie ist ein staatlicher Jahreszins. Ich empfehle den Pensionsplan, weil es bei einem Sparbuch keine Garantie gibt – wohl aber beim Pensionsplan.«

Bank 7: Beraterin ist Ende 30, wirkt unsicher, wendet sich häufig an ihren Kollegen und fragt ihn um Rat:

»Ja, das ist eine schwierige Frage.« Ihr Kollege mischt sich ein. »Sie bekommen insgesamt 8,5% [diese Bank bot 8,5% statt 9%], das ist ein fester Zinssatz von mindestens 2,25% von der Bank, und dann gibt der Staat die fehlende Differenz bis 8,5% dazu.«

Bank 8: Berater ist Mitte 30, eifrig, intensiver Augenkontakt:

»Prämie ist Zins, aber nur auf die jährliche Zahlung. Sparen ist keine Alternative, weil Sie nur 2,5% bekommen.« Um den Vorteil des Pensionsplans zu beweisen, berechnet er das Ergebnis im Vergleich zu den 2,25% einer Lebensversicherung. Die Lebensversicherung bringt mehr Geld. Als er das Ergebnis sieht, rechnet er noch einmal, das gleiche Ergebnis. Er wirkt vorübergehend irritiert, aber überspielt die Situation und preist die Vorteile des Pensionsplans. Die Kundin fragt, warum er vom Sparplan mit 2,5% abrät, wenn schon 2,25% Zinsen mehr Rendite bringen als der Pensionsplan. Es folgt eine lange Pause. »Mir scheint, der staatlich subventionierte Plan ist nur Augenwischerei.«

Bank 9: Beraterin, ungefähr 30, herablassend:

»Nein, sie ist kein Zins, sondern eine jährliche Zahlung. Aber die Zahl wird in der Werbung ohne Erklärung gezeigt, um Kunden anzulocken. Eigentlich ist sie irreführend.«

Bank 10: Berater, Anfang 30:

»Nein, die Prämie ist kein Zins. Bei einer Prämie gibt es keinen Zinseszins.« Die Kundin fragt, warum das in der Werbung nicht zur Sprache kommt. »Erstens zahlt die Bank die Werbung, damit sie die Kunden täuscht und anlockt. Und dann zahlt die Bank ihre Berater, damit sie die Missverständnisse der Kunden zurechtrücken.«

Eine junge Frau ging zu zehn Banken und fragte die Anlageberater: *Sind 9% ein Zinssatz*? Während die richtige Antwort »Nein« lautete, behaupteten eine Reihe von Beratern fälschlicherweise »Ja« oder waren verwirrt.

den am Ende nur das eingezahlte Geld zuzüglich der bescheidenen Prämie herausbekommen. In diesem schlimmsten Fall würden die Kunden am Ende 109 Prozent dessen erhalten, was sie rund dreißig Jahre lang in den Plan eingezahlt haben. Das läuft auf einen Festzins von weniger als 1 Prozent hinaus.

Einige der österreichischen Bankberater hatten keine Ahnung, wovon sie sprachen. Unkenntnis über grundlegende Elemente der Finanzwirtschaft scheint ein internationales Phänomen zu sein. Amerikanische Portfoliomanager und andere Investmentfachleute, die für Investmentgesellschaften oder Großbanken arbeiteten beziehungsweise sich auf eine Tätigkeit im Bereich von Finanzierungstechniken vorbereiteten, wurden in einer Studie nach der »Volatilität« einer Aktie befragt.[15] Wenn sich der Kurs einer Aktie rasch auf- und abbewegt, ist ihre Volatilität hoch. Wenn er sich fast nie verändert, hat sie eine niedrige Volatilität. Jede Aktie hat eine Volatilität, die durch eine Zahl ausgedrückt wird. Nur drei von 87 Befragten konnten den richtigen Volatilitätswert berechnen, und die meisten unterschätzten ihn.

Zurück zu den österreichischen Banken. Die machten sich den Umstand zunutze, dass nur wenige Leute fragten: 9 Prozent von was? Wie bereits in Kapitel 1 erwähnt, ist diese Frage von entscheidender Bedeutung für die Risikointelligenz. 9 Prozent ist nicht immer mehr als 1 Prozent.

Die Mutter aller Faustregeln: Vertrauen

Statt grundlegende Fragen zu stellen, verlassen sich viele Menschen auf eine soziale Faustregel, um in ihrem Leben zurechtzukommen: Vertrauen. Vertrauen in die Politik. Vertrauen in die Führung. Vertrauen in ihren Arzt. Die meisten Bankkunden verhalten sich zu ihren Finanzberatern wie zu ihren Ärzten. Zunächst stellen sie eine Beziehung des Vertrauens oder Misstrauens her, dann folgen sie dem Rat des Bankers oder Arztes ihres Vertrauens. Nur wenige überprüfen tatsächlich, ob ihre Berater wissen, wovon sie reden. Als italienische Bankkunden gefragt wurden, was ihnen Vertrauen zu ihrem Berater einflößt, nannten zwei Drittel ihre persönliche

Beziehung und nur ein Drittel die Kompetenz des Beraters.[16] Vertrauen stützt sich in der Regel auf Äußerlichkeiten – ob der Berater zuhörte, lächelte, Augenkontakt hielt. In diesem Fall investierten die Kunden im Allgemeinen in alles, was der Berater ihnen empfahl, und verplauderten den Rest ihrer kostbaren Zeit mit dem Berater. Tatsächlich gaben 40 Prozent der italienischen Kunden an, sie würden weniger als eine Stunde pro Monat für ihre Versicherungen und Investitionen opfern. Nicht dass sie keine Zeit hätten: Im Durchschnitt verbringen Italiener einige hundert Stunden pro Monat vor ihrem Fernsehschirm, um glamourös aufgemachte, aber stumpfsinnige Shows anzuschauen, in denen sogenannte *Veline* auftreten – junge Frauen, die außer ihren hochhackigen Schuhen kaum etwas anderes anhaben. Es liegt daran, dass sie sich auf eine einfache Investmentregel verlassen:

Vertraue deinem Banker.

Wie jede Strategie – egal, ob einfach oder komplex – ist Vertrauen an sich weder gut noch schlecht. Alles entscheidend sind die Umstände. In diesem Fall ist Vertrauen nur dann eine gute Idee, wenn Ihr Banker

1. die betreffenden Finanzprodukte versteht und
2. keine Interessenkonflikte hat.

Bei der ersten Bedingung geht es um das Vertrauen in die Kompetenz, bei der zweiten um das Vertrauen in die Motivation. Die Geschichte der Pensionspläne in Österreich zeigt, dass Kompetenz nicht so verbreitet ist, wie viele denken. Aber das finden Sie nicht heraus, wenn Sie auf ein freundliches Lächeln hereinfallen. Stattdessen könnten Sie ein paar Fragen stellen, wie Anne es tat. Denken Sie immer daran, dass Interessenkonflikte eher die Regel als die Ausnahme sind. Wenn Kunden mit ihrem Bankberater sprechen, nehmen sie an, der Investmenttipp, den sie bekommen, diene ihren eigenen Interessen. Tatsächlich werden Berater meist jede Woche angewiesen, die Finanzprodukte zu verkaufen, für die die Bank die höchsten Provisionen einstreicht; möglicherweise bekommen sie selbst dafür sogar Provisionen. Erinnern wir uns daran, dass die österreichischen Berater alle das »9 %«-Pensionsprodukt empfahlen, egal, ob sie es verstanden oder nicht. Das für die Bank lukrativste Produkt ist wahrscheinlich nicht das beste für den Kunden: Das Geld, das die Bank als Gewinn einstreicht, steht für den Kunden nicht mehr zur Verfügung. Betrachtet man es aus einer anderen Perspektive, könnte die Bank Geld verlieren, wenn der Berater im Interesse des Kunden handelt; aus diesem Grund haben altruistische Berater wahrscheinlich keine berufliche Zukunft in Banken. Interessenkonflikte sind systemimmanent, und Kunden sollten sie verstehen. Sie müssen selbst ein paar grundlegende Finanzkenntnisse erwerben, wenn sie nicht jedes Mal über den Tisch gezogen werden wollen.

Geldmystizismus

Wenn ein Redner nebulöse Ausdrücke und Wendungen benutzt, die niemand wirklich versteht, gibt es immer einige Zuhörer, die sich davon beeindrucken lassen. Ich kenne Autoren, die noch nicht einmal versuchen, verständlich zu schreiben, weil sie glauben, dass ihre Leser sie dann nicht für intelligent halten. Entsprechend fällt manch ein Bankkunde auf extravaganten Finanzmystizismus herein. Während schwer verständliche Schriften Sie nicht unbedingt in den Ruin treiben, sind schwer verständliche Finanzprodukte dazu sehr wohl in der Lage. Tatsächlich waren komplexe Instrumente wie Kreditausfallversicherungen ein Grund für die Finanzkrise. Bereits 2003 nannte Warren Buffett solche Finanzprodukte »Massenvernichtungswaffen«.[17] Von Hauseigentümern über Finanzinstitutionen bis hin zu Ratingagenturen verstand praktisch niemand ihre globalen Konsequenzen – oder wollte sie nicht verstehen. Die Ratingagenturen bedachten Lehman bis zu dem Augenblick, da die Bank zusammenbrach, mit vorzüglichen Bewertungen. Der CEO von Morgan Stanley schien ebenso wenig zu begreifen, was passierte, wie führende Bankmanager in aller Welt.[18] Die vielbeanspruchten Politiker verstanden es noch weniger, und auch Wirtschaftsprüfungsgesellschaften begriffen die Zusammenhänge nicht oder hatten Interessenkonflikte. Aggressiv vertrieben die Anlageberater ihre Zertifikate und lockten die Kunden weg von ihren sicheren, aber wenig profitablen Sparkonten. Alan Greenspan, der ehemalige Vorsitzende der US-Notenbank, der die errungene Freiheit von Regulierung vor der Krise begeistert begrüßt hatte, gestand ehrlich ein: »Wir alle, mich eingerechnet, die wir geglaubt haben, die Banken hätten ein Eigeninteresse daran, das Vermögen ihrer Aktionäre zu schützen, befinden uns in einem Zustand ungläubiger Schockstarre.«[19]

So werden die komplexen Probleme derartiger Finanzkrisen durch komplexe Produkte oft geschaffen und nicht gelöst. Die Leute, die diese Produkte verkaufen, können damit rechnen, dass potenzielle Kunden beeindruckt sind oder zumindest nicht zugeben mögen, dass sie nicht verstehen, was ihnen da angeboten wird. Einige Verkaufsprospekte sind bis zu hundert Seiten lang, mit einer Menge Kleingedrucktem. Doch es gibt eine einfache Kur für dieses Leiden, wenn sie auch den Mut voraussetzt, die eigene Unkenntnis einzugestehen:

Kaufe keine Finanzprodukte, die du nicht verstehst.

Hätten sich die Amerikaner an diese Regel gehalten, so hätten nur wenige beträchtliche Teile ihrer Pensionsfonds verloren. Hätten sich die europäischen Banker daran gehalten, so hätten sie nicht die Schrottpapiere gekauft, und es wäre nicht zu einer Finanzkrise dieses Ausmaßes gekommen. Eine Topmanagerin erzählte mir einmal, sie habe jahrelang das Eingeständnis gescheut, dass sie eine Investition nicht verstehe, um nicht als begriffsstutzig zu gelten. Nachdem sie ihre Lektion gelernt hat, besitzt sie nun den Mut, sich gegen »finanzielle Massenvernichtungswaffen« zu schützen. Wenn ihr jemand jetzt eine Anlage anbietet, sagt sie: »Sie haben eine Viertelstunde, um mir zu erklären, was es mit ihr auf sich hat. Wenn ich sie dann noch immer nicht verstehe, kaufe ich sie nicht.« Eine einfache Regel, die Brandherde daran hindern könnte, sich weltweit auszubreiten.

Es sei darauf hingewiesen, dass diese Regel nicht zu verwechseln ist mit Risikoscheu. Alles Geld fast zinslos auf einem Sparkonto oder in Staatsanleihen anzulegen, mag eine sichere Sache sein, aber auch nicht mehr. Ein vernünftiger Investor wird trotzdem diversifizieren und auch Aktien kaufen. Die haben nichts mit jenem komplizierten Finanzzeug zu tun, das beispielsweise nur zu dem einzigen Zweck ersonnen wurde, Menschen Geld zu leihen, die es nie zurückzahlen konnten, und das dann von den Banken an große Wall-Street-Firmen verkauft wurde, welche die Risiken in Scheibchen schnitten, zu Päckchen verschnürten und an Anleger verhökerten. Entscheidend ist, dass Transparenz mehr Sicherheit in die Welt bringt, während Komplexität der Stoff ist, aus dem die Katastrophen sind.

Sichere Investition: Mach es einfach

Wie oben erläutert, ist die Komplexität der in den letzten Jahrzehnten ersonnenen Finanzinstrumente einer der Gründe, warum so viele Menschen so viel Geld verloren haben. Einige Experten im Elfenbeinturm der Finanzwelt haben ein persönliches Interesse daran, innovative Kapitalanlagen zu entwickeln, die der Normalverbraucher nicht versteht. Paul Volcker, Ex-Vorsitzender der US-Notenbank, glaubt noch nicht einmal daran, dass »finanzielle Innovation« für eine gesunde Wirtschaft notwendig sei. Nach seiner Meinung war »die Erfindung des Geldautomaten die einzige nützliche Innovation der Banken«.[20]

Doch wer sich an Gewissheit klammert, kann ins andere Extrem verfallen und eine übertriebene Scheu vor den unvermeidlichen Risiken finanzieller Anlagen entwickeln. Es gibt eine Studie, nach der italienische Bankkunden Risiko mit vorwiegend negativen Begriffen verbanden. Ihre häufigsten Assoziationen mit Risiko waren Verlust, Aktien, Investition, Furcht, Gefahr, argentinische Staatsanleihen und Bankrott – in dieser Reihenfolge.[21] Der Umstand, dass Risiken auch Chancen und Gelegenheiten sind, spielte in ihren Vorstellungen keine Rolle. Ihre Assoziationen kamen in ihrem Verhalten zum Ausdruck. Als ihr Bankberater diesen italienischen Kunden eine Investitionsmöglichkeit anbot, stellten die meisten nur zwei von Risikoscheu geprägte Fragen: Ist sie sicher? Kann ich früher aussteigen? Diese Fragen sind ziemlich sinnlos: Keine Investition ist sicher, aber einige sind sicherer als andere. Und bei einem Ausstieg kann es nur eine Frage geben: Was wird er kosten?

Was sind einfache, transparente Strategien zur Investition Ihres Geldes? Hier sind einige Beispiele, wenn Sie auf Nummer sicher gehen wollen.

- Ein Drittel in Aktien, ein Drittel in Anleihen, ein Drittel in Immobilien. Das ist die 1/N-Regel, die wir oben kennengelernt haben. Hier bedeutet sie, dass Sie Ihr Geld gleichmäßig auf Aktien, Anleihen und Immobilien verteilen.
- Sparen Sie 20 Prozent, und geben Sie 80 Prozent aus. Sparen heißt nicht, das Geld unter die Matratze zu legen, sondern es in die Zukunft zu investieren.
- Diversifizieren Sie so breit wie möglich – in weit höherem Maße, als die Experten Ihnen raten.[22]

Keine dieser Regeln ist immer die beste, aber sie bieten Richtlinien und bewahren Sie im Allgemeinen vor den großen Verlusten, die drohen, wenn Sie alles auf ein Pferd setzen. Entscheidend ist, dass Sie sich selbst Gedanken um Ihr Geld machen. Wie oben erwähnt, wird Bankberatern in der Regel wöchentlich von ihren Vorgesetzten vorgegeben, wie viele Lebensversicherungen, Zertifikate und andere Finanzprodukte sie zu verkaufen haben. Wenn die Quote für ein Produkt erfüllt ist, werden die nächsten Kunden – zu denen Sie gehören können – für ein Produkt ins Auge gefasst, bei dem das Soll noch nicht geschafft ist, egal, ob Sie es brauchen können oder nicht. Das ist nicht die Schuld Ihres Bankberaters – er hat kaum eine Wahl, wenn er an seinem Job hängt. Sie müssen sich nur darüber im Klaren sein, dass Ihr Bankberater Ihnen nicht immer empfehlen kann, was am besten für Sie ist.

Kapitel 6
Führungsstil und Intuition

Der intuitive Geist ist ein Geschenk und der rationale Geist ein treuer Diener.
Wir haben eine Gesellschaft erschaffen, die den Diener ehrt und das Geschenk vergessen hat.

Albert Einstein

Der Ort des Geschehens ist ein kleiner, eleganter Vortragsraum mit roten Sesseln, Kronleuchtern und einem gemütlichen Kamin. Ich habe gerade einen kleinen Vortrag über Bauchentscheidungen und die Geschäftswelt beendet, die Diskussion ist eröffnet. Der Gastgeber, ein hochrangiger Manager, steht auf.

»Ich erinnere mich noch an eine leidenschaftliche Diskussion, die wir, die fünf Vorstandsmitglieder unserer Bank, geführt haben. Sollten wir die geplante Fusion mit einer globalen Kreditgruppe durchführen oder doch lieber nicht? Am frühen Morgen warnte uns einer, er habe ein schlechtes Bauchgefühl. Wir forderten ihn auf, uns zu erklären, was nicht stimme. Er konnte es nicht wirklich sagen, aber brachte dann einige Gründe vor. Wir zerrissen sie alle in der Luft, entschieden uns für die Fusion und schlitterten mitten hinein in die Katastrophe.«

Er hält inne. Die Zuhörer, 24 Unternehmer mit ihren Ehepartnern – die besten Kunden der Bank –, warten gespannt auf die Moral von der Geschicht.

»Nun«, fährt er fort, »ich habe daraus etwas gelernt. Wenn jemand ein negatives Bauchgefühl hat, hat es keinen Sinn, ihn

> nach dem Warum zu fragen. Denn er wird es nicht wissen. Wir müssen eine andere Frage stellen, aber nicht an ihn. Wir müssen uns fragen, ob er unter uns derjenige mit der größten Erfahrung auf dem betreffenden Gebiet ist. Wenn die Antwort ›Ja‹ lautet, verzichten wir auf alle weiteren Fragen und suchen uns eine andere Investitionsmöglichkeit.«

Zuvor hatte ich den Vortrag vor einer anderen Gruppe von Kunden der Bank gehalten, und diesem Manager war klar geworden, was aus der Definition von Intuition folgt. Wie oben beschrieben, ist ein *Bauchgefühl* oder eine *Intuition* ein Urteil, das (1) rasch im Bewusstsein auftaucht, (2) dessen tiefere Gründe uns nicht vollkommen bewusst sind und das (3) stark genug ist, um uns danach handeln zu lassen. Ein Bauchgefühl zu haben heißt, dass man spürt, was man tun sollte, ohne erklären zu können, warum. Wir wissen mehr, als wir sagen können. Eine Intuition ist weder eine Laune noch ein sechster Sinn, sondern eine Form unbewusster Intelligenz. Definitionsgemäß kann man die Gründe nicht wissen, erfindet sie aber möglicherweise im Nachhinein, wenn man gedrängt wird, welche zu nennen. Intuition ernst zu nehmen heißt, die Tatsache zu akzeptieren, dass sie eine Form von Intelligenz ist, die man nicht artikulieren kann. Fragen Sie nicht nach Gründen, wenn jemand mit guter Erfahrung ein schlechtes Bauchgefühl hat.

In Kapitel 2 habe ich die Ansicht vertreten, dass wir in einer ungewissen Welt neben Kalkulation auch Intuition brauchen. Da die meisten Teile unseres Gehirns unbewusst arbeiten, wären wir töricht, wenn wir das dort gespeicherte Wissen außer Acht ließen. Sogar die Großhirnrinde, in der die Flamme des Bewusstseins brennt, ist – wie die älteren Teile unseres Gehirns – gespickt mit unbewussten Prozessen. Trotzdem wird vielfach die Auffassung vertreten, Berechnung sei die einzig mögliche Grundlage für gute Entscheidungen und Intuition nur ein schlechter Ersatz, auf den man am besten verzichten sollte.

Die Verleumdung der Intuition

Intuition stand nicht immer in dem zweifelhaften Ruf, den sie heute in der westlichen Welt hat. Im abendländischen Denken galt sie einst als die sicherste Form der Erkenntnis. Von Engeln und spirituellen Wesen nahm man an, dass sie mit unfehlbarer Klarheit intuitiv erahnten, was bloß menschlichem Denken verschlossen blieb. Heute wird sie als unzuverlässige und verdächtige Richtschnur des Handelns belächelt. Statt ihrer intuitiven Erfahrung zu vertrauen, bauen immer mehr Trader auf Computerprogramme, zählen Fußballtrainer die Ballkontakte ihrer Spieler, stellen Ärzte Maschinen zwischen sich und ihre Patienten. Wie sind wir an diesen Punkt gelangt? Das grundlegende Missverständnis ist die Überzeugung, dass sich alle Probleme durch Logik oder Berechnung lösen ließen – dass wir in einer Welt des Risikos und nicht der Ungewissheit leben würden.

Die Verleumdung der Intuition vollzog sich in zwei Akten.

Akt I: Weibliche Intuition ist verdächtig

Seit der Aufklärung erhält die Vernunft den Vorzug vor der Intuition, und schon lange davor galt der Mann mehr als die Frau. Der erste Akt bestand darin, die beiden Unterprivilegierten – Intuition und Frauen – miteinander zu verheiraten und sie vom männlichen Genie und Verstand zu unterscheiden. In den folgenden Jahrhunderten besorgten die Männer ihr Geschäft mit Logik und Verstand. Die Intuition war so verdächtig und unzuverlässig wie weibliche Emotionen. Selbst einige der klügsten Köpfe hatten keine Zweifel daran. Charles Darwin beispielsweise stellte die männliche Energie und Genialität der weiblichen Mitleidsfähigkeit und Intuition gegenüber. Im 19. Jahrhundert war es üblich, die Intuition der Frauen mit derjenigen der »niederen Rassen« zu vergleichen, und Darwin bildete da keine Ausnahme.[1]

Akt II: Jedermanns Intuition ist verdächtig

In der zweiten Hälfte des 20. Jahrhunderts kamen die Psychologen zwar den Frauen endlich zu Hilfe, ließen aber die Intuition im Stich. Mit wahrhaft geschlechteregalitärem Ethos vertraten einige Psychologen die Auffassung, dass die Intuition *sowohl* der Männer *als auch* der Frauen zu irrationalen Handlungen führe. Verschiedene Experten, einschließlich Nobelpreisträgern in Wirtschaftswissenschaften, stellten das logische Denken als rational der Intuition als fehlerträchtig gegenüber. In Hunderten von Studien wurden Versuchspersonen aufgefordert, knifflige logische Probleme zu lösen, und wenn ihre Intuition von der Logik abwich, wurde dies als Beweis gewertet, dass die menschliche Intuition mangelhaft ist. Intuitive Urteile verglich man mit optischen Täuschungen, was den Eindruck erweckte, intuitiv begangene Fehler seien so unveränderlich und unzugänglich für Verbesserungen wie die »Fehler« unseres Sehsystems. Einige Psychologen unterteilten unser Denken entsprechend in ein fehlerhaftes intuitives System und ein rationales logisches System.

»System 1« ist der vermeintliche Sitz der Intuition, eine evolutionär alte Struktur, die mit Heuristiken arbeitet und daher der Ursprung unserer Fehler sei – so jedenfalls die Behauptung. Interessanterweise blieben die Merkmale, die in der Vergangenheit dem »schwachen Geschlecht« zugeschrieben wurden, auch weiterhin mit der Intuition verknüpft. Das intuitive, undisziplinierte, emotionale Gehirn der Frau wurde ersetzt durch »System 1« mit ähnlichen Eigenschaften. Beispielsweise zitierte der Psychologe Daniel Kahneman den Komiker Danny Kaye, der von Frauen sprach, die er nicht mochte: »Sie ist am liebsten außer sich und mag es, voreilige Schlüsse zu ziehen.« Was Kahneman wie folgt erklärt: »Ich glaube heute, dass er [der Spruch] eine passende Beschreibung der Funktionen von System 1 liefert.«[2] Er hat wenig Vertrauen zur Intuition: »Wie ich aus Erfahrung weiß, lässt sich System 1 nicht leicht erziehen.«

»System 2« dagegen ist das logische, rationale, bewusste Selbst, das anscheinend keine Fehler macht, aber manchmal langsam und nachlässig ist und vergisst, ein wachsames Auge auf »System 1« zu haben. Die Evolution scheint Intuition und Fehler eng zusammengeschweißt zu haben, sodass wir wohl kaum hoffen dürfen, Risiken je verstehen zu lernen.

Ich halte diese Geschichte der Intuition als schwer erziehbarer Fehlerquelle für irreführend – sowohl bei intuitiven Urteilen über bekannte als auch bei solchen über unbekannte Risiken. Die Intuitionen von Menschen über bekannte Risiken sind in der Tat oft falsch, wie wir am Beispiel der Antibabypillen-Panik (Kapitel 1) gesehen haben. Doch solche Fehler könnten leicht behoben werden, wenn wir etwa der breiten Öffentlichkeit den Unterschied zwischen relativen und absoluten Risiken erklärten. Durch transparente Risikokommunikation kann man viele der angeblich resistenten »Fehler« schnell beseitigen.[3] Wie wir sehen werden, kann man selbst Viertklässlern beibringen, Fehler zu vermeiden, welche Ärzte regelmäßig begehen, wenn man ihnen Probleme in Form von »natürlichen Häufigkeiten» statt von Wahrscheinlichkeiten darbietet (Kapitel 12). Zweitens, wenn wir es mit Ungewissheit und nicht mit bekannten Risiken zu tun haben, sind Logik und Berechnung nicht ausreichend. Hier kann etwas, was wie ein »logischer Fehler« aussieht, eine vernünftige Strategie sein. Die Beispiele in Kapitel 5 und in diesem Kapitel zeigen, dass intuitive Regeln wie *Investiere gleichmäßig* (1/N) und *Verlasse dich auf einen guten Grund* (*Take-the-Best*) zu besseren Ergebnissen führen können als komplexe Optimierungsmethoden. Wie das Monty-Hall-Problem im nächsten Kapitel zeigt, gilt die logische Lösung auch oft nur für die Textbuchversion eines Problems, in der alle Risiken als bekannt angenommen werden, nicht aber für die gleiche Situation im wirklichen Leben.

Der große Irrtum in Akt II ist die Überzeugung, dass gute Urteile sich auf Logik und Berechnung reduzieren lassen. Wie wir gesehen haben, gilt das nur in einer Welt der Risiken wie zum Beispiel bei einer Lotterie. In einer ungewissen Welt sind gute Intuitionen verlangt. Wir brauchen unterschiedliche Werkzeuge für Risiken und für Ungewissheit, und in der Regel sind wir auf beide Arten angewiesen. Es ist eine Fehleinschätzung, sich das logische Denken als den Babysitter der Intuition vorzustellen oder umgekehrt. Während Akt I zu falschen Vorstellungen über Frauen führte, hat Akt II ähnliche falsche Vorstellungen über unser aller Intuitionen erzeugt.

Akt III: Intuition ernst genommen

Doch das Stück hat drei Akte. Der Vorhang zum dritten Akt öffnete sich Ende der 90er-Jahre und ist noch nicht wieder gefallen. In meiner eigenen Forschung vertrete ich die Auffassung:

1. Intuition ist weder eine Laune noch die Quelle aller schlechten Entscheidungen. Sie ist unbewusste Intelligenz, welche die meisten Regionen unseres Gehirns nutzt.
2. Intuition ist dem logischen Denken nicht unterlegen. Meistens sind beide erforderlich. Intuition ist unentbehrlich in einer komplexen, ungewissen Welt, während Logik in einer Welt ausreichen kann, in der alle Risiken mit Gewissheit bekannt sind.
3. Intuition beruht nicht auf mangelhafter mentaler Software, sondern auf intelligenten Faustregeln und viel Erfahrung, die im Unbewussten verborgen liegt.

Treffen Manager gute Bauchentscheidungen?

Vor einigen Jahren lud die Universität Bielefeld zwei Unternehmer und zwei Hochschullehrer zu einer renommierten Tagung ein, die vom Fachbereich für Wirtschaftwissenschaften ausgerichtet wurde. Einer der Unternehmer hatte eine gut gehende Garagenbaufirma gegründet, der andere ein Unternehmen für Backmaschinen. Die Hochschullehrer waren Reinhard Selten, Deutschlands einziger Nobelpreisträger für Wirtschaftswissenschaften, und ich. Die Zuhörer erwarteten zwischen uns vier eine Debatte nach dem Muster Theorie gegen Praxis. Doch es wartete eine Überraschung auf sie. Selten und ich empfahlen, einen Teil des Wirtschaftscurriculums zu streichen und stattdessen zu lehren, wie man erfolgreiche

Entscheidungen in einer ungewissen Welt trifft.[4] Gegen die Einwände der anwesenden Wissenschaftler, die mathematisch elegante Theorien bevorzugten, verteidigten die Unternehmer unseren Vorschlag. Beide betonten mit Nachdruck, dass ihnen vieles von dem, was sie in ihrem MBA-Studium gelernt hatten, wenig genutzt habe. Sie hätten ihr Vermögen erworben, indem sie ihren Bauchgefühlen vertrauten, von denen sie selten getäuscht wurden. Doch solche Aspekte seien während ihres Studiums allenfalls abschätzig zur Sprache gekommen.

Um herauszufinden, in welchem Maße man sich in der Wirtschaft auf Bauchentscheidungen verlässt, befragte ich Führungskräfte und Vorstände großer Unternehmen. Eines war ein führender internationaler Technologiedienstleister. Das Unternehmen hatte Probleme mit langsamer Entscheidungsfindung, sowohl innerhalb der Firma als auch im Umgang mit Kunden.

Mithilfe einer Führungskraft, die ihr Vertrauen besaß, wollte ich von ihnen wissen, wie oft sie sich bei beruflichen Entscheidungen, die sie entweder alleine oder als Mitglied einer Gruppe trafen, auf ihre Bauchgefühle verließen. Abermals ist darauf hinzuweisen, dass Bauchgefühle weder Launen noch der sechste Sinn sind. Eine Führungskraft kann unter einem Berg von Informationen begraben sein, von denen sich einige widersprechen, andere von fragwürdiger Zuverlässigkeit sind und wieder andere zu der Frage Anlass geben, warum sie ihr überhaupt übermittelt wurden. Hier gibt es keinen Algorithmus zur Berechnung der besten Entscheidung. In dieser Situation kann ein erfahrener Manager ein Gefühl für das

Abbildung 6.1: Wie häufig treffen Führungskräfte Bauchentscheidungen? Meine Umfrage stützt sich auf die Selbsteinschätzung von 32 Managern eines großen internationalen Technologiedienstleisters (oberes Diagramm) und von 50 Führungskräften eines großen internationalen Autoherstellers (unteres Diagramm). Beispielsweise sagten die meisten Führungskräfte beim Technologiedienstleister, dass sie in 50% der Fälle Bauchentscheidungen treffen. Nur wenige von ihnen würden das jedoch öffentlich zugeben. Die noch größere Häufigkeit von Bauchentscheidungen beim Autohersteller ist wahrscheinlich darauf zurückzuführen, dass die befragten Manager alle den beiden höchsten Führungsebenen angehörten und nicht, wie beim Technologiedienstleister, auch aus dem mittleren Management kamen.

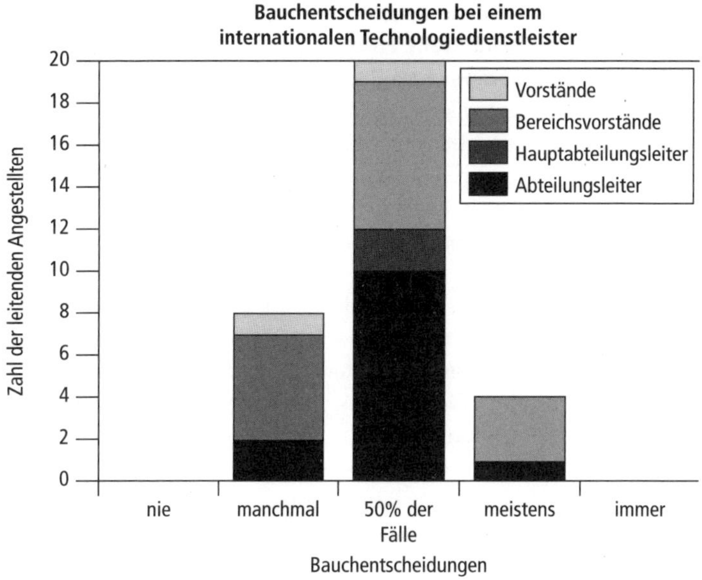
Bauchentscheidungen bei einem internationalen Technologiedienstleister
Zahl der leitenden Angestellten
0
2
4
6
8
10
12
14
16
18
20
Vorstände
Bereichsvorstände
Hauptabteilungsleiter
Abteilungsleiter
nie
manchmal
50% der Fälle
meistens
immer
Bauchentscheidungen

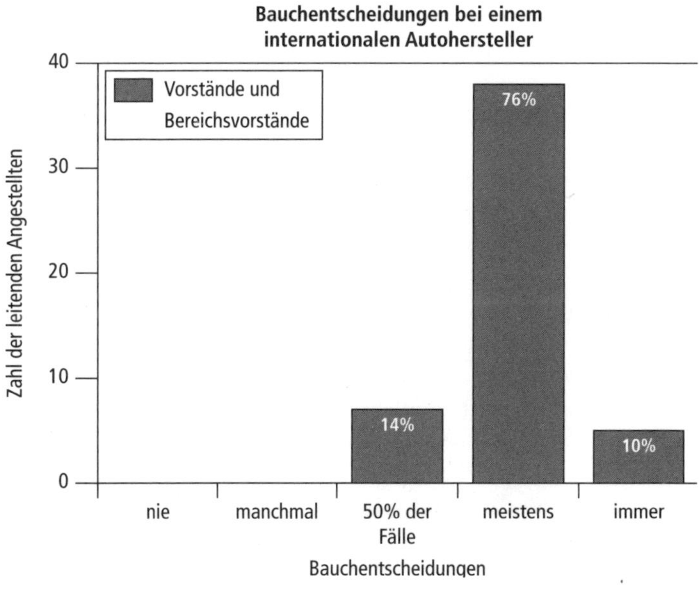
Bauchentscheidungen bei einem internationalen Autohersteller
Zahl der leitenden Angestellten
0
10
20
30
40
Vorstände und Bereichsvorstände
14%
76%
10%
nie
manchmal
50% der Fälle
meistens
immer
Bauchentscheidungen

beste Vorgehen haben – ein Bauchgefühl. Und definitionsgemäß sind die Gründe für dieses Gefühl unbewusst.

Wir achteten darauf, dass die leitenden Angestellten aus allen Ebenen der Hierarchie kamen – Abteilungsleiter, Hauptabteilungsleiter, Bereichsvorstände und Mitglieder des Vorstands. Fast alle waren sofort bereit, ohne dass sie ein zweites Mal gefragt werden mussten, was erkennen lässt, wie wichtig sie das Thema fanden. In persönlichen Interviews erhielt jeder die Definition eines Bauchgefühls und wurde gefragt, wie oft er oder sie sich bei beruflichen Entscheidungen darauf verließ.

Nicht ein Einziger der Befragten gab an, nie eine Bauchentscheidung zu treffen (Abbildung 6.1, oben). Andererseits bekannte auch keiner, sich ständig auf Bauchentscheidungen zu verlassen. Auf allen Ebenen der Hierarchie, vom mittleren Management bis zum Vorstand, gab die Mehrheit an, sie würden in ungefähr 50 Prozent der Fälle auf ihren Bauch hören. Das ist eine überraschend hohe Quote. Allerdings würden diese Manager das niemals in der Öffentlichkeit zugeben.

Was hält leitende Angestellte davon ab, ihren Bauchgefühlen zu folgen? Auf diese Frage wurden immer wieder drei Gründe genannt:

1. *Es wird rationale Rechtfertigung, keine Intuition erwartet.* Dazu erklärte eine 60-jährige Führungskraft: »Es ist schlicht so, dass man sich entschuldigen muss, wenn eine Entscheidung nicht auf 200-prozentige Fakten gegründet ist.« Oder mit den Worten eines anderen: »Wir sind ein Hightech-Unternehmen, und unsere Führungsetage erwartet Zahlen und Fakten.« Und: »Ich muss eine Entscheidung erklären, nachdem sie getroffen wurde.«
2. *Man kann sich in einer Gruppe nicht mit einer Intuition durchsetzen, die man nicht erklären kann.* Viele Entscheidungen werden kollektiv in Komitees getroffen und müssen verteidigt werden. Häufig fällt es Managern schwer, vor den anderen zuzugeben: »Ich habe ein Bauchgefühl«, und sie davon zu überzeugen.
3. *Die tief sitzende Angst, nicht alle Gründe berücksichtigt zu*

haben. Einige Führungskräfte berichteten, aus Angst, etwas übersehen zu haben, nach noch mehr Fakten zu suchen, statt einfach eine Entscheidung zu treffen. Anders als die Manager, die im Nachhinein gedrängt werden, eine rationale Rechtfertigung zu liefern, hören diese gar nicht erst auf ihre innere Stimme. Einer sagte klipp und klar: »Ich habe kein Vertrauen in meine Gefühle.«

Ist dieser internationale Technologiedienstleister eine Ausnahme? In einer zweiten Studie fragte ich 50 Spitzenmanager und die Vorstandsmitglieder eines großen Autoherstellers, unter denen sich ein hoher Prozentsatz an Ingenieuren befand: »Denken Sie an die letzten zehn beruflichen Entscheidungen, an denen Sie beteiligt waren. Wie viele von denen waren Bauchentscheidungen?« Abermals sagte keiner »nie« (Abbildung 6.1, unten). Auch erklärte nicht einer, er würde sich nur gelegentlich auf sie verlassen. Vielmehr antwortete die Mehrheit (76 Prozent), sie täten es in der überwiegenden Zahl der Fälle. Fünf gaben sogar an, sie würden sich immer auf Bauchentscheidungen verlassen. Dass hier eine höhere Zahl von Bauchentscheidungen genannt wurde, lag wahrscheinlich daran, dass die Befragten ausschließlich aus den beiden höchsten Managementebenen kamen.

Meine Studien lassen darauf schließen, dass sich Manager umso häufiger auf Bauchgefühle verlassen, je höher sie in der Hierarchie angesiedelt sind. Allerdings sagten die meisten auch, wenn sie Entscheidungen gegenüber Dritten zu rechtfertigen hätten, würden sie ihre Intuition verschweigen und Gründe nachschieben. Eine häufige Klage ist, dass Unternehmen null Toleranz für Fehler haben. Manager großer Firmen neigen zu der Annahme, dass ihr Unternehmen kaum aus Fehlern lernt, wenn sie passieren. Unter Umständen darf man im Personalbereich und in den Abteilungen für Forschung und Entwicklung über Intuitionen reden; ansonsten ist es ein Tabuthema.

Die Intuition verbergen und dabei der Firma schaden

Es liegt eine gewisse Ironie darin, dass angehende Manager an ihrer Universität nichts über Intuition lernen, obwohl Bauchentscheidungen im Geschäftsleben vorherrschend sind. Stattdessen lehrt man sie, dass es nur eine vernünftige Art der Entscheidungsfindung gibt, nämlich die gute alte Entscheidungstheorie. Die fordert sie auf, Übermenschliches zu leisten: alle möglichen Alternativen zu bestimmen, alle möglichen Konsequenzen zu berücksichtigen, den Nutzen jeder Konsequenz zu schätzen, jeden Nutzen mit seiner Wahrscheinlichkeit zu multiplizieren und die Alternative mit dem höchsten zu erwartenden Nutzen auszuwählen. Das Problem besteht darin, dass die wirkliche Geschäftswelt ganz anders funktioniert: Man kann nicht alles berechnen, man braucht auch gute Intuition. Trotzdem lernen Studenten meist, dass intuitive Urteile so irreführend sind wie optische Täuschungen. Und später, wenn sie in der Arbeitswelt auf ihre Intuition angewiesen sind, fühlen sie sich verpflichtet, dies verlegen zu verschweigen.

Wie wir gesehen haben, sind etwa die Hälfte der Entscheidungen in großen Unternehmen Bauchentscheidungen. Doch wären Manager wahrscheinlich schlecht beraten, wenn sie öffentlich zugäben: »Ich habe es gespürt.« In unserer Gesellschaft ist Intuition verdächtig. Aus diesem Grund verbergen Manager in der Regel ihre Intuitionen oder haben es sogar ganz aufgegeben, auf sie zu hören. Ich habe zwei Methoden beobachtet, Bauchentscheidungen zu verbergen oder zu vermeiden.

1. *Nachträgliche Rationalisierung.* Eine leitende Angestellte möchte sich aufgrund eines Bauchgefühls für eine bestimmte Alternative entscheiden, fürchtet aber, dies offen zu sagen. Daher bittet sie einen Mitarbeiter, dem sie vertraut, nachträglich Gründe zu finden. Mit dieser Liste in der Hand präsentiert sie die Entscheidung, als hätte sie diese erst nach Berücksichtigung aller dieser Faktoren getroffen. Nachträgliche Rationalisierung kostet eine Gesellschaft Zeit, Geld und Ressourcen. Eine andere Möglichkeit ist die Beauftragung einer

Beratungsfirma. Die wird auf 200 Seiten die Gründe für die Bauchentscheidung vorlegen – natürlich ohne zu erwähnen, dass es eine solche gibt. Diese Vorgehensweise kostet noch mehr Geld, Zeit und Aufmerksamkeit. Beide Taktiken sind eigentlich nur motiviert durch die Furcht der Führungskraft, persönliche Verantwortung zu übernehmen – um die es bei Bauchentscheidungen letztlich geht.

2. *Defensives Entscheiden.* Hier besteht die Strategie darin, die beste Option fallen zu lassen, weil sie sich nicht rechtfertigen lässt, wenn etwas schiefgeht, und deshalb eine zweit- oder drittbeste Option zu wählen. So sagt einem Manager das Bauchgefühl, mit einem neuen Produkt in einen ausländischen Markt einzutreten. Er stimmt aber mit den anderen gegen diese Option, weil er nicht erklären kann, warum er dafür ist. Wieder geht es darum, sich selbst zu schützen, dieses Mal durch die Entscheidung für Lösungen, die am zweitbesten für das Unternehmen sind. Aufgrund der Folgen zweitbester Optionen ist defensives Entscheiden für eine Firma wahrscheinlich kostspieliger als die nachträgliche Suche nach Gründen.

Defensive Entscheidungen sind kein Zeichen für starke Führung und positive Fehlerkultur. Wie häufig passieren sie? Wenden wir uns wieder den Führungskräften des internationalen Technologiedienstleisters zu, die wir oben kennengelernt haben. Mithilfe eines leitenden Angestellten, der das Vertrauen seiner Kollegen hatte, fragte ich diese, wie oft sie eine zweitbeste Option wählten, um sich zu schützen, statt sich für die Alternative zu entscheiden, die sie für die beste hielten. Der Wortlaut der Frage war: »Denken Sie an die letzten zehn wichtigen beruflichen Entscheidungen, an denen Sie beteiligt waren. Wie viele hatten eine defensive Komponente?«

Sieben von 32 Managern sagten, sie träfen nie eine defensive Entscheidung (Abbildung 6.2, oben). Einer von ihnen, ein Mann in den Fünfzigern, erklärte: »Ich glaube, ich habe immer im Interesse des Unternehmens entschieden. Mit geht es nur gut, wenn es dem Unternehmen gut geht. Das ist meine innerste Überzeugung. Selbst wenn mich dieses Unternehmen vor die Tür setzt, würde ich das

Gleiche für das nächste tun.« Das ist ein Managertypus, den jeder haben möchte. Aber diese waren in der Minderheit.

Ein Dutzend Führungskräfte gaben einige defensive Entscheidungen zu – zwischen einer und drei. Einer begründete dies mit der Furcht, gerügt zu werden, sich durch einen Fehler zu kompromittieren und dadurch bei den Kollegen an Ansehen zu verlieren. Andere machten Zeitdruck und unabsehbare Risiken verantwortlich. Ein Manager Anfang sechzig gestand offen ein, dass es ihm in einigen Fällen einfach an Mut gefehlt habe.

Fast ein Drittel der Manager gab jedoch zu, dass etwa die Hälfte ihrer Entscheidungen defensiv seien. Einer rechtfertigte sein Verhalten wie folgt: »Ich möchte ein Teil der Mehrheit sein, um mich vor persönlichen Angriffen zu schützen. Vielleicht habe ich Angst vor der eigenen Courage.« Ein anderer beklagte, das Unternehmen schaffe keine Anreize für Risikobereitschaft, sondern kritisiere nur, wenn etwas schiefgehe. Mehrere Befragte rechtfertigten ihr Verhalten als Strategie zur Vermeidung von Konflikten, um sich und ihre Abteilung zu schützen. Ein Vorstandsmitglied gab zu, dass die Hälfte seiner Entscheidungen nicht im besten Interesse des Unternehmens lägen. Er meinte, in dem Unternehmen herrsche eine No-Risk-Mentalität, daher konzentriere er sich lieber auf seine eigenen Chancen und Risiken und wäge diese sorgfältig ab.

Einige wenige erklärten sogar, sie entschieden sich in sieben bis neun von zehn Fällen gegen die besten Interessen des Unternehmens. Sie waren auf der untersten Managementebene angesiedelt und erklärten ihre Absicherungsmentalität mit Angst vor Bloßstellung.

Die Defensivität in diesem Unternehmen war symptomatisch für das, was ich in anderen Großunternehmen vorfand. Die Führungs-

Abbildung 6.2: Wie häufig treffen Führungskräfte defensive Entscheidungen? Selbsteinschätzung von 32 Führungskräften eines großen internationalen Technologiedienstleisters (oberes Diagramm) und 52 Führungskräften der beiden höchsten Ebenen eines großen internationalen Autoherstellers (unteres Diagramm). Wenn Menschen die zweitbeste Option für ihre Firma wählen (statt der besten), um sich selbst zu schützen, falls etwas schiefgeht, nennt man das defensives Entscheiden. Defensives Entscheiden schützt das Individuum auf Kosten des Unternehmens oder der Institution.

Defensive Entscheidungen bei einem internationalen Technologiedienstleister

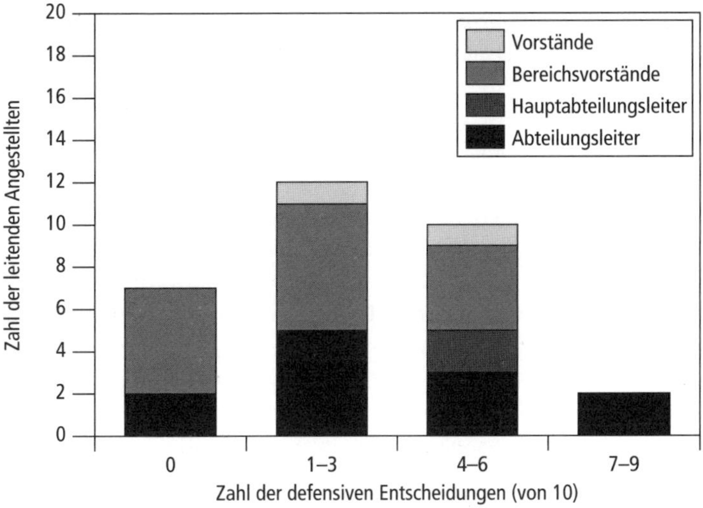

Defensive Entscheidungen bei einem internationalen Autohersteller

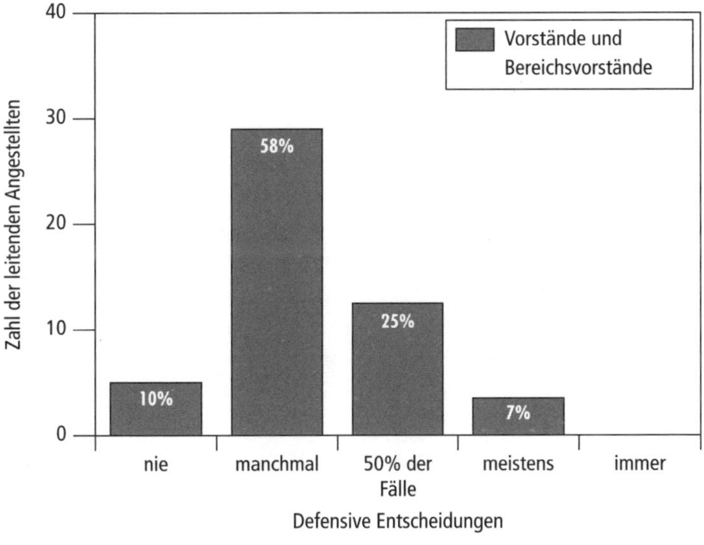

kräfte, einschließlich des Vorstands, des internationalen Autoherstellers berichteten von defensiven Entscheidungen ähnlichen Ausmaßes (Abbildung 6.2, unten). Die Mehrheit gab an, gelegentlich defensive Entscheidungen zu treffen, während nur einer von zehn erklärte, nie defensiv zu entscheiden. Insgesamt berichteten diese Führungskräfte von weniger defensiven Entscheidungen im Vergleich zum Technologiedienstleister, was abermals darauf zurückzuführen sein könnte, dass beim Autohersteller niemand aus dem unteren Management befragt wurde.

Sind Bauchgefühle überall tabu?

Familienunternehmen sind eine wichtige Ausnahme von der Regel. Ein Familien- oder Eigentümerunternehmen befindet sich in den Händen weniger Personen, meist eines oder mehrerer Familienmitglieder – anders als bei öffentlich gehandelten Unternehmen, deren Wertpapiere auf viele Investoren verteilt sind. Vor allem aber ist die Unternehmenskultur in Familienunternehmen anders. Dort hat man weniger Probleme mit Bauchgefühlen; wenn ein Fehler vorkommt, ist die Gefahr einer sofortigen Entlassung geringer. Statt sie in der hintersten Ecke der Schreibtischschublade zu verstecken, spricht man offener über Fehler, um aus ihnen zu lernen. Man plant weit in die Zukunft und orientiert sich an der Leistung, weniger an formalen Verfahren. Es geht nicht darum, die Gewinne des nächsten Jahres zu maximieren, sondern das Unternehmen so aufzustellen, dass es guten Gewissens der nächsten Generation übergeben werden kann. Bauchentscheidungen sind nicht tabu. Darin liegt ein großer Vorteil von Familienunternehmen. Familienfirmen haben eine gewisse Ähnlichkeit mit der Cockpitkultur, während große, öffentlich gehandelte Unternehmen eher der Notaufnahmekultur im Gesundheitswesen gleichen (Kapitel 3). Für Großunternehmen besteht die Herausforderung darin, die Interessen ihrer Manager besser mit denen des Unternehmens in Einklang zu bringen, so wie sich die Interessen eines Familienmitglieds naturgemäß mit denen eines Familienunternehmens decken.

Die Unternehmen könnten das Tabu leicht aufheben und durchrechnen, wie viel Erlös ihnen durch eine defensive Kultur entgeht. Weniger defensive Entscheidungen würden Vorteile gegenüber Konkurrenten verschaffen. Um den Informationsfluss zu verbessern, schickte der führende Technologiedienstleister Fragebogen mit hundert Fragen an seine Mitarbeiter in aller Welt, wusste aber eigentlich nicht, was er mit den Antworten anfangen sollte. Eine erste Maßnahme könnte darin bestehen, diese Erhebung durch nur zwei Fragen zu ersetzen: Wie oft treffen Sie defensive Entscheidungen? Und was könnte man Ihrer Meinung nach tun, um das zu verändern? Das könnte der Startschuss zur Entwicklung einer neuen Unternehmenskultur sein. Eine zweite Maßnahme wäre, die intuitiven Regeln erfahrener Führungskräfte explizit und bewusst zu machen, sie zu testen und die Ergebnisse dieser Untersuchung zur Fortbildung weniger erfahrener Kräfte zu nutzen.

Der Werkzeugkasten der Führungskraft

Spitzenmanager sehen sich ständig dazu gezwungen, nach kurzer Beratung und unter hoher Ungewissheit rasche Entscheidungen zu treffen oder zu delegieren. Für ihre Arbeit ist die klassische Entscheidungstheorie nur von begrenztem Nutzen. In den Worten von Henry Mintzberg:[5]

> »Manager arbeiten mit unermüdlichem Tempo; ihre Tätigkeit steht in der Regel unter dem Diktat von Kürze, Vielseitigkeit, Zersplitterung und Diskontinuität; und sie sind in hohem Maße handlungsorientiert.«

Die Faustregeln, auf die sich Führungskräfte verlassen, sind oft unbewusst und entsprechen der Definition von Intuition. Angeregt von den Erkenntnissen über Faustregeln, die ich in dem Buch *Bauchentscheidungen* darlegte, hat Modesto Maidique, der ehemalige Präsident der Florida International University, ein neues Konzept der Führungspersönlichkeit entwickelt.[6] Demnach bringt jede Führungskraft einen »adaptiven Werkzeugkasten« in ihre Arbeit ein. Dieser Kasten enthält einen Satz von Faustregeln, die sich aus persönlichen Erfahrungen und Wertvorstellungen entwickelt haben und oft unbewusst sind. Sie sind die Basis für Entscheidungen über Personen, Strategien und Investitionen in einer Welt, in der effizientes Zeitmanagement vorrangige Bedeutung hat.

Als Maidique erfahrene Führungskräfte interviewte, konnten diese sich einige der Regeln, die sie intuitiv verwendeten, bewusstmachen. Hier sind drei solche Regeln, die einige CEOs anwenden, um Unternehmen zu entwickeln und aufrechtzuerhalten:

- *Stelle gute Leute ein und lass sie ihre Arbeit tun.*
- *Dezentralisiere Vorgänge, dezentralisiere Strategien.*
- *Befördere intern.*

Diese Regeln sind zwar einfach, aber durchaus nicht willkürlich. Sie beruhen auf jahrelanger Erfahrung, und jede dient einem bestimmten Ziel. Beispielsweise kommt in *Stelle gute Leute ein und lass sie ihre Arbeit tun* die Vorstellung von einer Organisation zum Ausdruck, in der sich Qualitätskontrolle (*Stelle gute Leute ein*) mit einem Vertrauensklima verbindet (*Lass sie ihre Arbeit tun*). Erfolgreiche Innovation ist auf beides angewiesen. Diese Regel ist ein Leitprinzip der Max-Planck-Institute, in denen auf eine längere Phase der weltweiten Suche nach einem neuen Direktor eine Phase folgt, in der er oder sie die Unabhängigkeit und die notwendigen Mittel zu innovativer Forschung erhält. Das ermutigt Forscher, Risiken einzugehen und neue Denkansätze zu wagen. Werden Forschungsgelder dagegen als Kurzzeitanreize vergeben, sehen sich begabte Forscher eher veranlasst, auf innovative Arbeit zu verzichten und immer wieder das Gleiche zu produzieren.

Die Dezentralisierungsregel soll zu besseren Entscheidungen verhelfen, indem von lokalem Wissen profitiert und gleichzeitig durch Delegation die Verantwortlichkeit gesteigert wird. Nach dieser Regel traf der CEO Marcelo Odebrecht seine Entscheidungen, als er vom Bürgermeister Rio de Janeiros aufgefordert wurde, die Wettkampfstätten der Panamerikanischen Spiele 2007 fertigzustellen, nachdem ein anderes Bauunternehmen zuvor gescheitert war. Bei seiner Entscheidung, ob er sich auf das riskante Geschäft einlassen sollte oder nicht, verließ er sich auf seinen mit den örtlichen

Verhältnissen vertrauten Direktor und überließ ihm auch die letzte Entscheidung. Der Vertrag wurde erfolgreich erfüllt und trug zum guten Ruf des Unternehmens bei.

Das Prinzip der internen Beförderung schließlich kann für Kompetenz und Bewahrung der Unternehmenswerte sorgen. Wenn eine Abteilung Erfolg hat, ist interne Beförderung eine vernünftige Regel. Steckt eine Abteilung jedoch in Schwierigkeiten vor allem aufgrund interner Streitigkeiten, ist das vermutlich nicht die richtige Lösung. Hier dürfte jemand von außen die bessere Wahl sein.

Nicht jede Regel eignet sich immer, so wie ein Hammer nicht für alle Reparaturen taugt. Daher braucht jeder CEO ein breites Spektrum von »Werkzeugen«.

Guter Führungsstil

Guter Führungsstil besteht aus einem Werkzeugkasten mit Faustregeln und der intuitiven Fähigkeit, rasch zu erkennen, welche Regel in welchem Kontext angebracht ist. Die folgenden sechs Faustregeln sind das Ergebnis eines Interviews mit Ray Stata, dem Präsidenten von Analog Devices, vom September 2010. Er ging erhebliche persönliche Risiken ein, um sein Unternehmen auf einen ganz neuen Kurs zu bringen. Die Regeln für den Umgang mit Menschen und Geschäftsstrategien sind unterschiedlich.

Menschen:

- *Erst zuhören, dann sprechen.*
- *Wenn ein Mensch nicht ehrlich und vertrauenswürdig ist, spielt der Rest keine Rolle.*
- *Ermutige Menschen, Risiken zu übernehmen, und autorisiere sie, Entscheidungen zu treffen und die Verantwortung für sie zu übernehmen.*

Strategie:

- *Innovation ist der Motor des Erfolgs.*
- *Du kannst nicht auf Sicherheit spielen und gewinnen. Auch eine Analyse wird die Ungewissheit nicht verringern.*

- *Bei der Beurteilung eines Plans sind die Menschen ebenso wichtig wie der Plan.*

Diese Regeln sind nicht auf Manager beschränkt. Beispielsweise wird Piloten das *Erst zuhören, dann sprechen* während ihrer Ausbildung eingehämmert. In einer Notsituation soll der Flugkapitän nicht sofort sagen, was er für richtig hält, sondern zunächst die anderen Crewmitglieder nach ihrer Meinung fragen. Andernfalls sind die vielleicht eingeschüchtert und trauen sich nicht, ihre Ratschläge zu äußern.

Wie *Erst zuhören, dann sprechen* legen viele Faustregeln eine zeitliche Abfolge fest. Eine Analyse von sechs Technologieunternehmen zeigte, dass solche Zeitregeln im »adaptiven Werkzeugkasten« jeder Firma existierten.[7] Ein schönes Beispiel ist die Regel *Folge der Hackordnung der Nationen.* Nehmen Sie sich immer nur einen Kontinent auf einmal vor. Steigen Sie im US-Markt ein, nutzen Sie dann die amerikanischen Kunden als Empfehlung für den Markteintritt in Japan, und profitieren Sie schließlich von den japanischen Kunden, um sich Zugang zum Rest Asiens zu verschaffen. Meist beginnen Unternehmen nicht mit so einfachen Regeln, sondern verkomplizieren die Sache zunächst und lassen sich dadurch zu viele Chancen entgehen, bevor sie schließlich aufgrund dieser Erfahrungen ihr Regelwerk vereinfachen.

Unternehmensregeln, die es zu vermeiden gilt

Wie bei Werkzeugen gibt es keine Faustregel, die am besten oder am schlechtesten ist: Das hängt jeweils vom zu lösenden Problem ab. Einige der schlimmsten Entscheidungen stammen von Faustregeln, die auf destruktiven Emotionen beruhen. Hier ist eine:

Rache um jeden Preis.

Am Anfang seiner beruflichen Laufbahn beging Warren Buffett seine »200-Milliarden-Dollar-Eselei«. Er hatte bemerkt, dass das Textilunternehmen Berkshire Hathaway eine Fabrik verkaufte und mit dem Erlös seine eigenen Aktien erwarb, was zu einem Kursanstieg der Aktie führte. Als sich das wiederholte, kaufte Buffett, kurz vor dem Verkauf einer weiteren Fabrik, ein großes Aktienpaket des Unternehmens. Per Handschlag machte er mit dem CEO Seabury Stanton aus, ihm die Aktie für 11,50 Dollar anzubieten, um einen kleinen, kurzfristigen Gewinn zu erzielen. Dann kam ein Brief, in dem ihm der CEO anbot, Buffetts Aktien nicht für den vereinbarten Betrag, sondern für 12,5 Cent weniger zu übernehmen. Buffett fühlte sich hintergangen und begann, Aktien von Berkshire Hathaway zu kaufen, bis er die Mehrheit hatte und Stanton rausschmeißen konnte. Buffett hatte seine Rache, war aber nun Eigentümer eines miserablen Unternehmens, das ihn letztlich schätzungsweise 200 Milliarden Dollar gekostet hatte. Erfahrung kann ein strenger Lehrer sein, wenn es gilt, die richtigen Faustregeln zu lernen.

Wie man Faustregeln testet

Viele Branchen, Unternehmen und Restaurants wenden einfache Regeln bei ihrer Preisgestaltung (etwa *Multipliziere die Kosten der Grundprodukte mit Drei*) und bei der Entscheidungsfindung im Allgemeinen an (zum Beispiel *Bau kein Haus ohne Mieter*). Woher wissen sie, ob und wann eine Faustregel gut ist? Eine Möglichkeit besteht darin, diese Regeln zu testen, was umso leichter fällt, je spezifischer die Regel ist. Faustregeln können verschiedene Allgemeinheitsgrade aufweisen:

- *Tritt nur in Unternehmen ein, die an der Spitze sein können.*
- *Wenn ein Kunde seit neun Monaten oder länger keinen Kauf getätigt hat, stufe ihn als inaktiv ein.*

Die erste Regel lässt sich auf viele Unternehmen übertragen; die zweite ist ziemlich spezifisch. Die folgende Studie zeigt eine Möglichkeit zu testen, wie gut sie vorhersagt, welche Kunden auch in Zukunft bei dem Unternehmen kaufen werden.

Ein guter Grund kann besser sein als viele

Unsere Briefkästen, egal, ob elektronisch oder aus Stahl, werden mit Flyern, Broschüren, Katalogen und Kreditkartenangeboten überflutet. Für Unternehmen, die alte und neue Kunden ansprechen wollen, gehören Massenbriefe zum Businessplan. Gleichzeitig sind ungezielte Werbekampagnen ärgerlich für Leute, die kein Interesse an den Produkten haben, und kostspielig für die Unternehmen. Im Idealfall sollte jedes Unternehmen seine Mittel für aktive, treue Kunden verwenden statt für Menschen, die nichts mehr kaufen werden. Doch wie lassen sich aktive Kunden in einer Datenbank mit mehreren zehn- oder hunderttausend Kunden von inaktiven unterscheiden?

Die herkömmliche Idee ist es, ein komplexes Problem mit einer komplexen Analyse zu lösen. Ein solches Werkzeug ist das von Marketingexperten angepriesene Pareto-/NBD-Modell.[8] Für jeden Kunden liefert es die Wahrscheinlichkeit, dass er oder sie noch aktiv ist – genau die Information, die das Unternehmen braucht. Doch zum Entsetzen vieler Marketingexperten vertrauen Manager häufig lieber einfachen Faustregeln, die auf ihrer persönlichen Erfahrung beruhen. Die Manager einer internationalen Fluglinie verließen sich alleine auf den *Zeitpunkt des letzten Kaufs* (Hiatus-Regel):

> *Wenn ein Kunde seit neun Monaten oder länger keinen Kauf mehr getätigt hat, stufe ihn als inaktiv ein, andernfalls als aktiv.*

Diese einfache Regel konzentriert sich nur auf einen einzigen guten Grund: den letzten Zeitpunkt eines Kaufs. Sie wird bei Vielfliegerprogrammen ebenso angewendet wie im Bekleidungseinzelhandel. Aber ist das nicht eine naive Regel? Schließlich lässt sie eine Menge außer Acht: wie viel der Kunde gekauft hat, wie viel Zeit zwischen den Käufen liegt, und all die anderen Informationen, die komplexe Werkzeuge wie das Pareto-/NBD-Modell sorgfältig analysieren. Sie verzichtet sogar auf komplizierte Berechnungen. Bestätigt die Verwendung der Hiatus-Regel nicht die Ansicht, dass Menschen irrational entscheiden, weil ihre kognitiven Fähigkeiten begrenzt und sie nicht in der Lage sind, all die für eine gute Entscheidung erforderlichen Informationen zu berücksichtigen? Kann ein guter Grund auch nur annähernd leisten, was die Berücksichtigung aller Gründe und eindrucksvolle Berechnungen zu bieten haben?

Zwei Wirtschaftsprofessoren führten eine gut geplante Studie durch, die zeigen sollte, dass die komplexe Methode der einfachen Regel überlegen ist. Am Beispiel einer Fluggesellschaft, eines Bekleidungseinzelhändlers und des CD-Onlinehändlers CDNOW überprüften sie, wie viele korrekte Vorhersagen die komplexe Methode im Vergleich zur einfachen Regel macht.[9] Allerdings ent-

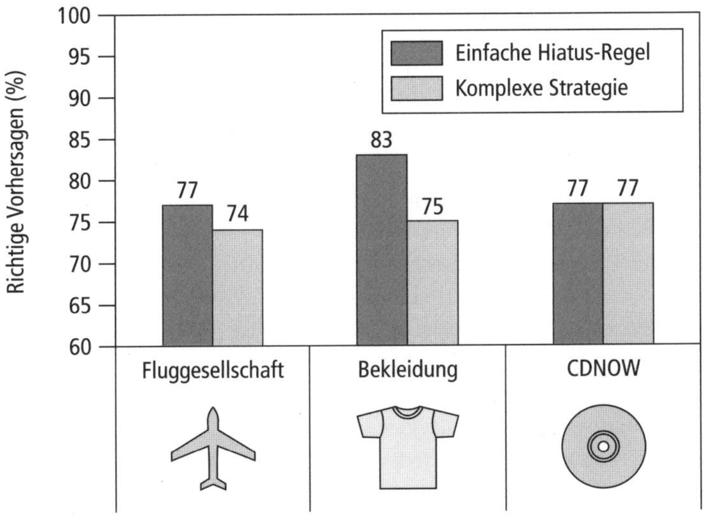

Abbildung 6.3: Weniger ist mehr. Wie sagt man voraus, welche Kunden in Zukunft kaufen werden? Manager dreier Unternehmen verlassen sich auf eine einfache Faustregel (Hiatus-Regel, vgl. Text), während Managementtheoretiker komplexe Strategien vorschlagen (Pareto-/NBD-Modell). Ein Test zeigt, dass sich mit der Faustregel besser als mit der komplexen Strategie vorhersagen lässt, welche Kunden in Zukunft kaufen werden, obwohl die Faustregel nur einen Teil der Information nutzt. Dieser Weniger-ist-mehr-Effekt galt für die Fluggesellschaft und den Bekleidungseinzelhändler, während sich beim CD-Onlinehändler CDNOW beide Strategien gleich gut bewährten. In ungewissen Welten ist weniger oft mehr. Siehe Wübben and Wangenheim 2008.

sprach das Ergebnis nicht dem, was die beiden Professoren erwartet hatten. In zwei von drei Fällen war die einfache Regel schneller und brauchte weniger Informationen, lieferte aber trotzdem genauere Ergebnisse. Für die internationale Fluggesellschaft sagte die Hiatus-Regel 77 Prozent der Kunden richtig voraus, die komplexe Methode nur 74 Prozent (Abbildung 6.3). Beim Bekleidungshändler machte die einfache Regel ihre Sache noch besser: 83 Prozent richtige Vorhersagen gegenüber 75 Prozent. Beim CD-Onlinehändler schließlich schnitten beide gleich gut ab. Statt sich in ihrer Überzeugung bestätigt zu sehen, stießen die Autoren auf den *Weniger-ist-mehr-Effekt*, wie ich ihn nenne.

Weniger ist mehr

Ist dieser Weniger-ist-mehr-Effekt eine Eintagsfliege? Nein. Abbildung 6.4 zeigt das Durchschnittsergebnis von 20 Studien, in denen zwei einfache Regeln mit einer komplexen Strategie namens »Multiple Regressionsanalyse« verglichen wurden. Diese Strategie wird vielfach für Prognosen in der Wirtschaft verwendet, etwa um den Absatz des folgenden Jahres vorherzusagen; dazu werden alle Faktoren sorgfältig gewichtet. Die erste der getesteten Regeln war die sogenannte Strichliste, die alle Faktoren gleich behandelt, so wie 1/N alle Investitionsalternativen gleich bewertet. Die zweite Regel, *Take-the-Best*, verlässt sich, wie ihr Name verrät, allein auf den besten Grund (ähnlich der Hiatus-Regel).[10]

Hier müssen wir uns wieder den Unterschied zwischen bekannten Risiken und Ungewissheit vergegenwärtigen. Bekannte Risiken entsprechen der Rückschau: Wir kennen alle Einzelheiten (etwa die Verkaufszahlen des zurückliegenden Jahres) und können sie im Nachhinein erklären. Bei dieser »Vorhersage« der Vergangenheit war die komplexe Strategie in den 20 Studien am erfolgreichsten. Ging es hingegen um die ungewisse Zukunft (zum Beispiel die Absatzzahlen des folgenden Jahres), lieferten die beiden einfachen Regeln bessere Vorhersagen als die komplexe Methode.

Zwischen Rückschau und Vorschau liegt eine Welt von Unterschieden. Im Rundfunk höre ich häufig Interviews mit Börsen-

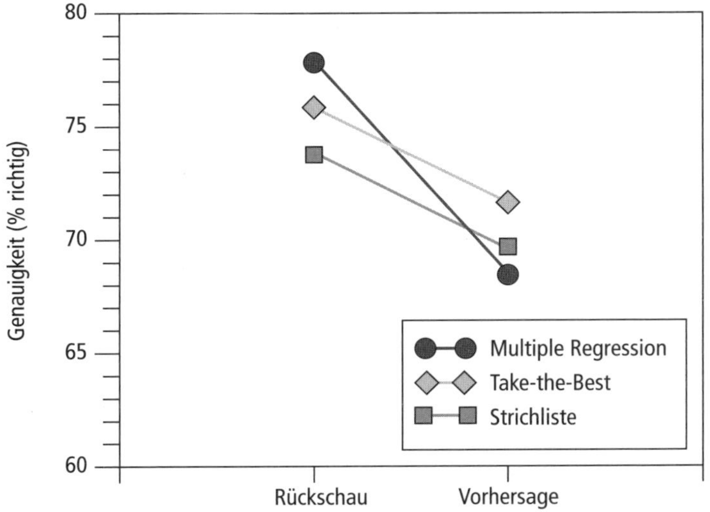

Abbildung 6.4: *Weniger-ist-mehr* bei der Vorhersage (Ungewissheit); *Mehr-ist-besser* bei der Rückschau (bekannte Risiken). Gezeigt werden die durchschnittlichen Ergebnisse von 20 Studien ähnlich wie in Abbildung 6.3, in denen unter anderem Schulabbrecherraten und Hauspreise anhand von Faktoren wie Lehrergehältern und Leseleistungen vorhergesagt wurden.
Multiple Regression ist eine komplexe, in den Sozialwissenschaften ständig verwendete Methode, bei der alle Faktoren gewichtet und addiert werden. *Take-the-Best* ist eine einfache Faustregel, die sich nur auf den besten Grund verlässt und alle anderen Gründe außer Acht lässt. Die Strichliste (*tallying*) ist eine andere Heuristik; sie berücksichtigt alle Faktoren, aber gewichtet sie gleich. Rückschau heißt, dass alle Daten bekannt sind und die Strategien den Daten angepasst werden. Vorhersage heißt, dass nur die Hälfte der Daten bekannt ist und die andere Hälfte prognostiziert wird. Das komplexe Modell schneidet bei der Erklärung der Vergangenheit (Rückschau) besser ab, während beide Faustregeln bei der Voraussage der Zukunft überlegen sind. Siehe Czerlinski et al. 1999.

experten, die gefragt werden, warum Microsoft oder irgendeine andere Aktie am Vortag gestiegen ist. Sie haben immer eine Erklärung. Das ist die Rückschau; sie wissen bereits, was geschehen ist, und können aus dem reichen Fundus ihres Wissens eine Geschichte herausgreifen, die zu den Fakten passt. Nie werden sie gefragt, ob die Microsoft-Aktie am nächsten Tag steigen oder fallen wird. Das wäre eine Vorhersage, und Vorhersagen müssen sich mit Ungewissheit herumschlagen. Wie verschiedene Studien gezeigt haben, bewegen sich die Vorhersagen von Finanzexperten, wenn sie nach der künftigen Entwicklung von Aktienkursen gefragt werden, auf Zufallsniveau oder darunter.

Mit einem Weniger-ist-mehr-Effekt haben wir es zu tun, wenn Vorhersagen, die mithilfe einer einfachen Regel getroffen werden, bessere Ergebnisse zeitigen als Vorhersagen, die auf einer komplexen Strategie beruhen. Der Grund liegt nicht darin, dass die einfache Regel die bessere Information zur Verfügung hat. In den oben erwähnten 20 Studien hatte die komplexe Strategie Zugang nicht nur zu den gleichen Informationen wie die einfache Regel, sondern darüber hinaus zu sehr viel mehr. Komplexe Strategien funktionieren in einer ungewissen Welt deshalb nicht so gut, weil sie eine Menge von Einzelheiten berücksichtigen, von denen viele irrelevant sind. Erinnern Sie sich noch an Einsteins Regel?

Vom Wesen des Führens

Was macht einen Menschen zu einer Führungspersönlichkeit? Von Platon bis heute herrscht die Vorstellung, dass Führer bestimmte Persönlichkeitsmerkmale haben müssen. Zum Beispiel Intelligenz, Dominanz, Beharrlichkeit und Selbstvertrauen. Francis Galton hielt diese Merkmale für angeboren. In neuerer Zeit hat man die Auffassung vertreten, die Führungspersönlichkeit verkörpere nicht eine Summe, sondern eine bestimmte Konstellation von Merkmalen. Doch die alleinige Konzentration auf Merkmale hat keinen rechten Erfolg erbracht; schließlich sind Begriffe wie »Offenheit« und »Extraversion« zu unspezifisch, um uns zu verraten, wie sich eine Führungskraft in einer gegebenen Situation entscheiden sollte. Vor allem aber beschäftigt sich dieser Ansatz nur mit der Person und übersieht die Probleme, die zu bewältigen sind. Führung zeigt sich in der Übereinstimmung zwischen Person und Situation, weshalb es keine einzige Persönlichkeit gibt, die sich als Führungskraft zu allen Zeiten und bei allen Problemen bewähren würde.

HÄUFIGE MISSVERSTÄNDNISSE ÜBER INTUITION

1. *Intuition ist das Gegenteil von Rationalität.* Ist sie nicht. Intuition ist unbewusste Intelligenz, die auf persönlicher Erfahrung und intelligenten Faustregeln beruht. Sie brauchen sowohl Intuition als auch Denken, um rational zu sein.
2. *Intuition ist weiblich.* Das wurde seit der Aufklärung gelehrt. Heute dürfen auch Männer Intuitionen haben. Der entscheidende Unterschied liegt darin, dass sich Männer immer noch stärker scheuen, Intuition zuzugeben oder sogar auf ihren Bauch zu hören.
3. *Intuition ist bewusstem Denken unterlegen.* Bewusstes Denken und Logik sind nicht generell besser als Intuition und umgekehrt. Logik (oder Statistik) eignet sich am besten für den Umgang mit bekannten Risiken, während gute Intuitionen und Faustregeln in einer ungewissen Welt unentbehrlich sind (Abbildung 2.3).
4. *Intuition beruht auf einer komplexen unbewussten Gewichtung aller Evidenz.* Diese These wurde vorgebracht, um zu erklären, warum intuitive Entscheidungen häufig so vortrefflich sind. Dem liegt die Vorstellung zugrunde, dass ein intelligenter Prozess nur dann gut sein kann, wenn er der klassischen Entscheidungstheorie folgt und alles gewichtet. Aber diese ist nur in einer Welt bekannter Risiken die beste Option, nicht unter Ungewissheit. Es gibt überzeugende Indizien dafür, dass Intuitionen auf einfachen, intelligenten Regeln beruhen, die nur einige der verfügbaren Informationen berücksichtigen.

Intelligente Faustregeln sind eine Alternative zum Denken in Persönlichkeitsmerkmalen. Sie beschreiben, was in einer Situation zu tun ist. Das eröffnet die Möglichkeit, Führungsstile auf einer sehr konkreten Ebene zu beschreiben. Eine Analyse des adaptiven Werkzeugkastens von Führungspersönlichkeiten liefert einen neuen Ansatz für das Verständnis von Führungsqualitäten. Die Regeln sind meist intuitiv, was bedeutet, dass die Führungskraft sie nicht ohne Weiteres erklären kann – so wie wir unsere Muttersprache sprechen, ohne darüber nachzudenken, aber häufig passen müssen, wenn wir nach grammatikalischen Einzelheiten gefragt werden. Wahres Führen heißt, intuitiv zu verstehen, welche Regel in welcher Situation angebracht ist.

Kapitel 7
Spiel und Spaß

Wäre alles auf Erden rational, würde nichts geschehen.
Fjodor Dostojewski

Let's Make a Deal

Die Gameshow *Let's Make a Deal* flimmerte 1963 zum ersten Mal über die Fernsehschirme [in Deutschland lief sie unter dem Titel *Geh aufs Ganze*]. Einer ihrer Höhepunkte war der *Big Deal of the Day*. Dabei präsentierte der Moderator Monty Hall den Kandidaten drei Türen. Hinter einer verbarg sich der Hauptpreis, ein neuer Cadillac oder ein anderes Luxusobjekt, das Freudenschreie auslöste; hinter den anderen befanden sich wertlose »Zonks« wie etwa Ziegen. Marilyn vos Savant, die im *Guinness-Buch der Rekorde* fünf Jahre hintereinander als die Frau mit dem höchsten IQ aufgeführt wurde, machte in ihrer Kolumne für das *Parade Magazine* das *Monty-Hall-Problem* bekannt. Hier in ihren eigenen Worten das Problem, dem sich der Kandidat gegenübersieht:[1]

> »Nehmen Sie an, Sie sind in einer Gameshow und haben die Wahl zwischen drei Türen. Hinter einer ist ein Auto, hinter den anderen Ziegen. Sie wählen eine Tür, sagen wir, Nummer 1, und der Moderator, der weiß, was sich hinter den Türen verbirgt, öffnet eine andere Tür, sagen wir Nummer 3, hinter der sich eine Ziege befindet. Er sagt zu Ihnen: ›Möchten Sie Tür Nummer 2 wählen?‹ Ist es für Sie von Vorteil, die Türen zu wechseln?«

Würden Sie wechseln oder bei Ihrer Wahl bleiben? Wenn Sie bleiben, sind Sie aufseiten der Mehrheit. Schließlich sind nur noch zwei

Abbildung 7.1: Das Monty-Hall-Problem. Sie sind Kandidat und können den großen Preis gewinnen. Hinter einer Tür steht ein Cadillac, hinter den anderen beiden jeweils eine Ziege. Sie wählen Tür 1. Jetzt öffnet der Moderator Monty Hall, der die Position des Cadillac kennt, Tür 3 mit einer Ziege und bietet Ihnen den Wechsel zu Tür 2 an. Würden Sie wechseln oder bleiben?

Türen übrig, daher scheinen die Chancen gleich zu sein, und fälschlicherweise zu einer Tür mit einer Ziege zu wechseln könnte Anlass zu endlosen Selbstvorwürfen geben. Marilyn riet jedoch zum Wechsel. Das löste innerhalb eines Jahres eine Flut von Zigtausenden Briefen aus, darunter fast eintausend, deren Unterschriften mit einem Dr. versehen waren und in denen fast immer Widerspruch angemeldet wurde. Dr. Robert Sachs, ein Mathematikprofessor von der George Mason University, schrieb: »Sie haben es vermasselt! Lassen Sie mich dies erklären: Wenn gezeigt wird, dass eine Tür eine Niete ist, verändert das die Wahrscheinlichkeit beider verbleibender Wahlmöglichkeiten auf 1/2. Es gibt keinen Grund dafür, dass eine wahrscheinlicher sei als die andere.« In einem weiteren Brief, ebenfalls verfasst vom Träger eines Y-Chromosoms, hieß es: »Sie können weibliche Logik nicht auf Gewinnchancen anwenden. In der neuen Situation ist die Wahrscheinlichkeit für beide gleich.« Noch uncharmanter äußerte sich ein weiterer Briefschreiber: »Sie sind die Ziege!« Schließlich legte sich die erste Aufregung, und fast alle waren sich mit Marilyn einig, dass der Wechsel die beste Strategie sei. Dr. Sachs verfasste einen Entschuldigungsbrief und war damit einer der Wenigen, die den Anstand hatten, ihren Fehler zuzugeben.

Dr. Sachs ließ sich wie viele andere von den Wahrscheinlichkeiten verwirren. Typisch ist der konfuse Gedanke: »Für jede Tür besteht eine Wahrscheinlichkeit von 1/3, dass sich das Auto dahinter befindet. Eine Tür ist bereits geöffnet worden, damit ist diese Tür aus dem Spiel und ebenso die Drittelwahrscheinlichkeit. Da sich das Auto jetzt hinter einer von nur noch zwei Türen befindet, verteilt sich die Wahrscheinlichkeit gleich auf die beiden verbleibenden Türen, beträgt also 50:50.« Das ist eine der viel zitierten »kognitiven Täuschungen«, die angeblich unauslöschlich in unserem Gehirn verwurzelt sind.[2]

Zur Beseitigung der Verwirrung gibt es jedoch eine einfache Methode, die bereits bei den HIV-Tests erklärt wurde: die Verwendung *natürlicher Häufigkeiten*. Ich möchte sie für das Monty-Hall-Problem erläutern: Der entscheidende Schritt besteht darin, uns eine Anzahl von Kandidaten vorzustellen und nicht nur einen. Nehmen wir drei, von denen jeder eine andere Tür wählt. Angenommen, das Auto befindet sich hinter Tür 2 (Abbildung 7.2). Der erste Kandidat wählt Tür 1. Monty bleibt nur die Option, Tür 3 zu öffnen, und er bietet dem Kandidaten die Möglichkeit zu wechseln. Der Wechsel zu Tür 2 gewinnt. Der zweite Kandidat wählt Tür 3. Dieses Mal muss Monty Tür 1 öffnen, und der Wechsel zu Tür 2 gewinnt abermals. Nur der dritte Kandidat, der Tür 2 wählt, verliert, wenn er wechselt. Jetzt ist leichter zu erkennen, dass Wechseln häufiger gewinnt als Bleiben, und wir können genau berechnen, wie oft: in zwei von drei Fällen.[3] Das ist der Grund, warum Marilyn den Wechsel der Türen empfahl.

Das Monty-Hall-Problem wurde auf Partys, in Klassenzimmern und auf der Titelseite der *New York Times* diskutiert und veranlasst Menschen noch heute, sich endlos über Wahrscheinlichkeiten zu streiten. Während der langen Ausstrahlungszeit der Gameshow dürften die Kandidaten wohl Millionen von Dollars hinter Monty Halls Türen verpasst haben. Ich wollte hier zeigen, dass diese Debatten sich leicht klären lassen, wenn wir in den Kategorien von natürlichen Häufigkeiten denken. Das Problem liegt nicht

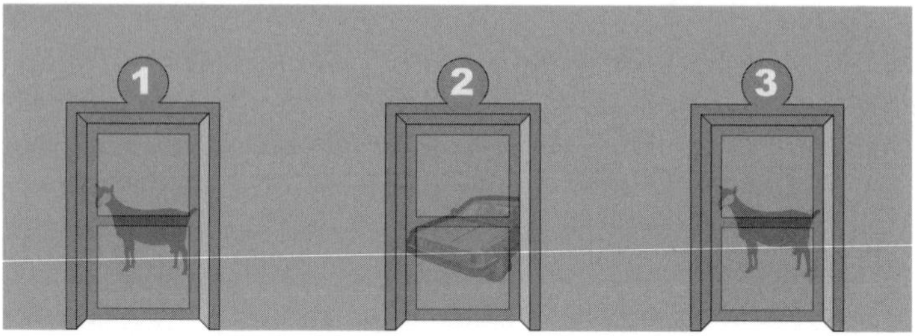

Abbildung 7.2: Es gibt eine einfache Methode zur Lösung des Monty-Hall-Problems. Gehen Sie nicht von sich alleine aus, sondern stellen Sie sich drei Kandidaten vor den drei Türen vor. Der erste Kandidat wählt Tür 1, Monty öffnet Tür 3 und zeigt eine Ziege, und der Kandidat gewinnt durch den Wechsel zu Tür 2. Der nächste Kandidat wählt Tür 3, Monty öffnet Tür 1 mit einer Ziege, und der Kandidat gewinnt ebenfalls, indem er zu Tür 2 wechselt. Nur der Kandidat, der zuerst Tür 2 wählt, verliert, wenn er wechselt. Mit anderen Worten: In zwei von drei Fällen lohnt sich der Wechsel.

einfach im menschlichen Verstand begründet, sondern in der Art und Weise, wie die Information präsentiert wird.

Lassen Sie mich nun den zweiten, weitgehend unbekannten Teil der Geschichte erzählen.

Ungewissheit: Wechseln der Türen als beste Option in der Live-Show?

Das Monty-Hall-Problem, das Marilyn und vor ihr auch andere aufwarfen, betrifft eine Welt des Risikos, nicht der Ungewissheit. Die Wahrscheinlichkeitstheorie liefert nur dann die beste Antwort, wenn die Spielregeln gewiss sind, wenn alle Alternativen, Konsequenzen und Wahrscheinlichkeiten bekannt sind oder berechnet werden können. Hier meine Frage: Ist der Wechsel auch die beste Wahl in der Live-Gameshow?

Der entscheidende Aspekt ist, ob Monty seinen Gästen immer die Möglichkeit zum Wechsel bot.[4] (Davon ist in Marilyns ursprünglicher Problemstellung nicht die Rede, aber darum geht es mir nicht.) Wäre Monty beispielsweise boshaft, würde er das Angebot nur dann machen, wenn ein Kandidat die Tür mit dem Preis dahinter gewählt hätte. Dann würde ein Wechsel immer zur Ziege führen, und der Sender könnte den Hauptpreis für die nächste Show behalten. Hat Monty also jedem Gast die Möglichkeit zum Wechsel geboten?

Barry Nalebuff, der als einer der Ersten über das Monty-Hall-Problem geschrieben hat, erinnerte sich gesehen zu haben, wie Monty die Möglichkeit zum Wechsel anbot. Aber er wusste nicht mehr, »ob Monty diese Option immer eröffnete oder nur dann, wenn man die richtige Tür gewählt hatte«. Montys langjährige Produktionsassistentin Carol Andrews dagegen behauptete, Monty habe Kandidaten nie die Alternative des Wechsels eingeräumt. Der wirkliche Monty Hall meinte, er habe nur selten die Möglichkeit zum Wechseln angeboten, konnte aber nicht sagen, wie oft sie angenommen wurde. Wie es tatsächlich war, werden wir wohl nie erfahren. Infolge eines juristischen Streits sind nur wenige Bänder für die Öffentlichkeit verfügbar.

Der Ursprung der Ungewissheit ist nicht nur die lückenhafte Erinnerung von Monty und seinen Kollegen. Die echte Gameshow drehte sich um die Persona Monty Halls, und ein Teil dieser Persönlichkeit war es, spontane Entscheidungen zu treffen, statt einem strengen Protokoll zu folgen. Mit anderen Worten: Die Spannung des Spiels erwuchs aus der Ungewissheit der Kandidaten über Monty Halls Motive und Handlungen; diese Spannung wäre verloren gegangen, wenn er sich in jeder Show an die gleichen Regeln gehalten hätte. »Wer sagt, dass ich Sie jedes Mal wechseln lasse? Ich bin der Herr der Show.« Monty ließ keinen Zweifel daran, dass die Regeln des Monty-Hall-Problems nicht für ihn galten. »Wenn der Moderator verpflichtet ist, immer eine Tür zu öffnen und Ihnen einen Wechsel anzubieten, dann sollten Sie die Wechseloption annehmen. Doch wenn er die Wahl hat, Ihnen den Wechsel zu gestatten oder nicht, dann hüten Sie sich. Dann gibt es keine Gewähr. Alles hängt von seiner Stimmung ab.«

Ist die beste Entscheidung unter Risiko auch die beste in der Live-Show? Wie Monty selbst erklärt hat, kann es die schlechteste sein. Nachdem ein Kandidat Tür 1 gewählt hatte, öffnete Monty Tür 3, hinter der sich eine Ziege befand. Während der Kandidat überlegte, ob er Tür 2 öffnen sollte, zog Monty eine Rolle Banknoten aus der Tasche und bot dem Kandidaten 3000 Dollar für den Verzicht auf einen Wechsel.[5]

> »Ich will wechseln«, beharrte der Kandidat.
> »3000 Dollar«, wiederholte Monty Hall. »Cash. Bar auf die Hand. Es könnte ein Auto sein, aber es könnte auch eine Ziege sein. 4000.«
> Der Kandidat widerstand der Versuchung. »Ich versuch's mit der Tür.«
> »4500. 4700. 4800. Mein letztes Angebot: 5000 Dollar.«
> »Öffnen wir die Tür.« Erneut lehnte der Kandidat das Angebot ab.
> »Sie sind bei einer Ziege gelandet«, sagte Monty Hall und öffnete die Tür. Und erklärte:
> »Begreifen Sie, was da passiert ist? Je höher ich ging, desto fester waren Sie davon überzeugt, dass das Auto hinter Tür 2 ist. Ich wollte Sie dazu kriegen, dorthin zu wechseln, weil ich ja wusste, dass sich das Auto hinter Tür 1 befindet. Das sind die Sachen, die ich mache, wenn ich das Spiel kontrollieren kann.«

Im echten Spiel reicht die Wahrscheinlichkeitstheorie nicht aus. Da sind auch gute Intuitionen erforderlich, die schwieriger sein können als Berechnungen. Eine Möglichkeit, die Ungewissheit zu verringern, sind intelligente Faustregeln. Beispielsweise besagt die *Minimax-Regel*:

Wähle die Alternative, die das schlimmste Ergebnis vermeidet.

Bei einer Ziege zu landen *und* auf das Geld zu verzichten ist das schlechteste mögliche Ergebnis. Das kann nur passieren, wenn der Kandidat wechselt. Aus diesem Grund empfiehlt die Regel, das Geld zu nehmen und bei Tür 1 zu bleiben. Sie heißt *Minimax*, weil sie das Ziel hat, Ihre Verluste zu minimieren, wenn das Szenario mit dem maximalen Verlust eintritt (hier: die Öffnung der Tür mit einer Ziege). Diese einfache Regel hätte Montys psychologisches Spiel unterlaufen und dem Kandidaten das Geld gebracht – und das Auto obendrein.

Intuitive Regeln sind nicht narrensicher, Berechnungen aber auch nicht. Die Ungewissheit lässt sich weiter verringern, indem man Mutmaßungen über Montys Motivation anstellt, was schwieriger ist, vor allem wenn man voller Nervosität im Scheinwerferlicht vor laufenden Fernsehkameras steht. Dazu muss man sich in ihn hineinversetzen. Monty scheint den Wechsel vorgeschlagen zu haben, weil er wusste, dass der Kandidat die Gewinntür gewählt hatte. Dann bot er das Geld, um den Eindruck zu erwecken, das Auto befinde sich hinter der anderen Tür. Diese Intuition führt zur gleichen Wahl wie die Minimax-Regel. Tatsächlich hat Monty selbst eine Minimax-Version vorgeschlagen: »Wenn Sie mich dazu bringen können, Ihnen 5000 Dollar zu bieten, nehmen Sie das Geld, und gehen Sie nach Hause.«

Die Truthahn-Illusion kann eine Ziege bescheren

Das Monty-Hall-Problem veranschaulicht drei Themen dieses Buchs: Wie man Risiken versteht, wie man mit Ungewissheit umgeht und – vor allem – wie man die beiden nicht verwechselt. Viele Menschen missverstehen die Wahrscheinlichkeiten beim Monty-Hall-Problem. Doch dagegen gibt es ein einfaches Mittel: die Wahrscheinlichkeiten in natürliche Häufigkeiten umwandeln, um festzustellen, was die beste Handlungsweise ist. Natürliche Häufigkeiten heißen »natürlich«, weil sie die Informationen in der Form widerspiegeln, in der Menschen und Tiere sie während ihrer Geschichte aufgenommen haben – vor der Erfindung von Büchern und Wahrscheinlichkeitstheorie. Wir können leichter mit ihnen denken. Genauso wichtig ist die Unterscheidung zwischen der Welt des Risikos (Monty-Hall-Problem) und der Welt der Ungewissheit (Live-Fernsehshow *Let's Make a Deal*). Die beste Handlung in der Welt des Risikos muss nicht unbedingt auch die beste in der echten Gameshow sein. Wenn Sie die Wahrscheinlichkeitstheorie nämlich auf ungewisse Welten anwenden, können Sie auf einer Ziege sitzen bleiben – ein weiteres Beispiel für die Truthahn-Illusion, dass sich Risiken berechnen lassen.

Unter den Tausenden von Artikeln, die über das Monty-Hall-Problem veröffentlicht wurden, blieb der Unterschied zwischen Risiko und Ungewissheit praktisch unbeachtet.

Straßengauner

In Touristenzentren und auf Jahrmärkten sieht man manchmal Männer, die an einer Straßenecke verstohlen zu einem Kartenspiel einladen, während sich auf ihren kleinen, behelfsmäßigen Tischen die Euro-Noten stapeln. Das Spiel ist einfach. Es gibt drei Karten. Eine ist auf beiden Seiten rot, die zweite auf beiden Seiten weiß und die dritte auf der einen Seite weiß und auf der anderen rot. Der Gauner lässt Sie eine Karte blind ziehen und legt sie mit der gezogenen Seite nach oben. Nehmen wir an, sie ist rot. Dann bietet er Ihnen eine Zehn-Euro-Wette an: Wenn die verborgene Seite auch rot ist, gewinnt er; wenn sie weiß ist, gewinnen Sie. Das scheint doch eine faire Wette zu sein, oder? Schließlich kann die Karte, die Sie gezogen haben, nur die rot-rote oder die rot-weiße sein, daher scheinen die Aussichten, dass die andere Seite rot oder weiß ist, 50 zu 50 zu stehen.

Wenn Sie argwöhnen, dass Ihnen von einem Fremden auf der Straße kein fairer Handel angeboten wird, ist Ihre Intuition richtig. Benutzen Sie Ihren Verstand, um zu erkennen, warum Ihnen die Karten kein Glück bringen können. Versuchen Sie nicht, in Wahrscheinlichkeiten zu denken, sondern zeichnen Sie stattdessen einen Baum mit natürlichen Häufigkeiten. Beginnen Sie wie immer mit einer Anzahl von Spielen. Aus Gründen der Einfachheit wollen wir annehmen, Sie spielen sechsmal. Das ist die Spitze des Baums (Abbildung 7.3, rechts). Wenn Sie eine Karte zufällig ziehen, wird wahrscheinlich jede der drei Karten zweimal gezogen werden. Das ist die mittlere Ebene des Baums. Jetzt schauen Sie sich die untere Ebene an: Bei jeder der beiden rot-roten Karten wird eine rote Seite nach oben zeigen; bei den beiden rot-weißen Karten erwarten wir nur eine rote Seite. (Die weiß-weiße Karte wird natürlich

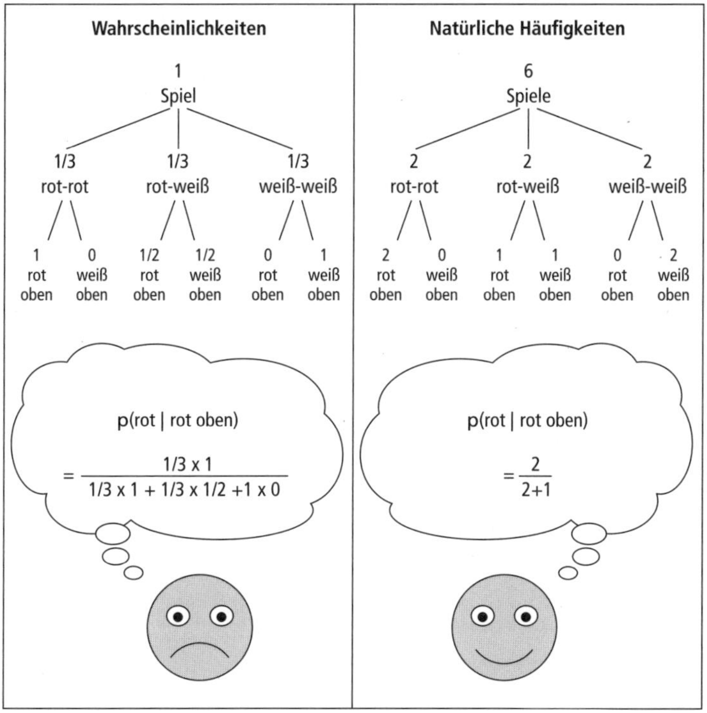

Abbildung 7.3: Gaunertricks. Drei Karten sind in einem Hut: Eine ist auf beiden Seiten rot, eine rot auf der einen Seite und weiß auf der anderen, die dritte schließlich weiß auf beiden Seiten. Blind ziehen Sie eine Karte, legen diese auf einen Tisch. Die obere Seite ist rot. Der Gauner bietet Ihnen eine 10-Euro-Wette an, dass die untere Seite ebenfalls rot ist. Ist das eine faire Wette?
Linke Seite: Das Problem anhand von Wahrscheinlichkeiten zu lösen ist für die meisten Menschen verwirrend. Die Wahrscheinlichkeit p(rot | rot oben) ist die Wahrscheinlichkeit, dass die Karte rot unten ist, wenn sie rot oben ist. Die Formel heißt Bayes-Regel. Rechte Seite: Natürliche Häufigkeiten helfen bei der Erkenntnis, dass es keine faire Wette ist. Die Wahrscheinlichkeit, dass auch die untere Seite rot ist, beträgt 2 von 3.

nie Rot zeigen.) In den drei Fällen, in denen Rot oben liegt, ist es zweimal die rot-rote Karte und einmal die rot-weiße Karte. Mit anderen Worten: Wenn Sie eine rote Seite ziehen, ist die andere Seite in zwei von drei Malen rot. Das ist der Grund, warum der Gauner auf Rot tippt und Geld verdient. Ihre Gewinnchance ist nicht 1/2, sondern 1/3.[6]

Abbildung 7.3 (links) belegt, warum man leicht in Verwirrung gerät, wenn man in Wahrscheinlichkeiten über das Angebot des Trickbetrügers nachdenkt. Schauen Sie sich die Formel an, und Sie werden erkennen, warum natürliche Häufigkeiten im Gegensatz dazu wenig Berechnung benötigen. Noch einmal: Die Verwirrung entsteht durch die Art, wie die Information mitgeteilt wird. Genau solche Bäume lassen sich auch für das Monty-Hall-Problem zeichnen. Am nächsten Ort, den wir aufsuchen, sind die Wahrscheinlichkeiten allerdings auf noch raffiniertere Weise verborgen.

Wie Spielkasinos Sie täuschen

Jedes Jahr geben Amerikaner mehr als 30 Milliarden Dollar in Spielkasinos aus und wahrscheinlich nochmals die gleiche Summe bei Pferderennen, Lotterien und anderen Glücksspielen. Das ist erheblich mehr als die Summe, die sie für Kinobesuche aufwenden. Nun bedeutet das Geldausgeben in Kasinos aber, Geld zu verlieren. Und Kasinos sind so angelegt, dass die Spieler dort Geld verlieren. Warum so viele Menschen dazu verlockt werden können, Milliarden zu verlieren, bleibt ein Rätsel. Eine Erklärung ist wohl, dass es beim Glücksspiel nicht nur ums Geld geht, sondern auch um den Nervenkitzel des Spiels selbst. Oder weniger nachsichtig: Spieler sind leichtsinnige, wahrscheinlichkeitsblinde Süchtige, die die Rolle ihrer Fertigkeiten in diesen weitgehend vom Zufall bestimmten Spielen überschätzen. Die meisten psychologischen Erklärungen betreffen Störungen in der Psyche der Spieler.

Doch diese Illusionen kommen nicht von ungefähr. Es gibt immer Möglichkeiten, den Leuten falsche Erwartungen hinsichtlich ihrer Gewinnchancen zu suggerieren. Das Spielkasino ist voll von solchen Tricks.

Die Kasinos der Urlaubshotels in Las Vegas haben ein oder mehrere Stockwerke mit Hunderten, manchmal Tausenden von Spielautomaten, die dort Rücken an Rücken und Reihe für Reihe aufgestellt sind. Wenn Sie eintreten, überwältigt Sie von allen Seiten und fast ununterbrochen das laute Klimpern von Münzen. Erzielen Spieler Gewinne, fallen die Metallchips aus einer Höhe von mehreren Zentimetern auf ein Blech. Viele Automaten verstärken das Geräusch noch, damit auch Schwerhörige die Gewinne noch zur Kenntnis nehmen.[7] Wenn Spieler gewinnen, aber ihre Beute nicht sofort an sich nehmen, erfüllt ein sich steigerndes Piepen die Luft. Jedes Piepen entspricht einem gewonnenen Guthaben, und alle Zuwächse der Guthaben werden durch anschwellende Audioeffekte verkündet. Dabei ist deren Frequenz oft schneller als die Abfolge der tatsächlich gewonnenen Guthaben. Diese beeindruckende Geräuschcollage erweckt die Illusion, die Spieler würden mehr gewinnen, als es tatsächlich der Fall ist.

Dieses Konzert spielt sich zwischen den Reihen der Spielautomaten ab. Doch die Maschinen senden auch visuelle Signale an weiter entfernte Spieler. In Las Vegas sind auf vielen Automaten Sirenen und Signallichter angebracht, die zu blinken beginnen, sobald ein Hauptgewinn erzielt worden ist. Während der Spieler darauf wartet, dass ihm das Geld ausgehändigt wird, hält das Blitzen und Plärren an. Das kann eine halbe Stunde oder noch länger dauern: Automatenspieler klagen regelmäßig darüber, wie langsam die Angestellten sind – mag das nun Absicht sein oder nicht. An gut besuchten Abenden warten manchmal mehrere Hauptgewinner gleichzeitig auf ihr Geld, sodass der Eindruck entsteht, es würden mehr Gewinne ausgeschüttet, als es in Wirklichkeit der Fall ist. Und selbst wenn die Kakophonie der Sirenen endlich abklingt, erblicken die Besucher auf Plakaten an den Wänden die strahlenden Gesichter früherer Hauptgewinner, die glücklich die überdimensionierten Werbeschecks in ihren Händen halten.

Inmitten dieses ganzen Aufruhrs, der zur Feier der Gewinner veranstaltet wird, bleiben die schweigenden Verlierer unbemerkt.

Der klassische Spielautomat weist drei mit Symbolen versehene Walzen auf. Durch Ziehen eines Hebels werden sie in Bewegung gesetzt. Jedes Rad hat ungefähr 20 mögliche Positionen, an denen es stehen bleiben kann, und jeder Stopp hat die gleiche Eintrittswahrscheinlichkeit. Wenn eine bestimmte Abfolge von Symbolen auf der Gewinnlinie erscheint, wird eine Auszahlung gewährt. Ein Original der *Liberty Bell*, eines Spielautomaten, der 1895 erfunden wurde, kann heute noch im Liberty Belle Saloon & Restaurant in Reno, Nevada, bewundert werden. Er verfügt nur über zehn Positionen, und jedes seiner Räder trägt die Symbole Karo, Pik und Herz, dazu die Bilder einer Freiheitsglocke mit Sprung. Drei Glocken bringen den größten Gewinn. Später tauchten Obstsymbole wie Zitronen, Pflaumen und Kirschen auf den Walzen auf (in Großbritannien heißen sie noch immer *Fruit Machines*). Die *Liberty Bell* zahlte 75 Prozent der eingeworfenen Münzen wieder aus, sodass dem »Haus« ein Gewinn von 25 Prozent blieb.

Bei zwanzig Stopp-Positionen gäbe es 8000 (20^3) mögliche Ergebnisse, und ein Jackpot mit einer einzigen Kombination von drei Symbolen kann nur einmal bei 8000 Durchgängen erwartet werden. Die Spieler, die das nicht wissen, können ihre Gewinnchancen abschätzen: Sie brauchen nur zu beobachten, wie oft Gewinne auftreten und wie oft – was häufiger passiert – Gewinne knapp verpasst werden, weil eines der drei gleichen Symbole unmittelbar über oder unter der Gewinnlinie stehen bleibt.

Bis in die 60er-Jahre hinein entsprach die Funktionsweise der Spielautomaten weitgehend ihrem Äußeren. Das alles änderte sich, als elektronische Spielautomaten eingeführt wurden. Die neuen Geräte ähnelten den alten, aber nur dem Augenschein nach. Statt echter rotierender Räder sind jetzt digitale Zufallsgeneratoren am Werk. Die kreisenden Räder auf dem Display vermitteln ein falsches Bild von den tatsächlichen Gewinnchancen. Während der Spieler eine Walze mit 20 Stopps sieht, kann das echte, virtuelle »Rad« zwei- bis zehnmal so viele haben. Ihr Äußeres suggeriert unter Umständen eine Gewinnchance von 1 von 8000, wie es bei den älteren Automaten der Fall war, aber tatsächlich sind die Aussichten jetzt dank der Chipdesigner hundert- bis tausendmal geringer. Das ist der Grund, warum elektronische Automaten so hohe Jackpots ausschütten können. Um ungerechtfertigte Hoffnungen zu wecken, ist das Gerät so programmiert, dass es viele Beinahe-Jackpots »zeigt«, obwohl es in Wirklichkeit viel weniger oder gar keine sind (Abbildung 7.4). Dieses irreführende Design ist gängige Praxis.

Warum verlieren so viele Menschen so viel Geld an Spielautomaten? Die Antwort lautet nicht einfach, dass die Menschen wahrscheinlichkeitsblind sind oder der Rausch einer Achterbahnfahrt auf dem Glücksrad den Schmerz des Verlusts überwiegt – wie in manchen psychologischen Erklärungen behauptet wird. Es steckt mehr dahinter. Das Spielkasino ist eine gezielte Inszenierung von Täuschungen, ein Theater, das die Spieler veranlasst, mehr Gewinne und Beinahe-Gewinne zu sehen, als tatsächlich vorhanden

Abbildung 7.4: Illusorisches Design. Können Sie den Fuß der »7« oben im rechten Fenster sehen? Fast hätten Sie drei Siebener gehabt! Das denken Sie jedenfalls, aber man täuscht Sie. Ein elektronischer Spielautomat zeigt nicht das tatsächliche Ergebnis an: Um die Illusion des (Beinahe-)Gewinns zu erhöhen, werden weit mehr Beinahe-Treffer präsentiert, als sie tatsächlich zustande kommen.

sind. Diese Illusion hat unmittelbar zur Folge, dass die Spieler ihre Gewinnchancen überschätzen.

Das Kasino gilt oft als ideales Beispiel für bekannte Risiken. Doch wie die Neuerungen der Automatentechnologie zeigen, wird viel investiert, um die Gewinnchancen gewisser erscheinen zu lassen, als sie sind, wodurch eine weitere Gewissheitsillusion entsteht.

Sport und Freizeit

Wie man einen Elfer hält

Das Olympiastadion in Berlin ist mit 75 000 Fans gefüllt, die das Viertelfinale der Fußballweltmeisterschaft 2006 verfolgen. Argentinien spielt gegen Deutschland. Zehn Minuten vor Schluss erzielt Deutschland den Ausgleich, und nach der Verlängerung steht es immer noch unentschieden. Zeit für das Elfmeterschießen. Eine spannungsgeladene Situation, in der beide Torleute abwechselnd versuchen müssen, die Elfmeter gegnerischer Spieler zu halten – und das fünfmal. Genauso nervenzerreißend sind Elfmeterschießen für die Fans, die vor jedem Strafstoß kollektiv den Atem anhalten; einige mögen noch nicht einmal hinsehen. Doch dieses Elfmeterschießen ist einzigartig. Der deutsche Torwart Jens Lehmann hält ein Stück Papier in der Hand, auf das er vor jedem Strafstoß blickt. Der argentinische Spieler, der ihm gegenübersteht, fragt sich vermutlich, was auf dem Zettel steht. Wahrscheinlich nimmt er an, dass er Informationen über ihn, seine Technik und seine bevorzugte Ecke enthält. Schließlich hält Lehmann zwei Schüsse, wirft Argentinien damit aus dem Wettbewerb und bringt die deutsche Mannschaft ins Halbfinale.

Die meisten Kommentatoren machten die Informationen auf Lehmanns Zettel für den Sieg verantwortlich. Ich sehe das anders. Studien an ausgezeichneten Spielern in verschiedenen Sportarten zeigen, dass ihre Leistung abnimmt, wenn sie auf ihr Tun achten oder zu lange überlegen. Wenn beispielsweise erfahrene Golfspieler angewiesen werden, sich auf ihren Schwung zu konzentrieren, werden sie schlechter.[8] (Für Anfänger gilt das Gegenteil: Sie werden in der Regel besser, wenn sie ihrem Spiel mehr Gedanken, Zeit und Aufmerksamkeit widmen.) Bekommen erfahrene Handballspieler mehr Zeit, um über die nächste Aktion nachzudenken, entscheiden auch sie sich in der Regel für die weniger guten Handlungsverläufe. Ganz ähnlich erging es wahrscheinlich den argentinischen Spielern: Als sie Lehmann die Notizen studieren sahen, begannen sie bewusst über ihre nächsten Schritte nachzudenken und halfen damit den Deutschen. Für diese Interpretation sprechen die Ergebnisse aus Studien über Intuition im Sport, aber auch das, was wir über den entscheidenden Strafstoß des argentinischen Spielers Estéban Cambiasso wissen. Sich Zeit lassend, studierte Lehmann den Zettel besonders gründlich. Was Cambiasso nicht wusste: Er enthielt gar keine Informationen über ihn. Cambiasso lief an, und Lehmann hielt den Schuss.

Diese Szene liefert uns eine nützliche Richtlinie, um als Sieger vom Platz zu gehen:

> *Wenn du in einem Sport sehr erfahren bist, denke nicht zu lange über die nächste Aktion nach.*
> *Wenn du ein Anfänger bist, nimm dir Zeit.*

Und wenn Sie ganz tief in die Trickkiste greifen wollen:

> *Bring einen erfahrenen Gegner dazu, nachzudenken, statt dass er seinem Bauch folgt.*

Der Grund: Intuition beruht auf Erfahrung und ist eine Form unbewusster Intelligenz. In dem Augenblick, da es Ihnen gelingt, den erfahrenen Sportler zu bewusstem Denken zu veranlassen, wird seine Leistung wahrscheinlich schlechter. Der deutsche Ex-Fußballer Gerd Müller, einer der besten Torschützen aller Zeiten, meinte einmal über die Intuition im Sport: »Wenn du anfängst zu denken, hast du eh schon verloren.«

Sie sind zum ersten Mal in einem bestimmten Restaurant, der Kellner gibt Ihnen die Speisekarte. Studieren Sie sie von Anfang bis Ende? Wollen Sie unbedingt das Beste haben und nichts weniger? Diese Strategie heißt *Maximierung*. In einem Restaurant, in dem die Karte enzyklopädische Ausmaße hat, brauchen Sie dafür einige Ausdauer.

Das vermeide ich. Ich reise viel und lande nach einem Vortrag meist in einem Restaurant, in dem ich noch nie gegessen habe. Nach meiner Erfahrung kann es sich lohnen, die Speisekarte nicht aufzuschlagen. Wenn es ein gutes Restaurant ist, halte ich mich an die folgende Faustregel:

Frage den Kellner: Was würden Sie heute Abend essen?

Ich frage den Kellner nicht, was er *empfehlen* würde. Denn dann finge er an nachzudenken. In einem guten Restaurant weiß der Kellner, was an dem betreffenden Abend in der Küche vorgeht. Außerdem appelliert die Frage an seinen Stolz. Ich bin bislang noch nie enttäuscht worden, im Gegensatz zu einigen meiner Freunde, die sich durch die ganze Speisekarte gearbeitet haben. Aber keine Regel ist auf alle Situationen anzuwenden; in preiswerteren Restaurants würde ich mich nicht auf sie verlassen. Für manche Menschen wäre es auch emotional unerträglich, nicht alle Möglichkeiten zu sehen, sondern sich auf jemanden anderen zu verlassen, selbst wenn dieser besser Bescheid weiß.

Einen Kellner zu fragen ist nicht die einzige effiziente Methode für die Bestellung eines schmackhaften Gerichts. Hier sind noch vier weitere Faustregeln:

Satisficing: Dieser Begriff steht für die Strategie, die erste Option zu wählen, die »gut genug« (*satisfactory*) ist. Für diese Regel benötigen Sie die Speisekarte. Zunächst suchen Sie sich eine Kategorie aus (sagen wir Fisch). Dann lesen Sie den ersten Eintrag in dieser Kategorie und entscheiden, ob er gut genug ist. Wenn ja, schließen Sie die Karte und bestellen das Gericht. Sie lesen nicht, was sonst noch kommt. Wenn nicht, gehen Sie weiter zum nächsten Eintrag und verfahren genauso. Wenn beispielsweise der erste Eintrag »Gebratener Wildlachs mit Orangensauce« ist, Sie aber erst am Vortag Lachs gehabt haben und Ihnen der Sinn nach Abwechslung steht, gehen Sie weiter zum zweiten Gericht. Es ist »Geschwärztes Thunfischsteak mit Mango-Salsa«. Wenn das gut klingt, schlagen Sie die Karte wieder zu und bestellen es.

Um Rat fragen: Lassen Sie die Speisekarte geschlossen. Bestellen Sie, was der Kellner oder – in einem Restaurant der gehobenen Kategorie – ein Kritiker empfiehlt. Allerdings besteht die bereits erwähnte Gefahr, dass der Kellner zu lange überlegt, was Sie mögen, statt sich zu fragen, was an dem betreffenden Abend das Beste ist.

Nachahmung: Lassen Sie die Speisekarte geschlossen. Finden Sie heraus, wer an Ihrem Tisch das Restaurant am häufigsten besucht, und bestellen Sie das Gericht, für das er oder sie sich entscheidet. Wenn Sie sich im Ausland oder in einem unbekannten Restaurant befinden, ist das vermutlich eine gute Strategie.

Gewohnheit: Lassen Sie die Speisekarte geschlossen. Bestellen Sie ihr Lieblingsgericht, das Sie immer bestellen. Diese Regel gilt, wenn Sie mit dem Restaurant vertraut sind, wissen, was gut ist, und keine Enttäuschung riskieren wollen.

Wenn Sie ein Maximierer sind und diese Regeln ausprobieren, werden Sie wahrscheinlich eine schleichende Angst verspüren, dass Sie etwas übersehen haben könnten. Bleiben Sie gelassen, das gibt sich nach einigen positiven Erfahrungen. Dann können Sie beginnen, über die eigentliche Frage nachzudenken: Welche Regel bewährt sich am besten in welcher Situation? Einfache Regeln können Ihnen zu einer guten Wahl verhelfen, Sie davor bewahren, endlos zwischen Alternativen zu schwanken, und Ihnen Zeit ersparen, die Sie für das Gespräch mit Ihren Tischgenossen nutzen können. Beim Maximieren dagegen werden Sie unter Umständen das entmutigende Gefühl nicht los, dass sie immer noch nicht wissen, ob Sie die beste Wahl getroffen haben.

Wie wählen die Menschen tatsächlich in einem Restaurant? Meine Kollegen und ich befragten eine repräsentative Stichprobe von 1000 deutschen Erwachsenen (Abbildung 7.5, oben).[9] Die meisten berichteten, dass sie maximieren, das heißt, die Speisekarte

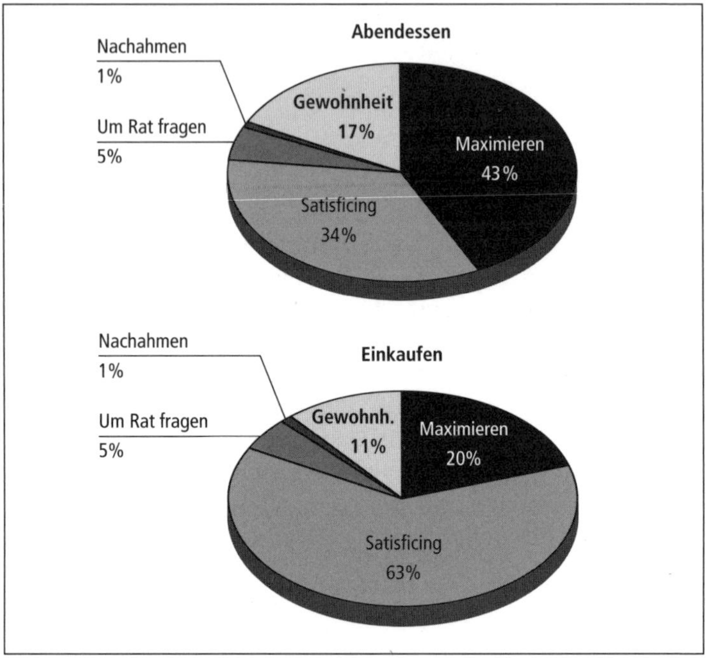

Abbildung 7.5: Alltagsentscheidungen. Oben: Wie wählen Sie in einem Restaurant aus? Maximieren = die ganze Speisekarte durchlesen und versuchen, das beste Gericht zu finden. Satisficing = eine Kategorie bestimmen (Fleisch, Fisch etc.) und die Einträge dort lesen, bis das erste Gericht gefunden ist, das gut genug ist. Um Rat fragen = den Kellner konsultieren, was er empfiehlt. Nachahmen = bestellen, was Ihre Freunde bestellen. Gewohnheit = bestellen, was Sie immer bestellen.
Unten: Wie kaufen Sie sich eine Hose? Maximieren = alle Artikel anschauen, sie sorgfältig vergleichen und versuchen, den besten herauszufinden. Satisficing = die erste Hose kaufen, die gut genug ist. Um Rat fragen = kaufen, was der Verkäufer oder eine Modezeitschrift empfiehlt. Nachahmen = kaufen, was Ihre Freunde kaufen. Gewohnheit = immer die gleichen Modelle oder Marken kaufen. Gezeigt werden die Antworten von 1000 Erwachsenen in Deutschland.

von Anfang bis Ende lesen, um das beste Gericht zu finden. Ein Drittel sagte, sie suchen, bis sie etwas finden, was »gut genug« sei. Dagegen baten nur wenige um Rat, und praktisch niemand imitierte die Freunde und Kollegen am Tisch. Nachahmung scheint bei Deutschen ein Tabu zu sein, im Unterschied zu familienorientierteren Ländern, wo niemand ein Problem damit hat, das zu bestellen, was alle anderen auch bestellen.

Entspannt und effizient einkaufen

Sie wollen sich eine Hose kaufen. Manch ein Käufer versucht, die beste – und nichts weniger – zu finden. Eine junge Frau geht in ein Kaufhaus, probiert die erste an, um zu sehen, ob sie passt. Dann zieht sie weitere Hosen an, um herauszubekommen, ob sich nicht noch eine bessere findet. Wenn sie das ganze Angebot durchprobiert hat, wird es Zeit, ein anderes Kaufhaus aufzusuchen und dort alle Hosen zu prüfen. Dann gibt es in derselben Straße noch all die Boutiquen, die möglicherweise etwas Besseres haben. Erst kurz vor Ladenschluss kann sie sich endlich zum Kauf entschließen, aber immer noch nicht sicher sein, dass sie wirklich die beste Hose erstanden hat. Vielleicht hätte sich eine günstigere Gelegenheit in einem anderen Stadtteil ergeben. Maximierung kann der direkte Weg zur Unzufriedenheit sein: Man möchte einfach zu viel. Smartphone-Apps und Shopping-Portale, mit deren Hilfe man den billigsten Preis finden kann, scheinen den Wunsch nach dem günstigsten Einkauf oder dem perfekten Produkt noch zu verstärken.

Die Alternative ist, nach einem Produkt zu suchen, das *gut genug* ist und nicht das *beste*. In einer ungewissen Welt gibt es auch keine Methode, das Beste zu finden. Selbst wenn man dieses zufällig fände, würde man es nicht wissen und trotzdem nach etwas Besserem suchen. Betrachten wir dagegen das oben erwähnte Satisficing:

> *Lege ein Anspruchsniveau fest und wähle die erste Alternative, die es erfüllt.*

Kehren wir in das Kaufhaus zurück. Dort könnten Sie beispielsweise nach einer Hose suchen, die schwarz ist, Ihnen passt und nicht mehr als 80 Euro kostet. Das ist ein Anspruchsniveau. Wenn Sie eine Hose finden, die diesem Anspruch genügt, kaufen Sie sie einfach und gehen eine Tasse Kaffee trinken. Suchen Sie nicht nach weiteren Alternativen. Es gibt keinen Grund dafür – Sie haben bekommen, was sie brauchten. Wissenschaftliche Studien legen nahe, dass Satisficer größeren Optimismus sowie höhere Selbstachtung und Lebenszufriedenheit haben als Maximierer. Diese neigen zu Perfektionismus, Depressionen und Selbstvorwürfen.[10]

Wie viele Menschen versuchen, ihre Einkäufe zu maximieren? In der oben erwähnten Erhebung wurden die Teilnehmer gefragt, wie sie eine Hose kaufen. Einer von fünf Erwachsenen – mehr Frauen als Männer – sagten, sie versuchten, die beste zu finden. Singles maximieren mehr als diejenigen, die verheiratet sind oder mit einem Partner zusammenleben. Die Mehrheit jedoch versucht nicht, die perfekte Hose zu finden, sondern eher eine, die gut genug ist. Wieder sagte fast niemand, sich für eine Hose entschieden zu haben, welche Freunde tragen (Nachahmung). Einige wenige kaufen, was der Verkäufer oder Modezeitschriften empfehlen, während andere das Modell oder die Marke wählen, die sie immer kaufen.

Die gleichen Faustregeln gelten für viele Alltagstätigkeiten. Wie entscheiden Sie, welches Fernsehprogramm Sie heute Abend schauen? Einige Leute zappen sich auf der Suche nach dem besten Programm mithilfe der Fernbedienung durch alle Kanäle. Doch da auf etlichen Werbespots laufen, müssen sie zweimal zappen. Daher verbringen sie den Abend damit, ständig hin und her zu schalten im verzweifelten Bemühen, die beste Sendung zu finden. Am Ende haben sie wohl überhaupt keine angesehen. Die Alternative besteht darin, mithilfe der Fernbedienung eine Sendung zu suchen, die »gut genug« ist, und – sobald sie gefunden ist – bei ihr zu bleiben. In einer ungewissen Welt müssen wir lernen, mit einer guten Wahl zu leben und den Gedanken zu ertragen, dass es da draußen vielleicht noch etwas Besseres gibt. Essen, einkaufen und fernsehen – das sind sicherlich nicht die wichtigsten Entscheidungen, vor denen wir stehen. Aber man kann damit viel Zeit verlieren und ruhelos und unzufrieden werden. Und stellen Sie sich vor, jeder würde versuchen, bei der Wahl des Partners oder des Arbeitsplatzes zu maximieren, etwa sich nur mit dem perfekten Partner und sonst keinem zufriedenzugeben. Das würde auf direktem Weg in die Katastrophe führen.

Kapitel 8
Von Herzensdingen und Partnerwahl

Halte die Augen weit offen vor der Heirat und halb geschlossen danach.

Benjamin Franklin

Einige Jahre nach seiner historischen Reise auf der »Beagle« beschäftigte sich der 29-jährige Charles Darwin mit etwas häuslicheren Dingen. Sollte er sich verheiraten? Darwin nahm einen Bleistift und schrieb »Das ist die Frage« auf einen Zettel. Dann unterteilte er diesen wie eine Bilanzaufstellung in zwei Spalten, in denen er die Gründe für und gegen eine Eheschließung auflistete (Seite 190).

Darwin kam zu dem Ergebnis, dass er heiraten sollte, und schrieb unter die linke Spalte: »Heiraten – Heiraten – Heiraten – Q.E.D.«[1] Im Bewusstsein der Konsequenzen für seine persönliche Freiheit notierte er auf der Rückseite die Einsicht: »Es gibt manch glücklichen Sklaven.« Im Jahr darauf heiratete Darwin seine Cousine Emma Wedgwood und hatte schließlich zehn Kinder mit ihr. Wie entschloss sich Darwin auf der Basis der erörterten Gründe – ständige Gefährtin, besser als ein Hund, keine Kinder, fett und faul – zum Heiraten? Er hat es uns nicht gesagt.

Maximieren oder Faustregel?

Darwin hätte zwei Möglichkeiten gehabt, zu dieser Schlussfolgerung zu gelangen: Maximierung oder Faustregel. Maximierung heißt hier: zu schätzen, wie bedeutsam (nützlich) jeder Grund für das Heiraten ist, zu bestimmen, wie wahrscheinlich sein Eintreten ist, jeden Grund mit seiner Wahrscheinlichkeit zu multiplizieren

Das ist die Frage:

HEIRATEN

Kinder – (wenn es Gott gefällt) – ständige Gefährtin (& Freundin im Alter), die sich für einen interessiert, Objekt zum Liebhaben und Spielen – jedenfalls besser als ein Hund – ein Heim und jemand, der sich darum kümmert – Reiz von Musik und weiblichem Geplauder. Dies gut für die Gesundheit. Zwang, Verwandte zu besuchen und zu empfangen, aber furchtbarer Zeitverlust.
Mein Gott, ein unerträglicher Gedanke, das ganze Leben immer nur zu arbeiten, wie eine geschlechtslose Arbeitsbiene, nur Arbeit und nichts sonst. – Nein, nein, geht nicht. – Stell dir vor, den ganzen Tag allein in verrauchtem schmutzigen Londoner Haus! – Mal dir nur aus: eine nette, zärtliche Frau auf einem Sofa, ein gutes Feuer im Kamin, Bücher und Musik vielleicht – vergleich das mit der schmuddeligen Realität in der Grt. Marlboro's St.

Nicht HEIRATEN

Keine Kinder (kein zweites Leben), niemand, der im Alter für einen sorgt…
Freiheit, dorthin zu gehen, wohin man möchte – Freie Wahl der Gesellschaft und wenig davon – Gespräche mit klugen Männern in Clubs – Kein Zwang zu Verwandtenbesuchen und zum Nachgeben in jeder Kleinigkeit – Kosten und Sorgen mit Kindern – vielleicht Streit. Zeitverlust – kann abends nicht lesen – werde fett und faul – Sorgen und Verantwortung – weniger Gelder für Bücher usw. – wenn viele Kinder, dann gezwungen, Brot zu verdienen – (Aber zu viel Arbeit ist doch sehr schlecht für die Gesundheit.)
Vielleicht mag meine Frau London nicht; dann ist das Urteil Verbannung mit indolenter fauler Närrin.

und alle diese Zahlen zu addieren. Dann dieses Verfahren mit den Gegenargumenten der Alternative »nicht heiraten« zu wiederholen. Schließlich die Alternative mit dem höchsten erwarteten Nutzen zu wählen. Diese Methode wird auch als die Maximierung des subjektiv erwarteten Nutzens bezeichnet und weltweit an Universitäten als die Quintessenz rationaler Entscheidungsfindung gelehrt. Sie beruht auf der Idealvorstellung, dass wir die Risiken kennen. Wie wir gleich sehen werden, entwarf auch Benjamin Franklin eine Version dieser Bilanzmethode für Heiratsentscheidungen. Doch in einer ungewissen Welt, in der die Wahrscheinlichkeiten nicht bekannt sind, können alle diese Berechnungen auf Sand gebaut sein. Die Alternative sind Faustregeln, die wahrscheinlich zu einer guten Entscheidung führen. Eine Kategorie von Faustregeln benutzt nur einen guten Grund (*One-Reason-Decision-Making*):

Finde den wichtigsten Grund und vergiss den Rest.

Hier beruht die Entscheidung ausschließlich auf einem einzigen Grund – es wird keine Berechnung durchgeführt. Tatsächlich lässt sich der Abschnitt vor Darwins »Q.E.D.« so interpretieren, als gäbe es nur einen einzigen entscheidenden Grund – den, eine ständige Gefährtin zu haben: »Stell dir vor, den ganzen Tag allein in verrauchtem schmutzigen Londoner Haus! – Mal dir nur aus: eine nette, zärtliche Frau auf einem Sofa ...« Wie unsere Forschung zeigt, beruhen die Entscheidungen vieler Menschen oft auf einem einzigen triftigen Grund. Zudem können solche Entscheidungen besser sein als der Versuch, alle Gründe zu berücksichtigen.[2] Verschiedene Gründe zu kombinieren würde bedeuten, dass man alle Gründe auf einen gemeinsamen Nenner bringt. Darwin müsste abschätzen, wie viele Gespräche mit klugen Freunden den gleichen Nutzen wie zehn Kinder haben oder wie viele Stunden Pflichtbesuche bei angeheirateten Verwandten durch zärtliche Momente auf dem Sofa aufgewogen werden. Das Ideal des Verrechnens (*Trade-off*) ist eine Eigenschaft der Zahlen, nicht unbedingt der menschlichen Psyche. Tatsächlich gilt es manchmal als unmoralisch. Wahre Liebe, Freundschaft, militärische Ehrungen und Doktortitel gelten als unbezahlbar und daher als unvergleichbar mit käuflichen Dingen.

Vielleicht hat sich Darwin auf einen guten Grund verlassen, aber das ist nicht die einzige Möglichkeit. Soziale Regeln sind eine Alternative, etwa in Form sozialer Nachahmung:

Heirate, wenn die meisten Männer deines Alters heiraten.

Schließlich war Darwin schon 29, ein Alter, in dem die meisten seiner Altersgenossen bereits eine Frau gefunden haben dürften. Es heißt, die Nachahmung werde vom sozialen Druck zum Heiraten bestimmt, der mit der Zahl der verheirateten Altersgenossen im sozialen Umfeld und dem eigenen Alter steige.[3] Hätte Darwin sich jedoch von sozialer Nachahmung leiten lassen, so hätte er das Für und Wider gar nicht erst zu Papier bringen müssen.

Wen soll man heiraten?

Einmal beriet Benjamin Franklin seinen Neffen darüber, wie man rationale Entscheidungen zum Thema Eheschließung trifft:[4]

8. April 1779

Wenn Du zweifelst, notiere alle Gründe, pro und contra, in zwei nebeneinanderliegenden Spalten auf einem Blatt Papier, und nachdem Du sie zwei oder drei Tage bedacht hast, führe eine Operation aus, die manchen algebraischen Aufgaben ähnelt; prüfe, welche Gründe oder Motive in der einen Spalte denen der anderen in Wichtigkeit entsprechen – eins zu eins, eins zu zwei, zwei zu drei oder wie auch immer –, und wenn Du alle Gleichwertigkeiten auf beiden Seiten gestrichen hast, kannst Du sehen, wo noch ein Rest bleibt. [...] Dieser Art moralischer Algebra habe ich mich häufig in wichtigen und zweifelhaften Angelegenheiten bedient, und obwohl sie nicht mathematisch exakt sein kann, hat sie sich für mich häufig als außerordentlich nützlich erwiesen. Nebenbei bemerkt, wenn Du sie nicht lernst, wirst Du Dich, fürchte ich, nie verheiraten.

Dein Dich liebender Onkel
B. Franklin

Franklin, einer der Gründungsväter der Vereinigten Staaten von Amerika, war ein produktiver Erfinder, Schriftsteller, Maler und Staatsmann und hatte auch klare Vorstellungen von der Ehe. Er hatte zwei Kinder mit seiner Frau Deborah und einen unehelichen Sohn. Wie erwähnt, wird Franklins Bilanzmethode heute als die Methode der Maximierung des erwarteten Nutzens oder der rationalen Wahl gelehrt. Der letzte Satz dieses Briefs lässt erkennen, wie ernst es Franklin damit war. Haben Sie Ihre(n) Partner(in) auf diese Weise gewählt? Ich habe Freunde, die diese Methode lehren, gefragt, wie sie ihre Wahl getroffen haben – vorausgesetzt, sie hatten überhaupt eine. Von ihnen sagte nur einer, ein Entscheidungstheoretiker, er habe Franklins Bilanzmethode angewandt:

»Hast du die Rechnung durchgeführt, als du deine Frau auserwählt hast?«, fragte ich.
»Glaubst du, ich bin in eine Disco gegangen, habe mir einen angetrunken und dann eine Zufallsbekanntschaft angebaggert? Nein, ich habe die Berechnung durchgeführt«, erwiderte er, meine Frage sichtlich missbilligend.
»Kannst du erklären, wie?« fasste ich nach.
»Ich habe mich hingesetzt und alle Alternativen aufgelistet.«
Mir schien es unhöflich zu sein, nach ihrer Anzahl zu fragen.
»Dann begann ich über all die wichtigen Konsequenzen nachzudenken«, fuhr er fort.
»Wie zum Beispiel …?«
»Ob es nach den Flitterwochen noch einen Kitzel geben wird; ob sie mir nach der Heirat noch zuhören wird.«
»Und …?« Das konnte doch nicht alles sein.
»Ob sie mich in Frieden arbeiten lassen wird. Und sich um die Kinder kümmert. Und all die anderen wichtigen Dinge. Dann habe ich für jede Frau geschätzt, wie wahrscheinlich diese Ergebnisse bei ihr sind. Und den Nutzen jedes Ergebnisses für mich.«
»Hmm …?«
»Und die Wahrscheinlichkeiten mit dem Nutzen multipliziert und auf dieser Basis die Frau mit dem höchsten erwarteten Nutzen errechnet. Anschließend habe ich ihr einen Antrag gemacht.«
»Was hat sie gesagt?«

»Sie hat ihn angenommen! Wir sind heute verheiratet.«

»Was hat sie zu der berechneten Liebesbeziehung gesagt?«

»Ich habe ihr nie davon erzählt.«

Es ist leicht, sich über diese Buchhaltermethode lustig zu machen. Doch Online-Partnervermittlungen verwenden genau solche Algorithmen, um Partner zusammenzubringen, und gewichten Hunderte von Persönlichkeitsmerkmalen für das perfekte Date. Doch obwohl diese Websites der Mathematik die magische Kraft andichten, jedem den richtigen Partner zuführen zu können, gibt es keinen Beweis für ihre Wirksamkeit. Niemand weiß, ob die Algorithmen Liebesbeziehungen stiften können, die den traditionellen Methoden der Partnersuche überlegen sind, und helfen, dass ein paar Frösche weniger geküsst werden müssen.[5] Neulich traf ich übrigens meinen kalkulierenden Freund und erfuhr von ihm, dass er inzwischen geschieden ist. Es geht nicht darum, ob Franklins Bilanzmethode nutzlos ist. Mir geht es vielmehr darum, dass sie für eine Welt bekannter Risiken konzipiert ist, nicht für eine Welt der Ungewissheit, und so kommt es, dass die meisten Experten nicht praktizieren, was sie predigen. Das Problem liegt darin, dass die Methode oft gelehrt wird, als wäre sie für alle Entscheidungen geeignet. Doch in den meisten Fällen hat die Partnerwahl eine andere Basis. Nicht Berechnungen, sondern ein Bauchgefühl. Und manchmal beruht dieses Gefühl auf unbewussten Faustregeln. Hier ist eine Intuition von Männern:

Versuche die Frau zu bekommen, die deine Freunde begehren.

Auch manche Frauen lassen sich so leiten. Für diese einfache Strategie ist keine Analyse von Pro und Contra erforderlich. Es handelt sich abermals um soziale Nachahmung. Sie kann vorteilhaft sein, und sei es nur infolge eines sozialen Dominoeffekts: Sie garantiert mehr oder weniger, dass Ihre Freunde diese Person ebenfalls mögen und Sie wegen Ihres Erfolgs bewundern. Diese Regel erklärt auch, warum so viele Männer so wenig über ihre Frau wissen, manchmal nicht einmal die Augenfarbe.

In jungen Jahren schlug Benjamin Franklin für die Wahl einer Geliebten eine Faustregel vor, die er als »paradox« bezeichnete[6]:

Bei Liebesaffären sollte man sich lieber an ältere als an jüngere Frauen halten.

Um Gründe zur Rechtfertigung war Franklin nicht verlegen: Ältere Frauen seien erfahrener und verschwiegener, ihre Gespräche seien erbaulicher, man brauche keine Schwangerschaften zu befürchten, und nicht zuletzt könne man mit Dankbarkeit rechnen.

Partnerwahl

Franklins Bilanzmethode setzt voraus, dass alle Kandidaten bekannt sind. Von geschlossenen, kleinen Gemeinschaften abgesehen, ist das selten der Fall; normalerweise finden neue Begegnungen in zeitlicher Abfolge statt. Aus diesem Grund können wir unmöglich wissen, wer uns noch über den Weg läuft, nachdem wir uns für einen Partner entschieden haben. Doch wenn wir ewig warten, verprellen wir vielleicht andere, die jemand anderen heiraten, bevor wir sie erneut in Betracht ziehen können. So stellt sich die Frage, wann man einen Antrag machen soll. Die klassische Version dieser Frage ist das sogenannte Mitgiftproblem:

> Sultan Saladin sucht nach einem Weisen als Berater. Um einen Kandidaten zu testen, verspricht der Sultan ihm die Frau mit der größten Mitgift in seinem Sultanat zur Frau, vorausgesetzt, er kann sie in einer Gruppe von 100 schönen Frauen herausfinden. Wenn nicht, wird er den wilden Tieren zum Fraß vorgeworfen. Nacheinander betreten die Frauen den Raum, in zufälliger Reihenfolge. Der Weise fragt die erste nach ihrer Mitgift und muss augenblicklich entscheiden, ob er sie wählt oder nicht. Wenn nicht, betritt die nächste Frau den Raum, und so fort, bis er eine wählt. Der Weise kennt die Größenordnung der Mitgiften nicht und kann nicht auf eine Frau zurückkommen, die er bereits abgelehnt hat. Welche Strategie verspricht die beste Aussicht, die Frau mit der größten Mitgift auszuwählen?

Man möchte den Weisen bedauern, weil all seine Hoffnungen auf Ruhm und Reichtum vergebens sind. Schließlich scheinen doch die Chancen, die Beste auszuwählen, nur 1/100 zu stehen. Doch wenn er intelligent ist, kann er mit der folgenden Strategie weitaus besser fahren:

> *37-Prozent-Regel*: Lass die ersten 37 Frauen passieren und merke dir die bis dahin höchste Mitgift. Dann wähle die erste Frau, die eine noch höhere Mitgift hat.

Diese Regel erhört die Gewinnchance von 1/100 auf rund 1/3. Das ist keine Gewissheit, aber der Weise hat nun doch bessere Aussichten, eine Frau und eine Stellung zu bekommen.

Satisficing

Die 37-Prozent-Regel ist mathematisch elegant, weil die Zahl der Optionen, die man passieren lässt, gleich N/*e* ist, wobei N die Zahl der Alternativen (in unserem Beispiel 100) und e (~2,718) die Basis des natürlichen Logarithmensystems ist. Als man jedoch in Versuchen das Mitgiftproblem (auch als Sekretärinnenproblem oder Heiratsproblem bezeichnet) lösen ließ, trafen die meisten Teilnehmer ihre Wahl, lange bevor Kandidatin 37 erschien.[7] Ist daraus zu schließen, dass die Menschen ungeduldig sind und ihren Ehepartner zu früh wählen?

Ich glaube nicht. Unser Denken wird von der Partnerwahl in der Wirklichkeit geprägt, die sich in wichtigen Punkten vom Mitgiftproblem unterscheidet. Wir können nicht jede Person einfach nach ihrem »Partnerwert« fragen; der »Wert« ist durch hohe Ungewissheit geprägt – wie hoch, finden Sie unter Umständen erst Jahre später heraus. Die einen suchen nach charakterlichen Vorzügen wie Intelligenz und Humor, die anderen nach körperlichen wie der Kiefergröße beim Mann oder dem Taille-Hüfte-Verhältnis bei der Frau.[8] Letztlich beruht der Erfolg einer Beziehung jedoch auf dem Verhalten beider Partner. Wie vollkommen Ihr Partner ist, hängt davon ab, wie vollkommen Sie sind. Statt also vom perfekten Partner zu träumen, sollten Sie vielleicht nach jemandem suchen, der »gut genug« für Sie ist, und diesen Menschen auch wertschätzen. Wenn wir das Mitgiftproblem auf eine ungewisse Welt anwenden, geschieht etwas Interessantes. Ungewissheit hilft. Es ist nicht mehr erforderlich, 37 Prozent aller Partner zu prüfen. Weit weniger genügen, rund 10 Prozent, während das Befolgen der »optimalen« 37-Prozent-Regel zu schlechteren Ergebnissen führt und mehr Zeit kostet. Faustregeln, die schnelle Entscheidungen ermöglichen, decken sich mit den tatsächlichen, von Demografen beobachteten Mustern der Partnerwahl.[9] Wie so oft ist weniger mehr in einer ungewissen Welt.

Egal, wie hoch der Prozentsatz ist, wir haben jetzt eine allgemeine Regel für gute Entscheidungen dieser Art gefunden. Wir haben sie schon im letzten Kapitel kennengelernt. Herbert Simon hat sie *Satisficing* (Anspruchserfüllung) genannt:

1. *Lege dein Anspruchsniveau fest.*
2. *Wähle die erste Alternative, die dein Anspruchsniveau erfüllt, und beende dann deine Suche.*

Diese Strategie kann Ihnen helfen, einen Partner, ein Haus oder andere wichtige Dinge zu finden. Wenn das Anspruchsniveau nicht zu hoch ist, kann das zu schnellen Entscheidungen führen. Erweist es sich als zu hoch, können Sie es Schritt für Schritt senken.

Einen Nachteil haben alle diese Methoden, egal, ob Bilanzmethode, Online-Partnervermittlungen oder Satisficing: Keine kann verhindern, dass wir einen Partner verlassen, wenn ein begehrenswerterer unseren Weg kreuzt. Doch wenn wir unsere Partner regelmäßig im Stich lassen, wird die Gründung von glücklichen Familien mit gesunden Kindern erschwert. Um dem vorzubeugen, hat uns die Evolution mit einem besonderen Gefühl ausgestattet: der romantischen Liebe. Es bindet uns an unseren aktuellen Partner und macht uns blind für die anderen, die unseren Weg kreuzen. So können wir noch einen dritten Schritt zum Satisficing hinzufügen: Verliebe dich. Liebe ist ein Bauchgefühl, eine innere Stimme, die wir nur selten erklären können.

Eine Münze werfen, ohne auf das Ergebnis zu schauen

Allerdings haben einige Menschen die Fähigkeit verloren, auf ihre innere Stimme zu hören. Die Stimme spricht weiter, aber wird nicht mehr gehört. Ein Freund von mir hatte einmal zwei Freundinnen – eine zu viel. Am Horizont kündigten dunkle Wolken Unheil an. Trotzdem konnte er sich nicht entscheiden. Schließlich erinnerte er sich an Franklins Bilanzmethode, die er als Student gelernt hatte. Er setzte sich hin, schrieb die Namen der beiden Frauen auf ein Blatt Papier und zog eine Linie dazwischen. Dazu überlegte er sich alle Gründe für und gegen jede von ihnen, gewichtete sie und führte die Rechnung durch. Als er das Ergebnis sah, geschah etwas Unerwartetes: Eine innere Stimme sagte ihm, dass das Resultat falsch war. Sein Herz hatte sich bereits für die andere Frau entschieden.

Wenn Sie Schwierigkeiten haben, Ihre innere Stimme zu hören, gibt es eine viel schnellere Methode. Werfen Sie einfach eine Münze. Während sie kreist, werden sie wahrscheinlich fühlen, welche Seite *nicht* oben liegen soll. Das ist Ihre innere Stimme. Sie brauchen keine komplizierten Berechnungen anzustellen. Und müssen noch nicht einmal nachsehen, ob Kopf oder Adler oben liegt.

Psychologische Taubheit kann das Ergebnis einer einseitigen Erziehung in »rationaler« Argumentation sein. Ich habe oft erlebt, wie Menschen versuchten, logisch zu sein und alle denkbaren Gründe pro und contra abzuwägen. Doch während sie die Zahlen niederschrieben, spürten sie, dass das Ergebnis nicht stimmte. Also veränderten sie die Zahlen einfach, um das Ergebnis mit ihrer Intuition in Einklang zu bringen.

Intuition und der richtige Liebespartner

In meinen Anekdoten über Partnerwahl traten nur deshalb lediglich Männer auf, weil sie in den letzten Jahrhunderten das Privileg der Wahl hatten. Selbst in der heutigen westlichen Welt bleibt der »Antrag« oft dem männlichen Partner überlassen. Historisch betrachtet ist diese Einseitigkeit kurios, weil nach traditioneller

Ansicht Frauen die besseren Intuitionen in Bezug auf die Liebe haben. Von Kant bis Darwin glaubten viele ansonsten intelligente Männer, Frauen seien eher auf ihr Gefühlsleben ausgerichtet als auf die schwere Verantwortung des Broterwerbs. Man sollte meinen, dass diese Auffassung heute zusammen mit den Petticoats verschwunden sei. Aber stimmt das? Wir fragten 1000 Deutsche und 1000 Spanier ab 18 Jahren: »Wer hat bessere Intuitionen im Hinblick auf den richtigen Liebespartner: Männer, Frauen oder keiner von beiden?« Diese Frage wurde einer repräsentativen Stichprobe jedes Landes in persönlichen Interviews gestellt. Selbst im 21. Jahrhundert sind noch erstaunliche Stereotype lebendig (Abbildung 8.1).[10] Zwei Drittel der deutschen Frauen glaubten, Frauen hätten bessere Intuitionen, und nur ein Viertel meinte, es gebe keinen Unterschied, während weniger als ein Zehntel den Intuitionen der Männer mehr Vertrauen schenkte. In Spanien verhielt es sich fast genauso, Zahl für Zahl. Sicherlich hatten die Männer doch größeres Vertrauen in ihre eigenen Intuitionen? Keineswegs, nur wenige waren dieser Ansicht. Grundsätzlich sind sich die Männer beider Länder darüber einig, dass die Intuitionen von Frauen besser seien, und die meisten hatten Zweifel an ihrer eigenen Fähigkeit, den richtigen romantischen Partner zu finden.

Solche einheitlichen Stereotype sind angesichts der Unterschiede zwischen beiden Ländern verblüffend. Seit dem Zweiten Weltkrieg ist Geschlechtergleichheit ein wichtiges Thema in Deutschland, während die Rolle der Frau in Spanien bis zum Ende des Franco-Regimes Mitte der 70er-Jahre weitgehend auf Kinder und Küche beschränkt war. Nichts von alledem scheint für das Stereotyp der weiblichen Intuition von Bedeutung zu sein. Die größte Überraschung war, dass sich die 20-Jährigen mit den 50-Jährigen darin einig waren.

Als es um die »praktischen Dinge« des Lebens ging, die traditionell als unvereinbar mit der weiblichen Intuition galten, schwenkten die Stereotype in die andere Richtung um. Wir fragten dieselben Deutschen und Spanier nach einem Aspekt dieses Lebensbereichs – den finanziellen Investitionen: »Wer hat bessere Intuitionen beim Kauf von Aktien?« Zwei Drittel der deutschen Männer sagten, das seien die Männer; weniger als ein Zehntel traute das den Frauen

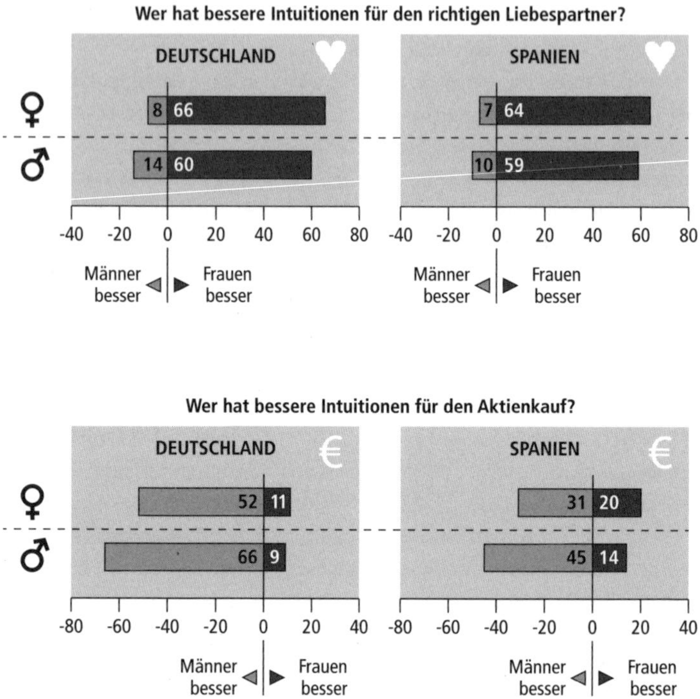

Abbildung 8.1: Stereotype über die Intuition von Männern und Frauen haben sich nicht sonderlich verändert. Frauen wie Männer glauben, dass Frauen bessere Intuitionen über den richtigen Liebespartner und Männer bessere Intuitionen bei der Aktienwahl haben. Überraschenderweise ist dieses Stereotyp bei Alt und Jung gleich. Beispielsweise denken 66 (60) Prozent der deutschen Frauen (Männer), dass Frauen bessere Intuitionen über den richtigen Liebespartner haben, während nur wenige (8 beziehungsweise 14 Prozent) glauben, dass Männer dabei besser abschneiden. Die restlichen 26 Prozent sind der Meinung, dass es keinen Unterschied gibt. Im Rahmen von persönlichen Interviews wurden 1000 Deutsche und 1000 Spanier befragt (Gigerenzer et al. 2013).

zu. Anders als bei Liebesdingen, bei denen Spanier und Deutsche gleich extreme Ansichten äußerten, waren die Spanier in diesem Fall ausgewogener. Trotzdem war in beiden Ländern die vorherrschende Meinung, dass die Männer beim Aktienkauf überlegen seien. Und abermals galt, dass Alt und Jung sich darin einig waren.

Nach anderen geistigen und beruflichen Aufgaben gefragt, etwa wissenschaftlichen Entdeckungen, waren die Deutschen und Spanier ebenfalls der Ansicht, dass die Intuition der Männer besser sei. Andere persönliche Intuitionen – beispielsweise die Absichten anderer zu erkennen – wurden wiederum als weibliche Domäne eingestuft.

Vielleicht hatte Dr. Stanley Hall, der erste Präsident der American Psychological Association, ja doch recht, als er 1904 behauptete, diese Stereotype würden das tatsächliche Wesen von Männern und Frauen widerspiegeln.[11] Allerdings gibt es wenige Anhaltspunkte dafür. Männer haben im Schnitt mehr Kenntnisse über Investitionen, weshalb sie selbstbewusster sind, größere Renditen erwarten und häufiger als Frauen spekulieren. Doch verdienen Männer unter dem Strich tatsächlich mehr Geld mit Aktien als Frauen? Die vorliegenden Studien lassen keinen Unterschied erkennen; wenn überhaupt, verdienen Frauen etwas mehr.[12] Obwohl Frauen über weniger Kenntnisse des Aktienmarkts verfügen, gehen sie weniger unnötige Risiken ein und verlassen sich auf erfolgreiche einfache Heuristiken wie *Kaufe, was du kennst* und *Investiere gleichmäßig*.

Ich finde es überraschend, dass diese Stereotype in Liebes- und Gelddingen noch immer so gesund und munter sind. Wenn es stimmt, dass Alltagstheorien die psychologischen Theorien des zurückliegenden Jahrhunderts widerspiegeln, dann müssen wir mit diesen Stereotypen noch bis weit ins 21. Jahrhundert hinein leben.

Wie Gleichheit zu Ungleichheit führt

Aus dem Blickwinkel der Evolution betrachtet, sind Kinder das Ziel der romantischen Liebe. Die Liebe zu den eigenen Kindern bleibt im Leben der Eltern ziemlich konstant, während je nach Land eine von zwei bis drei Ehen mit einer Scheidung endet. Mit mehr als einem Kind stellt sich den Eltern die Frage, wie sie ihre Liebe und Zeit verteilen sollen. Das ist eine entscheidende Frage. Die Überzeugung, dass die eigenen Eltern einen Bruder oder eine Schwester bevorzugen, kann zu erheblicher Rivalität unter Geschwistern führen, ein Thema, das nicht nur Stoff für viele Shakespeare-Stücke lieferte, von Richard III. bis König Lear, sondern auch für psychoanalytische Erklärungen affektiver Störungen.

Die klassische Antwort auf die Frage, wie Eltern ihre Zeit und Ressourcen verteilen sollen, lautet einmal mehr: maximieren.[13] Eltern sollten die Kinder bevorzugen, die es als Erwachsene zu mehr Wohlstand bringen, sowie diejenigen, die sie im Alter unterstützen werden. Nun können Eltern aber die Zukunft nicht vorhersehen und berechnen, welches Kind mehr Nutzen pro Investitionseinheit bringen wird. Eltern und Kinder leben in einer ungewissen Welt, in der der Erfolg von Begabung, Umfeld, Glück und vielen anderen schwer vorhersagbaren Faktoren abhängt. In dieser Situation verlassen sich viele Eltern auf eine einfache Regel:

Teile deine Zeit gleichmäßig unter deinen Kindern auf.

Das ist die gleiche Regel – 1/N –, die erfolgreicher war als nobelpreisgekrönte Aktienportfolios (Kapitel 5). Sie klappt aber auch bei Kindern. Ein Vater zweier Mädchen las einmal seiner jüngeren Tochter eine Gutenachtgeschichte vor, während die ältere die Zeit mit einer Stoppuhr festhielt, um sicherzugehen, dass ihre Schwester nicht mehr Zeit bekam als sie. Eine solche Regel ist einfach, weil sie nicht viel Berechnung benötigt. Gleichzeitig befriedigt sie den Gerechtigkeitssinn der Eltern.

Das könnte man zumindest meinen. Überraschenderweise unterschied sich die Dauer der Zuwendungen, die Geschwister in US-amerikanischen Familien bis zum Alter von 18 Jahren erhielten, erheblich und systematisch voneinander (Abbildung 8.2). Alles in allem verbrachten Eltern die kürzeste Zeit mit mittleren Kindern. Liegt der Grund darin, dass die anderen Geschwister größere Ansprüche stellen? Oder sind mittlere Kinder selbstständiger? Was könnte die Eltern denn sonst zu dieser Ungleichbehandlung veranlassen? Auch wenn Eltern der 1/N-Regel haargenau folgen, hängt das Ergebnis trotzdem von der Zahl der Kinder ab. Nehmen wir eine Familie mit zwei Kindern, in der die Eltern ihre Zeit tage- oder wochenweise gleichmäßig verteilen. Nach 18 Jahren hat jedes Kind die gleiche zeitliche Zuwendung erhalten, was in Abbildung 8.2

durch schwarze Quadrate dargestellt wird.[14] In einer anderen Familie mit drei Kindern nehmen die Eltern ebenfalls eine gerechte Zeitverteilung vor. Bei dieser Familie führen 18 Jahre gleichmäßiger Behandlung der Kinder unabsichtlich zu Ungleichheit: Da mittlere Kinder die Eltern nie alleine haben, sondern deren Zeit und Aufmerksamkeit immer mit mindestens einem Geschwister teilen müssen, erhalten sie auf lange Sicht einen geringeren Anteil an Zuwendung als die Kinder, die vor oder nach ihnen geboren wurden (es sei denn, nur die mittleren erweisen sich als Nesthocker).

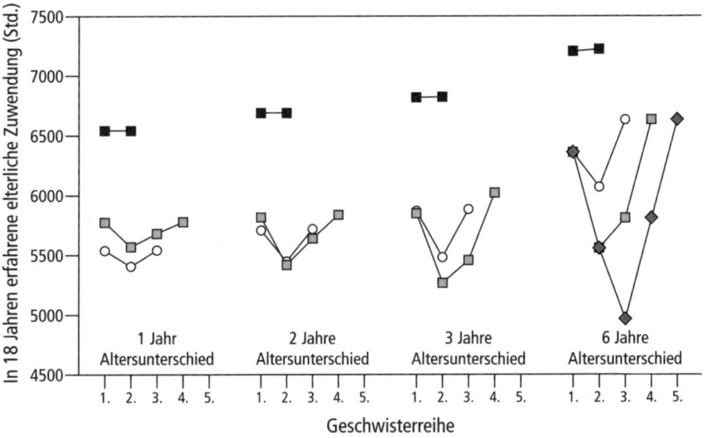

Abbildung 8.2: Eltern verbringen mehr Zeit mit ihren Erst- und Letztgeborenen als mit den mittleren Kindern. Warum? Paradoxerweise entsteht das hier dargestellte Muster von Ungleichheit ausgerechnet durch Eltern, die versuchen, die Dauer ihrer Zuwendung täglich oder wöchentlich gleichmäßig auf alle Kinder zu verteilen (1/N-Regel).
In Zwei-Kind-Familien haben beide Geschwister am Ende mit 18 Jahren (schwarze Quadrate) von beiden Eltern zeitlich die gleiche Zuwendung erhalten. Doch in Familien mit drei (weiße Kreise), vier (graue Quadrate) und fünf Kindern (graue Rauten) bekommen die mittleren Kinder zeitlich weniger Aufmerksamkeit geschenkt. Ihre Benachteiligung wird umso größer, je weiter die Kinder altersmäßig auseinanderliegen. Hier gezeigt am durchschnittlichen Altersunterschied der Kinder, wobei beispielsweise ein Altersunterschied von zwei Jahren Abstände von 1,5 bis 2,5 Jahren einschließt. Daten von 1296 Familien in Syracuse (New York), siehe Lindert 1977 und Hertwig et al. 2002.

Das mittlere Kind bekommt unter dem Strich also weniger ab als das älteste und das jüngste. Genau das geschah in den US-amerikanischen Familien, wie Abbildung 8.2 zeigt. Außerdem ist der Vorteil für das älteste und das jüngste Kind umso größer, je weiter die Geschwister nach Alter auseinanderliegen. Gleiches gilt für Familien mit vier Kindern.

Dieses Beispiel zeigt, dass ein und dieselbe Faustregel sowohl eine gleichmäßige als auch eine ungleichmäßige Ressourcenverteilung – und damit ein mehr und ein weniger gerechtes Ergebnis – bewirken kann. Es hängt in vorhersagbarer Weise von den Umständen ab: hier der Anzahl der Kinder und dem zeitlichen Abstand zwischen ihnen.

Verhaltenserklärungen in Form von Faustregeln unterscheiden sich von traditionellen psychologischen Erklärungen. Meistens wird beobachtetes Verhalten Präferenzen, Persönlichkeitsmerkmalen und anderen inneren Dispositionen zugeschrieben. Schauen Sie sich noch einmal das Muster in Abbildung 8.2 an. Da Eltern mehr Zeit mit ihren Erst- und Letztgeborenen verbringen, könnte man meinen, diese lägen den Eltern mehr am Herzen als mittlere Kinder. Schließlich neigen Erstgeborene dazu, reifer zu sein und sich stärker mit den Eltern zu identifizieren, während die jüngsten Kinder niedlicher sind. Wenn wir uns die Faustregeln ansehen, auf welche die Eltern sich stützen, bekommen wir aber ein besseres Bild vom Geschehen. Die einfache 1/N-Regel sagt das ganze komplexe Muster vorher, ohne dass wir auf eine nachgeschobene Erklärung angewiesen sind. Eltern bemühen sich nach Kräften um Gerechtigkeit, doch jetzt verstehen wir, warum es manchmal unmöglich ist, sie zu erreichen.

Risikokommunikation

Um kompetent in der Liebe und ihren Konsequenzen zu werden, müssen Sie mehr berücksichtigen als die Folgen der Strategien zur Partnerwahl und zur gerechten Behandlung Ihrer Kinder. Auch die Risikokommunikation kann eine wichtige Rolle spielen.

Kondome

Nicht alle, die nach der romantischen Liebe suchen, sind Eltern oder wollen es werden. Bereits im 18. Jahrhundert soll der italienische Abenteurer und Frauenheld Casanova »Verhütungskappen« benutzt haben, um seine Geliebten nicht zu schwängern. Sigmund Freud, der Begründer der Psychoanalyse, sprach sich gegen Kondome aus, weil sie seiner Meinung nach die sexuelle Lust einschränkten und zu unzuverlässig waren. Um sich – wenn überhaupt – für eine Verhütungsmethode zu entscheiden, sollte man vernünftigerweise wissen, wie zuverlässig heutige Kondome sind.

Auf seiner Website erklärt das U.S. Center for Disease Control and Prevention, dass »Kondome mit einer Sicherheit von 85–98 Prozent vor einer Schwangerschaft schützen«. Wie an den Regenwahrscheinlichkeiten im ersten Kapitel gesehen, sollte man immer die Referenzklasse angeben, auf die sich eine Wahrscheinlichkeit bezieht. Auf dieser staatlichen Website ist aber keine Referenzklasse vermerkt. Wenn eine Frau überlegt, ob sie sich auf Kondome verlassen soll, könnte sie denken:

1. Sie wird in 2–15 Prozent der Fälle, in denen sie Sex hat, schwanger.
2. 2–15 Prozent der Frauen, die sich auf Kondome verlassen, werden im ersten Jahr ihrer Verwendung schwanger.
3. 2–15 Prozent der Kondome sind mangelhaft oder
4. 2–15 Prozent der Männer wissen nicht, wie man ein Kondom sicher verwendet.

Die Frau hat keine Möglichkeit, zu wissen, was gemeint ist. Wer die Äußerung im Sinne von Alternative Nr. 1 interpretiert, gelangt zu dem Schluss, dass einmal Sex in der Woche fast mit Sicherheit zu einer Schwangerschaft führt, was das Kondom praktisch nutzlos macht. Frauen, die Alternative Nr. 3 für richtig halten, könnten meinen, sie müssten jedes Kondom vor Gebrauch sorgfältig überprüfen. Während es die Frau bei Alternative Nr. 4 für die beste Strategie halten wird, sich einen Mann zu suchen, der mit dem Kondom richtig umgehen kann. Auf anderen Websites dagegen wird klar gesagt, dass die Wirksamkeit von Kondomen sich auf den Anteil der Frauen bezieht, die im ersten Jahr ihrer Verwendung ungewollt schwanger werden (Alternative Nr. 2). Wenn die Experten die Referenzklasse nicht deutlich angeben, werden sich die Leute intuitiv eine herausgreifen und entsprechend handeln.

Sexuelle Probleme

Ein Freund von mir, ein Psychiater, verschrieb früher Patienten, die unter leichter Depression litten, Antidepressiva. Dabei ließ er es sich immer angelegen sein, mögliche Nebeneffekte zu klären, unter anderem Libidoverlust und Impotenz: »Wenn Sie das Medikament nehmen, besteht eine 30- bis 50-prozentige Wahrscheinlichkeit, dass Sie ein sexuelles Problem bekommen.« Viele Patienten wurden daraufhin nervös und wollten das Mittel nicht nehmen. Schließlich erkannte er das Problem und änderte seine Formulierung: »Von zehn Patienten, denen ich das Medikament verschreibe, berichten drei bis fünf über ein sexuelles Problem.« Daraufhin hatten einige Patienten weniger Bedenken gegen das Mittel. Wie kommt das?

In seiner ursprünglichen Erklärung hatte der Psychiater an seine Patienten als Referenzklasse gedacht und angenommen, diese täten das Gleiche. Doch bei Nachfrage erwies sich, dass sie etwas ganz anderes vor Augen gehabt hatten: Viele hatten geglaubt, sie würden in 30 bis 50 Prozent ihrer sexuellen Begegnungen Schwierigkeiten bekommen. Wenn Sie das Leben eher durch eine rosarote Brille sehen, macht Sie die Mitteilung »drei bis fünf Patienten von zehn« nicht nervös, weil Sie denken, das seien die anderen. Doch selbst die größten Optimisten verlieren ihre Zuversicht, wenn die Zahl sich auf ihre eigenen sexuellen Begegnungen bezieht. Infolgedessen verringerte sich die Bereitschaft, das Mittel zu nehmen. Erst als der Psychiater nicht mehr von der Wahrscheinlichkeit eines einzelnen Ereignisses sprach und zu einer Häufigkeitsaussage überging, die automatisch eine Referenzklasse angibt, legte sich die Verwirrung.

Angeregt von der Geschichte meines Freundes, fragten wir ältere Erwachsene mit unterschiedlichen Rechenfähigkeiten nach der Bedeutung der Aussage »eine Wahrscheinlichkeit von 30 bis 50 Prozent, ein sexuelles Problem zu entwickeln«.[15] Wenn die Intelligenz für das Verständnis der Frage ausschlaggebend ist, müsste hohe oder niedrige Rechenfähigkeit für große Unterschiede bei der Beantwortung der Frage sorgen. Liegt das Problem jedoch in der Art und Weise begründet, wie das Risiko kommuniziert wird, dann sollte die Rechenfähigkeit nur kleinere Abweichungen zur Folge haben.

Was bedeutet es, dass ein Patient eine »Wahrscheinlichkeit von 30 bis 50 Prozent hat, ein sexuelles Problem zu entwickeln«?	Niedrige Rechenfähigkeit	Hohe Rechenfähigkeit
1. *30 bis 50 Prozent der Patienten, die das Mittel nehmen, werden sexuelle Probleme bekommen.*	33 %	38 %
2. *Patienten, die das Mittel nehmen, werden in 30 bis 50 Prozent ihrer sexuellen Begegnungen ein Problem bekommen.*	33 %	33 %
3. *Patienten, die das Mittel nehmen, werden den Geschlechtsverkehr 30 bis 50 Prozent weniger befriedigend finden.*	21 %	10 %
4. *Etwas anderes.*	13 %	19 %

Nur ein Drittel der Menschen mit niedriger Rechenfähigkeit und ein paar Prozentpunkte mehr derjenigen mit höherer Rechenfähigkeit verstanden, was mit der Wahrscheinlichkeit von 30 bis 50 Prozent gemeint war (Bedeutung 1). Als wir jüngere Erwachsene befragten, wählten mehr als zwei Drittel Bedeutung 1, aber es gab wiederum nur wenig Unterschied zwischen hoher und niedriger Rechenfähigkeit. Das Ergebnis zeigt, dass Rechenfähigkeit – die Befähigung zum Umgang mit Zahlen – so gut wie keinen Unterschied bewirkt. Das Problem liegt weniger an der Intelligenz der Menschen als an den Experten, die nicht mitteilen können, was sie meinen.

Kapitel 9
Was Ärzte wissen müssen

Die Medizin der Gegenwart ist mit der Kirche im Mittelalter zu vergleichen. Was wir brauchen, ist ein Zeitalter der medizinischen Reformation. Wenige Ärzte sind zum Beispiel geschult, wissenschaftliche Arbeiten zu verstehen oder zu beurteilen. Ich bin u. a. deshalb Chirurg geworden, weil ich zwei Dinge vermeiden wollte: Psychologie und Statistik. Ich bin damit gescheitert. Beides ist lebensnotwendig, um als Arzt verantwortungsbewusst handeln zu können.

Günther Jonitz, Präsident der Berliner Ärztekammer

Ihre Mutter oder Schwester geht zur routinemäßigen Brustkrebs-Früherkennung durch Mammografie. Sie erhält einen positiven Befund und ist in Todesangst, das Schlimmste befürchtend. Doch was bedeutet ein positives Ergebnis tatsächlich? Die überraschende Antwort lautet, dass sie höchstwahrscheinlich nicht Brustkrebs hat. Die Mammografie löst in vielen Fällen falschen Alarm aus. In diesem Kapitel möchte ich eine intuitive Methode erläutern, die Patienten und Ärzten hilft, Testergebnisse zu verstehen. Obwohl sie so einfach ist, dass sogar Viertklässler sie lernen können, sind nur wenige Ärzte und Patienten mit ihr vertraut. Werfen wir zunächst einen Blick hinter die Kulissen, der uns verrät, warum Ärzte alles Mögliche lernen, nur nicht, wie Risiken einzuschätzen sind.

Warum Luxushotels ihre Sterne nicht mögen

Seit dem Mauerfall hat sich Berlin in atemberaubendem Tempo verändert. Die einzige Konstante ist die tägliche Touristenlawine, die zu Fuß, auf Segways oder am Steuerrad von Trabis durch die Straßen rollt. Das Unterhaltungsangebot ist umfangreich; die Stadt beherbergt drei Opernhäuser und eines der besten Philharmonieorchester der Welt. Für jene, die es sich leisten können, gibt es 21 Fünf-Sterne-Hotels. Ich hätte sagen sollen: gab es. Etwas Unerwartetes geschah. Binnen Tagen lösten sich die Sterne von sechs Hotels in Luft auf. Lag das an Klagen von entrüsteten Kunden im Internet? An Berichten über Kakerlaken, die unter überdimensionierten Betten umherkrabbelten? Oder an Gästen, die tödlichen Stromschlägen in der Badewanne erlagen? Nichts dergleichen. Die Hotels verloren nicht etwa ihre Sterne, sie wollten sie loswerden. Einige gaben einen Stern zurück, andere alle fünf und benannten sich um in »exklusive Stadthotels«. Alle sind sie noch im Geschäft, mit demselben ausgezeichneten Service, denselben Preisen und denselben prachtvollen Standorten. Vom Hilton am Gendarmenmarkt zum Beispiel bietet sich noch immer der spektakuläre Blick auf einen der schönsten Plätze Europas. Nur die Sterne sind fort.

Alle Hotels haben einen guten Grund dafür und alle den gleichen.

Seit vielen Jahren dienen Nobelhotels als Tagungsorte für die ärztliche Fortbildung, an der Ärzte teilnehmen müssen, wenn sie ihre Zulassung behalten wollen. Überall in der Welt organisiert die Pharmaindustrie solche Veranstaltungen. Um die Ärzte anzulocken, werden Traumhotels an attraktiven Standorten ausgewählt und die Kosten – oft auch für Ehe- und Lebenspartner – übernommen. Allein in den Vereinigten Staaten gibt die Industrie mehr als eine Milliarde Dollar jährlich für die Unterstützung der ärztlichen Fortbildung aus.[1] Golfclubs und andere Annehmlichkeiten erwarten die Teilnehmer an ihrem Bestimmungsort. Ich habe Ärzte und Krankenschwestern getroffen, die ein Loblied auf das Unternehmen sangen, das die Kosten für den Flug nach Hawaii, das Hotel am Strand und alle anderen Vergünstigungen übernommen hatte. Wieder zu

Hause, sind sie geneigt, ihren Patienten die Medikamente des betreffenden Unternehmens zu verschreiben, und sei es auch nur, um sich erkenntlich zu zeigen. Doch um Gefälligkeiten sollte es im Gesundheitswesen nicht gehen. Viele Ärzte scheinen dennoch den Köder zu schlucken. Zwar glaubte bei einer Erhebung unter kalifornischen Ärzten praktisch niemand (1 Prozent), Geschenke hätten einen Einfluss darauf, was sie ihren Patienten verschrieben, doch ein Drittel derselben Ärzte war der Meinung, dass Geschenke die Verordnungen ihrer Kollegen durchaus beeinflussten.[2]

Nach Jahren der Geschenke begannen die Behörden zu fürchten, dass die Ärzte sich durch diese Praxis bestechen ließen. In Deutschland reagierte die Industrie rasch, um Korruptionsermittlung zu verhindern, und gründete eine Organisation namens Freiwillige Selbstkontrolle für die Arzneimittelindustrie (FSA). In den von der FSA herausgegebenen Richtlinien hieß es, ärztliche Fortbildung solle nicht mehr in Luxushotels, sondern in anderen, dem Zweck angemessenen Hotels abgehalten werden.

Bei dieser Nachricht geriet man in sechs der Berliner Luxushotels in Panik und warf die Sterne ab. Das Geschäft mit der Fortbildung war einfach zu lukrativ. Entsprechend entfernte das Loews-Hotel Lake Las Vegas das *Resort* (»Ferienort«) aus seinem Namen, um die Pharmaunternehmen nicht abzuschrecken, andere Hotels folgten seinem Beispiel. Ich habe mit dem Geschäftsführer der Freiwilligen Selbstkontrolle gesprochen, und er erklärte mir, dass es nicht um die Zahl der Sterne gehe, sondern um überflüssigen Luxus wie diverse Wellnesseinrichtungen, die für die Fortbildung nicht notwendig seien. Einige Hotelmanager glaubten jedoch fälschlicherweise, die Zahl der Sterne sei entscheidend, und beschlossen daraufhin, auf Nummer sicher zu gehen.

Sie fragen sich vielleicht, warum die ärztliche Fortbildung nicht von medizinischen Organisationen durchgeführt wird? Gute Frage. Tatsächlich bieten einige Organisationen ihre eigenen Kurse an, können jedoch nicht mit den Finanzmitteln der Industrie konkurrieren. Natürlich entscheiden sich die meisten Ärzte lieber für Strände und Golfclubs als für nüchterne Tagungsräume mit einfachen Mahlzeiten und ohne Partner. Die Fortbildung selbst zu bezahlen würde diese Probleme lösen, scheint aber keine willkommene Option zu sein. Einige Ärzteverbände haben den Versuch unternommen, der Fortbildung zu Unabhängigkeit von wirtschaftlichen Interessen zu verhelfen, um ihren Mitgliedern unvoreingenommene Informationen zu ermöglichen. Das ist nur in wenigen Fällen gelungen. Infolgedessen wissen weltweit Millionen Ärzte genau das, was die Industrie sie wissen lassen möchte.

Ärzten dabei helfen, Testergebnisse zu verstehen

»Der Vortragsraum ist im zweiten Stock«, sagte die Dame an der Rezeption zu mir. Ich blickte mich in der eindrucksvollen Empfangshalle eines dieser Berliner Ex-5-Sterne-Hotels um. Die Veranstalter der ärztlichen Fortbildung begrüßten mich und begleiteten mich zum Vortragsraum. Er war voll besetzt mit 160 Ärzten, meist zwischen 40 und 60, die an diesem schönen Frühlingstag vier Fortbildungskurse erwarteten. Ich betrat einen großen Vortragsraum, der mit neuester Technik ausgerüstet war. In den nächsten 75 Minuten wollte ich den Ärzten im Rahmen ihrer Fortbildung beibringen, Risiken und Ungewissheiten besser zu verstehen. Für die Ärzte und das gastgebende Pharmaunternehmen war es die erste Lehrveranstaltung zu diesem Thema überhaupt. Ich war beeindruckt, dass die Industrie einen Kurs über Risikokommunikation finanzierte, während die meisten medizinischen Fakultäten das Thema noch nicht einmal auf ihrem Lehrplan haben.

Nachdem ich das Podium betreten hatte, begann ich mit einem sachfremden Thema – der im ersten Kapitel dieses Buchs erzählten Geschichte vom Fernsehmoderator, den die Regenwahrscheinlichkeiten verwirrten. Allgemeines Gelächter, das die Ärzte entspannte und auf das Kommende vorbereitete.

Der Grund, warum ich auf dem Podium stand und nicht jemand, der die Produkte des federführenden Unternehmens vorstellte, war eine neue Gesetzgebung. Die Industrie darf Fortbildung nicht mehr dazu benutzen, für die eigenen Produkte zu werben. Als man im Pharmaunternehmen überlegte, welche unabhängigen Redner man engagieren wollte, kam man auf eine kluge Idee: Man fragte Ärzte, worüber sie gerne etwas erfahren würden. Ganz oben auf der Wunschliste stand die Kunst der Risikokommunikation. Und so kam es, dass ich eine Reihe von Kursen leitete. Das erwies sich als eine höchst sinnvolle Betätigung; selten habe ich so lernbegierige Zuhörer gehabt.

An diesem Tag hatte ich 160 Gynäkologen vor mir. Sobald sie sich ein wenig entspannt hatten, kam ich auf die eigentlichen Fragen zu sprechen: Hormonersatztherapie, PAP-Abstrich, HPV, Brustkrebs-Screening und andere Behandlungen und Tests, mit denen sie täglich zu tun bekommen. Ich begann mit einer Frage:

> »Eine 50-jährige Frau, keine Symptome, nimmt routinemäßig an einem Mammografie-Screening teil. Das Ergebnis ist positiv, sie ist erschrocken und möchte von Ihnen wissen, ob sie mit Sicherheit Brustkrebs hat oder wie groß die Wahrscheinlichkeit ist. Abgesehen von den Screening-Ergebnissen wissen Sie nichts über diese Frau. Wie viele Frauen mit positivem Testergebnis haben tatsächlich Brustkrebs? Wie lautet die beste Antwort?
>
> – 9 von 10
> – 8 von 10
> – 1 von 10
> – 1 von 100«

Die meisten Ärzte blickten verunsichert zu Boden. Ich beruhigte sie: »Schauen Sie nicht nach unten, schauen Sie nach rechts und links. Die anderen scheinen es auch nicht zu wissen.« Es folgte ein kollektiver Seufzer der Erleichterung. Ich fuhr fort:

> »Ich werde Ihnen jetzt die Informationen geben, die Sie brauchen, um die Frage der Krebswahrscheinlichkeit nach einem positiven Test zu beantworten. Zuerst werde ich sie Ihnen auf die in der Medizin übliche Weise präsentieren – als Wahrscheinlichkeiten.

- *Die Wahrscheinlichkeit, dass eine Frau Brustkrebs hat, beträgt ein Prozent (Prävalenz).*
- *Wenn eine Frau Brustkrebs hat, beträgt die Wahrscheinlichkeit eines positiven Testergebnisses 90 Prozent (Sensitivität).*

- *Wenn eine Frau keinen Brustkrebs hat, beträgt die Wahrscheinlichkeit, dass das Testergebnis trotzdem positiv ausfällt, neun Prozent (Falschalarmrate).*

Bei einer Frau ist der Test positiv. Sie möchte wissen, ob daraus folgt, dass sie mit Sicherheit Brustkrebs hat, oder wie groß die Wahrscheinlichkeit ist. Was sagen Sie ihr?«

Die richtige Antwort lautet 1 von 10. Das heißt, von zehn Frauen mit einem positiven Screening-Ergebnis hat nur eine tatsächlich Krebs. Bei den anderen handelt es sich um *falschen Alarm*. Doch die Antworten der 160 Gynäkologen waren über das ganze Spektrum verstreut (Abbildung 9.1, oben). Die Mehrheit glaubte, dass acht oder neun von zehn Frauen mit einem positiven Test an Krebs erkrankt seien (linke Seite). Sie können sich vorstellen, welch unnötige Angst und Panik diese zahlenblinden Ärzte verursachten. Dreißig Ärzte hätten den Frauen dagegen gesagt, dass bei ihnen die Aussicht, Krebs zu haben, minimal sei, nur 1 von 100 (rechte Seite). Nur 21 Prozent der Ärzte hätten die Frauen korrekt informiert, was noch nicht einmal der Zufallserwartung entspricht (die 25 Prozent beträgt, weil es vier Wahlmöglichkeiten gab). Wenn die Patientinnen von diesem Chaos an Meinungen wüssten, wären sie zu Recht besorgt; die Ärzte jedenfalls waren davon sehr betroffen.

Ich ließ ihnen etwas Zeit, das Ergebnis zu verarbeiten. Dann erklärte ich ihnen, dass es eine einfache Methode gibt, ihrem Verständnis auf die Sprünge zu helfen. Man muss nur die Wahrscheinlichkeiten in natürliche Häufigkeiten umwandeln:

- *Zehn von jeweils 1000 Frauen haben Brustkrebs.*
- *Von diesen zehn Frauen mit Brustkrebs werden neun positiv getestet.*
- *Von 990 Frauen ohne Brustkrebs werden 89 trotzdem positiv getestet.*

Jetzt ist leicht zu erkennen, dass 98 (89 + 9) positiv getestet werden, von denen nur neun tatsächlich Krebs haben. Das entspricht etwa 1:10. Mit 100 Frauen und ein wenig Abrunden heißt das:

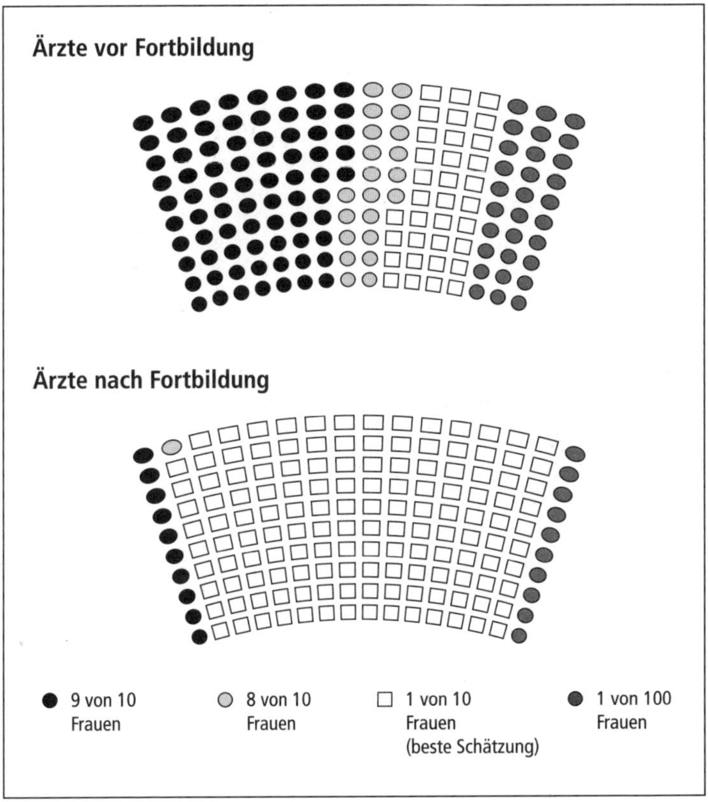

Abbildung 9.1: Die meisten Gynäkologen verstehen nicht, was ein positives Mammogramm bedeutet. Oben: Zu Beginn einer Fortbildungsveranstaltung für Ärzte fragte ich 160 Gynäkologen, was sie einer 50-jährigen Frau mit einem positiven Screening-Mammogramm über die Wahrscheinlichkeit einer Brustkrebserkrankung sagen würden. Fast die Hälfte (47 Prozent) glaubte, von 10 Frauen mit positivem Mammogramm hätten 9 Krebs, 13 Prozent hielten 8 von 10, 21 Prozent 1 von 10 und 19 Prozent 1 von 100 für richtig! Würden die Patienten wissen, wie weit die Meinungen auseinandergehen, wären sie zu Recht beunruhigt.
Unten: Nachdem die Ärzte bei einer 75-minütigen Fortbildungsveranstaltung gelernt hatten, in natürlichen Häufigkeiten zu denken, kamen 87 Prozent von alleine auf die richtige Antwort: 1 von 10. Das heißt, nur eine von je zehn Frauen mit einem positiven Testergebnis beim Screening hat tatsächlich Brustkrebs; bei den anderen ist es falscher Alarm.

- *Eine von jeweils 100 Frauen hat Brustkrebs.*
- *Diese Frau mit Brustkrebs wird wahrscheinlich positiv getestet.*
- *Von den 99 ohne Brustkrebs werden 9 trotzdem positiv getestet.*

Insgesamt können wir also erwarten, dass zehn Frauen ein positives Ergebnis haben. Nur eine von ihnen hat Krebs.

Nachdem die Ärzte gelernt hatten, die verwirrenden Wahrscheinlichkeiten in natürliche Häufigkeiten umzuwandeln, vermochten 87 Prozent selbst herauszufinden, dass die beste Schätzung 1 von 10 war (Abbildung 9.1, unten). Es gab auch einige »hoffnungslose Fälle«, die immer noch glaubten, die meisten Frauen mit positiven Testergebnissen hätten Krebs (linke Seite). Doch selbst sie hätten es am Ende verstehen können, wenn wir mehr Zeit gehabt hätten.

Ärzte denken oft, dass alle anderen solche Dinge verstehen, während sie selbst zu den wenigen mit einem fehlenden Mathe-Gen gehören. Deshalb ist es wichtig, sie in Gruppen zu unterrichten, um ihnen zu zeigen, dass sie kein Einzelfall sind und sich nicht mehr zu verstecken brauchen. Sie sehen, dass es oft eine einfache Lösung für ein scheinbar schwieriges Problem gibt. Außerdem lernen sie, auch andere verwirrende Statistiken, wie relative Risiken, zu durchschauen. Manch ein Teilnehmer verließ die Sitzung mit gestärktem Selbstbewusstsein. Nach meinem ersten Fortbildungsvortrag sprach mich ein Vertreter der Industrie an: »Sehr hilfreich«, meinte er, »aber wir werden natürlich weiterhin relative Risiken für Werbezwecke verwenden.« »Ich kann Sie nicht daran hindern«, antwortete ich, »aber ich werde den Ärzten zeigen, wie sie diesen Trick durchschauen können. Trotzdem – ich habe Hochachtung vor Ihrem Unternehmen, dass es einen Kurs in Risikokommunikation für Ärzte finanziert.«

Obwohl die Ärzte erklärten, in den Sitzungen über Risikokommunikation am meisten gelernt zu haben, wurde der Kurs nach zwei Jahren abgesetzt. Die ärztliche Fortbildung ist zu wichtig, um sie der Pharmaindustrie zu überlassen.

Furcht

Insgesamt habe ich rund tausend Ärzte im Rahmen ihrer Fortbildung unterrichtet. Nach meiner Schätzung verstehen etwa 80 Prozent von ihnen sogar auf ihrem eigenen Fachgebiet nicht, was ein positiver Test bedeutet. Sie sind weder in der Lage, ihre Patienten angemessen zu unterrichten, noch können sie selbst die Testergebnisse richtig interpretieren.

Vor einigen Jahren hielt ich den Abendvortrag auf der Jahrestagung einer großen medizinischen Gesellschaft. Anschließend fand ein Dinner mit den Präsidenten und Vertretern verschiedener Gesundheitsverbände statt. Neben mir saß eine Frau, die ich sehr bewundere. Sie war Präsidentin einer medizinischen Gesellschaft und hatte mit Erfolg hochqualifizierte Frauen gegen den Widerstand ihrer männlichen Kollegen in führende Positionen gebracht. Eine mutige Frau. Nachdem sie mir Geschichten über männlichen Chauvinismus erzählt hatte, sagte sie:

»Darf ich Sie etwas zu Ihrem Vortrag fragen?«

»Ich bitte darum.«

»Sie erwähnten, dass von zehn Frauen, die in einem Mammografie-Screening positiv getestet werden, nur eine wirklich Krebs hat. Stimmt das?«

»Das können Sie in medizinischen Zeitschriften nachlesen.« Ich war erstaunt, dass sie es nie getan hatte.

»Wissen Sie«, fuhr sie fort, »Ich habe eine schwedische Ärztin in meiner Gruppe, die das Gleiche gesagt hat wie Sie, aber ich habe ihr nicht geglaubt.«

»Warum haben Sie es nicht überprüft?«

»Das kann ich nicht erklären«, antwortete sie. »Ich denke, ich habe einfach an die Technik geglaubt.« Und dann, leiser fortfahrend: »Ich selbst hatte vor vielen Jahren ein positives Mammogramm. Ich war entsetzt und verzweifelt. Ich dachte, ich würde sterben. Dann ergab die Biopsie, dass es kein Krebs war, sondern nur ein falscher Alarm. Doch nach diesem Schreck habe ich vor jedem Mammogramm große Angst. Es ist ein Kreislauf von Furcht vor dem Schlimmsten und Erleichterung nach dem Ergebnis, und jedes Jahr das Gleiche.«

Mangelndes Verstehen von Risiken hat das Gefühlsleben dieser Frau vergiftet. Gesunde Frauen im Alter zwischen 50 und 70, die regelmäßig am Mammografie-Screening teilnehmen, können damit rechnen, dass sie irgendwann von einem falschen Alarm betroffen sind, genauso wie Passagiere, die regelmäßig an Flughäfen untersucht werden. Ungefähr eine von drei Frauen wird irgendwann das Opfer eines falschen positiven Ergebnisses. Jemand muss ihnen sagen, dass ein verdächtiges Ergebnis wahrscheinlich bedeutet, dass mit dem Test – und nicht mit ihrem Körper – etwas nicht in Ordnung ist. Viele Frauen reagieren wie die Präsidentin, und Millionen machen diesen Angstzyklus durch. Tatsächlich leiden manche Frauen noch Monate nach einem falschen Alarm unter Angst, Niedergeschlagenheit, Schlafproblemen und negativen Auswirkungen auf die Sexualität.[3]

Patienten nehmen an, dass ihre Ärzte die medizinische Evidenz kennen. Und einige glückliche Patienten haben recht. Doch Gynäkologen sind nicht die einzigen Fachärzte, die Testergebnisse häufig missverstehen. Ähnliche Unkenntnis wurde in den USA, Europa und Australien auf anderen Fachgebieten gefunden.[4] Ärzte sind sich oft nicht bewusst – oder geben nicht zu –, dass sie Gesundheitsstatistiken nicht verstehen. In einer australischen Studie an 50 Ärzten gaben nur 13 an, sie könnten erklären, was der »positive Vorhersagewert« sei (die Wahrscheinlichkeit einer Erkrankung bei einem positiven Test). Und als sie aufgefordert wurden, es zu tun, gelang es nur einem.[5]

Jeder kann Testergebnisse verstehen

Wie natürliche Häufigkeiten das Verständnis erleichtern

Wie wir gesehen haben, können wir mittels natürlicher Häufigkeiten besser verstehen, was ein positiver HIV-Test bedeutet und was die beste Wahl beim Monty-Hall-Problem ist. Wie ist das möglich? Werfen wir einen etwas genaueren Blick auf die beiden Methoden der Risikokommunikation über das Brustkrebs-Screening, die ich den Ärzten bei der Fortbildung vermittelte. Die erste, die viele Leute verwirrt, verwendet bedingte Wahrscheinlichkeiten. Erklärungen bedingter Wahrscheinlichkeiten wie etwa Sensitivität und Falsch-positiv-Rate (Falschalarmrate) sind in Abbildung 9.2 dargestellt. Beispielsweise ist Sensitivität die Wahrscheinlichkeit, ein positives Testergebnis bei Erkrankung der Person zu erhalten: p (positiver Test | Krankheit). Eine solche Wahrscheinlichkeit heißt »bedingt«, weil sie nicht die einfache Wahrscheinlichkeit von A ist, sondern die Wahrscheinlichkeit von A, wenn B eingetreten ist. Um mit bedingten Wahrscheinlichkeiten zu denken, müssen wir komplizierte Berechnungen anstellen (wie das missmutige Gesicht auf der linken Seite der Abbildung 9.3 zeigt). Die Formel heißt Bayes-Regel und wurde nach dem englischen Pastor Thomas Bayes (ca. 1702–1761) benannt, dem diese Entdeckung zugeschrieben wird.[6]

Wie gesehen ist es einfacher, die gleiche Information durch natürliche Häufigkeiten zu vermitteln. Um ein Problem in Form von natürlichen Häufigkeiten darzustellen, beginnen Sie mit einer Anzahl Menschen (hier: 1000 Frauen), die unterteilt werden in solche mit und solche ohne ein Merkmal (hier: Brustkrebs); diese werden erneut nach Erhalt der diagnostischen Information (hier: Testergebnis) jeweils in zwei Gruppen zerlegt. Die vier Zahlen zu Füßen des rechten Baums sind die vier natürlichen Häufigkeiten, die vier Zahlen zu Füßen des linken Baums bedingte Wahrscheinlichkeiten (Abbildung 9.3). Im Gegensatz zu bedingten Wahrscheinlichkeiten (oder relativen Häufigkeiten) addieren sich natürliche Häufigkeiten immer zur Zahl an der Spitze des Baums. Das Geheimnis liegt darin, dass sie die Berechnung für Sie vereinfachen (wie das lächelnde Gesicht auf der rechten Seite der Abbildung 9.3 zeigt).

Werkzeuge zum Denken

Viele Jahre lang vertraten Psychologen die Ansicht, die Menschen würden aufgrund ihrer begrenzten kognitiven Fähigkeiten sogenannte Bayes-Probleme, wie die Wahrscheinlichkeit einer Krankheit bei einem positiven Testergebnis, nicht verstehen können.[7]

Testergebnis	Krankheit	
	Ja	Nein
Positiv	(a) Sensitivität	(b) Falsch-positiv-Rate
Negativ	(c) Falsch-negativ-Rate	(d) Spezifität

Abbildung 9.2: Ein Test kann vier Ergebnisse haben: 1. Das Ergebnis ist positiv, und der Patient hat die Krankheit. 2. Der Test ist positiv, aber der Patient hat die Krankheit nicht. 3. Der Test ist negativ, aber der Patient hat die Krankheit. 4. Der Test ist negativ, und der Patient hat die Krankheit nicht. Die Raten, in denen diese vier Konstellationen vorkommen, heißen (a) Sensitivität (oder Richtig-positiv-Rate), (b) Falsch-positiv-Rate, (c) Falsch-negativ-Rate und (d) Spezifität (Richtig-negativ-Rate). Die beiden Fehler, die bei jedem Test auftreten können, sind schattiert.

Diese angebliche Unfähigkeit dient, wie in Kapitel 1 erwähnt, zur Rechtfertigung einer paternalistischen Politik: Am besten schließt man die Menschen von wichtigen Entscheidungen über Risiken aus – seien sie medizinischer, seien sie politischer Natur. Wir brauchen jedoch nicht mehr Paternalismus, sondern wir müssen den Menschen Werkzeuge zum Denken geben.

Mitte der 90er-Jahre wiesen der Psychologe Ulrich Hoffrage und ich zum ersten Mal nach, dass das Problem nicht einfach in der mangelnden Denkfähigkeit der Menschen begründet liegt, sondern darin, wie die Information mitgeteilt wird. Wenn dieselben Probleme in natürlichen Häufigkeiten dargestellt werden, verstehen die Menschen sie leichter. Seither haben meine Kollegen und ich Ärzten, Richtern und Patienten diese einfache Methode vermittelt. In mehreren Ländern haben nun Schulen Häufigkeitsbäume in ihre Lehrbücher aufgenommen, um den Kindern eine Vorstellung davon zu vermitteln, wie man über Risiken nachdenkt. Manche Kinder lernen im Unterricht das konkrete Hantieren mit natürlichen Häufigkeiten in Gestalt von bunten Würfeln.[8] Heute emp-

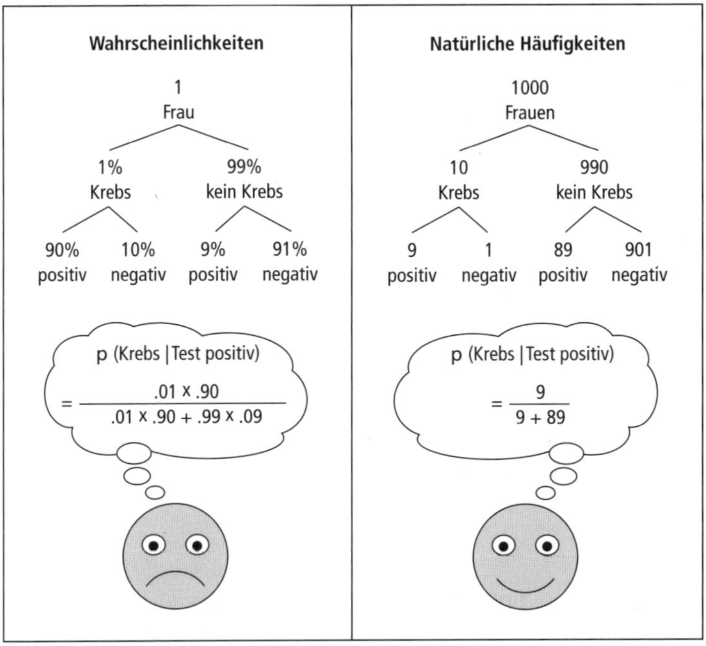

Abbildung 9.3: Wie groß ist die Wahrscheinlichkeit, dass eine Frau Brustkrebs hat, wenn sie ein positives Ergebnis beim Mammografie-Screening hat? Wird die Information in Wahrscheinlichkeiten angegeben, sind die meisten Ärzte und Patienten verwirrt (trauriges Gesicht); wenn sie in natürlichen Häufigkeiten dargestellt wird, erkennen die meisten die richtige Antwort (fröhliches Gesicht). Nur 9 von 98 Frauen, die positiv getestet werden, haben tatsächlich Brustkrebs, was ungefähr 1 von 10 entspricht.
Die vier Zahlen am Fuß des rechten Baums sind die natürlichen Häufigkeiten, die vier Zahlen am Fuß des linken Baums die bedingten Wahrscheinlichkeiten (vgl. Abbildung 9.2).

fehlen sogar große medizinische Organisationen wie die *Cochrane Collaboration*, die *International Patient Decision Aid Standards Collaboration* und die britische Gesundheitsbehörde *Medicine and Healthcare Products Regulatory Agency* die Verwendung von natürlichen Häufigkeiten.

Es wäre weitaus hilfreicher, würde sich jeder an diese Empfehlung halten, statt andere Leute zu behandeln, als wäre ihnen Risikoinkompetenz angeboren. Dann müssten nicht mehr so viele Menschen unter grundlosen Ängsten wegen falscher medizinischer Testergebnisse leiden und hätten bessere Voraussetzungen, informierte Entscheidungen zu treffen.

Pränatal-Screening

Stellen Sie sich vor, Sie sind 35 Jahre alt und schwanger. In vielen Ländern empfehlen Ärzte allen Frauen, die 35 und älter sind, am Screening auf Downsyndrom teilzunehmen. Das Downsyndrom – oder Trisomie 21 – ist die häufigste angeborene Chromosomenaberration, die klinisch relevant ist. Kinder mit diesem Syndrom haben 47 statt der üblichen 46 Chromosomen, was zu einer gewissen Beeinträchtigung der geistigen Fähigkeiten und des Körperwachstums führt und die Gesichtsmerkmale charakteristisch verändert. Bei Frauen über 35 wird die Freude über die Schwangerschaft durch die Angst vor diesem oder anderen Geburtsfehlern gedämpft. Tatsächlich aber steigt das Risiko, ein Kind mit Downsyndrom zu gebären, mit dem 35. Lebensjahr der Mutter nicht plötzlich sprunghaft an, sondern nimmt mit deren Alter stetig zu. Deshalb ist diese Altersgrenze klinisch wenig sinnvoll. Vielmehr müssen wir fragen, wie groß die Gefahr bei jeder Altersstufe ist. Bei 30-Jährigen beträgt das Risiko, ein Kind mit Downsyndrom zur Welt zu bringen, rund 1 von 1000, wobei es von Land zu Land etwas schwankt. Ist die Mutter 35, steigt es auf ungefähr 3 von 1000, und bei 40-Jährigen auf etwa 10 von 1000.

Für viele Schwangere ist das Pränatal-Screening eine extrem belastende Situation. Zwei Tests werden angeboten, ein Ersttrimester-Bluttest als Screening sowie – falls das Ergebnis positiv ist – ein zweiter, invasiver Test wie die Fruchtwasseruntersuchung oder die Chorionzottenbiopsie (CVS). Zum Ersttrimestertest gehören eine Ultraschalluntersuchung, durch die bei Föten mit Downsyndrom eine verdickte Nackenfalte festgestellt werden kann, sowie Tests auf Serummarker. Er lässt sich zwischen der 11. und 14. Woche durchführen.[9] Wenn der Test positiv ausfällt, müssen die Betroffenen entscheiden, ob sie sich einem invasiven Test wie einer

Fruchtwasseruntersuchung unterziehen, die bei etwa einer von 200 Frauen zu einer Fehlgeburt führt. Für eine Frau Ende dreißig entspricht dieses Risiko in etwa der Gefahr, ein Kind mit Downsyndrom zu bekommen.

Daher ist es außerordentlich wichtig, dass die betroffenen Frauen verstehen, was ein positiver Ersttrimestertest bedeutet. Laut einer britischen Studie glaubten einige Schwangere und Gynäkologen, bei einer solchen Diagnose sei das Downsyndrom absolut oder fast sicher.[10] Abermals ist die Illusion der Gewissheit mit einer medizinischen Technologie verknüpft. Doch kein Test ist absolut gewiss. Jeder ist fehleranfällig. Erstens liegt die Sensitivität (Testempfindlichkeit) eines Ersttrimester-Screenings bei ungefähr 90 Prozent. Mit anderen Worten: Der Test erkennt 90 Prozent der Kinder mit Downsyndrom und übersieht die restlichen. Zweitens, die Falsch-positiv-Rate beträgt rund 5 Prozent, das heißt, der Test ermittelt 95 Prozent der Kinder ohne Downsyndrom und täuscht sich bei den verbleibenden 5 Prozent.[11] Damit können wir erkennen, was ein positiver Test für eine 40-jährige Frau bedeutet:

- Ungefähr 1 % der Kinder haben das Downsyndrom.
- Wenn das Kind das Downsyndrom hat, besteht eine 90-prozentige Wahrscheinlichkeit, dass das Testergebnis positiv ist.
- Wenn das Kind nicht betroffen ist, besteht trotzdem noch eine 5-prozentige Wahrscheinlichkeit, dass das Testergebnis positiv ist.

Eine Schwangere wurde getestet, und das Ergebnis ist positiv. Wie groß ist die Wahrscheinlichkeit, dass das Kind tatsächlich das Downsyndrom hat?
______ %

In einer britischen Studie erhielten 21 Gynäkologen diese Informationen und wurden gefragt, wie die Antwort laute. Nur einer kam auf die richtige Lösung. Die meisten dachten, die Wahrscheinlichkeit sei sehr hoch – 90 bis 100 Prozent – oder sehr niedrig, nahe null. In derselben Studie wurden Hebammen, Schwangeren und ihren Partnern diese Informationen genannt.[12] Keine der Hebammen, nur eine von 22 Frauen und drei der Begleiter konnten bestimmen, wie groß die Wahrscheinlichkeit für ein Kind mit Downsyndrom ist.

Abermals wird das Problem einfacher, wenn wir die verwirrenden Wahrscheinlichkeiten durch natürliche Häufigkeiten ersetzen:

- Rund 10 von 1000 Kindern haben das Downsyndrom.
- Von diesen 10 Kindern mit Downsyndrom werden 9 ein positives Testergebnis bekommen.
- Von den verbleibenden 990 nicht betroffenen Kindern werden etwa 50 trotzdem ein positives Ergebnis haben.

Wie viele schwangere Frauen mit einem positiven Ergebnis haben tatsächlich ein Kind mit Downsyndrom?
______ von ______

Bei natürlichen Häufigkeiten lässt sich die Antwort leichter finden. Bei jeweils 1000 Frauen im Alter von 40 Jahren erwarten wir, dass 59 Kinder (9 + 50) ein positives Testergebnis haben und dass nur neun von ihnen tatsächlich das Downsyndrom aufweisen. Bei den anderen fünfzig Kindern handelt es sich um falschen Alarm (Abbildung 9.4). Mit anderen Worten: Nur eine von sechs oder sieben Frauen mit einem positiven Ergebnis hat tatsächlich ein Kind mit Downsyndrom. Die Wahrscheinlichkeit entspricht also einer Sechs beim Würfeln. Selbst wenn der Test positiv ist, hat das Kind höchstwahrscheinlich kein Downsyndrom.

Als die 21 britischen Gynäkologen dieselben Informationen in Form von natürlichen Häufigkeiten bekamen, verstanden 13 (vorher war es nur einer), was das Testergebnis bedeutete. Ein bisschen Abrunden könnte denen helfen, die jetzt noch Schwierigkeiten haben. Aus Gründen der Einfachheit nehmen wir 100 Schwangere (statt 1000). Wir erwarten, dass eine ein Kind mit Downsyndrom hat, das wahrscheinlich positiv getestet wird. Bei den verbleibenden 99 Frauen ist davon auszugehen, dass fünf weitere ein positives Ergebnis bekommen. Also kann man erwarten, dass nur eine von sechs Frauen mit positivem Test ein Kind mit Downsyndrom hat.

Je jünger die Schwangere ist, desto geringer das Risiko. Wenn

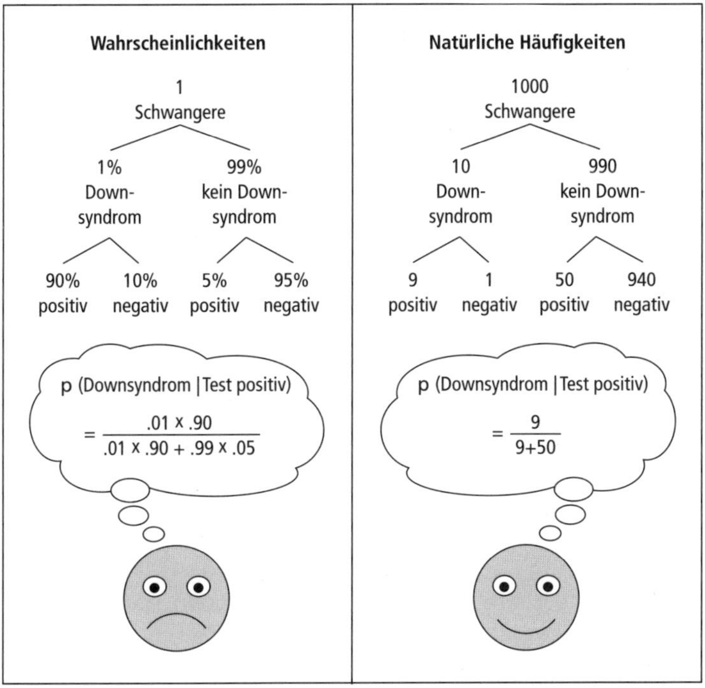

Abbildung 9.4: Wie groß ist die Wahrscheinlichkeit, dass eine 40-jährige Schwangere ein Kind mit Downsyndrom hat, wenn sie im Ersttrimestertest positiv getestet wird? Werden die Informationen in Form von Wahrscheinlichkeiten dargeboten, sind die meisten Ärzte und Patienten verwirrt (trauriges Gesicht); werden sie als natürliche Häufigkeiten präsentiert, erkennen die meisten die richtige Antwort (fröhliches Gesicht). Nur 9 von 59 Frauen mit einem positiven Testergebnis haben tatsächlich ein Kind mit Downsyndrom, was ungefähr 1 von 6 oder 7 entspricht. Bedingte Wahrscheinlichkeiten tragen eher zur Verwirrung bei, während natürliche Häufigkeiten das Verständnis fördern.

sie 35 statt 40 Jahre alt ist, beträgt die Wahrscheinlichkeit, dass ihr Kind nach einem positiven Test ein Downsyndrom hat, nur etwa 1 von 20. Das heißt, das Kind ist höchstwahrscheinlich nicht betroffen. Der Baum verdeutlicht weiterhin, dass auch ein negatives Testergebnis nicht gewiss ist; von zehn Fällen des Downsyndroms wird ungefähr einer übersehen.

Indem natürliche Häufigkeiten die Zahlen transparenter machen, tragen sie zu einer informierten Entscheidung bei. Es gibt gute Gründe, sich dem Test nicht zu unterziehen: wenn eine Frau jung ist, wenn sie das Risiko einer Fehlgeburt nicht eingehen will oder wenn sie ein Kind mit Downsyndrom nicht abtreiben will. Wenn sie sich für das Pränatal-Screening entscheidet, muss sie wissen, was ein Testergebnis bedeutet.

Gentechnologie erfordert risikokompetente Eltern und Ärzte

Zukünftige Fortschritte beim Neugeborenen-Screening auf genetisch bedingte biochemische Störungen können zu einem enormen Zuwachs an richtigen Diagnosen, aber auch zu noch mehr falschen Alarmen führen. Beispielsweise werden beim Screening von Neugeborenen auf Stoffwechselstörungen für jedes ermittelte richtig-positive Ergebnis acht falsch-positive berichtet.[13] Wenige Eltern wissen, dass genetische Screening-Tests nicht sicher sind. Eltern, die es nicht wissen und sich auf das Screening einlassen wie auf einen beunruhigenden Übergangsritus, müssen am Ende möglicherweise feststellen, dass sie der emotionalen Beziehung zu ihrem Kind geschadet haben.

Gestörte Eltern-Kind-Beziehungen

In einer Studie in Boston wurden Eltern von Kindern, bei denen es bei einer von zwanzig biochemischen Störungen zu einem falschen Alarm kam, mit Eltern von Kindern mit normalen Ergebnissen beim Neugeborenen-Screening verglichen.[14] Die Mütter von Falschalarm-Kindern berichteten von mehr Sorgen um die Zukunft ihrer Kinder, beurteilten sich selbst als weniger gesund und gaben häufig an, ihr Kind brauche zusätzliche elterliche Zuwendung. Und das war nicht alles.

Ein falscher Alarm bedeutete, dass nach der anfänglichen Belastung durch die negative Nachricht dem Kind nach einem erneuten

Screening eine einwandfreie Gesundheit attestiert wurde. Trotzdem berichteten die Mütter von falsch-positiven Kindern häufiger, ein schwieriges Kind und eine gestörte Beziehung zu ihm zu haben. Auch Väter schilderten solche negativen Gefühle, allerdings von geringerer Intensität. Und die Hälfte aller Kinder, deren Eltern nach dem Screening ein falsch-positives Ergebnis mitgeteilt bekamen, waren noch vier Jahre später in ihrem Verhalten gestört. Wenn Kinder spüren, dass ihre Eltern sie in irgendeiner Weise für beeinträchtigt halten, kann daraus eine sich selbst erfüllende Prophezeiung werden.

Wären Eltern besser über die Fehlerhäufigkeit solcher Tests informiert gewesen, so hätte sich ihre Belastung bis zum Wiederholungstest erheblich verringert. Mit anderen Worten: Risikointelligenz hätte das emotionale Erschrecken dämpfen können, das sich später nachteilig auf die Beziehung dieser Eltern zu ihrem Kind auswirkte. Doch den meisten Ärzten fehlte es an der nötigen Vorbildung, um Tests auf genetische Störungen überhaupt zu verstehen. Daher sind sie nicht in der Lage, die Eltern zutreffend zu informieren. In vielen Ländern steigt das Alter Erstgebärender und damit das Risiko, dass Kinder ein Downsyndrom haben. Während viel in die Pränataldiagnostik investiert wird, geschieht wenig oder gar nichts, um Ärzten und Patienten die Kompetenz zum Verständnis dieser Tests zu vermitteln.

Designerbabys

Ein Kind wird geboren. Mit einem Fersenstich entnimmt man ihm eine Blutprobe, die auf genetische Störungen untersucht wird. In Deutschland und in anderen Ländern ist dies ein Routineverfahren geworden, oft ohne dass die Eltern um Einwilligung gebeten oder darüber informiert werden, dass die DNA ihres Kindes vom Krankenhaus oder vom Staat gespeichert wird. Warum findet das Screening des Kindes nicht schon vor der Geburt statt? Dank der Fortschritte in der Gentechnik wäre es möglich, die Embryonen einfach anhand einer Blutprobe der Mutter auf Hunderte von genetischen Risikofaktoren wie Downsyndrom, Brustkrebs und Sichelzellenanämie zu untersuchen. Eltern, die sich mit nichts weniger als dem perfekten Kind zufriedengeben wollen, würden begeistert Gebrauch davon machen. Schon bieten Firmen einschlägige Dienstleistungen an – von der Präimplantationsdiagnostik bis hin zu verbraucherorientierten Gentests.

Die Gentechnik wird Auswirkungen auf unsere Gefühle und Werte haben. Einige Eltern sehen in der genetischen Optimierung eine großartige Möglichkeit und ein Grundrecht; bei anderen löst der Gedanke an Designerbabys moralisches Entsetzen aus. Eines ist sicher: Genetisches Screening wird zu mehr Abtreibungen führen. Wenn sich Eltern gegen genetisches Screening entscheiden, weil sie solche Informationen nicht wünschen und auch in Kauf nehmen, ein nicht ganz perfektes Kind zu haben, müssen sie unter Umständen mit der Kritik von Freunden, Angehörigen und sogar Fremden auf der Straße rechnen: Ihr hättet es herausfinden können, warum habt ihr es nicht verhindert? Und warum soll man nicht noch früher als bei der Pränataldiagnostik ansetzen und die DNA beider Eltern vor der Schwangerschaft testen lassen? Oder noch besser: Warum nicht schon beim ersten Rendezvous einen Test parat haben?

Die ethischen Turbulenzen, die sich aus dem genetischen Screening ergeben, haben viel Aufmerksamkeit auf sich gezogen. Weniger Beachtung findet der Umstand, dass die meisten Ärzte und Patienten die Ergebnisse dieser so faszinierenden wie kontroversen Technologie nicht verstehen werden. Wenn die meisten Ärzte schon die Wahrscheinlichkeit des Downsyndroms nach einem positiven Test missverstehen, was können wir dann erwarten, wenn sie die Ergebnisse Hunderter von Tests bewerten sollen? Wenn Ärzte sich im Sinne von zu viel Gewissheit irren, wie bei der Mammografie und den Ersttrimestertests, werden sie dazu neigen, beim Kind genetische Krankheiten zu »sehen«, die es gar nicht hat. Und wenn die Eltern nicht lernen, selbstständig zu denken und natürliche Häufigkeiten zu verwenden, werden sie womöglich vollkommen gesunde Kinder abtreiben.

Das Versagen der medizinischen Fakultäten

Einige Psychologen vertreten die Auffassung, Ärzte würden beständig kognitiven Täuschungen unterliegen, den gleichen wie gewöhnliche Menschen. Wäre das richtig, würden auch natürliche Häufigkeiten nichts nutzen. Das tun sie aber. Die Erklärung ist nicht einfach in der Denkfähigkeit der Ärzte zu suchen oder in irgendeiner neuronalen Fehlschaltung oder minderwertigen mentalen Software. Schieben Sie nicht einfach den Ärzten die Schuld in die Schuhe.

Hauptgrund ist das unglaubliche Versäumnis der medizinischen Fakultäten, ihren Studenten ein vernünftiges Rüstzeug an Risikointelligenz zu vermitteln. Der medizinische Fortschritt wird von besseren Technologien erwartet, nicht von besseren Ärzten, die diese Technologien verstehen. Medizinstudenten müssen sich unzählige Fakten über häufige und seltene Krankheiten einprägen. Was sie allerdings selten lernen, sind statistisches Denken und kritische Bewertung wissenschaftlicher Artikel auf ihrem eigenen Gebiet. Das Lernen ist auf das Abschneiden im großen Staatsexamen abgerichtet, das oft wenig Bezug zur klinischen Praxis hat.[15] Mit einer gehörigen Portion Selbstironie erzählen Medizinprofessoren den folgenden Witz:

> Zwei Studenten, der eine Biologe, der andere Mediziner, werden aufgefordert, das Telefonbuch auswendig zu lernen. Der Biologiestudent fragt: Warum? Der Medizinstudent fragt: Bis wann?

Wer wird das ändern? Die moralische Verantwortung liegt bei den medizinischen Fakultäten. Wenn ich vor medizinischen Gesellschaften Vorträge zu diesem Thema halte, lautet die Antwort in der Regel, dass niemand ein Interesse daran hat, Ärzte risikointelligent zu machen. Der Versuch, eine Universität zu verändern, ist wie das Aufräumen eines alten Friedhofs. Jeder Professor möchte so viel wie möglich von seinem Spezialgebiet in den Lehrplan und die Köpfe der Studenten packen, sodass einfach kein Platz für irgendetwas anderes bleibt. Glücklicherweise wird hier und da

Raum für Veränderungen geschaffen. Einige wenige medizinische Fakultäten haben begonnen, Methoden der Risikokommunikation zu lehren, etwa natürliche Häufigkeiten, und das in ihrem Curriculum festgeschrieben. Doch die meisten medizinischen Fakultäten sind sich des Problems noch nicht einmal bewusst. Schließlich werden die Medizinstudenten in Biostatistik unterrichtet, so denkt man. Doch ein Blick auf Abbildung 9.1 offenbart, wie nutzlos diese Kurse sind.

Während eines Vortrags vor der Österreichischen Ärztekammer erläuterte ich einmal, welche Probleme Ärzte erzeugen, die die Evidenz nicht verstehen. In der anschließenden Diskussion hob ein Mann unter den Zuhörern die Hand. Er stellte sich als Professor an der Medizinischen Universität Wien vor. Das Problem zahlenblinder Ärzte, sagte er, möge ja in New York oder Berlin bestehen, aber doch nicht in Wien. Er selbst lehre Biostatistik und achte darauf, dass jeder Medizinstudent ein grundlegendes Zahlenverständnis erwerbe. Positiv überrascht, gratulierte ich ihm. Daraufhin hob eine junge Frau die Hand. Sie stellte sich als ehemalige Studentin des Professors vor. »Ich habe seinen Kurs in Biostatistik besucht und darf versichern, dass wir gar nichts verstanden haben.«

Die medizinischen Fakultäten sollten rasch handeln, bevor den Patienten klar wird, dass ihre Ärzte die Tests und Behandlungen, die ihnen empfohlen werden, oft selbst nicht verstehen. Während die defensive Medizin das Vertrauen in die Motive der Ärzte untergräbt, steht hier das Vertrauen in ihre Kompetenz auf dem Spiel.

Es geht um die Aktionäre, nicht um die Patienten

Kürzlich hielt ich einen Vortrag über die Zukunft des Gesundheitswesens vor 30 Top-Managern eines führenden Anbieters von Medizintechnik und etwa ebenso vielen Politikern, Vorständen von Krankenversicherungen und Dekanen medizinischer Fakultäten. Es war eine nichtöffentliche Veranstaltung. Ich sprach über den verbreiteten Mangel an Risikointelligenz bei Patienten und Ärzten, die verbreitete Fehlinformation der Öffentlichkeit in Gesundheitsbroschüren, Anzeigen und anderen Medien sowie den beunruhigenden Umstand, dass medizinische Fakultäten ihren Studenten noch immer nicht das Verständnis von Gesundheitsstatistiken vermitteln. In meinem Schlusswort plädierte ich für ein Gesundheitssystem, das sich um besser unterrichtete Patienten und Ärzte bemüht.

Nach meinem Vortrag fand eine Podiumsdiskussion mit dem CEO und einer TV-Moderatorin statt. Ich fragte den CEO, ob seine kapitalkräftige Firma sich ethisch angesprochen fühle, etwas gegen dieses Problem zu unternehmen. Der CEO machte deutlich, dass er sich in erster Linie den Aktionären verpflichtet fühle, nicht den Patienten oder Ärzten. Ich erwiderte, genauso hätten die Banken vor der Immobilienkrise gedacht. Irgendwann in der Zukunft würden die Patienten bemerken, wie oft sie getäuscht wurden, statt informiert zu werden, so wie es am Ende die Bankkunden getan hätten. Dann würde die Gesundheitsindustrie möglicherweise das Vertrauen der Öffentlichkeit verlieren, so wie es dem Bankensektor ergangen sei. Der CEO war von diesem Vergleich sichtlich überrascht, holte kurz Atem, nur um dann diese Möglichkeit hastig auszuschließen.

Statt darüber nachzudenken, wie das Problem zu lösen sei, versuchte der Dekan einer medizinischen Fakultät in der Diskussion zu bestreiten, dass Medizinstudenten keine effiziente Unterweisung in statistischem Denken erhielten. Als ich ihn direkt fragte, ob er sich sicher sei, dass Absolventen seiner Fakultät in der Lage seien, einen Artikel in einer medizinischen Zeitschrift zu lesen und zu bewerten, zögerte er und murmelte erbost, dass das wohl bei einigen der Fall sei und bei anderen nicht. Ich bot ihm an, seine Studenten zu testen und bei der Entwicklung eines entsprechenden Curriculums behilflich zu sein, damit jeder junge Mediziner nach Studienabschluss Evidenz versteht. Obwohl das die erhitzte Debatte ein wenig beruhigte, ist der Dekan nie auf mein Angebot zurückgekommen. In der verbleibenden Zeit ging es in der Podiumsdiskussion um Businesspläne, die das Interesse der anwesenden Krankenversicherer und Politiker in weit höherem Maße zu fesseln wussten. Risikointelligente Ärzte und Patienten gehören nicht zum Businessplan.

Das SIC-Syndrom

Sind sich Patienten bewusst, dass viele Ärzte die Ergebnisse ihrer Tests nicht verstehen? Und wissen Patienten, dass Ärzte defensive Medizin praktizieren, wie in Kapitel 3 gezeigt? Soweit ich bislang gesehen habe, selten. Beispielsweise geht aus einer Studie über defensive Medizin in Spanien hervor, dass die meisten Ärzte unterschiedliche Therapien für sich und ihre Patienten wählen.[16] Vielleicht haben die Ärzte ja die Therapiewünsche ihrer Patienten falsch eingeschätzt. Nein. Die Ärzte sagten die Behandlungspräferenzen ihrer Patienten sehr genau voraus, wählten aber trotzdem Therapien, die sie vor Schadenersatzklagen schützten. Die nichtsahnenden Patienten glaubten irrtümlich, ihr Arzt hätte diejenige Behandlungsmethode gewählt, für die er sich selbst an ihrer Stelle entschieden hätte.

Die Arzt-Patienten-Beziehung ist ein persönliches Vertrauensverhältnis. Je mehr den Patienten die Zahlenblindheit und die defensiven Entscheidungen der Ärzte bewusst werden, desto stärker wird das Vertrauen untergraben. Eltern werden beginnen, die Beweggründe für die Empfehlungen ihres Arztes infrage zu stellen. Warum schlägt er einen MRT- oder CT-Scan für ihr Kind vor? Und manch eine Frau wird sich fragen, warum bei ihr ein Kaiserschnitt gemacht werden soll. Irgendwann werden die Patienten beginnen, an der Motivation der Ärzte zu zweifeln, und erkennen, dass mehr Tests und Eingriffe nicht immer besser sind. Das Ende vom Lied wird, wie gesagt, ein ähnlicher Vertrauensverlust im Gesundheitswesen sein, wie wir ihn im Bankensektor erlebt haben.

Drei Bomben ticken in den gegenwärtigen Gesundheitssystemen, die das Vertrauen der Öffentlichkeit zu zerstören drohen. Ärzte handeln nicht im besten Interesse ihrer Patienten, weil sie

1. defensive Medizin praktizieren (Selbstschutz),
2. Gesundheitsstatistiken nicht verstehen (»Innumeracy« bzw. Zahlenblindheit) oder
3. sich am Profit und nicht am ärztlichen Ethos orientieren (»Conflicts of Interest« bzw. Interessenkonflikte).

Nennen wir es das *SIC-Syndrom* unseres Gesundheitssystems. [Im Englischen bezeichnet das Wort »sick«, das identisch ausgesprochen wird, ein krankes System.] Diese Bedingungen führen in ihrem Zusammenwirken häufig zu schlechter Versorgung. Unter den dreien ist Zahlenblindheit das am wenigsten bekannte Problem. Interessenkonflikte, die entstehen, weil sich die Medizin immer stärker am Profit statt am Ethos orientiert, sind inzwischen ein weltweit verbreitetes Phänomen. So erlaubt der Gesetzgeber niedergelassenen Ärzten in westlichen Ländern, für jeden Patienten, dem sie Arzneimittel eines Pharmaunternehmens verschreiben, von diesem »Bestechungsgelder« in Form von Barzuwendungen anzunehmen. In China, wo die meisten Krankenhäuser staatlich und die Gehälter ziemlich niedrig sind, können Ärzte ihr Einkommen erheblich aufbessern, indem sie Arzneimittel und Technik für bildgebende Verfahren verkaufen. Wenn sie es nicht tun, erleiden sie Einbußen. Dieser Zusatzverdienst kann höher sein als das Grundgehalt.[17] Patienten müssen sich klarmachen, dass das SIC-Syndrom zur Überbehandlung führt.

Bei ungefähr zehn Millionen US-amerikanischer Frauen wurden überflüssige PAP-Tests auf Gebärmutterhalskrebs gemacht – überflüssig, weil diese Frauen nach einer Totaloperation gar keinen Gebärmutterhals mehr hatten.[18] Unnütze PAP-Abstriche schaden der Patientin nicht, aber im Gesundheitssystem werden damit Millionen Dollar verschwendet, die für andere Zwecke sinnvoller eingesetzt werden könnten. Außerdem vergeuden Ärzte mit solchen Maßnahmen ihre Zeit und Aufmerksamkeit. Bereits 1996 wies die US-amerikanische Behörde für Präventivmedizin (*Preventive Services Task Force*) darauf hin, dass bei diesen Frauen routinemäßige PAP-Abstriche ungerechtfertigt seien, doch kaum jemand nahm es zur Kenntnis. Fünfzehn Jahre später standen diese sinnlosen PAP-Abstriche noch immer auf der Liste der fünf überflüssigsten medizinischen Maßnahmen.[19] Warum missachten so viele Ärzte die Empfehlungen medizinischer Gesellschaften? Die Antwort liefert das Vergütungssystem, welches Ärzte für jede Einzelleistung, von Tests bis zu Operationen, entlohnt – statt ihnen ein gutes Pauschalgehalt zu zahlen. Verantwortliche Ärzte, die keine überflüssigen Tests durchführen, müssen Einkommenseinbußen hinnehmen –

beim SIC-Syndrom das »C«, das durch ein System mit falschen Anreizen hervorgerufen wird.

Weniger ist (oft) mehr

Wie im Finanzwesen ist auch in der Gesundheitspflege komplexe Technik nicht immer besser und sicherer. Ein Grund für ihren exzessiven Einsatz in der Medizin sind Interessenkonflikte – wiederum das »C« im oben beschriebenen SIC-Syndrom. Einkommenssteigernde Maßnahmen wie bildgebende Verfahren und chirurgische Eingriffe werden gefördert. Beispielsweise führen einige Ärzte sehr viel mehr Bypassoperationen durch als andere – sogar an Patienten, bei denen das nicht nötig ist. In einem Fall verteidigten die Kollegen das Verhalten des Chirurgen mit den Worten: »Was wollen Sie, er hat vier Kinder auf dem College.«[20] Wird er mit dem Skalpell weniger schnell zur Hand sein, wenn seine Kinder Examen gemacht haben? In einigen gewinnorientierten Privatkliniken setzt die Geschäftsführung Wochenquoten für Hysterektomien, Knieoperationen und andere Eingriffe fest und erwartet von ihren Chirurgen, dass sie diese auch durchführen, egal, welche Patienten zu ihnen kommen. Hinzu kommen nichtmonetäre Konflikte, die zu Überbehandlungen führen, etwa wenn Ärzte für ihr Facharztexamen eine bestimmte Anzahl von Operationen nachweisen müssen. Es gibt noch einen zweiten Grund für den übermäßigen Einsatz von Technik: Viele Ärzte empfehlen ihren Patienten überflüssige und möglicherweise schädliche Therapien und Tests, um sich gegen Schadenersatzprozesse zu schützen – das »S« im SIC-Syndrom. Sowohl Interessenkonflikte als auch defensive Medizin führen zum gleichen Resultat: Statt zu tun, was am besten für den Patienten ist, vergeuden die Ärzte ihre Zeit mit unnötigen Tests und Behandlungen – auch wenn einfachere und wirksamere zur Verfügung stehen.

Schwindelgefühl, Übelkeit und Erbrechen gehören zu den Symptomen des sogenannten akuten Vestibularsyndroms. In seltenen Fällen kann ein gefährlicher Schlaganfall die Ursache sein – ein Hirnstamm- oder Kleinhirninfarkt. Wenn ein Patient mit diesen Symptomen in die Notaufnahme kommt, müssen die Ärzte die richtige Diagnose stellen. Wie können sie herausfinden, ob der Patient einen Schlaganfall hatte? Oft wird bei der Einlieferung eine MRT gemacht – eine Magnetresonanztomografie. Ein MRT-Gerät erzeugt mithilfe eines energiereichen Magnetfelds und von Hochfrequenzimpulsen zwei oder dreidimensionale Bilder von inneren Organen. Die Patienten müssen sich ganz oder weitgehend ausziehen und einen Kittel anlegen, woraufhin der zu untersuchende Körperteil in das röhrenförmige Gerät eingeführt wird. Diese Maßnahmen lösen bei einigen Patienten Nervosität oder klaustrophobische Empfindungen aus. Wenn für eine bessere Bildqualität Kontrastmittel erforderlich sind, wird am Arm ein Zugang für die Infusion gelegt. Der ganze Vorgang dauert 15 bis 90 Minuten und kostet in der Regel zwischen 200 und 1200 Euro.

Die Alternative ist eine Untersuchung am Krankenbett – die kundige Ärzte schon lange vor Erfindung der MRT vornahmen. Sie erfordert gut ausgebildete Ärzte. Die HINTS-Untersuchung besteht aus drei Tests und lässt sich in einer Minute durchführen. Es gibt keine Wartezeit, kein Unbehagen, keine Infusion. HINTS heißt sie, weil sie aus drei Tests besteht: *Head Impulse* (Kopf-Impuls), *Nystagmus* (Augenzittern) und *Test of Skew* (Test auf »Vertikalschielen«). Beim Kopf-Impuls-Test beispielsweise fixiert der Patient die Nasenspitze des Arztes. Dieser dreht den Kopf des Patienten rasch zur Seite. Die normale Reaktion auf die rasche Kopfbewegung ist eine entsprechende entgegengesetzte Augenbewegung, die dem Patienten ermöglicht, das Ziel im Blick zu behalten. Abnorm ist die Reaktion, wenn der Patient während der Bewegung nicht in der Lage ist, die Augen auf die Nase des Untersuchers gerichtet zu halten – das heißt, wenn er nach Beendigung der Kopfbewegung den Blick korrigieren muss.

In einer Studie an 101 Patienten einer Hochrisikogruppe mit akutem Vestibularsyndrom wurde die Diagnose sowohl mittels MRT als auch mithilfe der HINTS-Untersuchung gestellt.[21] Während die MRT bei acht von 76 Patienten den Schlaganfall nicht erkannte, wurden mittels HINTS alle Fälle entdeckt und keiner übersehen. Die Untersuchung am Krankenbett verursachte einen falschen Alarm bei 25 Patienten ohne Schlaganfall, was ohne Zweifel der weniger schädliche Fehler ist. Diese einfache Untersuchung war bei der Diagnose eines gefährlichen Schlaganfalls entschieden erfolgreicher als das kostspielige bildgebende Verfahren.

Wie steht es mit CT-Scans? Die erfassen noch weit weniger Schlaganfälle als MRTs, führen zu mehr Fehldiagnosen und sind infolge der Strahlung potenziell schädlich für den Patienten. Eine einfache Untersuchung am Krankenbett kann sicherer für den Patienten sein und gleichzeitig Zeit und Geld sparen. Und schließlich kann sie weltweit angewandt werden, nicht zuletzt in Entwicklungsländern. Weniger ist mehr.

Ottawa Ankle Rules

Ein Mann verletzt sich beim Joggen den Knöchel. Er wird rasch in die Notaufnahme des nächsten Krankenhauses gefahren. Es könnte ein Bruch sein. Um das festzustellen, werden die meisten Patienten mit einem verstauchten Knöchel geröntgt, obwohl nur einer von sieben Patienten tatsächlich einen Bruch hat; die anderen erhalten eine unnötige Strahlendosis.[22] Gibt es eine Alternative zu diesen pauschalen Röntgenuntersuchungen? Ein Ärzteteam am Ottawa Hospital hat eine Reihe von einfachen Regeln entwickelt, mit deren Anwendung sich ein Bruch ausschließen lässt: die *Ottawa Ankle Rules*. Dabei wird überprüft, ob der Patient vier Schritte gehen kann (Abbildung 9.5). Hat er keine Schmerzen in der Malleolarregion (dem Abschnitt über dem Mittelfuß), ist keine Röntgenaufnahme erforderlich. Andernfalls ist zu fragen, ob der laterale Malleolus schmerzt, entweder an der dorsalen Kante oder an der Spitze. Falls ja, ist eine Röntgenaufnahme erforderlich. Falls nicht, ist die gleiche Frage im Hinblick auf den medialen Malleo-

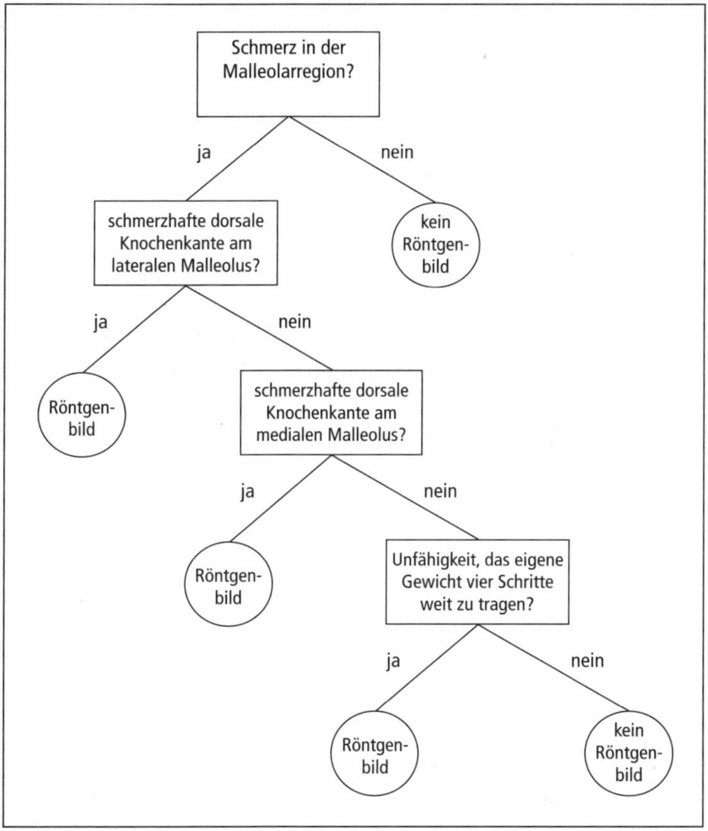

Abbildung 9.5: Einfache Regeln für eine sicherere Gesundheitsversorgung. Wenn ein Patient einen verstauchten Knöchel hat, ermöglichen die *Ottawa Ankle Rules* dem Arzt eine fundierte Entscheidung darüber, ob der Patient eine Röntgenaufnahme benötigt. Der Test ist effizient: Der Patient geht vier Schritte und beantwortet bis zu vier Fragen, in denen es um Schmerzen und Knochenempfindlichkeit geht. Die Regel gehört zur Klasse der effizienten Entscheidungsbäume und hilft, Knochenbrüche zu erkennen und wahlloses Röntgen zu vermeiden.

lus zu stellen. Abermals gilt: Wenn er schmerzt, ist eine Röntgenaufnahme erforderlich. Die letzte Frage lautet: Ist der Verletzte unfähig, das eigene Gewicht vier Schritte zu tragen? Wenn ja, ist ein Röntgenbild erforderlich, sonst nicht.

Diese Regel ist schnell und einfach. Sie ist schnell, weil sie von dem Patienten nur verlangt, vier Schritte zu machen, und sie ist einfach, weil eine Entscheidung schon nach der ersten oder zweiten Frage getroffen werden kann. Damit ist sie ein Beispiel für eine weit umfassende Kategorie von Heuristiken: die effizienten Entscheidungsbäume.[23] Das sind keine vollständigen Bäume mit allen denkbaren Informationsästen, sondern Bäume, die nach jeder Frage oder jedem Test eine Entscheidung erlauben. Dieser hier ermöglicht dem Arzt, Brüche rasch auszuschließen und nur die Patienten zum Röntgen zu schicken, bei denen es notwendig ist.

Wie wirksam ist diese schnelle Untersuchung? Eine Auswertung von 32 Studien zeigte, dass der effiziente Entscheidungsbaum in mehr als 98 Prozent aller Fälle zur richtigen Diagnose von Brüchen führte. Mit großem Erfolg ersparte er Patienten überflüssige Strahlenbelastungen. Wie die Untersuchung am Krankenbett kann er überall in der Welt angewendet werden, unabhängig davon, ob Hightech-Geräte vorhanden sind oder nicht. Und ebenfalls wie die Untersuchung am Krankenbett beruht er auf der Erfahrung gut ausgebildeter Ärzte.

Angesichts dieser Fakten stellt sich die Frage, wie viele Notfallmediziner die »Knöchel-Regel« anstelle der wahllosen Röntgenuntersuchung anwenden. Weniger als ein Drittel der US-amerikanischen Ärzte gaben an, sie zu nutzen – gegenüber 70 Prozent der kanadischen Ärzte.[24] Dass mehr US-Amerikaner wahllos geröntgt werden, liegt nicht etwa daran, dass ihre Ärzte seltener über die einfachen Regeln informiert sind als ihre kanadischen Kollegen. Der folgende Brief an das *Western Journal of Medicine* wurde von einem kalifornischen Arzt in Reaktion auf einen kanadischen Artikel verfasst, in dem die Knöchel-Regel befürwortet wurde[25]:

> »Bei uns wäre das völlig verrückt. Jeder, der eine Zeit lang praktiziert hat, weiß, dass diese Röntgenaufnahmen aus juristischen und nicht aus medizinischen Gründen gemacht werden. […] Das Rechtssystem der Gesellschaft, in der wir leben, dient im Großen und Ganzen einer, um es mit den Worten eines bekannten Anwalts auszudrücken, ›Nation von Anwälten, geschaffen von Anwälten für Anwälte‹. Sie hat juristische Verhältnisse geschaf-

fen, in der Anwälte stets einen Teil der Schadenersatzsumme bekommen, sei sie nun gerechtfertigt oder nicht. Jeder, der mit Knöchelbeschwerden in eine Notaufnahme kommt, sollte seine verdammte Röntgenuntersuchung bekommen, oder die Ärzte werden teuer dafür bezahlen, dass sie keine gemacht haben. Was soll das ganze Theater? Ein 50000-Dollar-Fluoroscan-Gerät [Röntgen-Video] liefert im Handumdrehen Bilder. Laut unseres Haftpflichtversicherers kostet eine einzige Klage vor Gericht 30000 Dollar, egal, ob sie etwas bringt oder nicht. Mein Rat: Kauft einen Fluoroscan, fotografiert alle symptomatischen Knöchel, macht Röntgenbilder und dokumentiert sie alle.«

In den USA haben Schadenersatzklagen wegen Behandlungsfehlern zu einem Verhalten der Ärzte geführt, das nicht unbedingt im Interesse des Patienten liegt. Defensive Medizin und finanzielle Interessen arbeiten Hand in Hand: Die Radiologie ist zu einem der einträglichsten Berufsfelder geworden, zusammen mit einem zweiten Berufsstand, den die Radiologen am meisten fürchten: den Fachanwälten für Behandlungsfehler. Doch immer mehr Diagnose ist nicht immer besser, genauso wenig wie immer mehr Technik. Statt ihrer können einfache klinische Regeln, die auf körperlichen Untersuchungen und Krankengeschichten basieren, die Zahl radiologischer Diagnosen einschränken und die Patientensicherheit erhöhen. Andere Beispiele sind NEXUS, die kanadische Halswirbel-Regel (*Cervical Spine Rule*), und die kanadische CT-Kopf-Regel. Geräte bewirken eine körperliche Trennung von Ärzten und Patienten. Damit soll nicht gesagt sein, dass Technik nicht helfen kann, aber ein guter Arzt sollte einen Patienten bei der Untersuchung immer sehen und berühren. Sonst geht die Kunst des Heilens im Lärm der gewinnorientierten Hightech-Medizin verloren.

Früher gingen die Menschen zum Arzt, wenn sie krank waren, und die Ärzte forderten die Gesunden nicht auf, ihre Dienste in Anspruch zu nehmen. Heute wenden sich die Leute an ihren Arzt, wenn sie wohlauf sind, und werden aufgefordert, sich untersuchen und möglicherweise auch behandeln zu lassen. Was ist richtig?

1. Regelmäßig Check-ups machen lassen.
2. Nur zum Arzt gehen, wenn es wirklich wehtut, und es sonst bleiben lassen.

Ärzte mit dem SIC-Syndrom werden entschieden darauf drängen, dass Sie zum regelmäßigen Check-up erscheinen, auch wenn Sie sich wohl fühlen. Sie messen Ihren Blutdruck und Cholesterinspiegel, führen möglicherweise Früherkennungsuntersuchungen auf Krebs durch oder setzen sogar moderne Techniken wie die Magnetresonanztomografie ein. Nur um sicherzugehen. Sind Ihre Ärzte dagegen syndromfrei und über die medizinische Evidenz unterrichtet, werden sie Sie über die wissenschaftliche Evidenz über Check-ups informieren. In 16 Studien, in die insgesamt 180 000 Erwachsene (unter 65 Jahren) einbezogen waren, wurde untersucht, ob regelmäßige Check-ups die Krebs-, Herz-Kreislauf- oder Gesamtsterblichkeit verringern. Die Antwort lautete in allen drei Fällen: nein.[26] Auch die Morbidität, das Auftreten von Symptomen, wird dadurch nicht verringert. Der einzige Effekt war, dass bei Patienten, die öfters zu Check-ups gingen, die Zahl neuer Diagnosen anstieg. Gesunde Menschen machten sich deshalb unnötig Sorgen, und die Zahl weiterer Diagnosen und Behandlungen ohne erkennbaren Nutzen nahm noch mehr zu. Doch wie immer im Leben gibt es keine absolut sichere Strategie. Gehen Sie nie zum Arzt, bleibt unter Umständen etwas unbemerkt, was rechtzeitig hätte geheilt werden können. Sie müssen selbst entscheiden, was am besten für Sie ist.

Freier Zugang zu Informationen

Patienten und Ärzte könnten bessere Entscheidungen treffen, wenn sie besser informiert wären. Doch wer nach einschlägigen Informationen sucht, hat es schwer, sie zu finden oder zu verstehen. Wie ich im nächsten Kapitel zeige, werden Patienten und Ärzte regelmäßig durch relative Risiken und andere Tricks getäuscht. Zudem sind noch weitere Hemmnisse zu überwinden. Hier einige wesentliche Informationsquellen, auf die alle Bürger endlich freien Zugriff erhalten sollten.

- *Freier Zugang zur Cochrane Library.* Die Cochrane Library (www.thecochranelibrary.com und www.cochrane.de) ist eine der besten Quellen für medizinische Forschungsergebnisse. Sie ist gemeinnützig und fasst zusammen, was wir über Tausende von Gesundheitsproblemen wissen. Die Einwohner vieler Länder – darunter Dänemark, Finnland, Großbritannien, Irland, Norwegen, Schweden und Spanien – haben freien Internetzugang zu der Bibliothek. Er wird von ihren nationalen Gesundheitsorganisationen oder Regierungen finanziert. Wir Deutschen haben keinen Zugang; genau wie die US-Amerikaner können wir nur die Abstracts lesen. Freier Zugang würde das deutsche Gesundheitsministerium rund 1 Cent pro Kopf und Jahr kosten, also etwa eine Million Euro – ein winziger Betrag, verglichen mit den Milliarden, welche für Technologie und Bürokratie ausgegeben werden. Der informierte Bürger steht bisher nicht im Vordergrund des Interesses. Infolgedessen haben auch viele Ärzte in Privatpraxen keinen Zugang zu den Informationen, die sie brauchen.
- *Freier Zugang zu Krankenakten.* In vielen Ländern haben Patienten keinen Zugang zu ihren eigenen Krankenakten. Traditionell gehören die Berichte den Krankenhäusern und Hausärzten. Der Einblick in die eigene Krankengeschichte sollte ein Grundrecht in einer Demokratie sein. Wir brauchen eine »Informationsrevolution«, die Patienten erlaubt, ihre Krankenakten einzusehen.

- *Freier Zugang zu medizinischen Zeitschriften.* Wiederholt haben wir gesehen, dass Ärzte häufig die einschlägigen Forschungsergebnisse nicht kennen. Unter anderem liegt es daran, dass manche Ärzte keinen Zugang zu den führenden medizinischen Zeitschriften haben. Und ich spreche hier nicht nur über Entwicklungsländer. Verlage wie Elsevier und Springer blockieren den Zugang zu ihren medizinischen (und anderen wissenschaftlichen) Zeitschriften. Ein Arzt oder Patient, der sich im Internet eine neue Studie ansehen möchte, findet neben der Zusammenfassung einen Preis. Ohne die Zahlung von 30 oder 40 Euro pro Artikel oder die Mitgliedschaft in einer Institution, die dem jeweiligen Verlag eine horrende Gebühr bezahlt hat, gibt es keinen Zugang. Wissenschaftler aus vielen Ländern haben dazu aufgerufen, Verlage zu boykottieren, welche die freie Verbreitung wissenschaftlicher Informationen verhindern, um Profit zu machen. Schließlich arbeiten die Autoren dieser Artikel, Gutachter und Herausgeber in der Regel ohne Entgelt. Im digitalen Zeitalter leisten die Verlage nur einen kleinen Beitrag, sichern sich aber das Urheberrecht und verlangen von den Bibliotheken unverschämte Summen. Noch nicht einmal den Verfassern gestatten sie, durch Veröffentlichung auf ihren Webseiten für die rasche Verbreitung der eigenen Forschungsergebnisse zu sorgen. Mit dieser Praxis muss Schluss gemacht werden. Das Urheberrecht sollte an die Herausgeber, wissenschaftlichen Organisationen oder andere Institutionen gehen, die bestrebt sind, die Evidenz zu verbreiten, statt sich an öffentlichen Geldern zu bereichern.

Neben diesen Informationen und Diensten, die vielen von uns noch immer nicht zur Verfügung stehen, gibt es andere, die zwar zugänglich, aber nicht allgemein bekannt sind. Quellen für verlässliche Gesundheitsinformationen sind unter anderem:

- Institut für Qualität und Wirtschaftlichkeit im Gesundheitswesen (IQWIG)
  www.gesundheitsinformation.de

- Individuelle Gesundheitsleistungen (IGeL)
  www.igel-monitor.de
- Fachbereich Gesundheitswissenschaften der Universität Hamburg
  www.patienteninformation.de
- U.S. Preventive Services Task Force
  www.ahrq.gov/CLINIC/uspstfix.htm
- Dartmouth Atlas of Health Care. Zeigt die abenteuerliche Vielfalt der Behandlungen, die Ärzte ihren Patienten angedeihen lassen.
  www.dartmouthatlas.org
- Bandolier Oxford, UK
  www.medicine.ox.ac.uk/bandolier/
- Foundation for Informed Medical Decision Making
  www.informedmedicaldecisions.org/
- Harding Zentrum für Risikokompetenz (Harding Center for Risk Literacy) am Berliner Max-Planck-Institut für Bildungsforschung
  www.harding-center.de
- Eine nützliche Einrichtung, die den Gesundheitsjournalismus überwacht und die Spreu vom Weizen trennt:
  www.healthnewsreview.org
  Deutsche Version: www.medien-doctor.de

Kapitel 10
Gesundheit: Keine Entscheidung über mich ohne mich

Wenn Sie noch kein Mammogramm hatten, müssen Sie mehr untersuchen lassen als Ihre Brüste.

American Cancer Society, Kampagnenplakat der 80er-Jahre

Wir wollen den Grundsatz der »gemeinsamen Entscheidung« zur Norm machen: Keine Entscheidung über mich ohne mich.

Britisches Gesundheitsministerium

Als der New Yorker Ex-Bürgermeister Rudy Giuliani 2007 für das Präsidentenamt kandierte, erklärte er im Wahlkampf:[1]

> »Vor fünf, sechs Jahren hatte ich Prostatakrebs. Meine Überlebenschance bei Prostatakrebs – Gott sei Dank wurde ich geheilt – in den Vereinigten Staaten? 82 Prozent. Meine Überlebenschance bei Prostatakrebs in England? Nur 44 Prozent unter den Verhältnissen einer sozialisierten Medizin.«

Für Giuliani hieß das: Er hatte Glück, in New York zu leben und nicht in York, weil hier die Chance, seinen Prostatakrebs zu überleben, offenbar doppelt so hoch war. Spektakuläre Nachricht. Aber auch ein spektakulärer Fehler. Trotz des eindrucksvollen Unterschieds hinsichtlich der Überlebensrate starb in den Vereinigten Staaten und in Großbritannien etwa der *gleiche* Prozentsatz von Männern.[2] Wie kann die Überlebensrate so verschieden sein, wenn die Sterblichkeit gleich ist?

Die Antwort: Beim Screening sagen Unterschiede der Überlebensraten nichts über die Unterschiede der Sterberaten aus. Tatsächlich weisen in den letzten 50 Jahren Veränderungen der 5-Jahres-Überlebensraten keinen Zusammenhang mit Veränderungen der Sterberaten auf.[3] Dafür gibt es zwei Gründe.

Wie sich Rudy Giuliani täuschen ließ

Der erste Grund heißt Vorlaufzeit-Bias (*lead time bias*). Stellen Sie sich zwei Männergruppen mit progressivem Prostatakrebs vor. Die erste setzt sich aus Männern in Großbritannien zusammen, wo das Screening auf prostataspezifische Antigene (PSA) nicht regelmäßig durchgeführt wird und die meisten Krebsfälle anhand von Symptomen diagnostiziert werden. Die zweite besteht aus Männern in den USA, wo dieser Test ab Ende der 80er-Jahre zum Einsatz kam und rasch populär wurde, obwohl sich nicht nachweisen ließ, dass er Leben rettete.

In der britischen Gruppe wird Prostatakrebs durch Symptome entdeckt, nehmen wir an, im Alter von 67 Jahren (Abbildung 10.1, oben). Alle diese Männer sterben mit 70. Jeder überlebte nur drei Jahre, daher beträgt die 5-Jahres-Überlebensrate 0 Prozent. In der US-amerikanischen Gruppe wird Prostatakrebs durch PSA-Tests früh entdeckt, sagen wir mit 60 Jahren, aber auch dort sterben die Patienten mit 70 (Abbildung 10.1, unten). Laut Statistik überlebte jeder in der Gruppe zehn Jahre, und damit ist die 5-Jahres-Überlebensrate 100 Prozent. Die Überlebensrate hat sich spektakulär verbessert, obwohl sich am Todeszeitpunkt nichts geändert hat: Egal, ob die Patienten ihre Diagnose mit 67 oder mit 60 erhielten, alle starben sie mit 70. Durch Vorverlegung der Diagnose wird die Überlebensrate aufgebläht. Kein Leben wird verlängert oder gerettet.

Der zweite Grund, warum die Überlebensrate uns nichts über längere Lebenszeiten verrät, ist der Überdiagnose-Bias. Eine Überdiagnose liegt vor, wenn Ärzte Abnormalitäten entdecken, die weder Symptome noch frühen Tod verursachen. Dies ist etwa der Fall, wenn bei einem Patienten zwar richtigerweise eine Krebserkrankung diagnostiziert wird, diese sich jedoch so langsam entwickelt, dass der Patient sie nie bemerken würde. Diese Krebsarten bezeichnet man als langsam wachsend oder nichtprogressiv.[4] Bei der PSA-

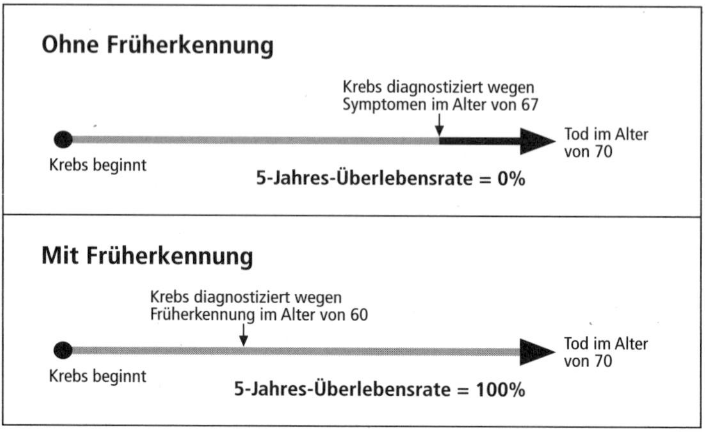

Abbildung 10.1: Vorlaufzeit-Bias (*lead-time bias*). Es gibt zwei Gruppen von Männern, die alle mit 70 Jahren an Prostatakrebs sterben. Die Männer im oberen Kasten nehmen nicht am Prostatakrebs-Screening teil. Ihre Krebserkrankung wird mit 67 entdeckt. Für sie beträgt die 5-Jahres-Überlebensrate also null. Die Männer im unteren Kasten nehmen am Screening teil. Ihr Krebs wird früher entdeckt, mit 60 Jahren. Für sie ergibt sich eine Überlebensrate von 100 Prozent. Beim Screening bedeuten Steigerungen der Überlebensraten nicht, dass Leben gerettet oder verlängert werden. Deshalb sind solche Statistiken irreführend.

Früherkennung werden sowohl progressiver als auch nichtprogressiver Krebs festgestellt, der Test kann sie aber nicht voneinander unterscheiden. Abbildung 10.2 (oben) zeigt 1000 britische Männer mit progressivem Krebs, die nicht an der Früherkennung teilnehmen. Nach fünf Jahren sind 440 noch immer am Leben, was eine Überlebensrate von 44 Prozent ergibt. Abbildung 10.2 (unten) zeigt 1000 Amerikaner, die an der PSA-Früherkennung teilnehmen und progressiven Krebs haben. In dem Test werden jedoch auch 2000 Männer mit nichtprogressivem Krebs entdeckt – Männer also, die nicht an dem Krebs sterben werden. Diese 2000 werden zu den 440 Überlebenden des progressiven Krebses hinzugezählt, woraufhin die Überlebensrate auf 81 Prozent emporschnellt. Obwohl die Überlebensrate spektakulär ansteigt, sterben exakt genauso viele Männer.

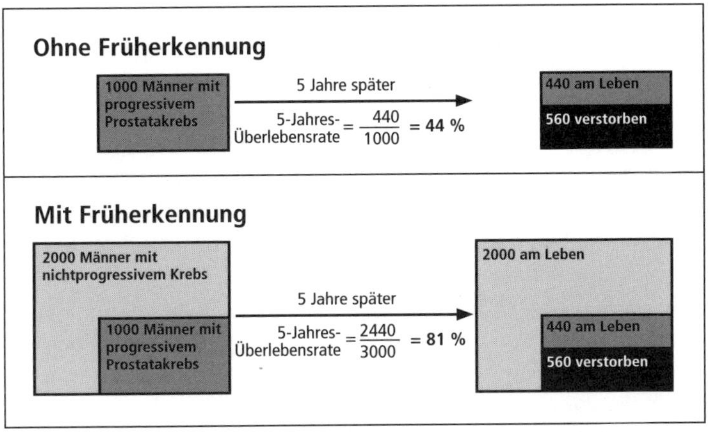

Abbildung 10.2: Überdiagnose-Bias. Oben: Diese Männer nehmen nicht am Screening teil; ihre Überlebensrate beträgt 44 Prozent. Unten: Beim Screening werden nicht nur Männer mit progressivem Krebs entdeckt, sondern auch sehr viel mehr mit nichtprogressivem Krebs, der definitionsgemäß nicht zum Tod führt. Das treibt die Überlebensrate von 44 auf 81 Prozent hoch. Beim Screening bedeuten Steigerungen der Überlebensraten nicht, dass Leben gerettet oder verlängert werden. Deshalb sind solche Statistiken irreführend.

Von Überlebensraten zu reden kann sinnvoll sein bei Operationen oder anderen medizinischen Behandlungen (bei denen keine Möglichkeit zur Vorverlegung der Diagnose oder zur Überdiagnose besteht), aber im Kontext der Früherkennung ist es immer eine irreführende Aussage. Die Fehlinterpretation des Begriffs »Überleben« hat unnötigerweise gesunde Menschen in ängstliche Patienten verwandelt. Manch ein Mann, dessen nichtprogressiver Krebs entdeckt wird, unterzieht sich einer überflüssigen und schädlichen Operation oder Strahlentherapie. Die Behandlung ist überflüssig, weil er im Lauf seines Lebens die geringfügige Krebserkrankung nie bemerkt hätte. Und sie ist potenziell schädlich, weil bis zu fünf von 1000 Männern binnen eines Monats nach der Operation sterben und rund zehnmal so viele unter schweren Komplikationen leiden.[5] Unzählige Männer müssen den Rest ihres Lebens Windeln tragen. Vielen hat man weisgemacht, Inkontinenz sei der Preis für ihr Überleben, und Überleben bedeute, länger zu leben.

Prostatakrebs ist kein tödlicher Schicksalsschlag aus heiterem Himmel. Eigentlich ist er ziemlich häufig. Nehmen wir eine Gruppe von fünf Amerikanern in ihren 50ern. Wahrscheinlich hat einer von ihnen irgendeine Form von Prostatakrebs (Abbildung 10.3).[6] Wenn diese Männer in ihren 60ern und 70ern sind, können wir davon ausgehen, dass zwei oder drei von ihnen Prostatakrebs haben. Im Alter von über 80 werden es vier von ihnen sein. Fast jeder Mann, der das Glück hat, lange zu leben, wird ihn am Ende bekommen. Doch die meisten merken es nicht, weil der Krebs langsam oder gar nicht wächst. Glücklicherweise liegt das Lebenszeitrisiko, an Prostatakrebs zu sterben, nur bei 3 Prozent. Es sterben mehr Männer *mit* Prostatakrebs als *an* ihm.

Rudy Giuliani ist nicht der einzige Politiker, der den Unterschied zwischen Überlebensraten und Sterberaten nicht begriff. Ein Bericht des britischen Statistikamtes bezifferte die 5-Jahres-Überlebensrate für Darmkrebs auf 60 Prozent in den USA gegenüber 35 Prozent in Großbritannien. Fachleute bezeichneten dieses Ergebnis als »Schande« und riefen die Regierung dazu auf, ihre Ausgaben für die Krebsbehandlung zu verdoppeln. Daraufhin verkündete der damalige Premierminister Tony Blair das Ziel, in den folgenden zehn Jahren die Überlebensraten um 20 Prozent zu erhöhen: »In Vorbeugung, Diagnose und Behandlung hinken wir anderen Ländern hinterher.«[7] Trotz der großen Unterschiede bei den 5-Jahres-Überlebensraten war die Sterberate bei Darmkrebs in Großbritannien ungefähr genauso groß wie in den Vereinigten Staaten. Eine höhere Überlebensrate lässt nicht auf ein längeres Leben oder ein besseres Gesundheitssystem schließen. Trotzdem scheint Giuliani selbst absolut davon überzeugt zu sein, dass ihm die Operation das Leben gerettet hat. Das gilt auch für andere US-Politiker wie Außenminister John Kerry. Ende der 90er-Jahre ließ der Kongress eine Sondermarke *Prostate Cancer Awareness* (»Bewusstsein für Prostatakrebs«) herausgeben, die für »jährliche Check-ups und Tests« warb. Giuliani und die US-Post waren offenbar einer Meinung. Bis auf den heutigen Tag wenden sich Promi-

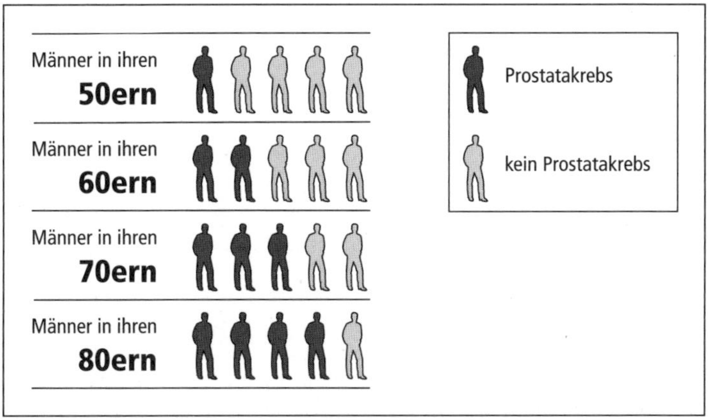

Abbildung 10.3: Mehr Männer sterben mit als an Prostatakrebs. Autopsiestudien zeigen, dass etwa einer von jeweils fünf amerikanischen Männern in ihren 50ern irgendeine Form von Prostatakrebs hat. Sind diese fünf Männer in ihren 60ern, kommt ein zweiter dazu. Je älter die Männer werden, desto mehr haben Prostatakrebs. Ein Mann in seinen 80ern, der keinen Prostatakrebs hat, ist die Ausnahme und nicht die Regel. Doch nur ungefähr 3 Prozent der Männer sterben daran. (Diese Zahlen sind grobe Schätzungen und schwanken je nach Land und ethnischer Gruppe.) Prostatakrebs ist eine häufige Erkrankung; die meisten Männer werden jedoch keine Symptome bekommen, weil ihr Krebs nur langsam oder gar nicht wächst.

nente in Fernsehspots persönlich an die Zuschauer, um zu schildern, wie Früherkennung ihnen das Leben gerettet hat.

Gibt es eine Möglichkeit, die Menschen mit Fakten zu erreichen? Gibt es. Durch ein einfaches Hilfsmittel namens Icon-Box.

Früherkennung von Prostatakrebs

Eine Icon-Box bringt Transparenz in die Gesundheitspflege. Mit ihrer Hilfe lassen sich Fakten über Früherkennung, Medikamente oder andere Behandlungen mitteilen. Die alternativen Behandlungen werden in Spalten nebeneinander angeordnet, dann der Nutzen und der Schaden dargestellt. Vor allem sind in der Box keine irreführenden Statistiken wie Überlebensraten und relative Risiken erlaubt. Alle Informationen werden in einfachen Häufigkeiten angegeben. Es geht nicht darum, den Menschen zu sagen, was sie zu tun haben, sondern ihnen die wichtigsten Fakten zu liefern. Dann kann jeder eine fundierte Entscheidung treffen. Eine Icon-Box bringt Licht ins Dunkel der Beeinflussung und ist ein Mittel gegen Paternalismus.

Konfrontieren wir Giulianis Äußerung mit einer Icon-Box für Prostatakrebs: Die Box fasst die Ergebnisse aller medizinischen

Früherkennung von Prostatakrebs

HARDING CENTER FOR RISK LITERACY

durch PSA-Test und digitale Rektaluntersuchung

Zahlen für Männer ab 50 Jahren, die 10 Jahre an der Früherkennung teilgenommen haben.

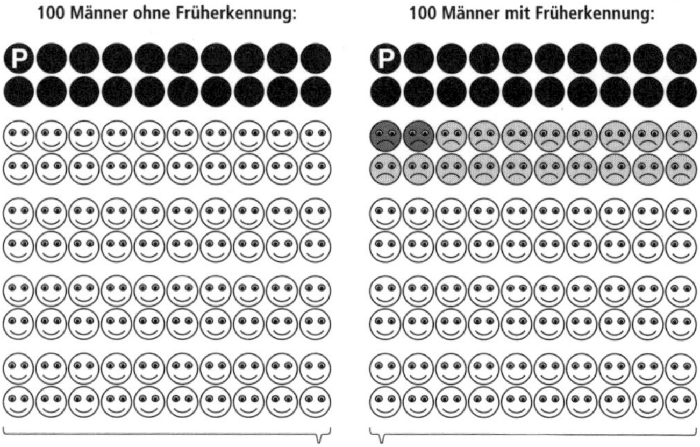

	ohne	mit
Männer, die an Prostatakrebs starben:	1	1
Männer, die insgesamt starben:	20	20
Männer mit nichtprogressivem Krebs, die unnötigen Operationen, Bestrahlungen usw. unterzogen wurden:	–	2
Männer ohne Krebs mit falschem Alarm und Biopsie:	–	18
Männer, die unversehrt und am Leben sind:	80	60

Quelle:
Djulbegovic et al. (2010, *British Medical Journal,* 341)

Untersuchungen zusammen, und zwar die besten Daten aus randomisierten Studien.[8] Dabei wurde die Hälfte der Männer nach dem Zufallsprinzip einer Gruppe zugewiesen, deren Mitglieder an einer PSA-Früherkennung und einer digitalen rektalen Untersuchung teilnahmen, die andere Hälfte der Kontrollgruppe (keine Früherkennung). Wenn in der ersten Gruppe eine Krebserkrankung durch Früherkennung oder in der Kontrollgruppe durch Symptome entdeckt wurde, erhielt der Patient in der Regel eine Krebstherapie. Die Box zeigt, wie es den Männern nach zehn Jahren erging.

Nutzen?

Beginnen wir mit dem positiven Aspekt, dem Nutzen. Erstens: Gibt es Beweise dafür, dass Früherkennung die Zahl der Todesfälle durch Prostatakrebs verringert? Die Antwort ist Nein: Es besteht kein Unterschied in der Zahl der Männer, die an Prostatakrebs starben, egal, ob sie an der Früherkennung teilnahmen oder nicht. Zweitens: Gibt es einen Nachweis dafür, dass die Entdeckung der

Abbildung 10.4: Die Icon-Box illustriert den Nutzen (oder dessen Fehlen) und den Schaden von Prostatakrebs-Screening durch PSA-Test und digitale rektale Untersuchung. 100 Männer, die 50 Jahre oder älter sind, nehmen nicht am Screening teil (links), die gleiche Zahl tut dies (rechts). Nach zehn Jahren sind in jeder Gruppe rund 20 gestorben, einer von ihnen an Prostatakrebs. Kein Leben wurde durch die Teilnahme an PSA-Tests gerettet, aber rund 20 Männer in der Screening-Gruppe wurden geschädigt (rechte Grafik, 2. Gruppe von oben). Zwei wurden unnötig operiert oder bestrahlt, was zu Inkontinenz und Impotenz führen kann. 18 hatten falsche Testergebnisse und überflüssige Biopsien und machten sich unnötig Sorgen um eine Krebserkrankung.
Eine Icon-Box liefert Informationen in verständlicher Weise, das heißt ohne die Verwendung von relativen Risiken, 5-Jahres-Überlebensraten oder anderen irreführenden Statistiken. Aus Gründen der Vereinfachung wird die Zahl der Männer, die an Prostatakrebs starben, von etwa 0,8 auf 1 von 100 aufgerundet. Basiert auf rund 200 000 Männern in der Screening-Gruppe und ebenso vielen in der Kontrollgruppe (Djulbegovic et al. 2010). Unter dem Strich ergibt sich: Prostatakrebs-Früherkennung rettet kein Leben, schadet aber der Lebensqualität vieler Männer.

Krebserkrankung im Frühstadium die Gesamtzahl der Todesfälle aus welchem Grund auch immer verringerte? Abermals nein. Im Laufe von zehn Jahren starben ein Fünftel der Männer, die nicht an der Früherkennung teilnahmen, und ebenso ein Fünftel der Männer, die gewissenhaft zur Früherkennung gingen. Mit einfachen Worten: Es gibt keine Anhaltspunkte dafür, dass Früherkennung Leben rettet; sie verringert weder die Sterblichkeit durch Prostatakrebs noch die Gesamtsterblichkeit.

Die einzelnen Studien unterscheiden sich geringfügig in ihrer Einschätzung des Nutzens (oder des Fehlens desselben) der Früherkennung. Die optimistischste Beurteilung stammt aus einer europäischen Studie, die eine Reduzierung der Sterblichkeit durch Prostatakrebs um annähernd 1 von 1000 Männern berichtete.[9] Diese Studie ist in der Icon-Box berücksichtigt worden. Aber auch hier wurde kein Unterschied bei der Gesamtsterblichkeit festgestellt.

Warum glauben dann viele Männer wie Giuliani, die Früherkennung habe ihnen das Leben gerettet? Sie gehören wahrscheinlich zu den 2 von 100 Männern in Abbildung 10.4 (rechte Seite), die nichtprogressiven Krebs haben, das heißt eine Form des Krebses, die nie Symptome hervorgerufen hätte. Nach einer Operation oder einer Strahlentherapie mögen diese Männer glauben, der Test habe ihnen das Leben gerettet. Tatsächlich aber wären sie ohne Test und Behandlung ebenfalls am Leben – und dies bei besserer Gesundheit.

Schaden?

Die Icon-Box zeigt auch die Nachteile auf, welche die Männer erlitten, die zur Früherkennung gingen. Es gab zwei Arten von Schädigungen: die bei Männern ohne Prostatakrebs und die bei Männern mit nichtprogressivem Prostatakrebs. Wenn ein Mann ohne Krebs wiederholt einen hohen PSA-Spiegel hat, wird in der Regel eine Biopsie vorgenommen. Doch anders als die Mammografie teilt der PSA-Test dem Arzt nicht mit, wo er die Nadel einzuführen hat. Infolgedessen müssen die Männer häufig den Albtraum mehrfacher Nadelbiopsien über sich ergehen lassen, weil der Arzt nach einem Tumor sucht, der überhaupt nicht vorhanden ist. Zu einem solchen falschen Alarm kommt es häufig, weil auch viele Männer ohne Krebs hohe PSA-Spiegel haben.[10] Von je 100 Männern, die an der Früherkennung teilnahmen, erhielten 18 einen falschen Alarm mit anschließender Biopsie oder mehrere.

Noch größer war das Leiden der Männer mit nichtprogressivem Prostatakrebs. Wenn eine Biopsie irgendwelche Anzeichen von Krebs erkennen ließ, wurden die meisten zu unnötigen Behandlungen wie Prostatektomie und Strahlentherapie gedrängt. Die Icon-Box zeigt, dass sich 2 von je 100 Männern, die an der Früherkennung teilnahmen, überflüssigen Eingriffen unterzogen. Wie erwähnt ist Giuliani möglicherweise einer von ihnen. Zwischen 20 und 70 Prozent der Männer, die vor der Behandlung keine Probleme hatten, waren am Ende für den Rest ihres Lebens inkontinent oder impotent.[11] Insgesamt wurden 20 von je 100 Männern durch unnötige Biopsien, Operationen oder Bestrahlungen geschädigt. Für diese unglücklichen Männer beeinträchtigte die Früherkennung die Qualität ihres Lebens, ohne dessen Dauer zu verlängern.

Ein mahnendes Wort von dem Mann, der PSA entdeckte

Nach einem Vortrag bei einer Gesundheitsorganisation kam ein Mann zu mir und stellte sich als CEO einer Bank vor. »Die Geschichte, die Sie erzählt haben, ist meine Geschichte. Mein Arzt hat mir ständig von PSA-Tests abgeraten, genauso wie der Arzt meines Vaters. Dann hat ihn ein anderer Arzt vertreten, und der machte einen PSA-Test, es wurde Krebs entdeckt, und es geschah genau das, was Sie gesagt haben. Jetzt bin ich 60 und laufe ständig zur Toilette.« Eine Icon-Box kann Sie vor Inkontinenz und Impotenz bewahren.

Immer wieder wird uns eingehämmert, dass uns die Frühentdeckung von Prostatakrebs das Leben retten kann. Eine einleuchtende Geschichte, doch sie steht auf tönernen Füßen. Das Ergebnis ist der »Große Prostatafehler«, wie Richard J. Ablin ihn genannt hat – der Mann, der das prostataspezifische Antigen (PSA) entdeckte. Er verurteilte das PSA-Screening und das Geschäft, das mit seiner Entdeckung gemacht wurde:[12]

> »Der Test sollte auf keinen Fall dazu verwendet werden, die gesamte männliche Bevölkerung über 50 zu untersuchen. Aber genau das versuchen die Leute, denen es nur um den Profit geht. Als ich vor vier Jahrzehnten meine Entdeckung machte, hätte ich nie gedacht, dass sie eines Tages eine solche von Profitgier getriebene Katastrophe im Gesundheitswesen heraufbeschwören würde. Die medizinische Gemeinschaft muss sich der Realität stellen und den unangemessenen Einsatz des PSA-Screenings beenden. Damit könnte man Milliarden Dollar einsparen und Millionen Männern überflüssige, die Gesundheit stark beeinträchtigende Behandlungen ersparen.«

PSA-Tests können für diagnostische Zwecke nützlich sein, etwa nach Operationen, aber nicht für die Früherkennung. Es gibt keine Hinweise darauf, dass Leben gerettet werden, wohl aber schlüssige Belege dafür, dass einige Männer geschädigt werden. Deshalb empfiehlt das *National Cancer Institute* ausdrücklich, Männer ohne Symptome sollten nicht zur PSA-Früherkennung gehen. Auf seiner Website (www.cancer.gov) erklärt es, dass Männer vor einer Entscheidung sorgfältig den Nutzen gegen den Schaden abwägen sollten. Ähnlich spricht sich auch die *U.S. Preventive Services Task Force* gegen regelmäßige PSA-Tests oder digitale rektale Untersuchungen aus.

Trotzdem praktizieren viele Krankenhäuser und Ärzte eine Politik des automatischen Screenings oder überreden ihre Patienten zur Früherkennung. Dafür haben sie drei vertraute Gründe, das SIC-Syndrom: Viele Ärzte und Kliniken schützen sich gegen mögliche Schadenersatzklagen von Patienten durch die Empfehlung des Screenings (das »S« für Selbstschutz). Andere kennen die medizinische Evidenz nicht (das »I« für »Innumeracy» bzw. Zahlenblindheit). In einer Zufallsstichprobe unter 20 Berliner Urologen kannten nur zwei den Nutzen und den Schaden der PSA-Früherkennung.[13] Und der finanzielle Gewinn, der sich erzielen lässt, ist erheblich (das »C« für »Conflicts of Interest« bzw. Interessenkonflikte). Allein in den USA werden jährlich drei Milliarden Dollar für den Test und die Folgebehandlungen ausgegeben; würde die gesamte männliche US-Bevölkerung gescreent, würde das die Steuerzahler im ersten Jahr 12 bis 28 Milliarden Dollar kosten. Zum Vergleich: Ein Expertengremium der Weltgesundheitsorganisation (WHO) kam zu dem Ergebnis, dass die weltweite Ausrottung der Masern nur die Hälfte kosten würde.[14]

Screening auf Prostatakrebs ist ein Musterbeispiel für die Vergeudung von Zeit und Geld im Gesundheitswesen. Ärzte sollten ihre Zeit dazu nutzen, Patienten zu helfen statt ihnen zu schaden. Mit den Milliarden könnte man Leben retten. Als ich die Icon-Box über PSA-Früherkennung während eines Vortrags auf der Jahreskonferenz der Privaten Krankenversicherungen vorstellte, kam der Chef einer Versicherung hinterher auf mich zu. »Sie ruinieren uns unseren Businessplan«, sagte er offensichtlich verärgert. »Um uns einen Vorteil gegenüber den gesetzlichen Krankenkassen zu verschaffen, zahlen wir für PSA-Tests. Jetzt legen Sie Beweise vor, dass sie nichts taugen.« Warum bietet diese Versicherung ihren Kunden nicht etwas, was diesen hilft, statt ihnen zu schaden?

Lassen Sie es mich in aller Deutlichkeit sagen: Ein Arzt, der Männern PSA-Tests empfiehlt, ohne ihnen den tatsächlichen Nutzen und Schaden zu erklären, ist kein guter Arzt.

Schauen wir uns zwei der Gründe an, die für die Fortdauer dieser Verhältnisse sorgen: das mangelnde Verständnis der Ärzte für Gesundheitsstatistiken und die profitbedingten Interessenkonflikte.

Verstehen Ärzte Überlebensraten?

Verstehen Ärzte Überlebensraten oder lassen sie sich wie Rudy Giuliani täuschen? Soweit ich weiß, ist diese Frage noch in keiner Studie gestellt worden. Daher untersuchten meine Kollegen und ich eine repräsentative Stichprobe von 412 Ärzten in den USA.[15] Die Befragten waren als Hausärzte, Allgemeinmediziner und Internisten niedergelassen. Die meisten von ihnen hatten zehn- bis zwanzigjährige Berufspraxis. Die erste Frage lautete:

Welche der folgenden Aussagen beweist, dass ein Screening auf Krebs »Leben rettet«?

1. Mit Screening werden mehr Krebserkrankungen entdeckt als ohne Screening. [47 %]
2. Beim Screening entdeckte Krebsfälle haben bessere 5-Jahres-Überlebensraten als Krebserkrankungen, die anhand von Symptomen erkannt wurden. [76 %]
3. In randomisierten Studien sind die Sterberaten bei gescreenten Personen niedriger als bei nicht gescreenten Personen. [81 %]

Was denken Sie? Fast die Hälfte (47 Prozent) der Ärzte glaubte fälschlicherweise, dass (1.), also die Entdeckung von mehr Krebsfällen, die lebensrettende Wirkung des Tests beweise. Was sie nicht berücksichtigten: Alle halbwegs brauchbaren Screening-Tests auf dem Markt werden Krebserkrankungen finden. Außerdem sind sie, wie die Icon-Box für Prostatakrebs-Screening zeigt, nicht immer ein Segen für die Patienten. Zwar sind einige Arten von Krebsfrüherkennung, wie zum Beispiel der PAP-Abstrich, wohl in der Lage, Leben zu retten, doch die meisten tun es nicht und schädigen eine große Zahl von Menschen, manchmal sogar mit tödlichen Folgen. Binnen eines Monats nach einer Lungenkrebsoperation sind 5 Prozent der Patienten nicht mehr am Leben. Das hält aber nur wenige davon ab, weiterhin für Lungenkrebs-Screening zu werben, etwa mit der Spiral-CT. Nicht dass die Spiral-CTs schlecht wären. Im Gegenteil: Sie sind zu gut. Sie sind so genau, dass sie ungefähr ebenso viele Lungenkrebsfälle bei Nichtrauchern wie bei Rauchern erkennen![16] Mit anderen Worten: Sie entdecken nichtprogressive Krebserkrankungen bei Nichtrauchern – Zellabnormalitäten, die wissenschaftlich betrachtet Krebs sind, aber nicht zu Symptomen führen. Erkennung von mehr Krebsfällen ist also kein Beweis dafür, dass Leben gerettet werden. Diese Grundtatsache sollte jeder Arzt kennen.

Wie Rudy Giuliani waren drei Viertel der Ärzte der irrigen Meinung, dass (2.), höhere 5-Jahres-Überlebensraten, ein Beleg für die Rettung von Leben seien. Die Mehrheit (81 Prozent) nahm aber auch richtigerweise an, dass (3.), geringere Sterberaten, der Beweis seien. Doch wenn die meisten Ärzte meinen, dass sowohl Überlebens- als auch Sterberaten das Gleiche bewiesen, muss man von einer gewissen Verwirrung ausgehen. Das überprüften wir mit unserer nächsten Frage.

Ein Ergebnis kann entweder als Überlebens- oder als Sterberate ausgedrückt werden. Wird dadurch beeinflusst, was Ärzte ihren Patienten empfehlen? Die Ärzte wurden gefragt:

> Stellen Sie sich vor, ein 55-jähriger gesunder Patient erkundigt sich über ein Screeening auf Krebs X. Bitte beantworten Sie folgende Frage anhand der Daten für Patienten im Alter von 50 bis 69 Jahren, die aus einer großen, etwa zehn Jahre dauernden Studie an US-amerikanischen Erwachsenen stammen.

	ohne Screening	mit Screening
5-Jahres-Überlebensrate	68 %	99 %

> Würden Sie Ihrem Patienten dieses Screening empfehlen?

Die Mehrheit der Ärzte (fast 70 Prozent) gab an, sie würden ihren Patienten die Untersuchung mit Sicherheit empfehlen. Später stellten wir den Ärzten dieselbe Frage zum Screening auf Krebs Z, bei dem es sich in Wirklichkeit jedoch um Krebs X handelte. Doch jetzt wurde der Nutzen als Sterberate präsentiert:

	ohne Screening	mit Screening
Sterberate	2 Tote pro 1000 Personen	1,6 Tote pro 1000 Personen

Dieses Mal sagten nur 23 Prozent, sie würden den Test empfehlen (Abbildung 10.5). Es war bestürzend, wie leicht die Mehrheit dieser amerikanischen Ärzte durch Überlebensraten zu beeindrucken war.

Sind Ärzte in Deutschland besser? Als wir 65 deutsche Internisten befragten, ließen auch sie sich genauso leicht zugunsten einer

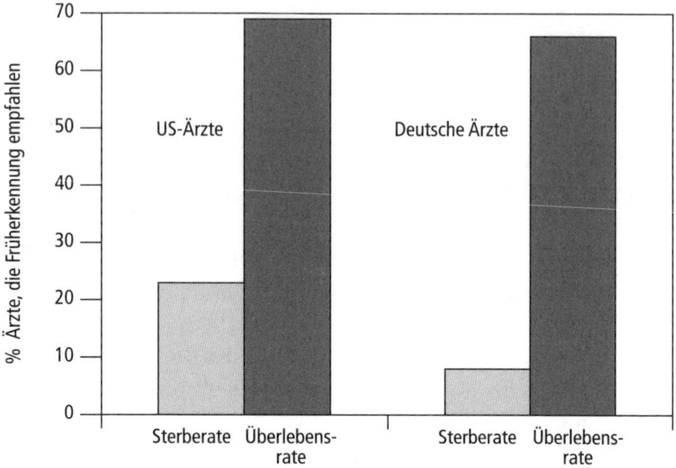

Abbildung 10.5: Verstehen Ärzte 5-Jahres-Überlebensraten? Die meisten nicht. Wenn die Informationen in Form von Sterberaten präsentiert werden, empfehlen nur sehr wenige Ärzte ihren Patienten Screening. Wenn die gleichen Informationen als irreführende Überlebensraten dargestellt werden, empfehlen die meisten das Screening. Gestützt auf eine landesweite Stichprobe von 412 US-Ärzten und eine Stichprobe von 65 deutschen Ärzten.

Empfehlung des Screenings manipulieren.[17] Wir forderten diese Ärzte auf, den Vorlaufzeit-Bias zu erklären (vgl. Abbildung 10.1). Nur zwei der 65 konnten es. Und als wir sie nach Überdiagnose befragten (vgl. Abbildung 10.2), konnte sie nicht ein Einziger erklären.

Alles in allem zogen die meisten Ärzte in Deutschland und den USA falsche Schlussfolgerungen aus den Überlebensraten. Außerdem war fast die Hälfte der US-Ärzte der irrigen Meinung, die Entdeckung von mehr Krebsfällen beweise, dass Leben gerettet würden. In ihrer Verwirrung würden sie ihren Patienten das Screening empfehlen. Zur Verbesserung dieser Situation sollten Ärzte, wenn sie mit Patienten über medizinische Verfahren sprechen, grundsätzlich Icon-Boxen verwenden.

Wie angesehene Institutionen Sie täuschen

Mit doppelter Zunge sprechen

Solange es niemand merkt, können Institutionen Informationen verdrehen, um Ärzte und Patienten zu beeinflussen. Was würden Sie tun, um Patienten zu gewinnen? Ein Trick wird in Abbildung 10.6 gezeigt. Bevor Sie weiterlesen, schauen Sie, ob Sie ihn entdecken. In der Anzeige wird für das *M.D. Anderson Cancer Center* geworben, eines der angesehensten Krebszentren in den USA. Laut dieser Anzeige hat sich im Laufe der Jahre die Überlebensrate in der Klinik kontinuierlich erhöht, während die Zahlen für den Rest des Landes weit niedriger sind. In der Werbung wird behauptet: »Während zwischen 1960 und 1990 die Sterberaten bei Prostatakrebs landesweit schwankten, haben sich bei Anderson-Patienten die 5-Jahres-Überlebensraten bei Prostatakrebs ständig verbessert.« Dieser Anstieg der Überlebensrate wird als »Gesamtanstieg der Lebensdauer« bezeichnet. Und da haben wir es: Überleben wird mit längerer Lebensdauer gleichgesetzt und die Zunahme der Überlebensraten mit den landesweiten *Sterberaten* verglichen. Im Unterschied zu uns werden sich viele Leser der Anzeige, die noch nie von Vorlaufzeit-Bias und Überdiagnose gehört haben, täuschen lassen und glauben, das Zentrum habe beträchtliche Fortschritte im Krieg gegen den Krebs gemacht. Bei diesem häufig verwendeten Trick der *Doppelzüngigkeit* gibt man Überlebensraten an, um den eigenen Erfolg herauszustreichen, und nennt dann Sterberaten, um die Ergebnisse anderer schlechter oder nichtig erscheinen zu lassen.

Interessenkonflikte

Warum wird die Öffentlichkeit so offenkundig getäuscht? Ich denke, dafür sind zwei unterschiedliche Gruppen verantwortlich zu machen. Die erste besteht aus überzeugten Anhängern des Screenings, die die wissenschaftliche Evidenz nicht sehen wollen oder nicht verstehen. Die Angehörigen der zweiten Gruppe sind wirt-

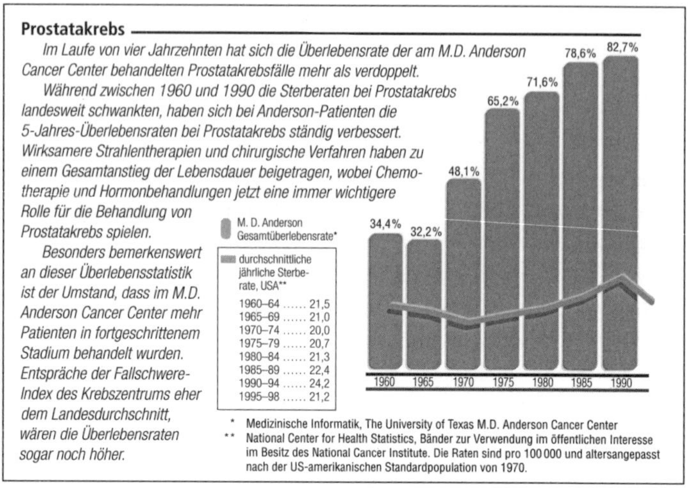

Abbildung 10.6: Doppelzüngige Werbung für Prostatakrebs-Screening. Die Anzeige vergleicht die *Überlebensraten* am M.D. Anderson Cancer Center, einem der angesehensten Krebszentren in den USA, mit den landesweiten *Sterberaten* in den USA. Der Statistiklaie übersieht den Unterschied möglicherweise und wird zu dem Schluss verführt, das Zentrum habe beträchtliche Fortschritte bei der Behandlung seiner Patienten gemacht.

schaftlich motiviert und haben einen Businessplan, der Patienten dem Risiko überflüssiger Eingriffe aussetzt. Beide Gruppen ergänzen sich meist aufs Trefflichste: Wenn die eine die medizinische Evidenz verdrängt, dann drückt der anderen ihr Businessplan nicht so aufs Gewissen. Eine Taktik besteht darin, Screenings zu erheblich vermindertem Preis oder sogar kostenlos durchzuführen, als »Lockangebot«. Das ist die gleiche Strategie, die Supermärkte und andere Geschäfte anwenden: eine Ware weit unter Preis anbieten, um Kunden zu ködern und zu späteren, einträglicheren Käufen zu animieren. Der Onkologe Dr. Otis Brawley, heute medizinischer Direktor der *American Cancer Society*, hat in seiner früheren Eigenschaft als Chef des *Georgia Cancer Center* in Emory erklärt:[18]

»In Emory haben wir Folgendes ausgerechnet: Würden wir am kommenden Samstag 1000 Männer im North-Lake-Einkaufs-

> zentrum screenen, könnten wir Medicare und den Krankenversicherungen dafür 4,9 Millionen Dollar in Rechnung stellen [für Biopsien, Tests, Prostatektomien etc.]. Doch das richtige Geld kommt erst später: durch die ärztliche Betreuung, die die Ehefrau in den nächsten drei Jahren erhält, weil sich Emory so gut um ihren Mann gekümmert hat, und durch das Geld, das wir kriegen, wenn er in Emorys Notaufnahme mit den Schmerzen in der Brust erscheint, die er bekommt, weil wir ihn drei Jahre zuvor gescreent haben […].
> Seit ich Leiter der Krebskontrolle von Emory bin, screenen wir nicht mehr. Trotzdem ärgerte mich eines: Meine Presse- und Finanzleute konnten mir genau vorrechnen, wie viel Geld wir mit dem Screening verdienen würden, aber keiner konnte mir sagen, ob wir damit ein einziges Leben retten würden. Tatsächlich hätten wir berechnen können, wie viele Männer wir impotent machen […] aber das taten wir nicht. Das ist ein enormes ethisches Problem.«

Wir brauchen mehr Chefs wie Dr. Brawley. Aber wir brauchen auch mehr risikokompetente Patienten. Eine Klinik, die nicht aufgeklärten Männern PSA-Tests ohne die Icon-Box anbietet, kann nur gewinnen. Ist das Testergebnis negativ, ist der Patient beruhigt. Ist das Testergebnis positiv, ist der Patient dankbar, dass der Krebs so früh erkannt wurde, selbst wenn er bald darauf inkontinent ist. Wie Dr. Brawley zu Recht beklagt, ist es unethisch, sich an schlecht informierten Patienten zu bereichern. In der Medizin sollte es nicht vorrangig ums Geld gehen.

Screening auf Brustkrebs

Das Prostatakrebs-Screening habe ich gewählt, um zu zeigen, wie unerhört viele Patienten und Ärzte falsch unterrichtet sind. Leider ist das die Regel und nicht die Ausnahme. Die meisten Menschen haben ähnliche überzogene Vorstellungen von der Wirksamkeit der Früherkennung, Medikamente und Therapien bei anderen Krebsarten. Die Tricks sind immer die gleichen: Überlebensraten, relative Risiken, Doppelzüngigkeit und so fort. In jedem Fall können Icon-Boxen dazu beitragen, die überhöhten Erwartungen der Patienten wieder auf den Boden der Tatsachen zu holen. Betrachten wir das Brustkrebs-Screening. In der guten alten Zeit des männlichen Chauvinismus konnte die *American Cancer Society* einfach sagen:[19]

> »Wenn Sie noch kein Mammogramm hatten, müssen Sie mehr untersuchen lassen als Ihre Brüste.«

Heute würde man das den Verantwortlichen nicht mehr durchgehen lassen. Doch obwohl man heute nicht mehr so unverhohlen Witze über Frauen und weibliche Intelligenz macht, hat sich die paternalistische Haltung gegenüber Frauen nicht sonderlich verändert. Viele Frauen beklagen sich bei mir über den emotionalen Druck, den ihre Ärzte auf sie ausüben. »Sie nehmen nicht am Screening teil? Seien Sie vernünftig, denken Sie an Ihre Kinder.« Und für alle westlichen Länder gilt, dass Frauen häufig noch immer wie unmündige Kinder behandelt werden: Man sagt ihnen, was sie zu tun haben, nennt ihnen aber nicht die Fakten, die sie für eine fundierte Entscheidung brauchen. Ein zartrosafarbenes Informationsblatt der *Arkansas Foundation for Medical Care* erklärt:[20]

> *Warum soll ich ein Mammogramm machen lassen?* Weil du eine Frau bist.

Nach dieser erschöpfend erhellenden Antwort erhalten die Frauen keinerlei Informationen über Nutzen und Schaden, die ihnen bei einer Entscheidung helfen könnten. Stattdessen wird ihnen gesagt, allen anderen Frauen das zu sagen, was man ihnen gesagt hat: »Deshalb sollt ihr eure Mütter, Schwestern, Großmütter, Tanten und Freundinnen auffordern, ebenfalls zur Mammografie zu gehen.«

Was hilft Frauen, fundierte Entscheidungen zu treffen? Eine Möglichkeit ist eine Faktenbox.[21] Im Gegensatz zur Icon-Box für die Früherkennung von Prostatakrebs verwendet sie Zahlen anstelle von Icons. Alle Zahlen drücken einfache Häufigkeiten aus, keine relativen Risiken oder irreführenden 5-Jahres-Überlebensraten. Die Faktenbox stützt sich auf die Ergebnisse aller vorliegender randomisierter Studien, hier an Frauen, die 50 Jahre und älter waren. Sie wurden auf Zufallsbasis in zwei Gruppen unterteilt: Eine wurde einem regelmäßigen Brustkrebs-Screening unterzogen, die andere nicht. Die Box zeigt, was mit den Frauen nach zehn Jahren geschah.

Nutzen?

Schauen wir uns zuerst die positive Seite an, den möglichen Nutzen. Es gibt zwei Fragen, die eine Frau stellen könnte: Erstens: Gibt es Nachweise dafür, dass das Mammografie-Screening meine Aussicht, an *Brustkrebs* zu sterben, vermindert? Die Antwort ist Ja. Von 1000 Frauen, die nicht am Screening teilnahmen, starben rund fünf an Brustkrebs, während es bei den teilnehmenden Frauen vier waren. Statistisch betrachtet, beträgt die absolute Risikoreduktion 1 von 1000.[22] Aber wenn Sie diese Information in einer Zeitung oder einer Broschüre finden, wird sie fast immer als »20-prozentige Risikoreduktion« dargestellt.

Zweitens: Gibt es Belege dafür, dass das Mammografie-Screening meine Aussichten vermindert, an *irgendeiner Krebsart*, einschließlich Brustkrebs, zu sterben? Die Antwort lautet Nein. Die Studien zeigen, dass von jeweils 1000 Frauen, die am Screening teilnahmen, rund 21 an irgendeiner Form von Krebs starben. Die gleiche Zahl ergab sich für nicht teilnehmende Frauen.

Einfach ausgedrückt: Es gibt keine klare Evidenz dafür, dass die Mammografie Leben rettet. Von 1000 Frauen stirbt nur eine weniger an Brustkrebs, dafür stirbt eine mehr mit einer anderen Krebsdiagnose. Einige Frauen sterben mit zwei oder drei verschiedenen Krebsarten, wobei nicht klar ist, welche den Tod verursachte. Deshalb ist die Gesamtkrebssterblichkeit (einschließlich Brustkrebs) die verlässlichere Zahl – eine Zahl, die Sie kaum finden werden. Denn was würden die Frauen sagen, wenn sie erführen, dass man sie seit Jahren zur Mammografie schickt, ohne einen Beweis zu haben, dass diese Leben rettet?

Früherkennung von Brustkrebs

ooo HARDING CENTER FOR RISK LITERACY

durch Mammografie

Zahlen für Frauen ab 50 Jahren, die 10 Jahre am Screening teilgenommen haben.

	1000 Frauen ohne Screening:	1000 Frauen mit Screening:
Nutzen		
Wie viele Frauen starben an Brustkrebs?	5	4*
Wie viele Frauen starben an Krebserkrankungen aller Art?	21	21
Schaden		
Wie viele Frauen ohne Brustkrebs erhielten falsch-positive Fehldiagnosen oder Biopsien?	–	100
Wie viele Frauen mit nichtprogressivem Brustkrebs erhielten unnötige Behandlungen wie teilweise oder vollständige Entfernung der Brust?	–	5

* Das bedeutet: Von je 1000 Frauen mit Screening sind innerhalb von 10 Jahren vier an Brustkrebs gestorben – eine weniger als ohne Screening.

Quelle: Gøtzsche / Nielsen (2011): *Cochrane database of systematic reviews.* Wo keine Zahlen für Frauen ab 50 verfügbar sind, beziehen sich diese auf Frauen ab 40 Jahren.

www.harding-center.de

Abbildung 10.7: Faktenbox für Brustkrebs-Screening mittels Mammografie. Beruht auf den verfügbaren randomisierten Studien mit Hunderttausenden von Frauen, die 50 Jahre und älter sind. Unter dem Strich ergibt sich: Von je 1000 Frauen, die am Screening teilnahmen, starb in einem Zeitraum von zehn Jahren eine weniger an Brustkrebs als in der Kontrollgruppe. Aber es gab keinen Unterschied zwischen den beiden Gruppen im Hinblick auf die Zahl der Frauen, die an allen Krebsarten zusammengenommen, einschließlich Brustkrebs, starben. Unter den Teilnehmerinnen am Screening hatten rund 100 falsche positive Ergebnisse und fünf von ihnen überflüssige Behandlungen wie Lumpektomien und Mastektomien.
Faktenboxen verwenden keine irreführenden Statistiken wie relative Risiken und 5-Jahres-Überlebensraten. Sie helfen jeder Frau, eine eigene Entscheidung zu treffen, statt sich von anderen drängen zu lassen.

Schaden?

Schauen wir uns jetzt den Schaden an. Erstens können Frauen, die keinen Brustkrebs haben, einen oder mehrere falsche Alarme und überflüssige Biopsien durchmachen. Das passierte etwa 100 von 1000 Frauen, die am Screening teilnahmen. Unzählige Frauen haben das erlebt und Ängste durchlebt. Nach einem falschen Alarm machten sich viele von ihnen monatelang Sorgen, litten unter Schlaflosigkeit und waren beeinträchtigt in ihren Beziehungen zu Angehörigen und Freunden. Zweitens unterziehen sich Frauen, die nur eine nichtprogressive oder langsame Form von Brustkrebs haben, die sie während ihres Lebens nie bemerkt hätten, häufig Lumpektomie, Mastektomie, giftiger Chemotherapie und so fort. Das sind lauter Interventionen, die keinen Nutzen für sie haben, sondern nur ihre Lebensqualität mindern. Das passierte rund 5 von 1000 Frauen, die an der Früherkennung teilnahmen. Abgesehen von vorübergehenden Beeinträchtigungen wie Kahlheit, Übelkeit und Anämie kann eine Chemotherapie unter anderem lang anhaltende Müdigkeit, vorzeitige Menopause und Herzfehler hervorrufen.

Die Faktenbox zur Mammografie ermöglicht es Frauen, Entscheidungen auf der Basis von Informationen zu treffen und sich dabei an ihren persönlichen Werten zu orientieren. Als ich einem Gynäkologen die Box zeigte, gab er seine paternalistische Haltung Frauen gegenüber auf und begann, die Box zu verwenden. Er berichtete mir, dass ein Drittel seiner Patientinnen sich die Fakten ansahen und sagten: »Kommt nicht infrage.« Ein weiteres Drittel meinte: »Jetzt nicht; lassen Sie uns noch einmal in fünf Jahren darüber reden.« Und die restlichen beschlossen, am Screening teilzunehmen. Die Faktenbox zeigt zwar eindeutig, dass es keinen vernünftigen Grund gibt, die Frauen zum Screening zu drängen. Doch mir geht es darum, die alte paternalistische Botschaft nicht durch eine neue zu ersetzen, indem man den Frauen jetzt rät, nicht zum Screening zu gehen. Jede Frau, *die den Wunsch hat, sich selbst zu entscheiden*, sollte die Fakten bekommen, die sie dazu braucht – ohne dass man ihr sagt, was sie zu tun hat.

Die Faktenbox hat nichts mit einem Beipackzettel zu tun, der alle Nebeneffekte in winziger Schrift auflistet, nur um den Hersteller vor Schadenersatzprozessen zu schützen. Sie ist einfach und verständlich. Es gibt noch andere mögliche Schäden, die in der Faktenbox nicht genannt werden, weil sie nicht durch verlässliche Forschungsergebnisse belegt sind. Beispielsweise könnten einige Frauen von den Röntgenstrahlen Krebs bekommen; nach groben Schätzungen 1 bis 5 von 10 000 Frauen. Außerdem erleiden viele

Frauen Schmerzen durch das Quetschen der Brüste während des Röntgens.

Wie man Patienten klug macht

Versteht Otto Normalverbraucher eine Faktenbox? Lisa Schwartz und Steve Woloshin von der *Dartmouth Medical School* haben Faktenboxen für Medikamente, Screenings und andere Behandlungen entwickelt. Sie zeigten auf, dass diese Boxen ausgezeichnete Verständnishilfen sind.[23] So verstehen nicht mal 10 Prozent der Menschen die absolute Risikoverminderung von Statin (einem Cholesterinsenker), doch mithilfe der Faktenbox springt dieser Anteil auf über 70 Prozent. Faktenboxen verbessern das Wissen der Konsumenten über Nutzen und Nebenwirkungen und führen zu besseren Entscheidungen über Medikamente. Sie sind auch ein Gegenmittel gegen die tägliche Bombardierung mit medizinischen Neuigkeiten und Werbebotschaften, denen sich Ärzte und Patienten gegenübersehen. Dann berichteten Schwartz und Woloshin über diese Ergebnisse vor dem Beratungsausschuss über Risikokommunikation der US-Gesundheitsbehörde FDA, der geschlossen dafür stimmte, dass die FDA die Faktenbox als Standard übernehmen solle.[24] Doch die Empfehlung war unverbindlich. Nachdem die *New York Times* von der Präsentation berichtet hatte, brachten zwei Senatoren im Kongress eine Gesetzesvorlage ein, der zufolge die FDA Faktenboxen für Medikamente einführen sollte. Diese Vorlage ging schließlich in das 2010 verabschiedete Gesetz zur Gesundheitsreform ein. Wunderbar, so könnte man denken, das wurde auch Zeit! Leider ließ die Gesetzesvorlage zwei Grundprobleme ungeklärt: Wer schreibt die Faktenboxen, und wo werden sie veröffentlicht? Aus diesem Grund haben wir auf Beipackzetteln oder in der Arzneimittelwerbung noch immer keine Faktenboxen.

Wer und wo? Die Antwort scheint auf der Hand zu liegen. Regulierungsbehörden wie die FDA sollten die Faktenboxen schreiben, weil sie die Fakten haben und bereits einen Bericht über jedes von ihnen genehmigte Medikament verfasst haben. Diese Faktenbox sollte dann ein fester Bestandteil von Beipackzetteln und Anzeigen sein. Und sie sollten im Wartezimmer jeder Arztpraxis ausliegen. Dann hätten die Patienten endlich leichten Zugang zu klaren Informationen.

Frauen infantilisieren

Angesichts einer Brustkrebsindustrie, die Frauen mit rosa Schleifchen, Teddys und erbarmungslosem Frohsinn infantilisiert, machte die Sachbuchautorin Barbara Ehrenreich ihrem Unmut Luft.[25] Ist der Feminismus durch den rosafarbenen Brustkrebskult abgelöst worden, fragte sie. Welche entscheidende Frage sprach die First Lady Laura Bush gegenüber der einheimischen Bevölkerung an, als sie 2007 nach Saudi-Arabien reiste? Nicht das Recht der Frauen, Auto fahren, wählen oder das Haus ohne Mann verlassen zu dürfen, sondern die Kampagne »Bewusstsein für Brustkrebs«. Als das Repräsentantenhaus das *Stupak Amendment* verabschiedete, einen Zusatz zur Gesundheitsreform, der das Recht auf Schwangerschaftsabbruch einschränkt, blieben die US-amerikanischen Frauen entweder stumm oder reagierten allenfalls ganz verhalten. Einige Wochen später, als die US-Behörde für Präventivmedizin empfahl, Mammografie-Screening erst ab 50 Jahren einzusetzen, brach die Hölle los. Früher einmal forderten engagierte Frauen das Establishment heraus, indem sie ihre Büstenhalter verbrannten. Heute tun viel zu viele das, was man ihnen aufdrängt, und stellen keine Fragen zur Evidenz. Und wenn sie fragen, werden sie mit vier Tricks hereingelegt. Inzwischen dürften sie Ihnen recht bekannt vorkommen.

Trick 1: Erwähne nicht, dass Mammografie-Screening nicht die Wahrscheinlichkeit verringert, an Krebs zu sterben. Sprich nur über die Verminderung der Aussicht, an Brustkrebs zu sterben.
Trick 2: Sage den Frauen, dass das Screening die Brustkrebssterblichkeit um 20 Prozent oder mehr verringert. Verrate nicht, dass die absolute Risikoreduktion 1 von 1000 beträgt, was sich weniger eindrucksvoll anhört.

Trick 3: Berichte den Frauen von einer erhöhten Überlebensrate. Zum Beispiel: »Wenn der Brustkrebs früh entdeckt wird, dann beträgt die Wahrscheinlichkeit, nach fünf Jahren noch zu leben, 98 Prozent.« Sprich nicht über die Sterberate (die in der Faktenbox angegeben ist).

Trick 4: Erzähle den Frauen nichts über nutzlose Operationen, Biopsien und andere Schäden durch Überbehandlung. Wirst du danach gefragt, spiele sie herunter.

Mit großem Erfolg haben diese vier Tricks die Einstellung vieler Frauen zum Mammografie-Screening geprägt. Trick 1 ist allgegenwärtig. Kaum eine Gesundheitsbroschüre verzichtet auf ihn. Trick 2 wird weltweit in der Mehrheit der Broschüren verwendet.[26] Auch die meisten Webseiten bedienen sich seiner, obwohl mindestens eine von fünf die Informationen in verständlichen, einfachen Zahlen liefert. Viele Zeitschriften, Broschüren und Webseiten in aller Welt nutzen die Tricks 3 und 4, wie die folgenden Beispiele zeigen.

Frauen in drei Sprachen hereinlegen

In der spanischen Ausgabe von *Newsweek* schrieben Julio Frenk, ehemaliger mexikanischer Gesundheitsminister und gegenwärtig Dekan der *Harvard School of Public Health*, sowie seine Frau Felicia Knaul, Wirtschaftswissenschaftlerin und Verfasserin eines Buchs über Brustkrebs:

> »Nur die Früherkennung bewahrt Frauen davor, an Brustkrebs zu sterben. In reichen Ländern, in denen das Screening üblich ist, wird die Krankheit früh entdeckt, daher ist die Behandlung wirksamer. Die Wahrscheinlichkeit, fünf Jahre nach einer Frühdiagnose noch zu leben, beträgt 98 Prozent.«[27]

Diese Zahl ist beeindruckend. Doch wie oben erwähnt, verraten hohe Überlebensraten nicht im Geringsten, ob Leben gerettet wurden oder nicht. Es ist schon traurig, wenn der Dekan der *Harvard*

School of Public Health Trick 3 verwendet, denn er müsste es eigentlich besser wissen. Die richtige Zahl wäre eine Risikoverminderung um 1 von 1000, wie in der Faktenbox gezeigt.

Susan G. Komen for the Cure ist eine der größten, finanzstärksten und angesehensten Krebsorganisationen in den USA. Ihr Logo ist – Raten Sie doch mal! – ein rosa Schleifchen. Komen beherrscht den Markt der rosa Schleifchen. Zusammen mit dem Süßigkeitenhersteller M&Ms bringt sie beispielsweise rosa beschichtete Bonbons mit hohem Zucker- und Fettanteil auf den Markt und gemeinsam mit der Fastfood-Kette Kentucky Fried Chicken frittierte und gegrillte Hähnchen in rosa beschrifteten Tüten. Beides sind Nahrungsmittel, die Fettleibigkeit und damit Krebs verursachen können.[28] Ungefähr zwei Milliarden Dollar hat die Organisation in die Förderung der Krebsforschung investiert, weltweit beschäftigt sie rund 100 000 ehrenamtliche Mitarbeiter. Eine ihrer Empfehlungen lautet, dass sich alle Frauen ab 40 einer jährlichen Mammografie unterziehen sollen. In einer Anzeige zeigt *Komen* das Gesicht einer Frau neben einem senkrechten roten Pfeil, auf dem steht: »Wer hat den Schlüssel zum Überleben bei Brustkrebs? Du.« Der Pfeil zeigt auf das, was Frauen tun sollen: »GEH JETZT ZUR MAMMOGRAFIE.« Unter dem Pfeil steht:

> »WENIGER REDEN. MEHR HANDELN. Früherkennung rettet Leben. Die 5-Jahres-Überlebensrate bei Brustkrebs beträgt 98 Prozent, wenn er rechtzeitig entdeckt wird. Wenn nicht? 23 Prozent.«

Das ist wieder Trick 3. Die Anzeige liefert keine weiteren Informationen über Nutzen und Schaden.

Lassen Sie mich mit einem positiven Beispiel schließen. Können wir irgendetwas gegen die Tricks tun, mit denen die Patienten hereingelegt werden? Ja. Ein Druckmittel ist der gute Ruf. Manche Gesundheitsbroschüren verwenden die ganze Palette der Tricks und sind eine Hauptursache dafür, dass so viele Patienten und Ärzte falsch informiert sind. Solche Broschüren werden von angesehenen Organisationen in der ganzen Welt verteilt. Die Deutsche Krebshilfe, die größte Hilfsorganisation für Krebskranke in

Deutschland mit einem jährlichen Spendenaufkommen von rund 100 Millionen Euro, war keine Ausnahme von dieser Regel. In dem folgenden Beispiel aus dem »Blauen Ratgeber« wurde mit Trick 2 und Trick 3 gleichzeitig gearbeitet:[29]

> »Nach übereinstimmenden Ergebnissen internationaler Untersuchungen haben Frauen, bei denen der Tumor in einem Frühstadium entdeckt worden war, eine über 98-prozentige Überlebensrate von mehr als 5 Jahren nach der Operation.
> Studien haben ergeben, dass sich durch eine Mammographie-Screening-Untersuchung bei Frauen zwischen 50 und 69 Jahren die Brustkrebssterblichkeit um bis zu 30 Prozent senken lässt.«

Hier wurde der Rückgang von 5 auf 4 von 1000 Frauen – der meist als 20 Prozent dargestellt wird – noch großzügig zu 30 Prozent aufgerundet.

In öffentlichen Vorträgen und in den Medien hatte ich diese Tricks aufgezeigt und betont, dass die Krebshilfe infolge ihrer irreführenden Informationspolitik Gefahr lief, ihre Glaubwürdigkeit (und damit indirekt auch ihre Finanzierungsgrundlage) zu verlieren. Schließlich flog die Pressesprecherin von Bonn nach Berlin und fragte mich, ob ich etwas gegen die Organisation hätte. »Ganz im Gegenteil«, erwiderte ich. »Ich biete an, Ihnen zu helfen, die Broschüren so umzuschreiben, dass jeder Leser die Fakten verstehen kann.« Wie sich herausstellte, war sie sich nicht bewusst, welche Tricks in ihren vielen Krebsbroschüren verwendet wurden. Ich nahm mir die Zeit und erklärte ihr, wie transparente Fakten aussehen. Die Organisation war mit meinem Vorschlag einverstanden, und dank der Hilfe meiner Kollegin Odette Wegwarth gibt es jetzt eine vollkommen neue Generation von Faltblättern für die verschiedenen Krebsarten. Alle irreführenden relativen Risiken und 5-Jahres-Überlebensraten wurden gestrichen und ersetzt durch absolute Zahlen. Zum ersten Mal werden die möglichen Schäden der Früherkennung erklärt, einschließlich der Häufigkeit ihres Auftretens.[30] Mit diesem lobenswerten Schritt wird sich die Organisation zu Recht das Vertrauen der Öffentlichkeit sichern.

Was wissen Männer und Frauen?

Wie wirkt sich diese verzerrte Informationspolitik auf die Öffentlichkeit aus? Um das herauszufinden, befragten wir mehr als 10 000 Männer und Frauen in neun europäischen Ländern: Deutschland, Frankreich, Großbritannien, Italien, Niederlande, Österreich, Polen, Spanien und der europäische Teil Russlands.[31]

Die Männer wurden nach dem Nutzen der Prostata-Früherkennung gefragt, die Frauen nach dem des Brustkrebs-Screenings. In allen Ländern überschätzten Männer wie Frauen den Nutzen weit oder wussten nicht Bescheid (dunkle Felder in Abbildung 10.8). Die Briten landeten auf dem letzten Platz: 99 Prozent der britischen Männer überschätzten den Nutzen erheblich oder wussten nicht Bescheid. So glaubte ein Fünftel von ihnen, dass 200 von 1000 Männern gerettet würden (!). Ihre gewaltige Fehleinschätzung geht vermutlich auf eine weltweit propagierte Studie über Früherkennung zurück, deren Ergebnisse lautstark als »Rückgang der Sterblichkeit um 20 Prozent« bei Prostatakrebs verkündet wurden (Trick 2). Doch hinter diesen eindrucksvollen 20 Prozent verbirgt sich ein mehr als bescheidener Rückgang: von 3,7 auf 3,0 von je 1000 Männern.[32] Eine große Zahl britischer Männer scheint in die Falle gegangen zu sein. Sind mehr britische Frauen informiert? Ja, fast viermal so viele! In absoluten Zahlen sind das jedoch noch nicht einmal 4 Prozent der britischen Frauen. Tatsächlich glaubte ein Viertel von ihnen, dass 200 von 1000 Frauen gerettet würden (!). Ihre kolossale Fehleinschätzung hat wahrscheinlich zur Ursache, dass ihnen die absolute Risikoreduktion – von 5 auf 4 von 1000 Frauen – als eine »20-prozentige Verringerung der Sterblichkeit« durch Brustkrebs (wieder Trick 2) dargestellt wurde. Nur wenige Frauen wussten, dass die beste Antwort ungefähr 1 von 1000 ist. Einmal mehr haben wir es hier mit dem gleichen Trick zu tun, durch den britische Frauen so erfolgreich in die Pillenangst getrieben wurden (vgl. Kapitel 1). Während er dort große Furcht verbreitete, weckte er hier ungerechtfertigte Hoffnungen.

Wenn man alle europäischen Länder zugrunde legt, hatten nur 11 Prozent der Männer und 8 Prozent der Frauen eine realistische

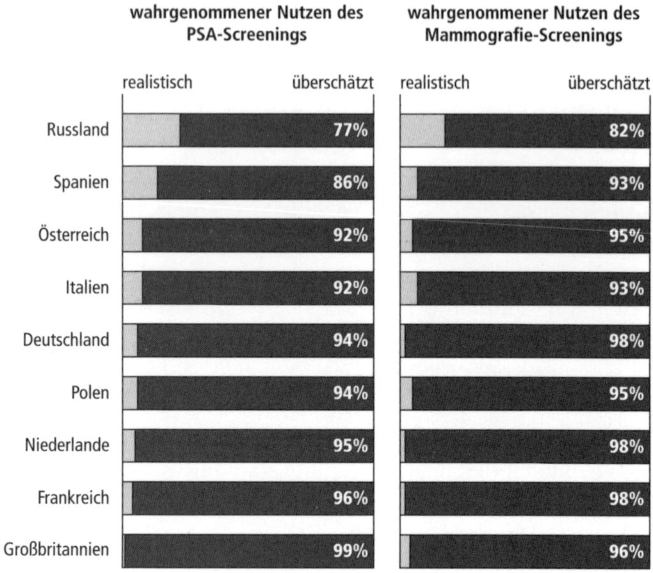

Abbildung 10.8: Gehirnwäsche in Europa. Die weit überwiegende Mehrheit der Europäer überschätzt den Nutzen von Prostata- und Brustkrebs-Screening. In persönlichen Interviews mit über 10 000 Bürgern in neun Ländern wurden die Männer gefragt: »1000 Männer der allgemeinen Bevölkerung, die 50 Jahre und älter sind, nehmen alle zwei Jahre am Prostata-Screening mit PSA-Test teil. Nach zehn Jahren wird der Nutzen gemessen. Schätzen Sie bitte, wie viele Männer in der Gruppe der Screening-Teilnehmer weniger an Prostatakrebs sterben als Männer, die nicht am Screening teilnehmen.« Die Alternativen waren 0, 1, 10, 50, 100, 200 von 1000 und »weiß nicht«. Frauen wurde die gleiche Frage zum Mammografie-Screening gestellt. Die Zahlen zeigen den Prozentsatz der Männer (Frauen), die die Verringerung der Sterblichkeit durch Prostatakrebs (Brustkrebs) überschätzen (durch die Wahl von 10, 50, 100 oder 200 von 1000) oder es nicht wissen. Der Hauptgrund scheint die systematische Fehlinformation der Öffentlichkeit zu sein (Beispiele im Text). Die Russen schneiden am besten ab, nicht weil sie mehr Informationen bekommen, sondern weil sie vermutlich weniger irreführende Informationen erhalten.

Vorstellung vom Nutzen. Am besten schnitt Russland ab: 23 (18) Prozent der russischen Männer (Frauen) antworteten richtig. Vermutlich ist der Grund nicht, dass Russen mehr Informationen bekommen, sondern dass sie weniger falsche Informationen erhalten.

Gaben die Befragten, wenn sie häufiger ihre Hausärzte, Gesundheitsbroschüren oder das Internet zurate zogen, bessere Einschätzungen ab? Keineswegs. Das Internet war keine Hilfe; es bietet mühelosen Zugang zu einer Fülle von irreführenden Informationen. Auch die häufige Konsultation von Ärzten und Broschüren brachte kein tieferes Verständnis und korrelierte sogar ein wenig mit einer Überschätzung des Nutzens. Nur wenige Europäer sind also in der Lage, eine informierte Entscheidung über Brustkrebs- und Prostatakrebs-Screening zu treffen.

Ich weiß von keiner ähnlichen Studie in Nordamerika oder Asien, aber ich wäre überrascht, wenn die Menschen auf anderen Kontinenten besser informiert wären. Tatsächlich zeigte sich in einer landesweiten Telefonbefragung bei US-Amerikanern, dass sich die Mehrheit hinsichtlich ihrer Entscheidung über die Früherkennung von Prostata-, Darm- und Brustkrebs »außerordentlich sicher« war und sich für gut informiert hielt, aber nicht eine einzige Wissensfrage richtig beantworten konnte.[33] Die Menschen haben das moralische Recht, transparent und ehrlich informiert zu werden, aber sie werden es nicht.

FAKTEN UND FIKTIONEN ÜBER KREBS-SCREENING
Merke: Screening betrifft Menschen ohne Symptome.

1. Wenn ich am Screening teilnehme, werde ich die Wahrscheinlichkeit, Krebs zu bekommen, verringern. *Nein, Screening ist nicht Vorsorge. Wie eine Unfallversicherung die Wahrscheinlichkeit eines Unfalls nicht vermindert, so kann auch Screening die Krankheitshäufigkeit nicht reduzieren; es kann nur Krebserkrankungen erkennen, die bereits vorhanden sind.*
2. Ein positiver Test bedeutet, dass ich Krebs habe. *Nein, die meisten Menschen mit positiven Ergebnissen bei Mammogrammen und PSA-Tests oder mit okkultem Blut im Stuhl haben keinen Krebs.*
3. Wenn der Test negativ ist, kann ich sicher sein, dass ich

keinen Krebs habe. *Sie können zuversichtlicher sein, aber nicht sicher. Fehler passieren; kein Test ist vollkommen.*

4. Wenn ich Krebs habe, sterbe ich daran. *Krebs ist nicht unbedingt ein Todesurteil. Die meisten Männer mit Prostatakrebs sterben nicht an ihm – möglicherweise bemerken sie ihn noch nicht einmal und sterben mit dem Krebs. Bauchspeicheldrüsenkrebs hingegen tötet die meisten Erkrankten in kurzer Zeit.*
5. Früherkennung hat mein Leben gerettet, weil ich nach der Behandlung noch immer am Leben bin. *Diese Schlussfolgerung kann richtig oder falsch sein. Sie gilt nicht für Patienten mit einer »Überdiagnose«. Tests können winzige Tumore entdecken, die nichtprogressiv sind und niemals Ihre Gesundheit beeinträchtigt hätten. Infolgedessen müssen diese Menschen nutzlose Arzttermine, nutzlose Tests, nutzlose Medikamente und nutzlose Operationen über sich ergehen lassen.*
6. Wenn die Sterberaten zurückgehen, beweist das nicht die Wirksamkeit des Screenings? *Nein. Den Nachweis liefern randomisierte Studien (vergleiche Icon- und Faktenboxen). Beispielsweise ist die Sterberate bei Magenkrebs in den westlichen Ländern seit den 30er-Jahren stark zurückgegangen – ohne Screening. Der Grund ist wahrscheinlich die bessere Konservierung von Lebensmitteln.*
7. Warum ist die Gesamtsterblichkeit (oder die Sterblichkeit für alle Krebsarten zusammengenommen) relevanter für das Verständnis des Nutzens als die Sterblichkeit bei einzelnen Krebsarten? *Erstens leiden einige Patienten an mehreren Krebserkrankungen. Dann ist nur schwer zu bestimmen, welche Krebsart den Tod verursacht hat. Zweitens können die auf das Screening folgenden Operationen genauso viele (oder mehr) Patienten das Leben kosten, wie Patienten dadurch geheilt werden. Diese unglücklichen Patienten sind in der Gesamtsterblichkeit enthalten, aber nicht in der krebsspezifischen Sterberate. Beachten Sie drit-*

tens den scheinbar paradoxen Umstand, dass Zigarettenrauchen die Brustkrebssterblichkeit um 1 von 1000 Frauen vermindert (der gleiche Effekt wie beim Mammografie-Screening).[34] *Einige Frauen sterben nämlich so früh am Rauchen, das sie keinen Brustkrebs mehr bekommen können. Hier scheint das Rauchen die Brustkrebssterblichkeit zu verringern, steigert aber in Wahrheit die Gesamtsterblichkeit.*

8. Würde ich nicht am besten fahren, indem ich mich einem Screening für alle Krebsarten unterzöge? *Nein, denn einige Screenings schaden mehr, als dass sie nützen. So spricht sich die US-Behörde für Präventivmedizin ausdrücklich gegen das Screening für Krebserkrankungen an Prostata, Lunge, Bauchspeicheldrüse, Eierstöcken, Blase und Schilddrüse aus. PAP-Abstriche bei Gebärmutterhalskrebs dagegen scheinen Leben zu retten – allerdings wurde das noch nicht in einer randomisierten Studie getestet.*
9. Was kann ich gegen Krebs tun? *Da die Hälfte der Krebserkrankungen durch den Lebensstil verursacht wird, ist Vorsorge sehr viel wirksamer als Früherkennung. Vermeiden Sie Rauchen, Fettleibigkeit, falsche Ernährungsweise und übermäßigen Alkoholgenuss, und steigern Sie das Maß Ihrer körperlichen Aktivitäten – etwa durch Spazierengehen – auf drei bis fünf Stunden pro Woche. Die Veränderung der Lebensweise wirkt sich auch auf die Gesundheit im Ganzen vorteilhaft aus.*

Vorsorge ist besser als Früherkennung

Vorsorge ist nicht dasselbe wie Früherkennung (Screening), obwohl die Begriffe häufig miteinander verwechselt werden. Einige Screening-Programme werden irreführend als Vorsorge angepriesen. Entsprechend glauben mehr als die Hälfte der deutschen Frauen (56 Prozent) fälschlicherweise, Screening verhindere Krebs.[35] Früherkennung heißt, einen Krebs zu entdecken, der bereits vorhanden ist, während Vorsorge bedeutet, dass man die Wahrscheinlichkeit einer Krebserkrankung verringert – etwa durch gesundes Verhalten.

Wie die Fakten zeigen, lässt sich der Krieg gegen den Krebs nicht mit Früherkennung gewinnen. Die beste Verteidigung sind Vorsorge und die Entwicklung besserer Therapien.

Krebs wird durch Zellen verursacht, die sich nicht verhalten, wie sie es sollten. Jeder Mensch hat etwa 30 Milliarden Zellen, die aus einer Eizelle hervorgehen. Jede Sekunde teilen sich fünf Millionen Zellen in Ihrem Körper, und wenn zu viele fehlerhafte Teilungen passieren, entsteht Krebs. Ist Krebs ein Schicksal des Menschen? Der Krieg gegen den Krebs wird mit drei Waffen geführt: Früherkennung, Medikamenten und Vorsorge.

Medikamente gegen Krebs

Seit Präsiden Nixon zum Krieg gegen den Krebs aufrief, sind Milliarden Dollar für die Entwicklung von Arzneimitteln ausgegeben worden. Nahezu jeden Monat wird die aufregende Entdeckung eines Wundermittels von den Medien verkündet. Und es gibt wirksame Therapien, etwa bei Hodenkrebs. Dennoch sind die Erfolge, im Ganzen gesehen, bis jetzt jedoch begrenzt. In der Regel wird von diesen Mitteln gesagt, dass sie das Leben um einige Wochen oder Monate verlängern. Doch selbst diese kurze Frist stimmt nicht immer. Nehmen wir Avastin, das weltweit meistverkaufte Krebsmittel mit einem Umsatz von sechs Milliarden Dollar im Jahr 2010. Eingesetzt wird es zur Behandlung fortgeschrittener Krebserkrankungen von Darm, Brust, Lunge, Nieren etc. Eine Analyse von 16 Studien an mehr als 10000 Menschen zeigte, dass bei Ergänzung der Chemotherapie durch Avastin *mehr* Menschen starben als bei der Chemotherapie allein.[36] Mit anderen Worten: Das Medikament kann das Leben der verzweifelt hoffenden Patienten nicht nur nicht verlängern, sondern verkürzt es sogar. Angesichts der ungeheuren Summen, die für die Pharmaindustrie auf dem Spiel stehen (die Avastin-Behandlung kostet für einen Patienten 40000 bis 50000 Euro pro Jahr), werden wir mit falschen Hoffnungen und kostspieligen Medikamenten gefüttert, die uns unter Umständen mehr schaden als nützen. Und ihre Nebeneffekte können die Qualität der letzten Lebensmonate oder -jahre eines Patienten dramatisch verschlechtern.

Nicht weniger beunruhigend: Als man versuchte, den positiven Effekt von 53 »wegweisenden« Studien zu Krebsmedikamenten zu replizieren, also zu bestätigen, gelang dies in 47 Fällen nicht.[37] In einem Fall wandten sich die Forscher, die immer und immer wieder erfolglos versuchten, einen Effekt zu replizieren, an den leitenden Wissenschaftler der Studie. Woraufhin dieser zugab, er habe das Experiment sechsmal durchgeführt und das Ergebnis nur einmal erhalten. Er hatte dieses eine positive Resultat in den Aufsatz aufgenommen, weil es eine gute Story war. Wenn wir nur die positiven Ergebnisse veröffentlichen, wird die Wissenschaft zwar sensationeller, aber auch schludriger. Der Grund für diese Verletzung der wissenschaftlichen Ehrlichkeit ist ein System mit falschen Anreizen: Die Veröffentlichung in angesehenen Zeitschriften zahlt sich aus, egal, ob die Ergebnisse richtig sind oder nicht. Replikation tut dies nicht.

Es wurden auch Medikamente zur Vorsorge entwickelt, allerdings mit begrenztem Erfolg jenseits marktschreierischer Werbebotschaften. Betrachten wir Tamoxifen zur Vorbeugung gegen Brustkrebs. Vor einiger Zeit erschien eine ganzseitige Anzeige in Massenzeitschriften und erreichte bei ihrem ersten Erscheinen 41 Millionen Leser. Die Schlagzeile erstreckte sich über den Rücken einer jungen Frau mit einem Spitzenbüstenhalter und lautete: Wenn Sie sich Sorgen wegen Brustkrebs machen, sollten Sie sich mehr Sorgen über 1,7 als über 70B machen (Abbildung 10.9).[38] Doch was genau bedeutet 1,7? Man könnte denken, es steht für ein hohes Risiko. Und wenn für Sie ein hohes Risiko besteht, dann sollten Sie Tamoxifen (Nolvadex) nehmen. Tatsächlich aber bezeichnet die Zahl eine Wahrscheinlichkeit von 1,7 Prozent, dass in den nächsten fünf Jahren Brustkrebs diagnostiziert wird, mit anderen Worten eine Chance von 98,3 Prozent, dass sich kein Brustkrebs entwickelt. Der als Blickfang gedachte Büstenhalter lenkt von den beiden Fragen ab, die gestellt werden sollten: Was sind die Vorteile und was die Nachteile von Tamoxifen?

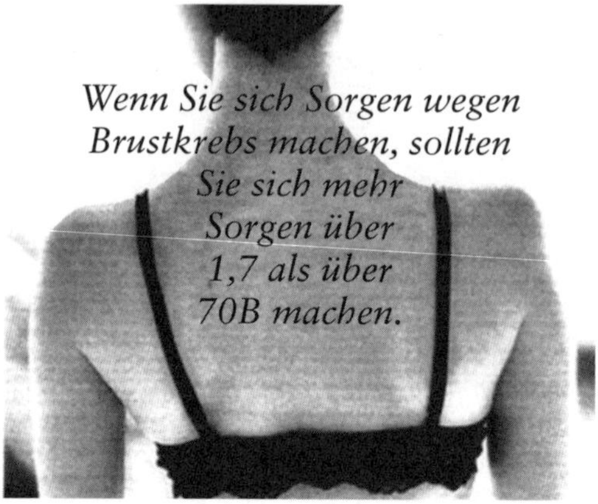

Abbildung 10.9: Tamoxifen-Werbung.

Die Antwort lautet, dass von 1000 Frauen, die Tamoxifen fünf Jahre lang nehmen, 17 an invasivem Brustkrebs erkrankten, gegenüber 33, die eine Zuckerpille bekamen. Das heißt, 16 Frauen weniger bekamen Brustkrebs. Trotzdem konnte die Studie keinen Rückgang der Sterblichkeit durch Brustkrebs oder andere Ursachen nachweisen. Zugleich kamen auf 1000 Frauen, die Tamoxifen nahmen, fünf zusätzliche Fälle von Blutgerinnseln in den Beinen oder der Lunge. Außerdem erkrankten noch sechs weitere Frauen an invasivem Gebärmutterkrebs. Um den Nutzen größer und den Schaden kleiner erscheinen zu lassen, bedienten sich einige Institutionen auch der Taktik der Doppelzüngigkeit: Der Nutzen wurde als relative Risikoreduktion angegeben (»ungefähr 49 Prozent weniger Diagnosen auf Brustkrebs«), während man die Nachteile, wie oben, als absolute Risiken präsentierte.[39] Von diesen lebensgefährlichen Nebeneffekten abgesehen, litten Hunderte von Frauen unter Hitzewallungen und vaginalem Ausfluss. Einige wenige mussten auch an grauem Star operiert werden. Trotz des begrenzten Erfolgs der Forschung zu Krebsmedikamenten werden fast alle Geldmittel der Industrie und Steuerzahler für sie ausgegeben. Doch es gibt noch eine zweite Form der Vorsorge: die Menschen kompetent zu machen, indem man ihnen hilft, die Verantwortung für ihre Gesundheit in die eigenen Hände zu nehmen.

Risikokompetenz ist die beste Waffe gegen Krebs

Ungefähr die Hälfte aller Krebserkrankungen haben ihre Ursachen im Verhalten. Veränderungen der Lebensweise und in der Umwelt könnten also bis zur Hälfte aller Krebserkrankungen verhindern. Der starke Einfluss von Verhalten und Umwelt zeigt sich am deutlichsten darin, dass Immigranten dazu neigen, den »einheimischen« Krebs ihrer neuen Heimat zu bekommen. Beispielsweise erkranken Japaner in Osaka weit seltener als Amerikaner (weiße Hawaiianer) an Prostata- und Brustkrebs. Sobald sie aber nach Hawaii auswandern, verringert sich der Unterschied erheblich (Abbildung 10.10). Die Lebensweise oder die Umwelt in Hawaii leistet nicht etwa Krankheiten im Allgemeinen Vorschub, sondern nur bestimmten Krebsarten. In ihrer Heimat haben japanische Männer erheblich mehr Magenkrebs als Amerikaner, doch nach dem Umzug nach Hawaii verschwindet der Magenkrebs weitgehend. Ein Grund für diesen erstaunlichen Effekt ist die traditionelle japanische Ernährung: viel gesalzener Fisch und andere Lebensmittel, die eingepökelt, in Essig eingelegt oder geräuchert werden.

Viele krebsförderliche Verhaltensweisen werden in Kindheit und Jugend angelegt – durch das, was wir essen und trinken, sowie dadurch, wie viel wir uns bewegen. Die folgenden Verhaltensweisen tragen am allermeisten zur Entstehung von Krebs bei (mit Schätzungen für die USA):

Zigarettenrauchen verursacht 20 bis 30 Prozent aller Krebserkrankungen

Anfang des 20. Jahrhunderts war Lungenkrebs fast unbekannt. Er war so selten, dass Isaac Adler, der 1912 den ersten Forschungsüberblick in Buchlänge zu diesem Thema verfasste, sich dafür entschuldigte, so viel Tinte für ein so belangloses Thema zu verschwenden. Damals rauchte man Pfeife und Zigarren, die andere Krebsarten hervorrufen. Sigmund Freud zum Beispiel litt in seinen letzten 16 Lebensjahren an Gaumenkrebs, weil er ein leidenschaft-

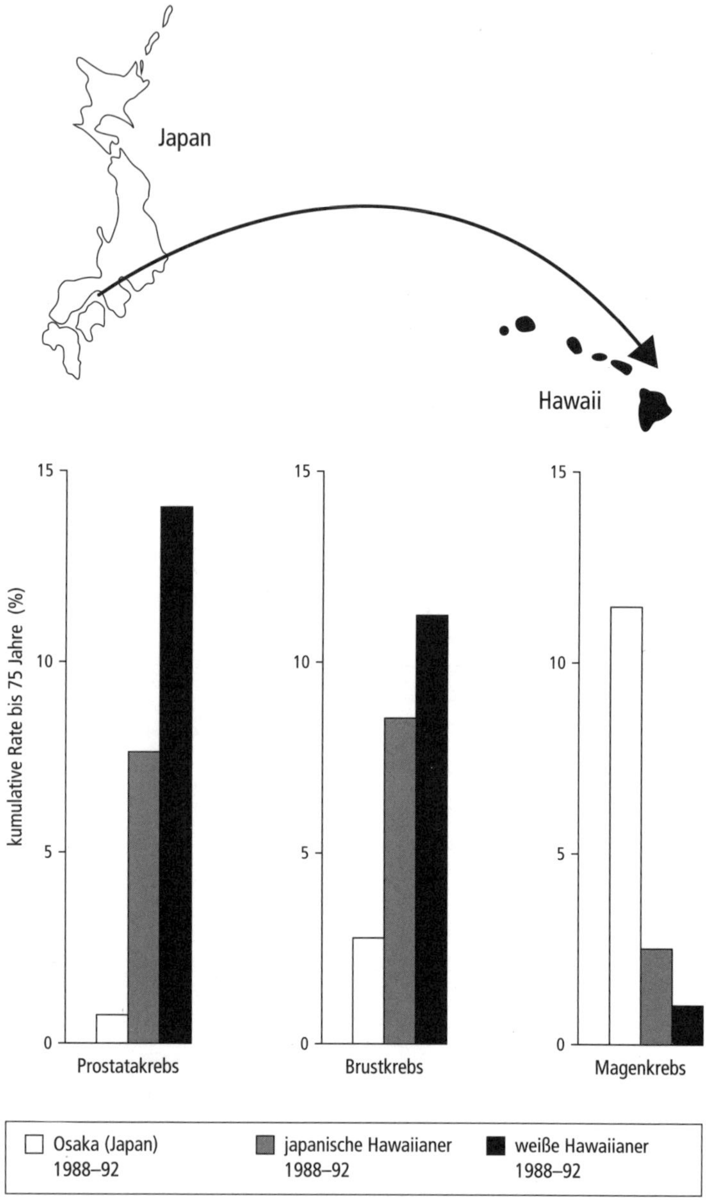
Japan
Hawaii
kumulative Rate bis 75 Jahre (%)
15
10
5
0
Prostatakrebs
Brustkrebs
Magenkrebs
Osaka (Japan) 1988–92
japanische Hawaiianer 1988–92
weiße Hawaiianer 1988–92

licher Zigarrenraucher war. Erst im Ersten Weltkrieg wurden Zigaretten beliebt. Heute ist Lungenkrebs die tödlichste Krebsart in den USA. Insgesamt erkranken ein bis drei von zehn Rauchern an ihm. Zigarettenrauch enthält Gifte wie das radioaktive Polonium 210, Blei und Arsen. Jedes Jahr tötet er über 100 000 Menschen in Deutschland und 400 000 in den USA – das ist mehr als die Bilanz von Aids, Verkehrsunfällen, Mord, Selbstmord und Terrorismus zusammengenommen.[40] Rund 90 Prozent der Lungenkrebserkrankungen werden auf Zigarettenrauchen zurückgeführt.[41] Doch Lungenkrebs ist nicht die einzige durch das Rauchen verursachte Krebsart. Wenn jemand 30 bis 40 Jahre raucht, gelangen die Karzinogene in den Urin und in die Blase; bevor sie aus dem Körper ausgeschieden werden, rufen sie in der Blase Genmutationen hervor, aus denen sich Blasenkrebs entwickelt.[42]

Eine Langzeituntersuchung von 35 000 britischen Ärzten über 50 Jahre hinweg ergab, dass Nichtraucher im Durchschnitt zehn Jahre länger lebten als lebenslange Raucher, die früh an Krebs, Herzleiden und Erkrankungen der Atemwege starben.[43] Wie tödlich passives Rauchen sein kann, ist ebenfalls bewiesen, wenn auch nicht immer bekannt. Beispielsweise stimmten noch 2011 nur 61 Prozent der holländischen Erwachsenen der Aussage zu, dass Zigarettenrauchen auch Nichtraucher gefährde.[44] In Deutschland sterben jedes Jahr etwa 3300 Nichtraucher an den Giften, welche Raucher verbreiten.

Zur Vermeidung von 20 bis 30 Prozent aller Krebserkrankungen genügt eine einfache Regel:

Abbildung 10.10: Einwanderer bekommen in der Regel die einheimischen Krebserkrankungen ihres Gastlands. Prostata- und Brustkrebsraten bei Japanern (Osaka) sind niedrig im Vergleich zu denen von weißen Hawaiianern. Unter japanischen Zuwanderern in Hawaii gleichen sich die Raten jedoch denen der einheimischen Bevölkerung an. Im Gegensatz dazu haben die Japaner höhere Magenkrebsraten, doch bei den japanischen Einwanderern in Hawaii fiel die Rate fast auf die der einheimischen Bevölkerung. In hohem Maße sind Lebensweise und Umweltfaktoren, nicht nur genetische Faktoren, für Krebserkrankungen verantwortlich (Peto 2001).

1. **Fange nicht an zu rauchen, und wenn du schon rauchst, höre auf damit**

Mit dem Rauchen aufzuhören ist schwer, wenn man bereits süchtig ist. Am wirksamsten ist es, junge Menschen risikokompetent zu machen, bevor sie anfangen. Das kann durch einen spielerischen Schulunterricht geschehen, bei dem Kinder Risikokompetenz im Umgang mit ihrer Gesundheit lernen (vgl. Kapitel 12). Wenn ein solches Programm auch nur jedem zehnten Kind die nötige Willensstärke vermitteln könnte, der Versuchung zu widerstehen, würden mehr Leben vor dem Krebs gerettet als durch alle gegenwärtigen Früherkennungs- und Arzneimittelprogramme zusammen. Auch für alle, die bereits rauchen, gibt es eine gute Nachricht: Wenn Sie vor Ihrem 30. Lebensjahr mit dem Rauchen aufhören, könnten Sie damit rechnen, die andernfalls verlorenen zehn Jahre Ihres Lebens voll zurückzugewinnen. Wenn Sie mit 40, 50 oder 60 aufhören, können Sie sich neun, sechs beziehungsweise drei Jahre zurückholen.

Die mächtigen Gegner im Krieg gegen den Krebs sind die Tabakindustrie und andere Wirtschaftszweige, die riesige Gewinne mit krebserzeugenden Produkten machen. Was ist einem Zigarettenhersteller ein menschliches Leben wert? Zigaretten verursachen ungefähr einen Toten pro einer Million gerauchter Zigaretten mit einer Latenzzeit von einigen Jahrzehnten, und Tabakunternehmen verdienen ungefähr einen Cent bei jeder Zigarette. Eine Million mal 1 Cent sind 10 000 Euro. Das ist das Preisschild auf jedem Menschen, der am Rauchen gestorben ist.[45]

Fettleibigkeit, Ernährungsweise und körperliche Inaktivität verursachen 10 bis 20 Prozent aller Krebserkrankungen

Die folgenden Empfehlungen von Krebsorganisationen sind leichter zu befolgen, weil keine Abhängigkeit von Suchtmitteln im Spiel ist:[46]

2. Sorge für ein normales Körpergewicht

Achte darauf, dass das Körpergewicht im Rahmen des normalen Körper-Masse-Index (BMI – Body-Mass-Index) bleibt, vor allem in Kindheit und Jugend. Der BMI ist ein grober Anhaltspunkt dafür, ob jemand zu viel wiegt. Es wird berechnet aus dem Gewicht eines Menschen (in Kilogramm) geteilt durch das Quadrat seiner Körpergröße (in Metern). Wenn ein Mann beispielsweise 85 Kilogramm wiegt und 1,80 Meter groß ist, hat er einen Body-Mass-Index von 26,2. Ab einem BMI von über 25 wird dieser Mann als »übergewichtig« bezeichnet. Bei 30 oder mehr spricht man von Adipositas, Fettleibigkeit.[47] Übergewicht oder Adipositas in jungen Jahren verkürzt das Leben erheblich; dagegen ist der Effekt geringer, wenn man älter ist. Die *American Cancer Society* schätzt, dass zu viel Fett eine von sieben Krebserkrankungen verursachen kann, besonders an Brust, Gebärmutterhals, Darm, Gallenblase, Niere, Leber, Speiseröhre, Eierstock, Bauchspeicheldrüse, Prostata, Magen (bei Männern) und Gebärmutter.[48] Diese Zahl nimmt weiter zu.

3. Bewege dich täglich so viel wie möglich

Reduziere sesshafte Lebensgewohnheiten wie Fernsehen; nimm die Treppe anstelle des Fahrstuhls. Sei täglich in Maßen körperlich aktiv, entsprechend einem Spaziergang von mindestens 30 Minuten pro Tag. Die meisten Menschen in technisierten Gesellschaften bewegen sich zu wenig, um den evolutionär geformten Bedürfnissen ihres Körpers zu genügen. Körperliche Untätigkeit ist mit einem erhöhten Krebsrisiko für Darm, Brust, Bauchspeicheldrüse, Prostata und Haut (Melanom) verknüpft.[49]

4. Vermeide Fastfood und zuckerhaltige Softdrinks

Vermeide Getränke mit Zuckerzusätzen wie Cola, Limonaden und Fruchtsaftgetränke sowie Fertiggerichte wie Hamburger, Hotdogs, frittierte Hähnchenteile und Pommes frites. All diese Lebensmittel tragen zu Übergewicht bei. Ersetze gezuckerte Softdrinks durch Wasser oder ungesüßten Tee und Kaffee.

5. Schränke den Verzehr von tierischer Nahrung ein und iss vorwiegend vegetarisch
Obwohl hier die Datenlage weniger klar ist, schadet es nicht, den Verzehr von »rotem Fleisch« zu begrenzen und verarbeitetes Fleisch zu meiden, also solches, das durch Räuchern, Trocknen, Pökeln oder Zusatz von chemischen Konservierungsstoffen haltbar gemacht wurde. Menschen, die gerne Fleisch essen, sollten sich an Geflügel, Fisch oder Wild halten. Eier scheinen keinen Einfluss auf Krebsentstehung zu haben. Iss mindestens fünf Portionen (400 g) Obst oder Gemüse verschiedener Farben – rot, grün, gelb, weiß, lila und orange – pro Tag. Zum Beispiel Brokkoli, Auberginen, Tomaten und Knoblauch. Beschränke den Verzehr von verarbeitetem, stärkehaltigem Gemüse wie etwa Kartoffelprodukten. Es gibt Anhaltspunkte dafür, dass rotes und verarbeitetes Fleisch die Wahrscheinlichkeit von Darmkrebs erhöht. Außerdem spricht einiges dafür, dass (nicht stärkehaltige) Gemüse- und Obstarten vor einer Reihe von Krebsarten schützen.

6. Vermeide gesalzene Nahrungsmittel
Salz und durch Salz haltbar gemachte Nahrungsmittel sind wahrscheinlich eine Ursache von Magenkrebs. Dass Magenkrebs während des 20. Jahrhunderts in der westlichen Welt so stark zurückging, ist wohl dem Kühlschrank zu verdanken, nicht dem Screening oder Krebsmedikamenten.

7. Vermeide Nahrungszusätze
Vitamine, Mineralien und andere Nährstoffe sollten durch Essen und Trinken aufgenommen werden, nicht in Form von Zusätzen. Nahrungszusätze können unerwartete nachteilige Effekte haben und Krebs hervorrufen. Notwendig sind sie nur bei Menschen, die Schwierigkeiten haben, natürlich vorkommende Vitamine aufzunehmen.

8. Mütter sollten stillen, Kinder gestillt werden
Laktation schützt die Mutter vor Brustkrebs und wahrscheinlich auch Kinder vor Übergewicht und Fettleibigkeit und damit vor Krebs. Krebsorganisationen empfehlen, Säuglinge bis zum

sechsten Lebensmonat ausschließlich und danach noch ergänzend zu stillen. »Ausschließlich« heißt: nur Muttermilch, kein Wasser und keine andere Nahrungsmittel oder Getränke. Ausschließliches und längeres Stillen war selbstverständlich, bis in der zweiten Hälfte des 20. Jahrhunderts flüssige Babynahrung auf den Markt kam.

Alkoholmissbrauch verursacht rund 10 Prozent aller Krebserkrankungen bei Männern (3 Prozent bei Frauen)

Alle Arten alkoholischer Getränke können Krebs verursachen.[50] Rund 13 000 Krebserkrankungen gehen jedes Jahr auf die britischen Trinkgewohnheiten zurück. Die meisten in der Leber, im oberen Verdauungstrakt – Mund und Speiseröhre – sowie im Darm. In Deutschland trinkt jeder zweite 18- bis 25-Jährige und jeder fünfte Jugendliche zwischen 12 und 17 Jahren so viel Alkohol, dass er oder sie mindestens einmal im Monat betrunken ist. In Irland ist die Situation noch schlimmer.[51] Frauen, die viel trinken, riskieren Brustkrebs: Vier Prozent aller neu diagnostizierten Brustkrebsfälle werden dem Alkoholmissbrauch zugeschrieben.[52]

9. Trinke weniger Alkohol.
Nicht mehr als zwei Gläser pro Tag für Männer und ein Glas für Frauen. Ein Glas enthält ungefähr 10 bis 15 Gramm Äthanol. Um Krebs vorzubeugen, sollte jeglicher Alkohol vermieden werden, andererseits schützt Alkohol in kleinen Mengen vermutlich gegen koronare Herzerkrankungen.

CT-Scans verursachen rund 2 Prozent aller Krebsfälle

Wie bereits erwähnt, wird bei CT-Scans in der Regel hundertmal so viel Strahlung abgegeben wie bei einer Röntgenaufnahme des Thorax. Manche Scans liegen durchaus im Interesse des Patienten, doch andere wiederum im Interesse derer, die von den CT-Geräten profitieren und sie vermarkten. Sollen Sie sich darauf einlassen?

Das Risiko, infolge eines Ganzkörper-CT-Scans an einer strahleninduzierten Krebserkrankung zu sterben, ist größer, als bei einem Verkehrsunfall ums Leben zu kommen. Bis zu 1 von 50 Krebsfällen in den USA könnte auf die Strahlung von CT-Scans zurückzuführen sein.[53]

> **10. Reduziere die Strahlenbelastung, besonders für Kinder.** Sei vorsichtig bei der Inanspruchnahme von CTs und anderen Strahlenquellen, und stimme Scans nur zu, wenn sie für eine Diagnose oder Behandlung absolut notwendig sind. Lass keinen Scan machen, nur um auf Nummer sicher zu gehen. Der Arzt sagt unter Umständen: »Schauen wir mal, was die CT zeigt, damit wir sicher sein können, dass Ihrem Kind nichts fehlt.« Denke an das SIC-Syndrom und daran, dass dir niemand deine Verantwortung als Vater oder Mutter abnehmen kann.

Jeder kann sich diese zehn Maßnahmen zur Gewohnheit machen. Das heißt nicht, dass Sie dem Krebs dadurch mit Sicherheit vorbeugen, wohl aber, dass die Wahrscheinlichkeit einer Erkrankung verringert wird. Diese zehn einfachen Regeln sind weitaus besser imstande, Leben zu retten, als das ganze bunte Angebot von Screening-Technologien und teuren Krebsmedikamenten. Selbst wenn eine Krebserkrankung vorliegt, kann ein Wechsel der Lebensweise immer noch genauso wirksam sein wie kostspielige Medikamente, ohne dass man deren Nachteile in Kauf nehmen muss. Im Gegenteil, er erhöht die Lebensqualität. In einer Studie an 3000 Krankenschwestern mit Brustkrebs starben diejenigen, die drei bis fünf Stunden pro Woche körperlich aktiv waren, weniger häufig an Krebs als jene, die es nicht taten.[54] Dabei scheint es keine Rolle zu spielen, ob man spazieren geht, joggt, tanzt oder Gartenarbeit verrichtet. Die Lebensweise kann ganz wesentlich zum Schutz vor Krebs beitragen.

Keine Entscheidung über mich ohne mich

Die beiden Mottos zu Beginn dieses Kapitels, das eine aus den 80er-Jahren von der *American Cancer Society*, das andere 30 Jahre später vom britischen Gesundheitsministerium, lassen einen tiefgreifenden Sinneswandel erkennen. Im 20. Jahrhundert diente das Gesundheitswesen nicht in erster Linie dem Patienten, sondern dem Verkauf von Arzneimitteln, der Entwicklung von Technologien und anderen Zielen. Patienten wurden paternalistisch behandelt. Das 21. Jahrhundert sollte das Jahrhundert des Patienten werden.[55] Der Ruf nach besserer Gesundheitsfürsorge wird allgemein mit der Behauptung gekontert, das impliziere zwei Alternativen, die niemand wolle: die Beiträge zu erhöhen oder die Versorgung einzuschränken. Ich vertrete die Auffassung, dass es eine dritte Option gibt: Wenn wir die Gesundheitskompetenz von Ärzten und Patienten fördern, können wir bessere medizinische Versorgung für weniger Geld bekommen.

Wir alle können die Verhältnisse verändern, jeder auf seine Weise. Die Patienten können ihre Ärzte nach dem Für und Wider einer Maßnahme fragen, statt sich nur zu erkundigen, was sie tun sollen. Die Ärzte können in ihren Wartezimmern Icon-Boxen oder Faktenboxen auslegen statt nur *Bunte* und *Gala*. Organisationen können damit beginnen, Patienten verständlich zu informieren, statt nur zu versuchen, die Teilnehmer- oder Mitgliederzahlen zu steigern. Eines können wir alle tun: unsere Lebensweise verändern und die Verantwortung für unser Leben übernehmen. Risikokompetenz ist die stärkste Waffe gegen Krebs.

Kapitel 11
Banken, Kühe und andere gefährliche Dinge

Jeder intelligente Narr kann Dinge größer, komplexer und gewaltiger machen. Es gehört eine Menge Inspiration und Mut dazu, sich in die gegenteilige Richtung zu bewegen.

Albert Einstein

Du musst hart an dir arbeiten, um deine Gedanken so zu ordnen, dass sie einfach werden.

Steve Jobs

Was tun, wenn sich die dunklen Wolken einer Krise über dem Horizont zusammenballen und Sie sich Sorgen um Ihr Geld und Ihre Zukunft machen? Den Kopf in den Sand stecken und darauf warten, dass die Experten ihre Arbeit machen? Wenn Sie den Kopf wieder herausziehen, wird das Resultat wahrscheinlich sein: mehr Bürokratie, mehr Technologie und weniger individuelle Freiheit. Was man wohl kaum sehen wird, sind kompetentere Staatsbürger, die gelernt haben, selbstständig mit Ungewissheit umzugehen.

Statt den juristischen Dschungel aus Papierbergen und Restriktionen noch undurchdringlicher zu machen, sollten wir zunächst fragen: Gibt es eine einfache Lösung für komplexe Probleme? Mit anderen Worten: Gibt es so etwas wie die Blickheuristik oder 1/N, was ein Problem schneller, besser und zuverlässiger löst?

Einfache Regeln für eine sicherere Welt

Banken haben eine soziale Aufgabe. Sie leihen sich Geld zu einem bestimmten Zinssatz von denen, die es nicht brauchen, und verleihen es zu einem etwas höheren Satz an diejenigen, die es brauchen. Dieser Transfer ermöglicht es den Menschen, ihre Ausbildung zu bezahlen, sich ein Haus zu bauen oder eine Firma zu gründen. Gemeinden können auf diese Weise Schulen, Straßen, Flughäfen oder Konzerthallen finanzieren. Ohne die Banken würde der Wohlstand sehr viel langsamer wachsen. Die »gute alte Zeit« des traditionellen Bankwesens – sich um Konten, Überweisungen, Kreditkarten, Geldautomaten kümmern – beschreibt das »3-6-3-Geschäftsmodell«:

> Zahle Anlegern 3 Prozent Zinsen,
> nimm für Kredite 6 Prozent Zinsen,
> sei um 3 Uhr auf dem Golfplatz.

Zwischen 1940 und 1970 war das Bankgeschäft sicher und langweilig (vom Golfen abgesehen). Doch in den 70er-Jahren erlebten wir neun Bankenkrisen, und jeweils mehr als 50 in den 80er- und 90er-Jahren.[1] Allerdings übersprangen die meisten dieser Krisen nicht die nationalen Grenzen; beispielsweise griff die US-amerikanische Sparkassenkrise nicht auf Europa über. Bei der Krise von 2008 wurden die Fachleute dann überrascht. Obwohl die anfänglichen Verluste denen der japanischen Krise in den 90er-Jahren entsprachen, breitete sich diesmal die amerikanische Hypothekenkrise weltweit aus. Überall auf der Welt verloren Menschen ihren Arbeitsplatz, ihr Vermögen oder einen Teil ihrer Altersbezüge. Mächtige Banken erlitten Schiffbruch, ganze Länder gerieten an den Rand des Zusammenbruchs. Praktisch kein Finanzexperte sah die globale Katastrophe kommen, obwohl es viele nachträglich besser gewusst haben wollten. Wie wir heute wissen, kam es zu globalen Dominoeffekten, weil Finanzinstitute weltweit toxische Wertpapiere in Form verbriefter zweitklassiger Hypothekenkredite hielten, überwiegend kurzfristige Kredite aufnahmen und wenig Kapital hatten. Plötzlich waren die Banken zu hochexplosiven Gefahrenherden geworden.

Des Bankers neue Kleider

In dem Märchen »Des Kaisers neue Kleider« von Hans Christian Andersen machen sich zwei Betrüger erbötig, dem Kaiser prachtvolle neue Gewänder aus einem wunderschönen Stoff anzufertigen. Leicht wie Spinnenweben sei dieser Stoff, sagen sie, und unsichtbar für dumme Menschen, die nicht für ihr Amt taugen. Beeindruckt gibt der Kaiser die Kleider in Auftrag und schickt seinen ehrlichen, alten Minister vor, die Arbeit der Weber in Augenschein zu nehmen. Vor Ort schildern die Weber dem Minister die delikaten Muster und Farben, und obwohl der nicht einen einzigen Fetzen Stoff erblicken kann, stimmt er in den Lobpreis ein, um nicht als unfähiger Dummkopf dazustehen. Ein zweiter Staatsbeamter wird hingeschickt, um den Fortgang der Arbeiten zu begutachten, und preist ebenfalls das Tuch, das er nicht sieht. Auch der Kaiser kann sein neues Gewand nicht ausmachen, will aber vor seinen beiden Beratern nicht als Narr erscheinen. Also lobt er das Staatskleid und verleiht den Betrügern ein Ritterkreuz und den Titel »Hofweber«. Als er seine neuen Kleider vorführt – Hose, Mantel und eine Schleppe, die von seinen Kammerherren getragen wird –, jubeln die Schaulustigen und bringen ihre Bewunderung für die neuen Gewänder lautstark zum Ausdruck. »Aber er hat doch gar nichts an«, sagt ein kleines Kind. Ein Raunen geht durch die Menge, bis sich schließlich jeder traut zuzugeben, dass der Kaiser nackt ist.[2]

Wie wir sehen werden, ist Andersens Märchen hochaktuell. Heute sind es Banker, die die delikaten, prachtvollen Stoffe weben. Sie heißen »Risikomodelle« und versprechen eine Sicherheit, die es nicht gibt. Angeblich können diese neuen Kleider Risiken ganz genau messen.

1988 wurde in einer ersten internationalen Vereinbarung festgelegt, wie viel Kapital eine Bank benötigt, um vor einer Insolvenz sicher zu sein. Das war der Basler Akkord (auch als Basel I bezeichnet).[3] Das Abkommen war 30 Seiten lang, die Berechnungen ließen sich mit Bleistift und Papier vornehmen. Es wurde als zu einfach kritisiert und, gestützt auf einen Zusatz von 1996, so ergänzt, dass etwas viel Prächtigeres dabei herauskam: Basel II. Mit einer Fülle zusätzlicher Details und neuen, komplexen Risikomodellen war Basel II 347 Seiten lang. Wenige Jahre nach Schaffung dieses maßgeschneiderten Meisterstücks, das die Welt sicherer machen sollte, brach die Finanzkrise von 2008 aus. Die Reaktion war, eine noch kompliziertere Vorschrift zu weben – Basel III –, die es auf 616 Seiten brachte. Während Basel I sich in den USA in 18 Seiten primäre Gesetzgebung übersetzen ließ, waren es bei Basel III mehr als 1000 Seiten. Ich arbeite mit der Bank of England zusammen und habe meine Kollegen dort gefragt: Wer versteht die Folgen von Basel III? Ihre einhellige Antwort lautete: Wahrscheinlich kein Mensch.

Als ich vor dem deutschen Bundestag über die Illusion der Gewissheit sprach, die durch diese komplizierten Risikomodelle vermittelt wird, gaben nur wenige Politiker und Banklobbyisten offen zu, dass sie deren Konsequenzen nicht verstanden. Trotz der neuen Kleider ist das heutige Bankensystem noch immer so gefährlich und fragil wie vorher. Zu wenig hat sich verändert, um die nächste globale Krise zu verhindern. Wir könnten einige unbefangene Kinder in unseren Regierungen gut gebrauchen.

Die Truthahn-Illusion

Die Finanzmathematik hat ihre Wurzeln in Glücksspielen, das heißt in bekannten Risiken. Die Verführungskraft dieser Mathematik liegt darin, dass sie mit nur einer Zahl das Risiko abschätzen möchte. Die bekannteste dieser Zahlen heißt »Wert im Risiko« (*value at risk*). Keine Beurteilung der Vermögenslage ist notwendig; man muss nur einen Blick auf diese Zahl werfen. Doch die Welt des Geldes ist eine ungewisse Welt, nicht eine bekannter Risiken. Dieser entscheidende Unterschied erklärt, warum die Risikozahlen praktisch keine Finanzkrise vorhersagten – weder den Schwarzen Montag noch die asiatische Krise, noch die Dotcom-Krise von

2000 noch das Finanzdebakel von 2008. 2012 verlor J.P. Morgan Milliarden, obwohl ihr *Wert im Risiko* ganz geringe Risiken voraussagte. Laut den Berechnungen hätten diese Ereignisse nicht geschehen sollen (Kapitel 3). Solche Berechnungen prognostizieren eine weitaus größere Sicherheit als gerechtfertigt, eine ständige Illusion der Gewissheit. Deshalb können sie uns vor Katastrophen nicht schützen, sondern sind selbst eine mögliche Gefahr und Ursache von Finanz-Kernschmelzen.[4]

2003 erklärte Robert Lucas, wahrscheinlich der namhafteste Makroökonom, der Makroökonomie sei es nun gelungen, wirtschaftliche Katastrophen zu verhindern: »Ihr zentrales Problem – die Verhinderung einer Depression – ist gelöst, für alle praktischen Belange, und zwar seit vielen Jahrzehnten gelöst.«[5] Fünf Jahre später wurde die Welt von der schlimmsten Finanzkrise seit der Großen Depression Anfang der 30er-Jahre erschüttert.

Die Truthahn-Illusion steht für die Überzeugung, dass ein Risiko sich berechnen lässt, obwohl das nicht möglich ist. Risiken können berechnet werden, wenn die drei in Kapitel 5 erläuterten Bedingungen erfüllt sind:

- Geringer Grad an Ungewissheit: Die Welt ist stabil und vorhersagbar.
- Wenige Alternativen: Es müssen nicht zu viele Risikofaktoren abgeschätzt werden.
- Es steht eine große Datenmenge für diese Schätzungen zur Verfügung.

Keine dieser Bedingungen gilt für die Welt des Investmentbankings. Beispielsweise lösen global vernetzte Banken unvorhersehbare Dominoeffekte aus. Großbanken müssen Tausende von komplizierten Risikofaktoren nebst Millionen von Korrelationen zwischen ihnen schätzen. Die daraus folgenden Zahlen sind Illusionen der Gewissheit, keine exakten Risikoeinschätzungen. Die Illusion ist motiviert durch den Wunsch von vielen Regulierern, Finanztheoretikern und Investoren, Risiken genau zu messen und zu beziffern. Sie wollen jede Ungewissheit vermeiden, weil sie die Werkzeuge dafür, nämlich intelligente Faustregeln, nie erlernt haben. Sowohl einfache als auch komplexe Regeln haben ihre Berechtigung, aber je nach dem Zustand der Welt:

Instabile, global vernetzte Welt	*Stabile und vorhersagbare Welt*
Viele Risikofaktoren	*Wenige Risikofaktoren*
Kleine Datenmenge	*Große Datenmenge*
←	→
Einfache Faustregeln	Komplexe Risikomodelle

Sicherheitsregeln

Wie können wir also das Risiko einer weiteren Finanzkrise verringern? Die Finanzwelt braucht eine wissenschaftliche Revolution. Wir müssen uns von den traditionellen Risikomodellen lösen und neue Werkzeuge entwickeln. Wie bei den Basel-Regulierungen sieht die traditionelle Vorgehensweise vor, komplexe Regulierungssysteme einzuführen und sie noch komplizierter zu machen, wenn sie unwirksam bleiben. Für dieses Verfahren entscheiden sich viele Regierungen und Organisationen. Wir brauchen einen anderen Ansatz. Die Frage sollte sein: Gibt es eine Reihe einfacher Regeln, die dieses Problem lösen können?

Eine solche Regel betrifft die Fremdkapitalaufnahme, das heißt das Verhältnis des Fremdkapitals einer Bank, ihrer Verbindlichkeiten, zu ihrem Eigenkapital. Um den Wandel voranzutreiben, arbeitete ich mit der Bank of England einfache Regeln für eine sicherere Finanzwelt aus. Als ich Mervyn King, bis 2013 Chef der Bank of England, fragte, welche einfache Regeln nach seiner Meinung die Gefahr künftiger Krisen verringern würden, dachte er nicht lange nach. Er antwortete mit einer einzigen Regel:

Vermeide einen Verschuldungsgrad über 10:1.

Es geht also um die Aufnahme von Fremdkapital für Investitionen. Je mehr Sie relativ zu Ihrem Eigenkapital borgen, desto höher der Verschuldungsgrad (*leverage ratio*). Fremdkapital erhöht die Aussichten auf Gewinne, aber auch die auf Verluste. Das gilt nicht nur für Banken, sondern auch für Privathaushalte. Hier ein einfaches Beispiel: Adam und Betty vermuten, dass der Immobilienmarkt im Aufwind ist, und kaufen Mietshäuser, um sie in fünf Jahren zu verkaufen. Beide haben je 100 000 Euro zum Investieren zur Verfügung. Adam kauft ein Haus für diese Summe, während Betty zehn Häuser erwirbt: 10 000 Euro zahlt sie jeweils an, sodass sie eine Hypothekenschuld von 900 000 Euro zum Zinssatz von 5 Prozent hat. Betty verwendet Fremdkapital, Adam nicht. Der Verschuldungsgrad ist gleich der Schuldsumme geteilt durch das Kapital, das man tatsächlich besitzt. Wenn beide den Aufwärtstrend richtig eingeschätzt haben und ihre Häuser fünf Jahre später für je 150 000 Euro verkaufen, macht Adam einen Gewinn von 50 000 Euro, aber Betty hat mehr verdient. Sie macht ein Plus von 500 000 Euro minus etwa 225 000 Euro an Zinsen, was 275 000 Euro ergibt. Außerdem hat sie in dieser Zeit zehnmal so viel Mieteinnahmen wie Adam. Offensichtlich ist die Aufnahme von Fremdkapital eine ausgezeichnete Idee, solange die Vorhersagen eintreffen.

Doch wenn der Häusermarkt rückläufig ist und sich die Häuser nur für 70 000 Euro verkaufen lassen, verliert Adam 30 000 Euro – kein sehr einträgliches Geschäft, aber er hat zumindest keine Schulden. Betty jedoch muss das geborgte Geld plus der Zinsen zurückzahlen, eine Summe, die sich auf 1 125 000 Euro beläuft. Sie erlöst 700 000 Euro aus dem Verkauf der Häuser, behält also am Ende 425 000 Euro Schulden. Wenn sie Pech hat, muss sie Konkurs anmelden.

Entsprechend investieren Banken nicht nur das Geld, das sie haben, sondern auch das Geld, das sie von anderen geborgt haben.[6] Das sicherste Bankensystem wäre eines ohne Fremdkapital, aber ein bestimmtes Maß ist entscheidend für Wachstum. Doch vor der Finanzkrise von 2008 war die Verschuldung in astronomische Höhen geklettert. Auf dem Gipfelpunkt des Booms hatten einige Banken Verschuldungsgrade von 50:1.[7] Das ist so, als würden Sie eine 100 000-Euro-Hypothek mit 2000 Euro Eigenkapital finanzieren.

Die einfache Verschuldungsregel hätte in der Finanzkrise wahrscheinlich Milliarden Dollar gerettet. In der Zukunft könnte eine solche ein stabiles Sicherheitsnetz knüpfen. Kanadische Banken haben den Finanzkollaps relativ unbeschadet überstanden, denn sie waren an strengere Regeln der Verschuldung und Kreditvergabe gebunden. In unseren Studien konnte der Verschuldungsgrad voraussagen, welche Banken bankrott gingen, die komplizierten risikobasierten Modelle jedoch vermochten dies nicht.[8] Die Fremdkapitalregel allein wird nicht genügen, um eine weitere Finanzkrise zu verhindern, aber sie könnte viel Schaden abwenden. Banken müssen auch daran gehindert werden, alles Mögliche aus der Bilanz zu entfernen, um einen niedrigen Verschuldungsgrad vorzugaukeln. Außerdem könnte man die Fremdgeldregeln für kleinere Banken lockern, weil dort die Konsequenzen nicht so dramatisch sind.

Der Verschuldungsgrad ist eine Faustregel, die zum Ziel hat, ungefähr richtig statt exakt falsch zu liegen. Sie würde verhindern, dass die Banken durch übermäßige Kapitalaufnahme zu anfällig werden. Unter anderem könnte man Banken zu größerem Eigenkapital verhelfen, indem man ihnen Auszahlungen an die Aktionäre verbietet, bis sich genügend Kapital angesammelt hat. Nach Ausbruch der Hypothekenkrise haben jedoch die US-Regulierer den Banken noch erlaubt, große Dividenden an ihre Aktionäre auszuschütten. Dies hat die Geldinstitute erheblich geschwächt. Die Gesamtausschüttungen der größten Banken an ihre Aktionäre waren etwa halb so groß wie der Betrag, den ihnen die Regierung anschließend durch das *Troubled Asset Relief Program* (TARP) zukommen ließ.[9]

Warum steht der Verschuldungsgrad nicht im Zentrum der Bankenregulierung?

Banklobbyisten weben ein Netz von Argumenten, um Laien und Politikern die Notwendigkeit einer Regulierung auszureden, damit sie ihren riskanten Geschäften wie eh und je nachgehen können. Für mich ist die verblüffendste Beobachtung, dass der von ihnen angerichtete Schaden aus ihrem Gedächtnis gelöscht zu sein scheint. Schauen wir uns vier Argumente an und beschäftigen uns dann mit den wahren Gründen.

Das erste Argument, mit dem Banklobbyisten versuchen, Öffentlichkeit und Politiker zu verwirren, lautet: Die Banken sind absolut in der Lage, ihre Risiken zu berechnen. Das ist die Truthahn-Illusion. Wie oben erwähnt, ist es den komplexen Risikomodellen beständig misslungen, Krisen vorherzusagen oder zu verhindern. Mehr noch: Seit 1996 dürfen Banken ihre eigenen Risikomodelle verwenden, was bedeutet, dass sie ihre Risikoeinschätzungen leicht manipulieren können.

Das nächste Argument ist, das sich eine einfache Regel wie der Verschuldungsgrad leicht missbrauchen lässt. In Wirklichkeit haben viele Banken mit den komplizierten Regeln ihr Spiel getrieben. Je komplizierter die Regeln, desto leichter lassen sich Schlupflöcher finden und die vielen tausend Schätzwerte manipulieren. All das hat zu unproduktiven Aktivitäten geführt wie etwa einem Wettrennen um Komplexität zwischen Banken und Regulierern. Dagegen sind Verstöße gegen einfache Regeln leichter zu entdecken.

Das dritte Argument ist ein vertrautes Mantra: »Ein Euro im Kapital ist ein Euro weniger, der in der Wirtschaft arbeitet.«[10] Fallen Sie nicht auf diesen Trick mit dem Begriff »Kapital« herein. Kapital ist keine Rücklage. Kapital ist das Geld, das die Bank von ihren Besitzern – wenn sie eine Privatbank ist – oder von ihren Aktionären – wenn sie eine Aktiengesellschaft ist – erhalten hat. Kapital kann in die Wirtschaft gesteckt werden wie das Kapital von Privatleuten in ein Haus; es ist nicht das Ersparte unter der Matratze.

Ein ewig wiederkehrendes Mantra ist auch, dass Kapital teuer ist und die Kosten der Banken in die Höhe treibt. Rücken wir das etwas zurecht. Von allen Unternehmen sind Banken diejenigen, die sich bei Weitem am meisten leihen. Die große Mehrheit (der nicht im Finanzsektor tätigen) US-Unternehmen nimmt weniger als die Hälfte ihrer Vermögenswerte als Kredit auf, während einige Großbanken bis zu 97 Prozent leihen. Einige sehr erfolgreiche Firmen wie Apple, Bed Bath and Beyond und Citrix nehmen, wenn überhaupt, nur ganz wenige Kredite auf. Unternehmen können nämlich auch ohne Kredite rasch expandieren, indem sie sich beispielsweise durch Verkauf von Aktien zusätzliche Barmittel verschaffen.

Das sind einige der nur wenig glaubwürdigen Geschichten, die manche Banker über Kleider erzählen, die es nicht gibt. Sie werden nicht erzählt, weil diejenigen, die an diesen Geschichten weben, daran glauben. Sie werden erzählt, weil Staaten Anreize für Banker schaffen, übermäßige Risiken einzugehen, und weil Banker diese Gelegenheiten ausnutzen. Banken können damit rechnen, dass sie vom Steuerzahler freigekauft werden. Das ist der Grund, warum exzessives Leihen für Banken – anders als für andere Unternehmen – billig ist.

Überleben des Fettesten

Investmentbanken wehren sich gegen Fremdkapitalregeln und vertreten die Ansicht, diese würden gegen die Grundsätze der freien Marktwirtschaft verstoßen. Haben sie nicht recht? In einem freien Markt wird eine Bank, die übermäßige Risiken eingeht und in Verzug gerät, nicht überleben. Doch viele Banken wie J.P. Morgan, Barclays und die Deutsche Bank sind zu groß geworden, um bankrott zu gehen. De facto haben sie die Garantie, dass sie gerettet werden, was natürlich ein Anreiz ist, extreme Risiken einzugehen und viel Fremdgeld aufzunehmen. An dem Tag, an dem zu hohe Risiken schwere Verluste verursachen, können die Banken, die am lautesten nach Freiheit geschrien haben, den Privatsektor verlassen und eine sozialistische, »staatlich geschützte« Bank werden. Das war einer der Gründe, warum Banker sich nicht vorsichtig genug verhielten. Sie dachten: »Es gibt eine geringe Möglichkeit, dass es schiefgeht. Doch wenn das der Fall ist, sind alle Banken in Schwierigkeiten, und sie müssen uns aus dem Schlamassel holen.« Mit anderen Worten: Die Gewinne werden von den Managern eingestrichen, die Verluste von den Steuerzahlern beglichen. Das ist nicht unbedingt ein freier Markt – sondern ein System mit falschen Anreizen, das man im Englischen als *moral hazard* bezeichnet.

Heute leben Banken nicht mehr in einem Ökosystem, in dem das darwinistische Überleben des Fittesten, also des Bestangepassten, regiert. Im Bankwesen geht es mittlerweile mehr um das Überleben des Fettesten als um dasjenige des Fittesten. Jedenfalls ist das immer wieder ein Grund für Bankfusionen. Finanzinstitute, die zu groß sind, um scheitern zu dürfen, sollten nicht auf dem Markt sein. Das ließe sich durch eine andere einfache Regel verhindern:

Wer die Vorteile genießt, wenn die Zeiten gut sind, soll auch für die Kosten in den regelmäßig wiederkehrenden Finanzkrisen aufkommen.

Es gibt verschiedene Möglichkeiten, um durchzusetzen, dass Banken nicht mehr mit einer Rettung durch den Staat, das heißt durch den Steuerzahler, rechnen können: Man kann sie verkleinern, die Vernetzung einschränken oder eine klare Trennung zwischen Investmentgeschäft und regulären Bankaufgaben einführen. Dann ist der Schaden begrenzt, wenn eine Investmentbank durch ihr riskantes Verhalten zu Fall kommt. Die Banken mögen einwenden, dass sie Risiken bereits durch die Berechnung vom »Wert im Risiko« berücksichtigen. Doch wie oben erwähnt, setzen diese Berechnungen bekannte Risiken voraus und vermögen Ungewissheit nicht einzubeziehen. Daher sind sie nur von geringem Nutzen. Möglicherweise dienen diese Rechnungen lediglich als Entschuldigung dafür, fett zu bleiben und weiterhin der ungesunden Lebensweise übermäßiger Risikobereitschaft zu frönen.

Vom eigenen Verstand Gebrauch machen

Sie müssen kein Finanzexperte sein, um den Unterschied zwischen bekannten und unbekannten Risiken zu verstehen – oder um zu begreifen, dass der Glaube an die exakte Messbarkeit von Risiken in einer ungewissen Welt auf eine Illusion der Gewissheit hinausläuft. Stattdessen müssen wir nach einfachen, robusten Regeln für eine sicherere Welt suchen. Ich möchte die Menschen ermutigen, sich eine eigene Meinung zu bilden, ihr zu vertrauen und Zweifel zu äußern. Wir können ein sichereres Finanzsystem haben, wenn die Bürger, die für das verantwortungslose Glücksspiel anderer nicht mehr zu zahlen bereit sind, mehr öffentlichen Druck machen. Wenn wir uns von dem hermetischen Jargon nicht einschüchtern lassen und stattdessen die Politiker auffordern, für mehr Transparenz zu sorgen, wäre das ein erster Schritt. Ist das alles? Nein, wir können auch von Großbanken, die übermäßige Risiken eingehen, zu kleineren, verantwortungsvolleren Banken wechseln. Außerdem können wir damit aufhören, uns von Versprechen auf besonders hohe Gewinne zum Kauf riskanter Finanzprodukte verlocken zu lassen, und uns mit Renditen zufriedengeben, die bescheidener, aber realistischer sind. Wenn jeder – Unternehmen und Regierungen eingeschlossen – nur Finanzprodukte kaufte, die er wirklich verstünde, könnten Investmentbanken weniger Schaden anrichten. Von Lobbyisten umringte Politiker mögen Schwierigkeiten haben, die Veränderungen einzuleiten, und Banker halten sich verständlicherweise ebenfalls zurück, solange sie die Gewinne einstreichen und die Verluste auf den Steuerzahler abwälzen können. Das Potenzial einer Gesellschaft liegt in mutigen und risikokompetenten Bürgern.

Schockrisiken

Zugegeben, es ist nicht immer leicht, mutig und risikokompetent zu sein, wenn Regierungen und Medien mit unseren Ängsten spielen. Wir haben das Glück, in einer Epoche zu leben, in der die Kindersterblichkeit niedriger und die Lebenserwartung höher ist als jemals zuvor. Trotzdem halten viele die Welt für gefährlicher und ungewisser denn je. Krise um Krise wird in den Medien lautstark ausgerufen – Rinderwahn, SARS, Vogelgrippe, Schweinegrippe, EHEC und was sonst noch kommen mag. Krankheiten, Terrorismus, Überschwemmungen, Hurrikane und andere Katastrophen haben viele Opfer gefordert, aber auch Regierungen zur Wiederwahl und den Medien zu besseren Auflagen und Zuschauerquoten verholfen. Worst-Case-Szenarien schüren die Ängste von Wählern und Zuschauern. Ein Trick besteht darin, sich die Furcht der Menschen vor Schockrisiken (*dread risks*) zunutze zu machen und die Auflagen zu steigern, indem man in den Schlagzeilen grauenhafte Katastrophen ausmalt. Das Kommen und Gehen dieser Katastrophen läuft immer nach ganz ähnlichem Muster ab. In den Schlagzeilen taucht ein neuer Virusstamm oder irgendeine Bedrohung anderer Art auf; Experten verkünden, dass viele Menschen sterben könnten. Die Bürger fangen an, sich Sorgen zu machen, und rufen nach dem Staat, aufdass er Abhilfe schaffe. Die Regierungen reagieren daraufhin defensiv, häufig mit drastischen Maßnahmen. Einige Monate später hören die Medien auf, darüber zu berichten, und alles ist schnell vergessen. Und ein Jahr später das gleiche Bild: Alles ist in Angst und Schrecken vor der nächsten von den Medien verbreiteten Krise.

Aber ist Vorsicht nicht besser als Nachsicht? Schauen wir uns zwei bekannte Scheinkatastrophen an: Rinderwahn und Schweinegrippe. In beiden Fällen verdrängte Worst-Case-Denken ausgewogene Risikobewertung. Aber sie zeigen uns auch, wie man Risiken so kommunizieren könnte, dass die Menschen nicht in Panik geraten.

Rinderpanik

Beginnen wir mit einem Quiz.[11]

> Wie viele Menschen starben im Laufe von zehn Jahren in Europa an den Folgen des Rinderwahns?
> *Ungefähr 150.*
> Welche andere Ursache führte im gleichen Zeitraum in Europa zur gleichen Zahl von Todesfällen?
> *Trinken von parfümiertem Lampenöl.*

Wer in aller Welt trinkt Lampenöl? Überwiegend Kinder, die von den ansprechenden Farben und den Duftstoffen verlockt werden. Ich gehöre dem Beirat des Bundesinstituts für Risikobewertung an. Zehn Jahre brauchte das Institut, um eine europäische Regelung für die Kindersicherung von Flaschen mit Lampenöl durchzusetzen. So gut wie niemand interessierte sich dafür. Das Keulen der Rinder dagegen fand die ungeteilte Aufmerksamkeit der Öffentlichkeit.

Im ersten Kapitel habe ich am Beispiel des 11. September 2001 das Schockrisiko als eine reale oder vermutete Situation definiert, in der viele Menschen plötzlich sterben. Infolge eines evolutionär erworbenen Reaktionsmusters von Furcht und Flucht neigen wir dazu, solche Situationen zu meiden, während kaum Angstreaktionen ausgelöst werden, wenn genauso viele oder mehr Menschen über einen längeren Zeitraum verteilt sterben. Auf diese Weise wurde auch der Rinderwahn (bovine spongiforme Enzephalopathie, kurz BSE) der Öffentlichkeit präsentiert. Ein *Nature*-Artikel sagte bis zu 100 000 Tote voraus. Im Gegensatz dazu wecken Ursachen, wegen derer genauso viele Menschen im Laufe eines Jahres sterben – Motorrad- und Autounfälle oder Rauchen – kaum Angstgefühle. Kinder, die parfümiertes Lampenöl trinken, sterben nicht plötzlich auf einmal, sondern über Jahre verteilt. Deshalb wird ihnen wenig Aufmerksamkeit geschenkt. Wären diese 150 Kinder an einem einzigen Tag oder innerhalb eines kurzen Zeitraums gestorben, hätte die Presse mit riesigen Schlagzeilen reagiert und viele Eltern in Angst und Schrecken versetzt.

Die Creutzfeldt-Jakob-Krankheit (CJK) ist ein seltenes tödliches Leiden, welches das Gehirn in einen »Schwamm« verwandelt. So selten ist sie, dass in Großbritannien jedes Jahr nur etwa 50 meist ältere Menschen an ihr sterben. In Deutschland sind es ungefähr 70. Zunächst wird der Patient vergesslich, schläfrig und ungeschickt, schließlich kann er nicht mehr sprechen, schlucken oder stehen. Sie ähnelt dem Rinderwahn. Mitte der 90er-Jahre wurde eine neue Variante der CJK bei zehn jungen Erwachsenen berichtet. Experten erklärten der britischen Regierung, dass der wahrscheinlichste Grund der neuen Variante der Verzehr BSE-infizierten Rindfleischs sei. Regierungen neigen zu defensiven Entscheidungen, daher veranlasste man in Großbritannien und in mehreren anderen europäischen Ländern die Massentötung von Rindern. In den Vereinigten Staaten gab es weniger Fälle von infizierten Rindern und Menschen. Trotzdem hieß es, dass dort – angeblich von Vegetariern – ähnliche Versuche unternommen worden seien, eine Panik auszulösen, allerdings ohne Erfolg. Die wirtschaftlichen Folgen der BSE-Epidemie in Europa waren vernichtend. Nicht nur dass die Tiere getötet und ihre Kadaver verbrannt wurden, auch der Handel wurde blockiert, weil andere Länder sich sorgten, dass BSE über ihre Grenzen getragen werden könnte. Die finanziellen Einbußen beliefen sich auf 38 Milliarden Euro.[12] Diese Kosten verursachte unsere Reaktion auf BSE, nicht BSE selbst.

Ende der 90er-Jahre äußerten Experten die Befürchtung, BSE sei möglicherweise auf Schafe übertragen worden. Der britischen Regierung war daran gelegen, eine weitere Panik zu verhindern, die dann dem Verzehr von Schaffleisch gegolten hätte. Deshalb ließ sie nichts über diese Möglichkeit verlauten. Als Sir John Krebs (heute Lord Krebs) im Jahr 2000 der erste Chef der neuen britischen Lebensmittelbehörde wurde, entschied er sich für eine andere Vorgehensweise. Trotz der Bedenken der Regierung beschlossen seine Kollegen und er, ehrlich zu sein und der Öffentlichkeit von dem Verdacht zu berichten. Untersuchungen mit Fokusgruppen zeigten, dass die Formulierung »Es gibt ein theoretisches Risiko für BSE bei Schafen« nicht richtig verstanden wurde. Stattdessen entschloss man sich für die Version: »Es könnte ein Risiko für BSE bei Schafen geben. Wir glauben nicht, dass es vorliegt, und raten Ihnen nicht, kein Schaffleisch mehr zu essen. Doch wenn Sie besorgt sind, können Sie Folgendes tun [...]. Wir arbeiten an Tests, um herauszufinden, ob ein Risiko besteht oder nicht. Sobald wir Ergebnisse haben, teilen wir sie Ihnen mit.« Umfragen nach der Bekanntgabe zeigten, dass fast zwei Drittel der Öffentlichkeit davon gehört hatten und dass der Konsum von Schaffleisch nicht signifikant zurückgegangen war.

Ganz anders der Umgang mit der BSE-Krise in Deutschland. Während der Rinderwahn in Großbritannien, Irland, Frankreich und der Schweiz wütete, lieferte die deutsche Regierung ein Lehrstück der Illusion der Gewissheit und erklärte ihr Land für BSE-frei. »Unser Fleisch ist sicher« – so der beruhigende Tenor eines Chors von Regierungsvertretern. Englisches Rindfleisch wurde verboten. Selbstgefällig verlangten die Verbraucher von ihrem Schlachter Rindfleisch aus Deutschland, wo man, anders als in Großbritannien, weiß, wie man glückliche und gesunde Rinder großzieht. Als im Jahr 2000 ein Massentest an Rindern durchgeführt und die Krankheit entdeckt wurde, war die Nation geschockt. Kaum einer wagte noch, in ein Steak zu beißen. »Stimmt es«, schrieb ein besorgter Leser an die *Rheinische Post*, »dass ich mich mit BSE anstecken kann, wenn ich lange auf meinem Rindsledersofa sitze?«[13] Die Illusion der Gewissheit hatte sich in Luft aufgelöst, und die Minister für Gesundheit und für Landwirtschaft traten zurück. Jetzt verboten andere Länder deutsches Rindfleisch, und die Deutschen begannen genau wie alle anderen, ihre Rinder zu keulen und zu verbrennen. Nicht ein einziger Deutscher starb an BSE oder, um genauer zu sein, dieser Variante der Creutzfeld-Jacob-Krankheit. Abgesehen von den vielen Rindern, die ihr Leben verloren, waren die beiden Minister, die ihre Ämter aufgeben mussten, die einzigen Opfer – nicht wegen des Verzehrs von Rindfleisch, sondern wegen ihres Umgangs mit Ungewissheit.

Im Rückblick auf diese Massenschlachtungen und Verbrennungen, die durch unsere Ängste ausgelöst wurden, gibt es wenige Anhaltspunkte dafür, dass all dies notwendig war. Es war wohl kaum mehr als eine ungerechtfertigte Furcht vor einem Schockrisiko. BSE illustriert, wie die Angst ganze Regierungen dazu bringen kann, Gefahren zu bekämpfen, die nur wenige Menschen das Leben kosten, statt sich mit Dingen zu beschäftigen, die jedes Jahr viele Opfer fordern.

Schweinepanik

Im März 2009 bekam der fünfjährige Edgar Hernández hohes Fieber. Die Ärzte entdeckten, dass er mit dem H1N1-Virus infiziert war. Bald darauf meldete Mexiko 157 Todesopfer der Schweinegrippe, woraufhin eine globale Krisenmanagement-Maschinerie in Gang gesetzt wurde. Nach vier Tagen erholte Edgar sich, und Mexiko korrigierte seine Zahlen nach unten: Es waren nur sieben Todesfälle. Doch einmal angeworfen, ließ sich die globale Krisenmaschinerie nicht mehr zum Stillstand bringen. Im Juni erklärte die Weltgesundheitsorganisation (WHO) die Schweinegrippe zur Pandemie. Experten der WHO schätzten, dass bis zu zwei Milliarden (!) Menschen weltweit infiziert werden würden. Ein Schockrisiko, das große Angst hervorrief. Ägypten ließ alle seine Schweine töten. In einer britischen Schlagzeile hieß es: »Schweinegrippe könnte in Großbritannien 65 000 Todesopfer fordern, warnt der höchste Gesundheitsbeamte Großbritanniens.« Fernsehen und Zeitungen begannen die ersten Opferzahlen zu veröffentlichen. Am schlimmsten werde es im Winter, in der Grippesaison, so die Botschaft.

Wie bei BSE breitete sich die Schockangst auf dem ganzen Globus aus. Regierungen gaben Milliarden Euro aus, um Vorräte an Impfstoffen und Grippemitteln wie Tamiflu anzulegen. Wieder verfuhr man nach dem Motto »Vorsicht ist besser als Nachsicht«. Nur dass niemand wusste, wie man auf Nummer sicher gehen sollte. Es gab keine wissenschaftliche Grundlage für die WHO-Schätzung von bis zu zwei Milliarden Fällen Schweinegrippe. Es gab auch keinen Beweis für die Wirksamkeit der Arzneimittel, die die Regierungen von der Industrie kauften. So hatte die US-Gesundheitsbehörde Jahre vor Ausbruch der Schweinegrippe erklärt, man habe keinen Hinweis darauf, dass Tamiflu Komplikationen, die zur Einweisung ins Krankenhaus oder zum Tod führen, verhindern könne.[14] Obwohl japanische Aufsichtsbeamte zur gleichen Schlussfolgerung gelangten, entfiel auf die Japaner ein Anteil von drei Vierteln der weltweit eingenommenen Grippemittel. Auch Großbritannien gab 500 Millionen Pfund für Tamiflu und andere Grippemittel aus, obwohl ihre Wirksamkeit nicht belegt war. Die polnische Gesundheitsministerin hingegen weigerte sich, irgendwelche zu kaufen. Die gelernte Ärztin sagte, es sei nicht ihre Aufgabe, die Bankkonten der Pharmaindustrie zu füllen. Zwei Jahre nach der Panik ließ die deutsche Regierung die unbenutzten Impfstoffe vernichten und verbrannte damit Hunderte Millionen Euro.

Wie sich hinterher bestätigte, gab es tatsächlich keinen Beweis dafür, dass Tamiflu Menschen gegen die tödlichen Folgen schützen kann.[15] Tamiflu kann lediglich die durchschnittliche Krankheitsdauer von fünf auf vier Tage verringern – was die US-Gesundheitsbehörde schon früher festgestellt hatte. Warum hatte die WHO die Regierungen dann aufgefordert, sich Vorräte von Grippemitteln anzulegen? Eine Antwort fand das *British Medical Journal*: Eine große Zahl der Experten, die als Berater für die WHO tätig waren, hatte finanzielle Verbindungen zu den Herstellern der Medikamente.[16] Auf den Rat dieser Fachleute hin vergeudeten die

Regierungen Milliarden Euros, die jetzt an anderer Stelle in der Gesundheitspflege fehlen. Nicht zuletzt wird die ständige Verbreitung von Worst-Case-Szenarien langfristig dazu führen, dass die Menschen zynisch werden. Wenn ein echter Notfall eintritt und wenn Grippemittel und Impfungen tatsächlich erforderlich sind, wird das Vertrauen in die Regierungen und die WHO so erschüttert sein, dass nur noch wenige auf sie hören und sich impfen lassen.

In einem Interview mit dem *British Medical Journal* wurde ich gefragt, ob es das Problem sei, dass gewöhnliche Menschen Risiken nicht verstehen, schon gar nicht während einer Pandemie. Ich erwiderte, das Problem sei weniger die Schwierigkeit, Ungewissheit zu kommunizieren, als das Versäumnis, sie überhaupt zu kommunizieren.[17] Wie ist es möglich, Ungewissheit zu vermitteln, ohne Worst-Case-Szenarien zu entwerfen?

Im November 2009, auf dem Höhepunkt der Schweinegrippe-Panik, wendete ich die gleiche Methode an wie Lord Krebs für BSE: Sprich offen über die Ungewissheit, stelle Vergleiche mit bekannten Risiken an und erkläre, was getan werden kann. Am Max-Planck-Institut für Bildungsforschung in Berlin, an dem ich Direktor bin, trafen sich Mitarbeiter, Studenten und Forscher zu einer Informationssitzung. Zunächst gab ich ehrlich zu, dass niemand zum gegebenen Zeitpunkt sagen könne, ob die Schweinegrippe die große, von den Medien ausgerufene Katastrophe werden würde oder nur ein belangloses Zwischenspiel, das sang- und klanglos verschwinden werde wie die Vogelgrippe vor ihr. Doch es gebe einige Fakten, die uns bei unserer Einschätzung helfen könnten. Erstens, die Schweinegrippe dauert in der Regel vier bis fünf Tage und ist dann vorbei. Zweitens, normale Grippeerkrankungen und grippeähnliche Krankheiten töten in Deutschland jedes Jahr rund 10 000 Menschen, während der Schweinegrippe bis dato nur 20 Todesfälle zugeschrieben werden konnten. Um diese Zahl in die richtige Relation zu bringen: In Deutschland kommen pro Tag zwölf Menschen durch Verkehrsunfälle und neun durch passives Rauchen ums Leben. Drittens, es ist behauptet worden, dass die eigentliche Katastrophe noch bevorstehe, weil die Grippe meist im Winter ihren Höhepunkt erreiche. Allerdings liegen uns einige Daten aus der südlichen Hemisphäre vor, wo der Winter bereits vorüber ist. Dort hat sich die Schweinegrippe nicht zur Katastrophe ausgeweitet. Tatsächlich sind in Australien und Neuseeland auch ohne Impfstoffe weniger Menschen an der Grippe gestorben als normalerweise. Trotzdem ist die WHO bei ihrer ungeheuerlichen Schätzung geblieben. Außerdem hatte die WHO im Frühjahr, so fügte ich hinzu, weitgehend unbemerkt ihre Definition des Begriffs »Pandemie« verändert. Jetzt bedeutet pandemisch nicht mehr eine weitverbreitete Krankheit, die viele Menschen töte, sondern lediglich eine weitverbreitete Krankheit.

Für alle, die besorgt waren, sprach ich die Frage an: Was können Sie in dieser ungewissen Situation tun? Etwas, was jeder tun könne, um die Ausbreitung des Virus zu verhindern: Bedecken Sie Mund und Nase, wenn Sie niesen, waschen Sie sich die Hände, und bleiben Sie zu Hause, wenn Sie krank werden. Weiterhin könnten Sie sich impfen lassen, obwohl wir Nutzen und Schaden nicht kennen. Am wichtigsten sei schließlich, dass man lerne, mit einem Rest von Ungewissheit zu leben, und den Mut habe, sich eine eigene Meinung zu bilden. Kein Grund zur Panik.

Nach meinem Vortrag waren die Mitarbeiter beim Verlassen des Hörsaals entspannter als bei der Ankunft. Die genaue Erklärung der Ungewissheit hatte sie nicht nervös oder ängstlich gemacht. Wie bei Lord Krebs und den BSE-infizierten Schafen war das Gegenteil der Fall. Und beide Male war keine Katastrophe eingetreten.

Am Ende stellte sich heraus, dass die Schweinegrippe nicht der große Killer war, sondern die ganz normale alte Grippe. Kaum hörten die Medien auf, über die Schweinegrippe zu berichten, geriet sie auch schon in Vergessenheit. Ohne eine hochentwickelte Diagnosetechnik und ein globales System des Krisenmanagements wäre sie wahrscheinlich gekommen und gegangen, ohne dass sie irgendjemand bemerkt hätte.

Die Furcht vor Schockrisiken gehört zur menschlichen Natur. Und die Medien machen sich diese Angst zunutze, indem sie Befürchtungen im Hinblick auf Dinge wecken, die eigentlich wenig Anlass zur Besorgnis bieten. Mein persönliches »erstes Gesetz der Risikokommunikation in den Medien« lautet daher:

Abbildung 11.1: Erinnern Sie sich noch an diese Schockrisiko-Geschichten? Solange die Medien über reale oder fiktive Katastrophen berichten, erzeugen sie Furcht. Stellen sie die Berichterstattung einige Monate später ein, gerät der Anlass bald in Vergessenheit, und wir beginnen uns über die nächste Katastrophe in den Schlagzeilen Sorgen zu machen.

Je mehr die Medien über ein Gesundheitsrisiko berichten, desto geringer ist die Gefahr für dich.

So waren im Jahr 2003 SARS und Bioterrorismus die Topnachrichten in den USA. Beide kosteten weniger als ein Dutzend Menschen das Leben, brachten es aber zusammen auf mehr als 100 000 Medienberichte und stellten damit Rauchen und Bewegungsmangel weit in den Schatten, woran fast eine Million Amerikaner starben.[18] Als in Deutschland das Robert-Koch-Institut klarstellte, dass die Schweinegrippe doch nicht der große Killer war, interessierte sich die Presse kaum dafür. Wenn Sie also von einem neuen Gesundheitsrisiko hören, lehnen Sie sich entspannt zurück. Es wird Sie wahrscheinlich nicht umbringen.

Regierungen

Wenn wir vergleichen, wie die Politik auf finanzielle Risiken und auf Schockrisiken reagiert, zeigt sich ein verblüffender Widerspruch. Warum sind Regierungen so eifrig bemüht, ihre Bürger vor Schockrisiken – von Kühen bis zu Schweinen – zu schützen, und so zögerlich, dieselben Menschen vor den Risiken finanzieller Katastrophen zu bewahren, die etwa durch Investmentbanking verursacht werden? Eigentlich müssten Banken leichter zu kontrollieren sein als Viren. Eine mögliche Antwort ist der Einfluss der Lobbyisten auf Politiker. Die Pharmaindustrie hat großes Interesse an staatlichen Interventionen und drängt die Regierungen dazu, sich Vorräte an Impfstoffen und Medikamenten anzulegen. Das Bankgewerbe hingegen hat wenig Interesse an staatlichen Interventionen und macht seinen Einfluss folglich für möglichst wenig Regulierung geltend – indem es zum Beispiel die »Impfung« durch höheres Kapital und niedrigere Verschuldungsgrade ablehnt. Lobbyisten für diejenigen, welche die Folgen bezahlen müssen – die Steuerzahler –, gibt es kaum. So waren die meisten Regierungen bereit, für das von Roche hergestellte Tamiflu zu bezahlen, ohne Beweise für seine Nützlichkeit zu verlangen. Als die internationale Cochrane Collaboration, die wichtigste evidenzbasierte medizinische Organisation, von Roche verlangte, die Daten über die Wirkung von Tamiflu offenzulegen – was das Unternehmen seit Jahren verweigerte –, hatten dieselben Regierungen plötzlich taube Ohren. Wir werden dieses Missverhältnis nur korrigieren können, wenn möglichst viele Menschen nicht mehr einfach tun, was ihre Regierungen oder Ärzte ihnen sagen, sondern einen kritischen Blick auf die Evidenz und auf die Verwendung ihrer Steuergelder werfen. Informiert sein und seine Meinung sagen sind wichtige Schritte in Richtung einer partizipatorischen Demokratie.

Teil III
Früh in den Startlöchern

Eine neue wissenschaftliche Wahrheit pflegt sich nicht in der Weise durchzusetzen, dass ihre Gegner überzeugt werden und sich als belehrt erklären, sondern vielmehr dadurch, dass ihre Gegner allmählich aussterben und dass die heranwachsende Generation von vornherein mit der Wahrheit vertraut gemacht ist.

Max Planck

Die interessantesten Auskünfte stammen von Kindern, denn sie erzählen alles, was sie wissen, und dann hören sie auf.

Mark Twain

Kapitel 12
Die Schule revolutionieren

Immer wenn die Menschen gut informiert sind, können sie mit einer eigenen Regierung betraut werden.

Thomas Jefferson

Tilly Smith, ein zehnjähriges englisches Schulmädchen, lag 2004 mit ihren Eltern am Strand von Phuket. Plötzlich zog sich das Wasser zurück. Die Boote begannen auf den Wellen zu tanzen. Während andere Touristen zu den Fischen liefen, die auf dem Sand zappelten, sagte sie: »Mummy, wir müssen sofort vom Strand verschwinden. Ich glaube, es gibt einen Tsunami.« Kurz vor den Ferien hatte Tilly in Erdkunde einen Videofilm über einen Tsunami auf Hawaii gesehen und die Warnzeichen gelernt. Die Eltern nahmen die Warnung des kleinen Mädchens ernst, empfahlen den anderen, sich ebenfalls in Sicherheit zu bringen, und informierten das Hotelpersonal, das den Strand evakuierte. Tillys Strand gehörte zu den wenigen in Phuket, auf denen niemand getötet oder ernsthaft verletzt wurde.[1]

Milliarden werden in die Entwicklung von Tsunamiwarnsystemen gesteckt, was zu begrüßen ist. Aber Technik allein hilft nicht. Das größte je gemessene Erdbeben – mit der Stärke 9,5 – ereignete sich im Mai 1960 vor der Küste Chiles. Es erzeugte eine riesige Tsunamiwelle, die auf Hawaii zuraste. Dort funktionierte die Technik wie geplant: Das automatische Warnsystem wurde ausgelöst, und Stunden bevor die Insel erreicht wurde, heulten die Tsunamisirenen auf. Doch die meisten Menschen, die die Sirenen hörten, wussten nicht genau, was der Lärm bedeutete, und brachten sich nicht in Sicherheit. An diesem Tag starben auf Hawaii 61 Menschen. Die Technik hat nur begrenzten Wert, wenn die Menschen sie nicht verstehen. Ein risikokompetentes Kind kann genauso wirksam sein wie ein ausgeklügeltes Warnsystem.

Im Oktober 2009 erschien in der Zeitschrift *Nature* ein vierseitiger Bericht mit dem Titel »Risk School«. Dort wurden meine Vorstellungen zu allgemeiner Risikokompetenz verglichen mit der vorherrschenden paternalistischen Auffassung, dass Menschen mit dem Verständnis von Risiken im Grunde genommen hoffnungslos überfordert seien und deshalb einen Tritt in Richtung des gewünschten Verhaltens brauchten.[2] Ich habe nichts gegen einen kleinen Anstoß, aber als Philosophie des 21. Jahrhunderts ist dies ein beunruhigendes Programm. Wir wollen keine künftigen Generationen, die ihr Leben nur bewältigen können, solange sie von anderen gezogen und gestoßen werden. Unsere Kinder haben Besseres verdient.

Die moderne Technik bringt unvermeidlich neue Risiken mit sich. Warnend weisen Soziologen darauf hin, dass wir in einer »Risikogesellschaft« leben und von den Gefahren bedroht sind, die eben durch diese Zunahme des Wissens geschaffen werden.[3] Doch neue Technologie birgt nicht nur Gefahren, sondern eröffnet auch Chancen. Anstelle von Lamentos brauchen wir eine neue Generation von Menschen, die mit diesen Gefahren umgehen können. Kurzum, nicht die »Risikogesellschaft«, sondern die »risikokompetente Gesellschaft« ist unsere Zukunft.

Risikokompetenz lehren

Vor Jahrhunderten konnte sich kaum jemand eine Gesellschaft vorstellen, in der fast jeder lesen und schreiben kann. Solche Gesellschaften gibt es inzwischen. Heute können sich nur wenige eine Gesellschaft vorstellen, in der fast jeder risikokompetent ist. Auch solche Gesellschaften wird es bald geben, wenn wir uns dafür einsetzen. Um dahin zu kommen, müssen wir lange vor dem Abitur oder Studium beginnen. Selbst kleine Kinder können Risiken und Wahrscheinlichkeiten verstehen, wenn man sie ihnen spielerisch vermittelt. Früherziehung in Risikokompetenz wird wesentlich dazu beitragen, dass eine neue Generation lernt, mit den Ungewissheiten des Lebens umzugehen, und dass der Paternalismus zu einem Gespenst der Vergangenheit wird.

Das Curriculum der Risikokompetenz, das ich mir wünsche, umfasst drei Themen und drei Kategorien von Fertigkeiten. Die drei Themen sind:

- Gesundheitskompetenz
- Finanzkompetenz
- Digitale Risikokompetenz

Drei Fertigkeiten sind zur Beherrschung jedes Themas erforderlich:

- Statistisches Denken
- Faustregeln
- Die Psychologie des Risikos

Beim statistischen Denken geht es um quantitative Intelligenz, etwa um das Verständnis von Regenwahrscheinlichkeiten, bei Faustregeln um gute Entscheidungen in einer ungewissen Welt und bei der Psychologie des Risikos um die emotionalen und sozialen Kräfte, die unser Verhalten, seien wir allein, seien wir in Gruppen, beeinflussen. Die drei Fertigkeiten sollten nicht abstrakt gelehrt, sondern als Werkzeuge zur alltäglichen Problemlösung vermittelt werden, etwa im Umgang mit Gesundheit, Geld und digitalen Medien. Guter Unterricht beginnt mit Geschichten, die motivieren und einen Bezug zum Leben der Kinder herstellen. Erst später kann man zu abstrakten Prinzipien übergehen.

Wie wird der Erfolg aussehen? Zunächst einmal weniger Fettleibigkeit, Krebs und andere Gesundheitsprobleme. Die neue Generation wird auch besser mit Geld umzugehen wissen und sich nicht mehr astronomische Handyrechnungen und Kreditkartenschulden aufhalsen. Und sie wird in der Lage sein, digitale Medien zu verwenden und zu kontrollieren, statt von ihnen kontrolliert zu werden. Mit diesen Fähigkeiten werden die Kinder zu mündigen Bürgern heranwachsen, die es gewöhnt sind, Fragen zu stellen und die Verantwortung für ihre Entscheidungen zu übernehmen.

Ist das nur ein naiver Traum im Elfenbeinturm? Nehmen wir

als Beispiel eine der schwierigsten statistischen Aufgaben, die sogenannte Bayes-Inferenz, der wir schon einige Male begegnet sind.

Viertklässler schaffen es

Sind Kinder in der Lage, Aufgaben zu bewältigen, an denen Ärzte gescheitert sind? Als ich behauptete, sie würden es können, wenn man ihnen die Informationen in Form von natürlichen Häufigkeiten gäbe, fanden einige Lehrer den Gedanken lächerlich. Kinder, die zehn Jahre oder jünger sind, haben schließlich ja noch keine Relationen oder Prozentsätze kennengelernt. Ähnlich ungläubig äußerte sich eine Pädagogikprofessorin und verlangte mit Nachdruck, wir dürften Kinder in der vierten Klasse keinem solchen Test unterziehen. Sie seien viel zu jung, um so schwierige Aufgaben zu lösen.

Doch Erzieher unterschätzen manchmal, was ihre Schüler leisten können. Natürlich macht es wenig Sinn, die Kinder nach genetischen Screening-Tests zu fragen, weil ihnen das Thema fremd ist und sie im Umgang mit dreistelligen Zahlen ungeübt sind. Stattdessen machte es uns viel Spaß, uns Aufgaben auszudenken, die die kindliche Fantasie fesseln konnten, etwa solche, bei denen es um Zauberei geht. Wir stellten 176 Zweit- und Viertklässlern aus Berliner Schulen, Mädchen und Jungen, sechs Aufgaben in Form von natürlichen Häufigkeiten und unter Verwendung von Bildzeichen (Abbildung 12.1).[4] Eine dieser Aufgaben lautete:

Die Ravenclaw-Zauberschule

- Von je 20 Schülern in der Ravenclaw-Zauberschule haben fünf einen Zauberstab.
- Von diesen fünf Schülern tragen vier auch einen Zauberhut.
- Von den übrigen 15 ohne Zauberstab tragen zwölf auch einen Zauberhut.

Stell dir eine Gruppe von Schülern der Ravenclaw-Schule vor, die einen Zauberhut tragen. Hier sind zwei Fragen.

1. Gibt es mehr mit einem Zauberstab?
   Eher ja.
   Eher nein.
2. Wie viele mit einem Zauberhut haben auch einen Zauberstab? ____ von ____

Dic crste Frage ist die leichtere. Von den Zweitklässlern wählten 88 Prozent die richtige Antwort »Eher nein«. Von den Viertkläss-

Abbildung 12.1: Natürliche Häufigkeiten lassen sich durch Zahlen (siehe Text) oder durch Icons – Bildzeichen – darstellen. Kindern und weniger zahlengeübten Erwachsenen können Icons beim Erkennen der Lösung helfen.

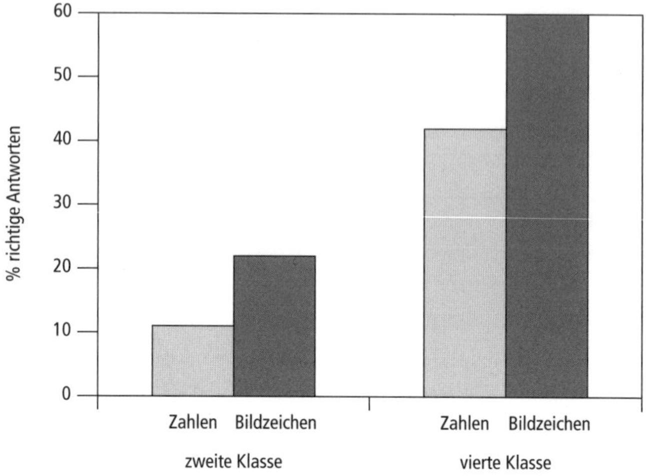

Abbildung 12.2: Wie groß ist die Wahrscheinlichkeit, dass ein Schüler der Ravenclaw-Zauberschule einen Zauberstab besitzt, wenn er einen Hut aufhat? Kinder können komplexe Probleme (sogenannte Bayes-Probleme) lösen, wenn diese mittels natürlicher Häufigkeiten dargeboten werden. Werden Icons (wie in Abbildung 12.1) zu den Zahlen hinzugefügt (siehe Text), findet ein Fünftel der Zweitklässler und mehr als die Hälfte der Viertklässler die richtige Antwort. Dank dieser Technik sind Kinder in der Lage, diagnostische Probleme zu lösen, die für Ärzte eine echte Herausforderung sind.

lern gaben praktisch alle (96 Prozent) die richtige Antwort. Die zweite Frage ist schwieriger und verlangt quantitatives Denken. Bei genauerem Hinsehen werden Sie erkennen, dass es eine Frage von genau der Art ist, wie sie nur wenige Ärzte beantworten konnten, als es um eine Krankheit statt um einen Zauberstab ging. Bedenken Sie, dass noch keines dieser Kinder etwas über Prozentsätze und Relationen gelernt hatte. Trotzdem fanden 14 Prozent der Zweitklässler und 51 Prozent der Viertklässler die richtige Antwort: dass nur vier von je 16 Schülern mit einem Zauberhut auch einen Zauberstab haben.

Jedes Kind bekam insgesamt sechs Aufgaben. Mit Bildzeichen (Icons) lösten die Zweitklässler 22 Prozent der Aufgaben (Abbildung 12.2), ein Wert, der dem Prozentsatz der Ärzte entspricht, die das Screening-Problem in Form von bedingten Wahrscheinlichkeiten zu lösen imstande waren (vgl. Abbildung 9.1 oben). Viertklässler beantworteten 60 Prozent der Aufgaben richtig. Selbst wenn der Text ohne Bildzeichen vorgelegt wurde, konnten die jüngeren Kinder 11 Prozent und die älteren 40 Prozent der Aufgaben lösen.

Genauso gut waren Viert- bis Sechsklässler in Beijing, obwohl auch sie in der Schule noch keine Verhältnisrechnung gehabt hatten. Nicht alle Kinder können die Fragen richtig beantworten, aber die Entwicklung von der zweiten zur vierten Klasse verläuft rasch. Alles in allem kann die Mehrheit der Viertklässler mithilfe von Bildzeichen Probleme lösen, an denen viele Ärzte immer noch scheitern. Können natürliche Häufigkeiten und Symbole auch Kindern helfen, bei denen eine »Rechenschwäche« festgestellt wurde, das heißt eine ungewöhnliche Lernschwäche beim Erwerb rechnerischer Fertigkeiten? Überraschenderweise konnten diese Kinder die Aufgaben genauso leicht lösen und zogen aus den Bildzeichen fast ebenso großen Nutzen wie andere Kinder. Das lässt darauf schließen, dass das Problem weniger eine Frage der Gene ist als vielmehr der Art und Weise, wie die Information vermittelt wird.

Jetzt haben Sie und Ihr Viertklässler ein Werkzeug zur Hand, um die Wahrscheinlichkeiten von Krankheiten oder Zauberstäben zu verstehen. Kinder können effiziente Denkwerkzeuge zu beherrschen lernen, sobald wir unsere Unterrichtsmethoden ändern.

Zwei Grundprinzipien des Unterrichts

Probleme in der wirklichen Welt lösen

Unsere Kinder werden in Algebra, Geometrie, Trigonometrie und Infinitesimalrechung unterrichtet. Mit anderen Worten: Wir bringen ihnen die Mathematik der Gewissheit bei, nicht die der Ungewissheit, das heißt statistisches Denken. Wie viele von uns müssen am Arbeitsplatz oder zu Hause quadratische Gleichungen lösen, die Schnittfläche eines Würfels mit einer Ebene berechnen oder über irrationale Zahlen nachdenken? Es wird oft behauptet, die Ausbildung in abstrakten Disziplinen wie Algebra und Geometrie verbessere die Denk- und Problemlösungsfähigkeiten. Wäre das richtig, hätten wir nicht so viele Ärzte, die keine Gesundheitsstatistiken verstehen, oder Anwälte, die durch DNA-Evidenz verwirrt werden.[5] Irgendwelche Belege für solche positiven Effekte wurden weder von dem Psychologen E. L. Thorndike in den 20er-Jahren noch in zeitgenössischen Studien gefunden.[6] Wenn wir uns eine neue Generation wünschen, welche die vor uns liegenden Probleme lösen kann, sollten wir ihr deshalb lieber die notwendigen kognitiven Werkzeuge als abstrakte Prinzipien beibringen.

Für lebensnahes Problemlösen ist statistisches Denken das nützlichste Gebiet der Mathematik – und dasjenige, das Kinder am interessantesten finden. Statistisches Denken lehren heißt, die Werkzeuge zum Lösen von Problemen in der wirklichen Welt zu vermitteln. Es sollte nicht als reine Mathematik unterrichtet werden. Statt Kinder und Jugendliche zu trainieren, Dutzende von Aufgaben mechanisch mithilfe einer bestimmten Formel zu lösen, sollten sie aufgefordert werden, Lösungen für lebensnahe Probleme zu finden. Dabei lernen sie, wie man Probleme löst, und erkennen zugleich, dass es mehr als eine gute Antwort geben kann. Ebenso wichtig ist es, Neugier zu wecken, indem man sie beispielsweise anregt, Antworten auf bestimmte Fragen mithilfe von Experimenten zu finden. Zum Beispiel: »Kann jemand, der einen Kopfstand macht, Wasser trinken?« Halten Sie Kindern keine Vorträge, sondern lassen Sie sie die Antworten selbst entdecken. Sie können sich darauf verlassen, dass es ihnen gelingt. Was wichtig für den Alltag ist, muss zuerst gelehrt werden, was wichtig für den Mathematiker, später. Für die Ausrichtung an Problemlösungen für das wirkliche Leben sind transparente Risikokommunikation, motivierende Unterrichtsmaterialien und intelligente Faustregeln erforderlich.[7] Um diese Veränderungen zu verwirklichen, müssen wir die Lehrer unterrichten.

Nicht für Prüfungen, sondern fürs Leben lehren

Der römische Staatsmann Seneca, einst Erzieher Neros, sagte vor 2000 Jahren: *Non vitae, sed scholae discimus*. Wir lernen nicht für das Leben, sondern für die Schule. Seither hat sich wenig verändert: Lehrer, Eltern und Schüler bereiten sich auf Tests und Prüfungen vor statt auf das Leben. Kinder lernen zuerst auswendig, dann bestehen sie den Test, und schließlich vergessen sie alles. Dieser Kreislauf wiederholt sich immer wieder – in der Schule und im Studium.

Wie andere Politiker gehen auch Bildungsreformer in der Regel davon aus, dass Lehrer und Schüler gleichermaßen mit Zuckerbrot und Peitsche überredet oder angestoßen werden müssen, damit sie ihr Bestes geben. In den USA glaubt eine neue Managergeneration, dass der Weg zu besseren Schulen über Businesspläne führt, nach denen erfahrene Lehrer durch junge, schlechter bezahlte oder Online-Lernprogramme ersetzt oder die Lehrer nach den durchschnittlichen Testergebnissen ihrer Schüler bezahlt werden sollten.

Das finnische Schulsystem beruht auf ganz anderen Vorstellungen.[8] In Finnland genießt der Beruf des Lehrers hohes Ansehen, was eigentlich in jedem Land der Fall sein sollte. Nur wenige Universitäten dürfen Lehrer ausbilden, und die Zulassung zu diesen Eliteprogrammen ist sehr begehrt: Nur jeder zehnte Bewerber wird angenommen. Da bleibt kaum Raum für Inkompetenz. Lehrer nehmen es mit ihrer beruflichen Verantwortung sehr ernst. Ihr Antrieb ist eine starke intrinsische Motivation, nicht die Hoffnung auf Zulagen; die Abgestumpftheit unfähiger, nicht motivierter Lehrer ist ihnen fremd. Sie haben große Freiheiten bei der Entscheidung über den Unterrichtsstoff und würden sich weigern, ihre Schüler auf standardisierte Tests vorzubereiten. Stattdessen entwickeln sie eigene Tests, um sich über die Bedürfnisse ihrer Schüler klar zu werden. Aber selbst diese Tests sind selten. Finnische Schulen übertreffen Schulen in anderen europäischen Ländern und in den USA fast in jeder Hinsicht und verkörpern das Ideal der Qualität und – da sie das geringste Leistungsgefälle haben – auch das Ideal der Gleichheit.

Das vielleicht wichtigste Merkmal: Das finnische System stellt Verantwortung über Rechenschaftspflicht. Ein Teil des Erfolgs beruht auf einer Faustregel, die wir schon beim Werkzeugkasten erfolgreicher Führungspersönlichkeiten kennengelernt haben:

Stelle gute Leute ein und lass sie ihre Arbeit tun.

Diese Regel trägt zu einem Klima der Leistungsbereitschaft und des Vertrauens bei. Auch in einem stärker auf Prüfungen ausgerichteten System kann man verhindern, dass Schüler nur für die Prüfung lernen und dann alles Gelernte wieder entsorgen. Hier eine Möglichkeit:

Prüfe nicht nur das Thema des letzten Monats; berücksichtige auch, was vorher und was noch nicht gelernt wurde.

Diese einfache Regel würde einen Anreiz liefern, nicht zu vergessen und zugleich kreativ über die Bewältigung der neuen Probleme nachzudenken. Das könnte auch einen Dominoeffekt auslösen, denn die Schule würde signalisieren, dass die Lösung unbekannter Probleme eine wichtige Fähigkeit ist. Schließlich hat sich das Auswendiglernen seit dem Aufkommen des Internets endgültig überlebt, liefert es uns Faktenwissen doch schneller denn je. Heute sollten Kinder lernen, selbstständig zu denken und sich in dem ihnen online gebotenen Ozean von Informationen zurechtzufinden, indem sie diese kompetent bewerten.

Wenn risikokompetente Kinder erwachsen sind, werden wir endlich Ärzte, Finanzexperten und Rechtsanwälte haben, die Risiken und Ungewissheiten verstehen. Und wir werden Kunden und Patienten haben, die sich nicht ins Bockshorn jagen lassen und wissen, welche Fragen sie zu stellen haben. Sie werden die Glieder einer Gesellschaft sein, die mit Risiken informiert und entspannt umgehen kann.

Gesundheitskompetenz

In der westlichen Welt des 21. Jahrhunderts können wir erwarten, länger denn je zu leben, was bedeutet, dass auch die Zahl der Krebserkrankungen zunehmen wird. Wir gehen mit dem Krebs wie mit anderen Krisen um: Wir setzten auf Technik. Der heilige Gral der Krebsforschung ist die Pille, die Krebs aufschiebt, heilt oder verhindert. Der Nachdruck liegt auf Chemoprävention, Arzneimitteln und Impfstoffen. Ein Aspirin pro Tag schütze vor Darmkrebs, heißt es. Wirklich? Wahrscheinlich nicht.[9] Wie in Kapitel 10 gesehen, ist auch der Nutzen der Früherkennung von Krebs sehr begrenzt: Sie rettet kein oder nur wenige Leben, beeinträchtigt aber viele.

Die beste Waffe gegen Krebs, die wir kennen, sind risikokompetente Bürger. Hier sind die Gründe:

Wie gesagt sind geschätzte 50 Prozent aller Krebserkrankungen auf das individuelle Verhalten zurückzuführen: Rauchen, Fettleibigkeit, Alkoholmissbrauch, Fastfood, Bewegungsmangel und überflüssige CT-Scans. Zigarettenrauchen ist die Hauptursache, obwohl Fettleibigkeit aufholt. Diese Krebserkrankungen ließen sich durch eine gesunde Lebensweise verhindern. Doch es hat keinen Zweck, einem 15-Jährigen zu sagen, er solle mit dem Rauchen aufhören; dann ist es zu spät. In diesem Lebensabschnitt sind die Menschen von der Meinung ihrer Altersgenossen so abhängig wie nie. Die Förderung gesunder Lebensweise muss früher ansetzen, vor der Pubertät. Wie erreichen wir das? Statt mit dem moralischen Zeigefinger zu drohen, sollten wir den jungen Menschen Kompetenz vermitteln. Sie sollen verstehen, welche Risiken eine ungesunde Lebensweise hat und wie ihre Wünsche von der Industrie gesteuert werden. Das wird nicht nur die Krebshäufigkeit senken, sondern auch die Allgemeingesundheit verbessern.

Ein Programm zur Vermittlung von Gesundheitskompetenz sollte auf zwei psychologischen Prinzipien beruhen:

1. Kinder sollten fünf bis zehn Jahre alt sein, wenn das Programm beginnt, also bevor sie in die Pubertät kommen.

2. Kindern sollte Gesundheitskompetenz in der Schule zusammen mit ihren Klassenkameraden gelehrt werden, damit der Einfluss ihrer Altersgenossen beim Erreichen der Pubertät positiv statt negativ ist.

Der Lehrplan sollte folgende Inhalte umfassen:

- Fertigkeiten wie Kochen und Sport,
- Wissen wie zum Beispiel, welche Gifte Zigaretten enthalten, wie eine Raucherlunge aussieht und warum man von Nikotin abhängig wird, und
- psychologische Prinzipien wie die Erkenntnis, dass Kinder und Jugendliche von profitorientierten Unternehmen zu schädlichen Lebensweisen verführt werden und mit welchen Techniken die Werbung dies versucht.

Fertigkeiten und konkrete Erfahrungen sind essentiell. Essgewohnheiten werden früh angelegt, und die Freude am Kochen ist das beste Mittel gegen Fettsucht und Fastfood. Es gibt bekannte Vorbilder: Jamie Oliver in England und Michelle Obama in den USA kämpfen für gesundes Essen und dafür, Kindern wieder Kochen beizubringen. In Ganztagsschulen könnten Kinder die Cafeteria einen Tag in der Woche übernehmen und für ihre Altersgenossen kochen. Psychologische Prinzipien sind extrem wichtig: Während die Kampagnen sich in der Regel auf die langfristigen Nachteile des Rauchens konzentrieren, rauchen Jugendliche wegen der kurzfristigen Vorteile – sich erwachsen zu fühlen und cool auszusehen. Bei ScienceKids – einem Programm für Gesundheitskompetenz – wurde beobachtet, dass teilnehmende Kinder mehr Verantwortung für ihre Gesundheit übernahmen. Zu Hause sprachen sie über Gesundheitsthemen und beeinflussten damit auch das Gesundheitsverhalten ihrer Eltern.[10]

Hier meine *Krebs-Wette*:
Wenn wir genauso viel Geld für die Entwicklung der Gesundheitskompetenz von Kindern ausgäben wie für die Entwicklung neuer Krebsmedikamente, dann würden wir mit dem Kompetenzprogramm viel mehr Leben vor dem Krebs retten.

Vielleicht können wir nicht jedes Kind vor einer ungesunden Lebensweise bewahren. Aber wenn es uns auch nur bei 10 bis 20 Prozent gelingt, dann werden wir erfolgreicher sein, als die nächste Generation von Arzneimitteln im Kampf gegen Krebs dies vermag. Das Resultat wären Teenager, die frei von Fettsucht, Rauchen und Alkoholproblemen wären, und generell mehr gesunde Erwachsene.[11] Um zu sehen, ob die Maßnahmen Erfolg haben, müssen wir auch nicht warten, bis die Kinder erwachsen sind. Die Wirksamkeit eines solchen Programms für Gesundheitskompetenz lässt sich bereits messen, wenn die Kinder Jugendliche sind: an der Zahl derer, die rauchen, maßlos trinken, fettsüchtig sind oder andere Gesundheitsprobleme haben. Und die Fähigkeiten, die die Kinder erwerben, kämen nicht nur ihrer Gesundheit im Allgemeinen zugute, sondern würden ihnen auch helfen, ein selbstbestimmteres Leben zu führen.

Finanzkompetenz

Sie haben 3000 Euro Schulden. Sie zahlen einen Nominalzinssatz von 12 Prozent im Jahr. Jeden Monat zahlen Sie 30 Euro ab. Wann haben Sie die Schulden getilgt? In

a) weniger als fünf Jahren [15 %]
b) fünf bis zehn Jahren [31 %]
c) 11 bis 15 Jahren [18 %]
d) 16 bis 20 Jahren [10 %]
e) nie [26 %]

Diese Frage stellten wir mehr als 1000 Deutschen, die 18 oder älter waren.[12] Die Zahl in Klammern gibt an, wie viel Prozent von ihnen sich für die jeweilige Antwort entschieden haben. Fast die Hälfte glaubte, die Schulden würden in weniger als fünf oder zehn Jahren abgezahlt sein. Tatsächlich würde es den Schuldnern nach Unterzeichnung dieses gerissenen Vertrags nie gelingen, ihre Schulden loszuwerden. Eigentlich lässt sich das ziemlich leicht herausfinden. Die Bank nimmt 12 Prozent Zinsen auf die gesamte Schuldsumme, das sind jedes Jahr 360 Euro. Der Schuldner zahlt 30 Euro pro Monat, die addieren sich ebenfalls zu 360 Euro im Jahr. Beide Summen sind gleich, was heißt, dass der Schuldner nur die Zinsen zurückzahlt und nie in der Lage sein wird, mit der Abzahlung der Schuld zu beginnen. Nur ein Viertel der Deutschen begriff, dass sie ewig zahlen würden. Die Jungen waren ebenso ahnungslos wie die Alten; den einzigen Unterschied machte der Fernsehkonsum. Mit jeder Stunde, den die Befragten pro Tag vor dem Fernsehapparat verbrachten, sank die Wahrscheinlichkeit, dass sie die Antwort wussten.

Bei Entscheidungen über Investitionen sind Bankkunden häufig völlig ahnungslos und vertrauen einfach ihren Anlageberatern. Nach einer Beratung, für die man sich weniger Zeit nimmt als für ein Fußballspiel, setzt manch einer sein Vermögen aufs Spiel. Viele der NINJAs (*no income, no job, no assets* – »kein Einkommen, keine Arbeit, kein Vermögen«), die in der Hypothekenkrise alles bis aufs letzte Hemd verloren, waren sich noch nicht einmal bewusst, dass ihre Zinssätze variabel und die anfänglich niedrigen Zinsen nur Köder waren. Möglicherweise hatten sie gemeint, ihre Raten seien fix wie bei Autokrediten. So waren sie eine leichte Beute für einige Banker, die sie beschwatzten, ein Darlehen für ein Haus aufzunehmen, das sie unmöglich zurückzahlen konnten. Doch wie wir gesehen haben, könnten nicht nur ganz normale Leute, sondern auch eine Menge Experten von mehr Finanzkompetenz profitieren.

Erst wenn wir der nächsten Generation den intelligenten Umgang mit Geld vermitteln, können wir sie gegen so durchsichtige Ausbeutungsversuche wappnen. Warum unterrichten wir dann keine Finanzkompetenz in der Schule? Ein entsprechender Lehrplan ließe sich nach den gleichen Prinzipien organisieren wie derjenige für Gesundheitskompetenz. Der Unterricht könnte verschiedene Fähigkeiten und Themen rund ums Geld vermitteln: wie man sein Taschengeld einteilt, wie man mit Handyrechnungen und Schuldenfallen umgeht und welchen Wert Geld im Leben der Schüler und in anderen Kulturen hat.

Digitale Risikokompetenz

Digitale Kommunikationstechnologien – vom Internet über Facebook und Videobrille bis hin zu technischen Errungenschaften, die wir uns noch gar nicht vorstellen können – beeinflussen nachhaltig, was wir mit unserer Zeit anfangen, welchen Wert Privatsphäre hat und wie wir denken. Es geht nicht um die Frage, ob die digitalen Medien unser geistiges Leben verändern; das tun sie längst. Die Frage lautet, wie. Digitale Technik bietet enorme Möglichkeiten und ist nicht das Problem. Wir selbst sind das Problem, wenn es darum geht, ob wir das Ruder in der Hand behalten oder ob wir von der neuen Technik ferngesteuert werden. Die digitalen Medien haben bereits die Art und Weise verändert, wie Menschen ihre sozialen Beziehungen gestalten und welche Risiken in Kauf zu nehmen sie willens sind. In einem Interview erklärten drei Schüler einer Highschool in Connecticut, warum sie beim Autofahren Textnachrichten senden während sie hinter dem Steuerrad sitzen.[13]

> Roman sagt, er wird damit nicht aufhören: »Ich weiß, dass ich es sollte, aber so läuft es nicht. Ich bekomme eine Facebook-Nachricht oder etwas, das auf meine Pinnwand gepostet ist […]. Das muss ich einfach sehen. Geht nicht anders.« Auch Maury kann es sich nicht erklären, sondern erzählt von seinem Bedürfnis, vernetzt zu sein: »Ich unterbreche ein Gespräch, selbst wenn auf dem Display ›Unbekannt‹ steht – ich muss einfach wissen, wer das ist. Also schmeiß ich einen Freund für einen ›Unbekannten‹ aus der Leitung. Ich muss wissen, wer mit mir sprechen will, […] und wenn ich mein Telefon höre, kann ich nicht anders, ich geh ran. Ich habe keine Wahl. Ich muss wissen, wer es ist, weswegen er anruft.« Marilyn fügt hinzu: »Ich lass den Ton an beim Fahren. Wenn ein Text reinkommt, muss ich nachsehen. Egal, was ist. Zum Glück zeigt mir mein Handy den Text vorne in einem Pop-up-Fenster […], daher brauch ich beim Fahren nicht zu lange wegzugucken.«

Diese drei Studenten sind bereit, einen Autounfall zu riskieren, um ihr Bedürfnis nach digitaler Vernetzung zu befriedigen. Auf die Frage, wann sie sich zuletzt gewünscht hätten, nicht unterbrochen zu werden, herrscht Schweigen. »Ich warte selbst in diesem Augenblick darauf, unterbrochen zu werden«, sagt einer. Unterbrechung ist Verbindung geworden. Selbst wenn sie real mit Freunden zusammen sind, verspüren sie den heftigen Drang, online von jemandem kontaktiert zu werden.

Die digitale Technik hat die Herrschaft über die Risikobereitschaft und die sozialen Beziehungen junger Menschen angetreten. Sie hat auch die Beziehung vieler Eltern zu ihren Kindern verändert. Da sie ständige Überwachung ermöglicht, geben die Eltern häufig der Versuchung nach; das Ergebnis ist verstärkte Elternangst. Verzweifelt meinte eine Mutter:

> »Ich habe eine SMS geschickt. Keine Antwort. Dabei bin ich mir sicher, dass sie ihre Handys dabeihaben. Vom Verstand her weiß ich, dass es eigentlich keinen Grund zur Sorge gibt. Doch irgendwie sind diese unbeantworteten Textnachrichten beunruhigend.«

Dieselbe Mutter beneidete ihre Mutter, die sich damals keine Sorgen machte. Die Kinder gingen in die Schule und kamen nach Hause. Ihre eigene Mutter arbeitete und war gegen sechs wieder da. Heute träumen einige Kinder davon, dass ihre Eltern sie freudig erwarten – ohne sie unterwegs zweimal angerufen zu haben. Aus »Ich möchte mal anrufen« ist »Ich muss mal anrufen« geworden. Die Fähigkeit, allein zu sein und sich privat mit den eigenen Gefühlen auseinanderzusetzen, ist wider den Geist digitaler Vernetzung; Teenager leiden nach eigenem Bekunden, wenn sie ohne Handy sind. In einer Studie wird berichtet, dass zwei Drittel der Briten sich beim Abfassen von Textnachrichten so sehr auf ihr Handy konzentrieren, dass ihnen das periphere Sehen verloren geht.[14] Es heißt, einige Städte hätten ihre Laternenpfähle gepolstert, nachdem Fußgänger immer wieder dagegengelaufen seien.

Sind Jugendliche, die den digitalen Medien verfallen sind, wenigstens glücklich? In einer deutschen Studie an über hundert 14- bis 17-Jährigen mit extremer Internetnutzung wurde berichtet, dass nur 10 Prozent sehr glücklich in ihrer Freizeit waren (gegenüber 39 Prozent in einer Kontrollgruppe von Gleichaltrigen), 13 Prozent mit ihren Freunden (gegenüber 49 Prozent), 3 Prozent mit sich selbst (26 Prozent) und nur 2 Prozent mit ihrem Leben im Allgemeinen (29 Prozent).[15] Diese Jugendlichen hatten weitgehend mit dem Lesen aufgehört sowie gänzlich davon abgelassen, zu Veranstaltungen zu gehen oder sich gesellschaftlich zu engagieren.

Digitale Risikokompetenz ist die Fähigkeit, die Vorteile digitaler Technologie zu nutzen und die schädlichen Auswirkungen zu meiden. Sie hat eine kognitive und eine motivationale Komponente: Risikointelligenz und Selbstbeherrschung.

Digitale Risikointelligenz

Um risikointelligent zu sein, brauchen wir ein gründliches Verständnis der für eine digitale Welt relevanten Fakten und psychologischen Prinzipien. Eine solche Tatsache sind die potenziellen Schäden, die aus der Verwendung eines Handys beim Autofahren erwachsen können. Wie in der Einleitung erwähnt, verlangsamt sich die Reaktionszeit eines 20-Jährigen, wenn er in ein Handy spricht, auf die eines 70-Jährigen ohne Handy. Während Radiohören die Fahrleistung nicht beeinträchtigt, »übersehen« in Handygespräche vertiefte Fahrer Ampeln und andere Objekte, selbst wenn sie diese anblicken. Sie haben mehr Auffahrunfälle und genauso viele – oder mehr – Unfälle wie angetrunkene Fahrer mit 0,8 Promille Blutalkohol. Das gilt für gewöhnliche Handys und Freisprechanlagen gleichermaßen. Jedes Jahr werden in den USA ungefähr 2600 Menschen getötet und rund 330 000 verletzt, weil vom Handy abgelenkte Fahrer Autounfälle verursachen.[16] Das Wissen, dass jedes Jahr Tausende ums Leben kommen, genügt aber möglicherweise nicht, das Verhalten aller zu verändern; dazu ist auch digitale Selbstbeherrschung vonnöten.

Obwohl nicht alle Veränderungen vorhersehbar sind, die die digitalen Medien für unser geistiges Leben bringen werden, gibt es doch psychologische Prinzipien, die uns verraten, was möglicherweise geschehen wird und was nicht.

Früher Spracherwerb: Ehrgeizige Eltern möchten ihre Kinder auf Eliteuniversitäten schicken und ihnen einen frühen Vorsprung verschaffen. Bis in jüngste Zeit wurde jedes dritte Kind in den USA mit einer »Baby-DVD« trainiert, um Englisch früher, schneller und besser zu lernen. Programme wie »Baby Einstein« und »Brainy Baby« bringen Krabbelkindern neue Wörter zur Erweiterung ihres Wortschatzes bei. Allerdings scheinen diesen übereifrigen Eltern die psychologischen Grundprinzipien des frühen Spracherwerbs unbekannt zu sein. Das Erlernen der Muttersprache beruht in hohem Maße auf sozialer Interaktion wie dem Augenkontakt mit den Eltern. Die Augen vieler Babys kleben so fest am Bildschirm, dass sie noch nicht einmal ihre Eltern beachten. Trotzdem zeigen Tests, dass die Kinder nichts lernen. Als Eltern ihren 8 bis 16 Monate alten Kindern beispielsweise täglich vorlasen, verbesserte sich deren Ergebnis in einem Sprachtest um sieben Punkte. Im Gegensatz dazu nahm das Resultat mit jeder Stunde, die ein Kind pro Tag DVDs schaute, um 17 Punkte ab.[17] Lernen ohne soziale Interaktion kann Baby Einstein in Baby Homer (Simpson) verwandeln.

Multitasking: Die digitale Revolution bietet neue Möglichkeiten zum Multitasking. Jugendliche lesen E-Mails, schreiben eine SMS und lauschen ihrer Lieblingsmusik, während sie ihre Hausaufgaben machen. Man könnte meinen, dass Multitasking mit wachsender Erfahrung leichter zu meistern ist. Doch dabei wird das psychologische Prinzip übersehen, dass wir unsere volle Aufmerksamkeit nur auf eine Aufgabe richten können. Wenn wir trotzdem mehrere gleichzeitig in Angriff nehmen, wird uns keine richtig glücken. Tatsächlich lassen Studien darauf schließen, dass sich die Multitasker im Vergleich zu Personen, die es selten praktizieren, leichter von irrelevanten Informationen ablenken lassen, weniger behalten und langsamer zwischen Aufgaben umschalten können.[18] In all diesen Fähigkeiten hätten sich die hartgesottenen Multitasker eigentlich hervortun müssen.

Multitasking gelingt nur, wenn alle Aufgaben bis auf eine vom Unbewussten übernommen werden, das heißt, wenn sie alle automatisch verrichtet werden. Das ist der Grund, warum wir Auto fahren und uns unterhalten können – allerdings nur, wenn das Fahren durch unser Unbewusstes oder Systeme wie den Tempomat automatisiert werden. Geschieht auf der Straße etwas Unvorhergesehenes, unterbrechen wir unser Gespräch augenblicklich und konzentrieren uns auf das Problem. Erfolgreiches Multitasking würde voraussetzen, dass noch mehr Aufgaben von unserem Unbewussten erledigt würden. Das könnte unsere Zukunft werden. In den Worten des englischen Philosophen Alfred North Whitehead: »Die Zivilisation schreitet vorwärts, indem sie die Zahl der wichtigen Operationen, die wir ohne Denken ausführen können, erhöht.«[19] Im Laufe der digitalen Revolution könnte das Unbewusste alle Hände voll zu tun bekommen.

Digitale Selbstbeherrschung

Unter digitaler Selbstbeherrschung verstehe ich die Fähigkeit, die digitale Technik zu beherrschen, statt sich von ihr beherrschen zu lassen. Medien sollten Menschen dienen, doch häufig ist es umgekehrt. Einige Menschen werden süchtig. Schon 2005 zeigte eine AOL-Erhebung, dass einer von vier Nutzern es nicht länger als drei Tage ohne E-Mail aushielt. Fast die Hälfte wachte auf, begann den Tag mit dem Lesen von E-Mails und setzte die Lektüre privater E-Mails auch während der Arbeit fort.[20] Laut der Kaiser Foundation vermischen die Hälfte der Amerikaner zwischen 8 und 18 Jahren die Erledigung ihrer Hausaufgaben mit Entertainment, vor allem, indem sie gleichzeitig im Internet surfen. »Ich muss damit aufhören und meine Hausaufgaben machen«, sagen einige, »aber ich kann es nicht.« Digitales Suchtverhalten kann zum sozialen Technikstress ausarten: Je mehr Zeit die Menschen im Internet verbringen, desto weniger sind sie in der Lage, bestehende Freundschaften aufrechtzuerhalten. Um die Kontrolle durch das Medium zu vermeiden und negative Konsequenzen zu reduzieren, ist die frühe Entwicklung von Selbstbeherrschung von großer Bedeutung.

Das Internet ist ein riesiger Wissensspeicher. Immer häufiger verlassen sich Nutzer auf seine Informationen statt auf das eigene Gedächtnis. Wir »outsourcen« Informationssuche, Gedächtnis und andere kognitive Fähigkeiten. Die meisten von uns sind nicht mehr in der Lage, sich lange Gedichte oder Geschichten einzuprägen, genauso wie wir mit der Einführung des Taschenrechners das Kopfrechnen verlernt haben. Die digitalen Medien werden diesen Prozess noch verstärken. In der besten aller Welten werden sich Geist und Medien gegenseitig befruchten und sich immer besser aneinander anpassen. Durch die neuen Fähigkeiten werden neue Werkzeuge geschaffen, die ihrerseits die Entwicklung neuer Fähigkeiten anregen und so fort.

Wie bei der Gesundheitskompetenz ist es wohl zu spät, wenn wir einem 18-Jährigen sagen müssen, er solle beim Autofahren keine Textnachrichten verfassen. Statt mit Schuldzuweisungen zu arbeiten, müssen wir damit beginnen, digitale Kompetenz und Selbstbeherrschung viel früher zu vermitteln. Das Ziel ist eine neue Generation, die das Wissen und den Willen hat, ihr Leben selbst in die Hand zu nehmen.

Jeder kann lernen, mit Risiko und Ungewissheit umzugehen

Ich begann dieses Buch mit der Beobachtung: Wenn etwas schiefgeht, erzählt man uns, dass wir bessere Technik, mehr Gesetze und aufwendigere Bürokratie brauchen. Ein Punkt fehlt auf dieser Liste: risikokompentente Bürger. Stattdessen hält man Paternalismus für die Lösung.

Der Begriff *Paternalismus* leitet sich vom lateinischen Wort *pater* – Vater – ab und bedeutet, dass Erwachsene wie Kinder behandelt werden. Paternalismus begrenzt die Freiheit der Menschen, ob es ihnen gefällt oder nicht – angeblich zu ihrem Besten. Wie das gesetzliche Rauchverbot zwingt der *harte* Paternalismus die Menschen zu einem bestimmten Verhalten und lässt sich nur so lange moralisch rechtfertigen, wie er Menschen vor der Schädigung durch andere schützt. *Weicher* Paternalismus – etwa die automatische Einbeziehung von Menschen in Organspendenprogramme, wenn sie nicht ausdrücklich widersprechen – »stößt« Menschen dazu an, sich in einer bestimmten Weise zu verhalten. Die Bürger wie eine Schafherde zu zwingen und anzustoßen, statt ihnen Kompetenz zu vermitteln, ist keine ermutigende Perspektive für eine Demokratie.

Die Botschaft dieses Buchs ist optimistischer, was die menschliche Freiheit anbelangt. Die Menschen sind nicht auf Gedeih und Verderb Regierungen und Experten ausgeliefert, die wissen, was für Sie und für mich am besten ist. Solche wohltätigen Experten sind eher die Ausnahme als die Regel, wie ich am Beispiel von Geld und Gesundheit gezeigt habe: Der durchschnittliche Arzt oder Finanzberater hat einen Interessenkonflikt, neigt zu defensiven Entscheidungen oder versteht die Evidenz nicht. Daher müssen wir selbstständig denken und für uns selbst Verantwortung übernehmen. Wie wir gesehen haben, kann man die eigene Kompetenz im Umgang mit Risiken und Ungewissheit verbessern. Und es ist nicht schwer. Selbst Viertklässler können Dinge lernen, die für Erwachsene angeblich unmöglich sind.

Neben hartem und weichem Paternalismus gibt es noch eine dritte Möglichkeit, die Demokratie zu stärken: in die Menschen zu investieren. 1765 sagte John Adams, der zweite Präsident der Vereinigten Staaten von Amerika: »Ohne Allgemeinbildung der Menschen lässt sich die Freiheit nicht bewahren« – und zwar aller Menschen, ob männlich oder weiblich, reich oder arm. Diese Vision bezeichnet man als partizipatorische Demokratie. Adams' Herausforderung stellt sich in unserer technisch hochentwickelten Gesellschaft wieder neu. Kritisches Denken setzt Wissen voraus. Dazu brauchen wir Mut, den Mut, selbstständige Entscheidungen zu treffen und Verantwortung zu übernehmen. Am Ende geht es um eines. Und das lässt sich, in den Worten von Immanuel Kant, ganz einfach sagen: »Habe Muth, dich deines eigenen Verstandes zu bedienen.«

Dank

Dieses Buch berichtet davon, wie wir Entscheidungen in einer ungewissen Welt treffen – oder nicht treffen. Es wurde absichtlich nicht als akademisches Lehrbuch verfasst. Ich bin in der außerordentlich glücklichen Lage, für meine Forschung über Ressourcen der Max-Planck-Gesellschaft zu verfügen. Mit diesem Buch möchte ich den Steuerzahlern, die unsere Gesellschaft finanzieren, etwas zurückgeben und meine Dankbarkeit ausdrücken. Einige meiner akademischen Kollegen missbilligen es, wenn Bücher so geschrieben werden, dass die breite Öffentlichkeit sie versteht. Ich halte es für eine Pflicht – zumindest all derjenigen, die wie ich der Meinung sind, dass sich die Wissenschaft den Menschen nicht noch mehr entfremden darf. Durch einen Mix realer Geschichten und psychologischer Konzepte hoffe ich, die Leser ansprechen und dazu motivieren zu können, ihr Leben selbst in die Hand zu nehmen und ihre Entscheidungen besser informiert und gelassener zu treffen.

Lesern, die auf den Geschmack gekommen sind und mehr über die zugrunde liegende Forschung erfahren möchten, seien als Ausgangspunkt *Rationality for Mortals* (Gigerenzer 2008) und *Heuristics: The Foundations of Adaptive Behavior* (Gigerenzer et al. 2011) empfohlen. Falls Sie sich für Gesundheit interessieren, dann *Bessere Ärzte, bessere Patienten, bessere Medizin* (Gigerenzer und Muir Gray 2013). Weitere Hinweise auf wissenschaftliche Arbeiten finden sich in der Literaturliste des vorliegenden Buchs.

Viele liebe Freunde und Kollegen haben Teile des Manuskripts zu diesem Buch gelesen, kommentiert und mitgeformt: David Aikman, Gerd Antes, Hal Arkes, Sylvia Arkes, Peter Arnold, Lucas Bachmann, Jürgen Baumert, Will Bennis, Nathan Berg, Gaby-Fleur Böl, Kyle Chan, Lorraine Daston, Wendy Doniger, Markus Feufel, Wolfgang Gaissmaier, Mirta Galesic, Atul Gawande, Mike Gazzaniga, Thalia Gigerenzer, Sophie Hartmann, Cora Haselbeck, Günther Jonitz, Sujit Kapadia, Mervyn King, John Krebs of Wytham, Mota Kremnitzer, Kevin Laland, Ilana Lowy, Modesto Maidique, Julian Marewski, Laura Martignon, Kevin McConway, Jan Multmeier, Eileen Munro, Emma Murphy, Rick Peevey, Linda Pickny, Matthias Rothmund, Heide Sattler, Lael Schooler, Sascha Schroeder, Lisa Schwartz, Birgit Silberhorn, Özgür Simsek, Johann Steurer, Nassim Taleb, Peter Todd, Rona Unrau, Oliver Vitouch, Odette Wegwarth, Georg von Wintzingerode, Maren Wöll und Steven Woloshin. Nicht zuletzt danke ich meinen Doktoranden, Postdoktoranden und Forschern in der ABC Research Group, die meine Ideen immer wieder mitgestalten und weiterentwickeln.

Mein besonderer Dank gilt Rona Unrau, die das ganze Buchmanuskript, einschließlich der Anmerkungen, bearbeitet hat. Sie hat wesentlich zur Klarheit der Darstellung beigetragen. Rona war eine wunderbare Hilfe. Weiterhin danke ich Jürgen Rossbach, der die Abbildungen gestaltete, und Christel Fraser, die die Literaturangaben bearbeitet hat. Eckard Schuster war ein Editor, wie man sich ihn nur wünschen kann. Meine Frau Lorraine Daston und meine Tochter Thalia Gigerenzer standen mir in den Jahren der Arbeit an diesem Buch mit Rat und Tat, geistig und emotional zur Seite. Ich bin dankbar für all die Hilfe, die mir von Angehörigen, Freunden und Kollegen zuteil wurde.

Trotz der großzügigen Unterstützung der Max-Planck-Gesellschaft ist der »Transport« von Wissen an die breite Öffentlichkeit auch auf private Sponsoren angewiesen. Die Forschungsarbeiten, über die in diesem Buch berichtet wird, wurden teilweise am Harding Zentrum für Risikokompetenz in Berlin durchgeführt. Das Zentrum ist nach dem Londoner Investmentbanker David Harding benannt. Nachdem er mein Buch *Das Einmaleins der Skepsis* (britische Ausgabe: *Reckoning with Risk*) gelesen hatte, kaufte er für jeden seiner Mitarbeiter ein Exemplar und stiftete eine großzügige Summe für ein Zentrum, das sich die Verbreitung von Risikokompetenz in der Welt zur Aufgabe machen sollte.

Menschen sind von entscheidender Bedeutung, die Umwelt jedoch genauso. *Risiko* lebt von meiner Forschung am Max-Planck-Institut für Bildungsforschung, an dem ich seit mehr als einem

Jahrzehnt Direktor bin. Ich hatte das Glück, von der einzigartigen Unterstützung der Max-Planck-Gesellschaft, ihren außerordentlichen Ressourcen und ihrer fabelhaften intellektuellen Atmosphäre zu profitieren. Sie ist ein Forschungsparadies.

Anmerkungen

Kapitel 1: Sind Menschen dumm?

1 Bagehot, Wink und Wink, in: *The Economist*, 26. Juli 2008.

2 Die Wissenschaftszeitschrift *Nature* berichtete über die Debatte zwischen jenen, die Menschen im Grunde genommen für unfähig im Umgang mit Risiken halten, und Leuten wie mir, die eine etwas positivere Auffassung von der menschlichen Natur haben (Bond 2009). Im pessimistischen Lager behauptet der Wirtschaftswissenschaftler Richard Thaler (1991, S. 4), es sei »davon auszugehen, dass geistige Illusionen eher die Regel als die Ausnahme sind«, der Kognitionswissenschaftler Massimo Piatelli-Palmarini (1991, S. 35), dass »unsere Art durchgehend wahrscheinlichkeitsblind ist«, der Evolutionsbiologe Stephen Jay Gould (1992, S. 469), dass »unser Verstand (aus welchen Gründen auch immer) nicht dafür gemacht ist, sich an den Wahrscheinlichkeitsregeln zu orientieren«, und der Wirtschaftswissenschaftler Dan Ariely (2008), dass »wir nicht nur irrational, sondern *vorhersagbar irrational* handeln – dass unsere Irrationalität sich immer wieder auf dieselbe Weise manifestiert« (S. 21), während der Psychologe Daniel Kahneman (2012, S. 516) sogar weiterging und geistige Illusionen einem biologisch alten »System 1« zuschreibt, das nur »schwer erziehbar« sei. Ich lehne dieses düstere Bild ab. Kognitive Illusionen sind nicht fest verdrahtet. Es gibt einfache Instrumente für den Umgang mit Risiko und Ungewissheit, die jeder rasch lernen kann (Gigerenzer 2000, 2008; Gigerenzer et al. 2012). Mehr davon in diesem Buch.

3 Paulos 1988. Wie hoch ist die tatsächliche Wahrscheinlichkeit, dass es am Wochenende regnet? Wenn die beiden Ereignisse unabhängig voneinander sind, liegt die Wahrscheinlichkeit für Regen am Wochenende bei 0,75 oder – in Prozent ausgedrückt – bei 75 Prozent. Um auf diese Zahl zu kommen, berechnen wir zunächst die Wahrscheinlichkeit, dass es am Samstag nicht regnet (0,5) und multiplizieren sie mit der Wahrscheinlichkeit, dass es am Sonntag keinen Niederschlag gibt (0,5), was 0,25 (25 Prozent) ergibt. Das ist die Wahrscheinlichkeit, dass es an keinem der beiden Tage regnen wird. Die Wahrscheinlichkeit, dass es regnen wird, beträgt also 75 Prozent. Der Einfachheit halber werde ich Wahrscheinlichkeiten im Fortgang dieses Buches überall in Prozentsätzen ausdrücken.

4 Gigerenzer, Hertwig et al. 2005.

5 Doch selbst Meteorologen sind nicht immer einer Meinung. Beispielsweise erklärte das Königlich-Niederländische Meteorologische Institut 2003 die Regenwahrscheinlichkeit durch eine Kombination aus »Region« und »subjektiver Sicherheit des Meteorologen«:
»Wenn die Wahrscheinlichkeit mehr als 90 Prozent beträgt, kann man damit rechnen, dass es in jeder Region Hollands regnet. Je höher der Prozentsatz, desto sicherer ist sich der Meteorologe, dass es regnen wird. Einige Beispiele:

10–30 %	Fast gar nicht	Fast nirgends
30–70 %	Möglicherweise	An einigen Orten
70–90 %	Ziemlich gute Aussichten	In fast allen Regionen«

Dazu Robert Mureau vom Königlich-Niederländischen Meteorologischen Institut: »Wir sind uns bewusst, dass Wahrscheinlichkeiten in der Öffentlichkeit nicht sehr gut verstanden werden. In unseren terminologischen Definitionen sind auch wir nicht sehr klar gewesen, was die Verwirrung noch verstärkt haben dürfte« (Gigerenzer, Hertwig et al. 2005, S. 627).

6 Furedi 1999.

7 Vgl. Gigerenzer, Wegwarth und Feufel 2010.

8 Gigerenzer 2004, 2006. Nachfolgende Studien kamen zu ähnlichen Ergebnissen. Gaissmaier und Gigerenzer (2012) liefern eine regionale Analyse der Zahlen der Verkehrsopfer. Der Fall von Justin Klabin wird in seinem Buch *9/11: A FireFighter's story* (2003, Imprintbooks) geschildert und nacherzählt in: Ripley 2009, S. 71 f. Beim Jahrestreffen der Society for Risk Analysis vom 6. bis 8. Dezember 2009 führte Robert G. Ross aus, dass die höchsten Ausschläge der Zahl tödlicher Unfälle in Abbildung 1.2 parallel zu Terrorismuswarnungen nach dem 11. September 2001 zu verzeichnen waren.

9 Daveed Gartenstein-Ross: »Bin Laden's ›war of a thousand cuts‹ will live on«, in: *The Atlantic*, 3. Mai 2011.

10 Als Paul Slovic (1987) den Begriff »Dread-Risk« vorschlug, verstand er darunter subjektiv wahrgenommene Faktoren wie Mangel an Kontrolle, Bedrohungs- und Katastrophenpotenzial sowie ungleichgewichtige Verteilung von Risiko und Nutzen. Ich verwende ihn im engeren Sinne, wie ich es im Text angebe.

11 In Übereinstimmung mit dieser Erklärung berichten junge Erwachsene, dass sie Ereignisse (Krankheiten, Fabrikunfälle oder Erdbeben), bei denen 100 Menschen ums Leben kommen, mehr fürchten als Zwischenfälle mit zehn Toten, während ihre Furcht gleich bleibt, unabhängig davon, ob es 100 oder 1000 Todesfälle gibt. Der psychologische Grenzwert von 100 ist charakteristisch für die Angst vor Todesfällen, spielt aber keine Rolle bei finanziellen Einbußen, wo ein Verlust von 1000 Dollar mehr gefürchtet wird als einer von 100 Dollar (Galesic und Garcia-Retamero 2012).

12 Joseph Stiglitz, in: *Frankfurter Allgemeine Zeitung*, 10. September 2011, S. 19.

13 Schneider 2010.

14 Beim »harten« Paternalismus alter Schule ging man davon aus, dass die Men-

schen selbstsüchtig seien und straffer Führung bedürften, um den Interessen der Gesellschaft auf die beste Weise zu dienen – etwa Gesetzen zu gehorchen und Steuern zu zahlen. In ihrem Buch *Nudge – Wie man kluge Entscheidungen anstößt* schlugen Thaler und Sunstein (2009) einen »weichen« Paternalismus vor, der die Menschen sanft »anstößt«, Entscheidungen zu treffen, die in ihrem eigenen Interesse liegen. Zwar verzichtet der sanfte Paternalismus auf Gewalt, ist aber radikaler als der harte Paternalismus, indem er voraussetzt, dass die Menschen noch nicht einmal wissen, was in ihrem eigenen Interesse ist (Rebonato 2012). Die neue These lautet, dass die Menschen systematischen kognitiven Täuschungen unterlägen und dass daher der Paternalismus erforderlich sei, um ihr Verhalten zu verändern. Doch das Argument ist falsch: Kognitive Verzerrungen sind keine Rechtfertigung für Paternalismus (Berg und Gigerenzer 2007). Vor allem sind kognitive Beeinträchtigungen nicht in unsere Gene eingeschrieben, sondern resultieren in hohem Maße aus einem Mangel an geistiger Anregung – Anregung, wie sie beispielsweise die Schule bietet. So kann ein geringer IQ, der häufig als angeboren gilt, durch Förderung erheblich verbessert werden (Nisbett 2009). Warum zum Beispiel haben Kinder, die vor dem 15. September geboren wurden, einen höheren IQ als Kinder, die nach diesem Datum zur Welt gekommen sind? Weil die meisten Länder um den 15. September einen Stichtag haben, der festlegt, dass Kinder, die danach geboren werden, noch ein weiteres Jahr auf den Schulbesuch warten müssen. Dieser Umstand ermöglichte die Durchführung eines natürlichen Experiments. Als man die Intelligenz von Kindern, die den Vorteil hatten, bei Schulbeginn ein Jahr älter zu sein, mit der Intelligenz von Kindern verglich, die den Vorteil eines zusätzlichen Schuljahres hatten, stellte sich heraus, dass ein Schuljahr im Hinblick auf den Intelligenzquotienten doppelt so viel brachte wie ein Lebensjahr (S. 42).

15 Kant 1784, S. 481. Aufklärung ist großteils immer noch eine Aufgabe der Zukunft.

16 Mill 1869 (Berlin 1967).

Kapitel 2: Gewissheit ist eine Illusion

1 Gigerenzer, Gaissmaier et al. 2007.

2 Gigerenzer 2002, S. 11–13.

3 Die Linus von den *Peanuts* bekanntlich Sicherheit gibt, weshalb sie im englischen Original *security blanket* heißt. [Anm. d. Ü.]

4 Dijksterhuis et al. 1996; Neuberg und Newsom 1993.

5 Dewey 1929.

6 Zitiert in: Sherden 1998, S. 259.

7 Tetlock 2005.

8 Gigerenzer, Swijtink et al. 1989. Zur probabilistischen Revolution vgl. Krüger, Daston und Heidelberger 1987; Krüger, Gigerenzer und Morgan 1987.

Sehr zu empfehlen ist David Spiegelhalters Website über statistisches Denken: http://understandinguncertainty.org/

9 Lassen Sie mich zunächst mit einem weitverbreiteten Missverständnis in Bezug auf Heuristiken aufräumen. Nach dem Heuristik-und-Bias-Konzept (z.B. Kahneman 2012) lässt sich unser Denken durch zwei Systeme erklären, die durch eine Liste gegensätzlicher Merkmale beschrieben sind. System 1 wird als unbewusst bezeichnet, arbeitet mit Heuristiken und macht Fehler. System 2 hingegen ist bewusst, arbeitet mit logischen und statistischen Regeln und scheint keine Fehler zu machen. Dieses Bild entspricht nicht den Tatsachen. Erstens kann jede Heuristik, die wir untersucht haben, sowohl unbewusst *als auch* bewusst verwendet werden (Kruglanski und Gigerenzer 2011); daher sind Heuristiken nicht mit unbewusstem Vorgehen gleichzusetzen. Zweitens sind Heuristiken nicht generell als Fehlerquelle zu betrachten, sondern sie können auch zu *genaueren* Schlussfolgerungen führen als logische oder statistische Methoden (vgl. die Abbildungen 6.3 und 6.4 unten). Heuristiken und Fehler sind daher ebenfalls nicht gleichzusetzen. Das Zwei-Systeme-Konzept übersieht den Unterschied zwischen Risiko und Ungewissheit: Statistische Methoden brauchen wir, um mit bekannten Risiken umzugehen, heuristische, wenn wir es mit Ungewissheit zu tun haben. Statt unsere Zeit damit zu vergeuden, Heuristiken schlechtzumachen, sollten wir ihre ökologische Rationalität untersuchen, das heißt herausfinden, wann sie angebracht sind und wann nicht (Gigerenzer et al. 2011; Todd et al. 2012).

Im Gegensatz zu dieser negativen Auffassung sind Faustregeln seit jeher positiv konnotiert in Bereichen, in denen man zwangsläufig mit Ungewissheit zu rechnen hat, etwa bei künstlicher Intelligenz und dem Verhalten von Tieren. Ursprünglich bedeutet das griechische Wort *heurískein* »herausfinden«, »entdecken«. George Pólya (1954), Mathematiker an der Stanford University, unterschied zwischen heuristischem und analytischem Denken. Das heuristische Denken ist beispielsweise unentbehrlich, um einen mathematischen Beweis zu finden, während wir analytisches Denken brauchen, um die einzelnen Schritte eines Beweises zu überprüfen. Durch Pólya kam Herbert Simon zur Heuristik, auf dessen Werk ich mich beziehe.

10 Die Unterscheidung zwischen *Risiko* und *Ungewissheit* geht auf den Wirtschaftswissenschaftler Frank Knight von der University of Chicago zurück (Knight 1921, Abschnitt I.I.26). Einige Wissenschaftler lehnen diese Unterteilung ab, weil es nach ihrer Meinung immer möglich sei, subjektive Wahrscheinlichkeiten zu finden, mit deren Hilfe sich Ungewissheit zum Risiko verwandeln lasse. Ich halte das nicht für einen nützlichen Ansatz und weiß mich darin mit Jimmie Savage einig, dem Vater der modernen Bayes'schen Entscheidungstheorie, dem diese reduktionistische Ansicht häufig zugeschrieben wird. Savage (1954) schränkte seine Theorie auf »kleine Welten« ein, das heißt genau definierte Aufgaben, bei denen, wie im Fall von Lotterien, alle Bedingungen bekannt sind. Aber er hielt es für »höchst lächerlich« (S. 16), seine Theorie auf »große Welten« anzuwenden, selbst auf so einfache Probleme wie die

Planung eines Familienpicknicks oder eine Schachpartie. Ich persönlich halte den Verstand für einen adaptiven Werkzeugkasten mit vielen Werkzeugen, wie etwa Faust- und Bayes-Regeln, die alle ihren eigenen Zwecken dienen. Obwohl es ein schöner Traum ist, jedes Problem als eines von Wahrscheinlichkeiten aufzufassen, ist es doch so, als wollte man für jede im Haus anfallende Reparatur lediglich den Hammer benutzen.

11 Gigerenzer, Switjink et al. 1989.

12 Daston 1988, Kapitel 6.

13 »Charlie Rose Talkshow«, 11. Februar 2009. Die Piloten zogen auch den Flughafen Teterboro in Erwägung, kamen aber zu dem Schluss, dass sie es nicht schaffen konnten. Die Berichte der Passagiere sind entnommen Firman und Quirk (2009).

14 Die Regel funktioniert, wenn der Ball bereits hoch in der Luft ist; andernfalls lässt sie sich leicht anpassen. Vgl. Gigerenzer 2007, Kapitel 1.

15 Z.B. Kahneman 2012. Manchmal heißt es, das Glas Rationalität sei für Kahneman halb leer und für Gigerenzer halb voll. Der eine sei ein Pessimist, der andere ein Optimist. Diese Charakterisierung trifft die Sache nicht. Wir unterscheiden uns vor allem in der Frage, was das Glas Rationalität ist. Kahneman und seine Anhänger halten die Logik oder Wahrscheinlichkeitstheorie für eine allgemeine, »inhaltsblinde« Rationalitätsnorm. Nach ihrer Auffassung können Heuristiken niemals genauer, nur schneller sein. Das jedoch gilt nur in einer Welt bekannter Risiken. In einer ungewissen Welt schneiden einfache Heuristiken oft besser ab. Die tatsächliche Forschungsfrage muss lauten: Warum und wann ist das so? Die heute bekannten Antworten beruhen auf dem Bias-Varianz-Dilemma (Kapitel 5; Gigerenzer und Brighton 2009) und einer allgemeinen Untersuchung der ökologischen Rationalität (Todd, Gigerenzer und ABC Research Group 2012).

16 Vgl. Gigerenzer, Hertwig und Pachur 2011; Hertwig, Hoffrage und ABC Research Group 2013.

17 Gigerenzer, Todd und ABC Research Group 1999; Todd, Gigerenzer und ABC Research Group 2012.

18 Das Welch-Zitat ist aus Akerlof und Shiller 2009, S. 14.

19 Stine 1996, S. 333–338. Ich verwende hier die Bezeichnung HIV für HIV-1, den weltweit häufigsten Typ, während HIV-2 selten außerhalb Westafrikas anzutreffen ist.

20 Munro 2004.

21 Diese Prävalenz entspricht der Krankheitshäufigkeit bei US-amerikanischen Frauen, die erstmalig Blutspenderinnen beim Roten Kreuz waren: Centers for Disease Control and Prevention. http://www.cdc.gov/hiv/topics/testing/resources/reports/hiv_prevalence/low-risk.htm (aufgerufen am 3. November 2012).

22 Gigerenzer 2002, Kapitel 7. 2013 nahmen wir erneut eine Befragung unter Aids-Beratern vor und stellten bei den meisten von ihnen die gleiche Illusion der Gewissheit fest. Die beiden Bäume in Abbildung 2.5 verwenden »natürliche Häufigkeiten«, die Beratern und Klienten helfen, die »Bayes-Regel«

zu verstehen (vgl. Kapitel 9). HIV-Tests zeigen exakt unsere Grenzen bei der Berechnung von Risiken auf: die Falsch-positiv-Rate (und die Richtig-positiv-Rate, das heißt, die Testempfindlichkeit) fallen bei verschiedenen Tests unterschiedlich aus, und beide Raten scheinen darüber hinaus von der HIV-Prävalenz in der Bevölkerung abzuhängen.

23 http://www.idph.state.il.us/aids/materials/10questions.htm

24 Zu Fällen falscher positiver Ergebnisse bei HIV-Tests vgl. Gigerenzer 2002, Kapitel 1 und 7; vom Fall des Bauarbeiters wird berichtet auf S. 310–311.

25 Taleb und Blyth 2011. Ich habe die formale Analyse in Form der Laplace-Regel hinzugefügt. Diese Regel ist ein Sonderfall der Bayes-Regel (Gigerenzer 2002, S. 286–287, 370–371). Die Idee geht zurück auf Bertrand Russell: *Probleme der Philosophie*, Kap. 6: »Über Induktion« (S. 54ff.), Frankfurt a.M.: Suhrkamp, 1967 (Originalausgabe: *The Problems of Philosophy*, Home University Library, 1912).

26 Zitiert in: Makridakis et al. 2009, S. 796.

27 Die Wert-im-Risiko-Berechnungen beruhen hier auf der Annahme einer Normalverteilung. Vgl. Haldane 2009: »Why Banks Failed The Stress Test«, www.bankofengland.co.uk/publications/Documents/speeches/2009/speech374.pdf

28 Stiglitz 2010, S. 309; Hervorhebung von mir. [Hervorhebung auch in der deutschen Ausgabe]. Trotz Stiglitz' Erkenntnis untersuchen die meisten Entscheidungsstudien, auch im Bereich der Neuroökonomie, das Verhalten in einer Welt der Risiken und nicht der Ungewissheit. Die hübschen Farben dieser Neuroimaging-Studien zeigen uns ein Gehirn, das auf bekannte Risiken reagiert, nicht auf die reale Welt voller Ungewissheit (Volz und Gigerenzer 2012). Eine solche Vorliebe für Lotterien und soziales Glücksspiel ist verblüffend, wenn man bedenkt, dass nur wenige Forscher selbst Lotteriescheine kaufen. Offenbar ist dafür der Wunsch nach Verwendung der Optimierungsmathematik verantwortlich. Zu einer philosophischen Analyse, die sich mit den Grenzen des Optimierungsbegriffs in einer menschlichen Gesellschaft beschäftigt, vgl. Nida-Rümelin 2011.

29 Leibniz 1690/1980, S. 90.

30 Vgl. Sherden 1998, S. 174f., auch zum Zitat über Glühlampen, und *Süddeutsche Zeitung* (T. Fromm: »Für die Zukunft nur das Beste«, 28. Januar 2011) über Daimler. Zu Aiken, dessen Zitat häufig aus dem Zusammenhang gerissen wird, vgl. Cohen 1998.

Kapitel 3: Defensives Entscheiden

1 Brief von Max Wertheimer an Albert Einstein 1934. Albert Einstein Duplicate Archive, Princeton University Library. Vgl. auch Luchins und Luchins 1979.

2 Brief von Albert Einstein an Max Wertheimer. Albert Einstein Duplicate Archive, Princeton University Library.

3 Gigerenzer und Goldstein 2002. Die Geschichte der Zufallsentdeckung finden Sie in: Gigerenzer und Goldstein 2011.

4 http://www.brown.edu/Facilities/University_Library/libs/hay/collections/orwell/leab.html
5 Mervyn King: *What fates impose: Facing up to uncertainty.* The Eighth British Academy Annual Lecture 2004.
6 Kohn et al. 2000. Aktionsbündnis Patientensicherheit 2007, siehe http://www.aerzteblatt.de/nachrichten/28248
7 Emanuel et al. 2008, S. 2.
8 *Ten facts on patient safety* (2012): www.who.int/features/factfiles/patient_safety/en/index.html
9 Berichtet in Atul Gawandes Artikel »The Checklist« in *The New Yorker*, 10. Dezember 2007.
10 Pronovost et al. 2006.
11 Gawande 2009.
12 Gawande 2007.
13 Broschüre von »Aktionsbündnis Patientensicherheit«: *Aus Fehlern lernen*, 2008.
14 Gigerenzer und Goldstein 2011.
15 Domenighetti et al. 1993.
16 Trunkey 2010, S. 421. Zur prophylaktischen Entfernung von Eierstöcken vgl. Larson 2011.
17 Steurer et al. 2009.
18 Studdert et al. 2005.
19 Brenner und Hall 2007. Die Schätzung beruht auf einer Ad-hoc-Befragung während einer Podiumsdiskussion bei einer Tagung pädiatrischer Radiologen. Lin (2010) legt ähnliche Schätzungen vor, nach denen jeder dritte oder vierte CT- oder MRT-Scan überflüssig ist. Die Geschichte von dem Jungen mit der laufenden Nase wurde von einer kalifornischen CT-Assistentin berichtet.
20 Brenner und Hall 2007; Stephen et al. 2003.
21 Brenner 2010; Picano und Matucci-Cerinic 2011.
22 Brenner 2010; Brenner und Hall 2007; Schwartz 2007. Bei den Überlebenden der Atombomben war allerdings der ganze Körper der Strahlung ausgesetzt, während sich die CT auf ein bestimmtes Organ konzentriert. Doch es gibt wenige Anhaltspunkte dafür, dass die Belastung anderer Organe das Risiko für ein bestimmtes Organ sonderlich erhöht. Zum Vergleich: Die mittlere Dosis, die ein Mensch im Durchschnitt aus natürlichen Quellen, etwas dem Radon im Haus, aufnimmt, liegt bei etwa 3 mSv.
23 Berrington de González et al. (2009) schätzen die Zahl der CT-Scans in den USA auf 72 Millionen im Jahr, und die Zahlen steigen von Jahr zu Jahr.
24 McCollough 2011.
25 Schwartz, Woloshin et al. 2004.
26 Brenner und Elliston 2004.
27 Lee et al. 2004.
28 Shah und Platt 2008. Das Risiko einer Schädigung durch CT-Scans ist höher in jüngerem Alter, bei Patienten mit großem Körper-Masse-Index, bei Patien-

ten, die einer Mehrphasen-CT unterzogen werden, und bei Frauen. So nimmt man etwa an, dass von je 270 Frauen, bei denen im Alter von 40 Jahren eine CT-Koronarangiografie vorgenommen wird, eine im späteren Leben eine strahlenbedingte Krebserkrankung erleidet (Smith-Bindman et al. 2009).

29 American Dental Association und U.S. Department of Health and Human Services 2004.

30 TAP Study Group 2001.

Kapitel 4: Warum fürchten wir, was uns höchstwahrscheinlich nicht umbringt?

1 LeDoux 1996.

2 In den Notaufnahmen US-amerikanischer Krankenhäuser werden pro Jahr rund 1300 Verletzungen behandelt, die durch elektrische Kerzen an Weihnachtsbäumen bedingt sind. Daraus ergeben sich zehn Todesfälle und Sachschäden in Höhe von mehr als 15 Millionen Dollar. Deshalb hat die amerikanische Verbraucherschutzkommission 2007 wegen der Gefahr von Überhitzung und elektrischen Schlägen einen Rückruf für *Prelit Trees* – künstliche Weihnachtsbäume mit eingebauten elektrischen Kerzen – angeordnet. Einige Jahre zuvor – im Jahr 2000 – hatte die Drogeriemarktkette Walgreen bereits künstliche Weihnachtsbäume mit Faseroptiklichtern zurückrufen müssen, weil sie überhitzten und in Brand gerieten (deutsche Statistik: Feuerwehr und Rettungsdienst Landeshauptstadt Düsseldorf, 2001, www.duesseldorf.de/feuerwehr/pdf/alle/histbra.pdf).

3 Zu diesen und den folgenden Geschichten einschließlich der Literaturangaben vgl. Quigley 1996.

4 Zit. in Quigley 1996, S. 187.

5 Oda Schäfer: »Genius der Dämmerstunde«, in: *Die Zeit*, 27. Oktober 1949, S. 5.

6 Gigerenzer, T.: »Sie tanzte mit sich selbst, bis ihre Burka sich blähte«, in: *Frankfurter Allgemeine Zeitung*, 19. März 2011, Z3.

7 Erhebung von Associated Press und Ipsos, Oktober 2008. Gallup kam 2005 in einer Umfrage auf eine ganz ähnliche Zahl: 32 Prozent. Nicht anders in Kanada, wo 28 Prozent glauben, dass es in manchen Häusern spukt.

8 Gaskell et al. 2006. An dieser Überzeugung ändert die Zeit nichts. Seit 1996 zeigen frühere Eurobarometer, dass ein konstanter Anteil von 35 bis 36 Prozent glaubt, gewöhnliche Tomaten hätten keine Gene.

9 Payer 1996.

10 Nisbett 2003, S. 12.

11 Leeman, Fischler und Rozin 2011.

12 Seligman 1970.

13 Öhman und Mineka 2001.

14 Yamamoto 1979.

15 Muris et al. 1997.
16 Dieser und der folgende Teil stützt sich auf Twenge et al. 2010.

Kapitel 5: Alles was glänzt

1 Dieses kurze Zitat hat eine lange Geschichte. In seinem Klassiker *How to Lie with Statistics* (1959; dt.: *Wie lügt man mit Statistik*, Zürich, Sanssouci, 1956) zitiert Darrell Huff in einem Motto den Satz: »Statistisches Denken wird für den mündigen Bürger eines Tages dieselbe Bedeutung haben wie die Fähigkeit, lesen und schreiben zu können.« Ohne nähere Angabe schreibt er diese Äußerung Wells zu. Tatsächlich verwenden Hunderte von Autoren dieses Zitat, ohne eine Quelle zu nennen. Als ich es selbst in meinem Buch *Calculated Risks* (dt.: *Das Einmaleins der Skepsis*) zitierte, fügte ich eine Fußnote an, in der ich erklärte, dass ich nicht in der Lage sei, die Quelle anzugeben (Wells hat mehr als hundert Bücher geschrieben), und dass es auch erfunden sein könne. Daraufhin erhielt ich verschiedene Briefe, unter anderem auch einen Artikel von J. W. Tankard (1979), der die Ansicht vertritt, Wells' Vorhersage betreffe die Rolle der Mathematik, nicht der Statistik, und die Statistiker hätten hier eine Fehlinterpretation lanciert, um ihre Disziplin zu fördern. Tankard zitiert Wells, der nach einer »gründlichen mathematischen Ausbildung« verlange und fortfahre: »Die Fähigkeit, in Durchschnittswerten, in Maxima und Minima zu denken, ist so wichtig wie heute das Lesen und Schreiben« (S. 30–31). Tankard zitiert auch Lovat Dickson, einen von Wells' Biografen; der konnte sich an keine Stelle in Wells' Schriften erinnern, an der es ausdrücklich um Statistik ging.
Als ich mich schließlich dazu durchgerungen hatte, diese Darstellung zu akzeptieren, erhielt ich einen Brief des britischen Bibliothekars Geoffrey Hunt mit einer Kopie aus Wells' *Word Brain* (1938/1994). Und da war es: »Eine gewisse Grundunterweisung in der statistischen Methode ist für jeden, der in unserer heutigen Welt lebt, so unabdingbar wie Lesen und Schreiben« (S. 141). Das bestätigt den Geist, wenn auch nicht den exakten Wortlaut dieses populären Zitats.
2 DiPrete 2007. DiPrete merkt allerdings an, dass die Formulierung der Fragen nicht eindeutig war.
3 Gestützt auf ConsensusEconomics 2001–2010. Einige der Banken haben ihre Namen geändert. Um Verwirrung zu vermeiden, verwende ich die heutigen Namen.
4 Orrell 2010.
5 www.abendblatt.de/wirtschaft/article95679/DAX-Prognose
6 Twain 2010, »Knallkopf Wilsons Kalender«, S. 153.
7 Sherden 1998, S. 96. Zu Elaine Garzarelli vgl. Malkiel 2007, S. 143.
8 Taleb 2004.
9 Törngren und Montgomery 2004.
10 Markowitz in einem Interview von Bruce Bower 2011, S. 26. Markowitz ver-

wendete 1/N für seinen TIAA/CREF-Fonds und teilte sein Geld gleichmäßig zwischen Aktien und Anleihen auf. Die hier beschriebene Studie verwendet 1/N nur für Aktien.

11 DeMiguel, Garlappi und Uppal 2009. Die Bedingungen, unter denen 1/N den Optimierungsmethoden überlegen ist, sind noch nicht alle bekannt; vgl. Kritzman, Page und Turkington 2010.

12 Gigerenzer und Brighton 2009; Gigerenzer, Hertwig und Pachur 2011; Haldane 2012.

13 Die Grundidee ist, dass der Gesamtfehler bei einer Vorhersage aus drei Komponenten besteht:

$Gesamtfehler = Bias^2 + Varianz + Rauschen$

Das Rauschen (mit anderen Worten: bedeutungslose oder irreführende Informationen wie falsche Messungen) ist die Komponente, mit der wir leben müssen, wohingegen die beiden anderen Fehlerquellen beeinflussbar sind. Bias ist der Unterschied zwischen mittlerer Schätzung und Ist-Zustand und Varianz die (auf verschiedenen Stichproben beruhende) Variabilität einzelner Schätzungen um die mittlere Schätzung. Beispielsweise hat 1/N keine freien Parameter und daher nur Bias (es nimmt unabhängig von spezifischen Stichproben immer die gleiche Verteilung vor). Zu Einzelheiten vgl. Geman, Bienenstock und Doursat 1992; Gigerenzer und Brighton 2009.

14 Vitouch et al. 2007. Der Name der Interviewerin wurde geändert. Die österreichischen Banken sind gesetzlich verpflichtet, im Verhältnis 40 zu 60 in Aktien beziehungsweise Anleihen zu investieren – die Grundlage für die Zinsen, die sie zusätzlich zur Prämie zahlen.

15 Goldstein und Taleb 2007.

16 Monti et al. 2012.

17 Buffett in seinem Brief als Vorstandsvorsitzender an die Aktionäre der Berkshire Hathaway Inc., 21. Februar 2002, abgedruckt in: *Berkshire Hathaway Inc., 2002 Annual Report,* S. 14.

18 Lewis 2010.

19 E. L. Andrews: »Greenspan concedes error on regulation«, in: *The New York Times*, 23. Oktober 2008.

20 In einer Kolumne der *New York Post* mit dem Titel »The only useful thing banks have invented in 20 years is the ATM« (13. Dezember 2009).

21 Monti et al. 2012.

22 Mandelbrot und Taleb 2005, S. 100.

Kapitel 6: Führungsstil und Intuition

1 Vgl. Gigerenzer 2007, Kapitel 4.

2 Kahneman 2012, S. 105, 516.

3 Gigerenzer, Fiedler und Olsson 2012; Gigerenzer 2000.

4 Siehe Gigerenzer und Selten 2001 sowie Gigerenzer, Hertwig und Pachur

2011 zu einer akademischen Version der Entscheidungsfindung unter Ungewissheit.

5 Mintzberg 2009, S. 19.

6 Maidique 2012. Er ist heute geschäftsführender Direktor des Center for Leadership an der FIU. Die folgende Erörterung stützt sich auf diesen Artikel.

7 Bingham und Eisenhardt 2011.

8 Für den näher interessierten Leser: Das Pareto-/NBD-Modell (NBD = negative Binomialverteilung) geht von folgenden Annahmen aus: Aktive Kunden tätigen ihre Käufe entsprechend einem Poisson-Prozess mit der Kaufrate λ, der Kundenlebenszyklus hat eine exponentiell verteilte Dauer mit einer Ausfallrate μ, und die Verteilungen individueller Kaufraten und Ausfallraten über alle Käufer entsprechen Gammaverteilungen. Mehr Details vgl. Wübben und Wangenheim 2008.

9 Wübben und Wangenheim 2008. Beim CD-Einzelhändler betrug der Hiatus – das Zeitintervall – sechs Monate.

10 Czerlinski et al. 1999. *Take-the-Best* ist eine sequentielle Regel, bei der man zwei Optionen im Hinblick auf den wichtigsten Grund vergleicht. Wenn sie sich darin unterscheiden, lässt man alle anderen Gründe beiseite und trifft die Entscheidung. Unterscheiden sich die Optionen nicht, wiederholt man den Prozess mit dem zweitwichtigsten Grund und so fort, bis eine Entscheidung getroffen werden kann. Zum Vergleich zwischen einfachen Regeln und komplexen nichtlinearen Methoden siehe Gigerenzer und Brighton 2009.

Kapitel 7: Spiel und Spaß

1 »Ask Marilyn«, in: *Parade Magazine*, 9. September 1990, S. 15, und 2. Dezember, S. 25. Erstmals wurde das Monty-Hall-Problem 1975 von Steve Selvin beschrieben. Vgl. auch Krauss und Wang 2003. Der folgende Abschnitt stützt sich auf einen Artikel von John Tierney: »Behind Monty Hall's doors: Puzzle, debate and answer?«, in: *New York Times*, 21. Juli 1991.

2 In seinem Buch *Inevitable Illusions* (1994) adelte Piatelli-Palmarini das Monty-Hall-Problem als *die* kognitive Täuschung, der »selbst die klügsten und versiertesten Köpfe auf den Leim gehen« (S. 161).

3 Vergleichen wir diese Lösung mit der Standardlösung anhand von Wahrscheinlichkeiten mittels der Bayes-Regel. Betrachten wir die Situation, in der der Kandidat zuerst Tür 1 wählt und Monty daraufhin Tür 3 öffnet und eine Ziege zeigt. Hier möchten wir wissen, wie groß die Wahrscheinlichkeit p (Auto1|Monty3) ist, dass sich das Auto hinter Tür 1 befindet, nachdem Monty Tür 3 geöffnet hat:
$p(Auto1|Monty3) = p(Auto1)p(Monty3|Auto1)/ [p(Auto1)p(Monty3|Auto1) + p(Auto2)p(Monty3|Auto2) + p(Auto3)p(Monty3|Auto3)] = 1/3 \times 1/2 /[1/3 \times 1/2 + 1/3 \times 1 + 1/3 \times 0] = 1/3.$
Also bleibt die Wahrscheinlichkeit, dass sich das Auto hinter Tür 1 befindet, un-

verändert, während die Wahrscheinlichkeit, dass es hinter Tür 2 ist, auf 2/3 gestiegen ist. Die Wahrscheinlichkeiten p(Auto1), p(Auto2) und p(Auto3) heißen *A-priori-Wahrscheinlichkeiten*, p(Auto1|Monty3) wird als *A-posteriori-Wahrscheinlichkeit* bezeichnet. Die *bedingte Wahrscheinlichkeit* p(Monty3|Auto1), dass Monty Tür 3 öffnet, wenn das Auto hinter Tür 1 ist, beträgt 1/2, weil Monty die Wahl zwischen den Türen 2 und 3 hat und wir annehmen, dass er sich zufällig entscheidet. Die bedingte Wahrscheinlichkeit p(Monty3|Auto2), dass Monty Tür 3 öffnet, wenn das Auto hinter Tür 2 ist, beträgt 1, weil Monty keine Wahl hat angesichts der Tatsache, dass er Tür 1 nicht öffnen kann. Schließlich ist p(Monty3|Auto3) gleich null, weil Monty dem Kandidaten das Auto nicht zeigen kann. Diese Fülle von Erklärungen und Berechnungen illustriert, warum das Denken mit bedingten Wahrscheinlichkeiten so verwirrend ist.

4 Diese Annahme lässt sich wie folgt abschwächen: Monty öffnet nicht immer die Tür, aber er macht sein Angebot nicht abhängig davon, welche Tür der Gast gewählt hat. Die Interviews in den nächsten Absätzen finden sich in Friedman 2004.

5 Dan Friedman und Aadhi Nakhoda: *Monty Hall Problem* (2008). http://leeps.ucsc.edu/misc/page/monty-hall-puzzle/

6 Dieses Kartenproblem wird auch als Bertrands Schachtelparadoxon bezeichnet. Es ist logisch äquivalent mit dem Monty-Hall-Problem und dem Drei-Gefangenen-Problem (Gigerenzer 2002). Das Prinzip natürlicher Häufigkeiten wird in Kapitel 9 genauer erklärt.

7 Dieser und die folgenden Abschnitte beruhen auf Bennis et al. 2012. Die hier beschriebenen »digitalen« Automaten gehören schon fast der Vergangenheit an, werden sie doch durch animierte Bildschirme ersetzt, die oft fünf Räder und weit mehr Gewinnkombinationen haben. Auch die Münz- und Chipausgaben werden in vielen Kasinos von Papiergutscheinen abgelöst, sodass man sich wohl schon bald neue Tricks einfallen lassen muss, um die subjektive Erfahrung zu manipulieren.

8 Beilock et al. 2004.

9 Galesic et al. 2012. Zu Strategien der Essenswahl vgl. Todd und Minard, im Druck.

10 Schwartz et al. 2002.

Kapitel 8: Von Herzensdingen und Partnerwahl

1 Darwin 1887/1969, S. 232–233. Zitiert nach Gigerenzer und Gaissmaier 2006. Vgl. auch Gigerenzer und Todd 1999, S. 7–15, zu einer eingehenderen Analyse von Darwins Entscheidungsfindung.

2 Vgl. Gigerenzer, Hertwig und Pachur 2011.

3 Billari et al. 2007.

4 Benjamin Franklin war Wissenschaftler, Staatsmann und ein bedeutender Ver-

treter der Aufklärung. Seine »moralische Algebra« ist eine frühe Version des modernen Utilitarismus. In seiner Ethik unterscheiden sich die Wüstlinge und Trunkenbolde von anderen Menschen nur dadurch, dass sie ihre Risiken nicht richtig berechnen. Franklin 1779.

5 Finkel et al. 2012.

6 Franklin 1745.

7 Bearden, Rapoport und Murphy 2006.

8 Miller 2000.

9 Todd, Billari und Simão 2005; Todd und Miller 1999.

10 Gigerenzer, Galesic und Garcia-Retamero 2013.

11 Zitiert in Gigerenzer 2007, S. 81.

12 Ortmann et al. 2008; Barber und Odean 2001.

13 Becker 1991.

14 Hertwig, Davis und Sulloway 2002.

15 Wir fragten 73 Erwachsene im Alter von 60 bis 77 Jahren (Gigerenzer und Galesic 2012).

Kapitel 9: Was Ärzte wissen müssen

1 Donner-Banzhoff et al. 2013, S. 230.

2 Steinman et al. 2001.

3 Vgl. Gøtzsche und Nielsen 2011.

4 Bramwell et al. 2006; Ghosh und Ghosh 2005; Hoffrage und Gigerenzer 1998; Hoffrage, Lindsey et al. 2000; Labarge et al. 2003. Für einen Überblick vgl. Gigerenzer, Gaissmaier et al. 2007. Beispielsweise wählten die meisten (67–82 %) von 1361 Schweizer Ärzten aller Fachrichtungen unabhängig von der Prävalenz der Krankheit einen positiven Vorhersagewert von 95–99,9 %, selbst wenn keine Informationen über die Prävalenz geliefert wurden (Agoritsas et al. 2010).

5 Young et al. 2002.

6 Wie bei den meisten Entdeckungen ist ungewiss, wer die Bayes-Regel tatsächlich entdeckte. Laut Stiglers Gesetz der Eponyme wird keine wissenschaftliche Entdeckung nach ihrem echten Entdecker benannt. In einer ironischen Detektivgeschichte kommt Stigler (1983) zu dem Schluss, dass mit einer Wahrscheinlichkeit von 3 zu 1 der blinde Nicholas Saunderson und nicht Thomas Bayes die nach diesem benannte Regel entdeckt hat. Mit 29 Jahren hatte Saunderson den prestigeträchtigen Lucasischen Lehrstuhl für Mathematik inne, dessen Inhaber einst auch Newton gewesen war. Es gibt auch eine unhöfliche Fassung von Stiglers Gesetz: »Jede wissenschaftliche Entdeckung wird nach dem Menschen benannt, der zu kleinkariert ist, um seine Vorgänger zu erwähnen« (Stigler 1980). Bayes allerdings lässt sich solch unsportliches Verhalten nicht vorwerfen, denn er hat seine Abhandlung nie veröffentlicht. Der namhafte Statistiker Ronald Fisher gratulierte ihm posthum zur Nicht-

veröffentlichung. Nach seiner Ansicht war Bayes' Regel absolut nutzlos für die Wissenschaft (vgl. Gigerenzer, Swijtink et al. 1989).

Natürliche Häufigkeiten beziehen sich wie bedingte Wahrscheinlichkeiten auf verknüpfte Ereignisse – etwa auf 9 Personen mit positivem Testergebnis *und* Erkrankung. Sie sind nicht zu verwechseln mit einfachen Häufigkeiten – zum Beispiel der Beobachtung, dass 1 von 100 Personen die Krankheit hat. Zum Unterschied zwischen natürlichen Häufigkeiten und relativen Häufigkeiten vgl. Gigerenzer und Hoffrage 1999 sowie Gigerenzer 2011.

7 Diese Behauptung geht auf Kahneman und Tversky (1972) zurück, die vorbrachten: »Bei der Beurteilung von Evidenz ist der Mensch offensichtlich kein konservativer Bayesianer: Er ist überhaupt kein Bayesianer« (S. 450). In ihrem Buch *Nudge* schlagen Thaler und Sunstein ein »libertäres« Paternalismusprogramm vor, das diese und andere »unvermeidliche« kognitive Täuschungen kompensiert.

8 Kurz-Milcke et al. 2008.

9 Siegrist, Cousin und Keller 2008, Abbildung 1. Es gibt nichtinvasive Bluttests (LifeCodexx), bei denen keine Gefahr einer Fehlgeburt besteht. Doch wie alle Tests sind sie nicht vollkommen; daher bleibt das Problem, ein positives Testergebnis zu interpretieren, im Wesentlichen unverändert.

10 Bramwell et al. 2006. 5 bis 10 Prozent einer Stichprobe von Frauen und Gynäkologen teilten diese Illusion der Gewissheit. Obwohl auch invasive Tests nicht sicher sind, glaubte das eine Mehrheit der Schweizer Frauen, die schwanger waren oder bereits entbunden hatten (Siegrist et al. 2008).

11 Siegrist et al. 2008.

12 Bramwell et al. 2006. Man nannte ihnen eine Falsch-positiv-Rate von 1 Prozent, was nicht den vorliegenden Daten entspricht. Um Verwirrung zu vermeiden, habe ich hier eine Rate von 5 Prozent angesetzt. Die Autoren nahmen für die Version mit natürlicher Häufigkeit auch 10 000 Schwangere, hier sind es nur 1000. Die großen Zahlen verkomplizieren die Berechnungen unnötig.

13 Hewlett und Waisbren 2006.

14 Gurian et al. 2006.

15 McManus et al. 1998.

16 Garcia-Retamero und Galesic 2012.

17 Chen 2007.

18 Sirovich and Welch 2004.

19 Good Stewardship Working Group 2011.

20 Gibson und Singh 2010, S. 136.

21 Kattah et al. 2009.

22 Bachmann et al. 2003.

23 Ein effizienter Entscheidungsbaum (»fast and frugal tree«) mit n binären Merkmalen (oder Fragen) hat n + 1 Ausgänge, während ein vollständiger Baum 2^n Ausgänge hat (Martignon et al. 2011). Zu Lehrmaterialien über die Knöchel-Regel und andere schnelle und einfache Regeln vgl. www.ohri.ca/emerg/cdr/

24 Graham et al. 2001.
25 Hale 1996.
26 Krogsboll et al. 2012.

Kapitel 10: Gesundheit: Keine Entscheidung über mich ohne mich

1 Zitiert in: Michael Dobbs: »Rudy wrong on cancer survival chances«, in: *Washington Post*, 30. Oktober 2007. Giuliani hat offenbar Daten aus dem Jahr 2000 herangezogen. Damals wurde bei 49 von 100 000 britischen Männern Prostatakrebs festgestellt, von denen 28 binnen fünf Jahren starben – rund 44 Prozent. Bei neueren Zahlen (die sich von denen Giulianis unterscheiden) beläuft sich die 5-Jahres-Überlebensrate in den USA auf 98 Prozent gegenüber 71 Prozent in Großbritannien.
2 Rund 26 Todesfälle durch Prostatakrebs pro 100 000 US-Amerikaner gegenüber 27 pro 100 000 in Großbritannien (Shibata und Whittemore 2001).
3 Der Korrelationskoeffizient beträgt exakt 0,0 (Welch et al. 2000). Die 5-Jahres-Überlebensrate wird definiert als die Zahl der fünf Jahre nach der Diagnose noch lebenden Patienten geteilt durch die Gesamtzahl der Patienten mit der Diagnose. Die Sterberate dagegen wird definiert als die Zahl der an Krebs verstorbenen Patienten geteilt durch die Gesamtzahl *aller* Menschen in der Gruppe (nicht nur durch die Zahl der Personen mit der Diagnose). Abbildungen 10.1 und 10.2 sind übernommen aus Gigerenzer, Gaissmaier et al. 2007.
4 Die Forschung beginnt erst, die biologischen Mechanismen zu entdecken, die das Fortschreiten des Krebses aufhalten (Folkman und Kalluri 2004; Mooi und Peeper 2006).
5 U.S. Preventive Services Task Force 2012: »Screening for prostate cancer«, www.uspreventiveservicestaskforce.org
6 Diese groben Schätzungen beruhen auf Autopsien (Delongchamps et al. 2006) und fallen je nach Population unterschiedlich aus. Schätzungen, die auf Inzidenzraten beruhen, sind niedriger und weniger verlässlich, denn sie berücksichtigen keine Männer mit geringfügigeren oder unentdeckten Krebserkrankungen und keine Männer, die nicht an der Früherkennung teilnahmen.
7 Steimle 1999, S. 1189.
8 Die Icon-Box basiert auf Djulbegovic et al. 2010. Arkes und Gaissmaier (2012) liefern eine Version mit 1000 Männern. Aus Gründen der Einfachheit sind nichtsignifikante Unterschiede durch die gleiche Zahl wiedergegeben. Alle Zahlen sind »ungefähr«. Icon-Boxen eignen sich besonders für Menschen mit geringem Zahlenverständnis (Galesic et al. 2009).
9 Schroeder et al. 2012.
10 Welch et al. 2011, S. 50.
11 Harris und Lohr 2002.
12 Ablin: »The great prostate mistake«, in: *The New York Times*, 10. März

2010, S. A27. Im Gegensatz zum Routine-Screening sind PSA-Tests in anderen Situationen durchaus angebracht, beispielsweise um zu prüfen, ob die Krankheit nach einer Behandlung zurückgekehrt ist.

13 Stiftung Warentest 2004.

14 Enserink 2010, S. 1738.

15 Wegwarth et al. 2012.

16 Vgl. Welch et al. 2011, Kapitel 5.

17 Wegwarth et al. 2011. Anders als bei der repräsentativen US-Studie waren die deutschen Ärzte eine willkürliche Auswahl.

18 Welch et al. 2011, S. 156.

19 Ein Kampagnenplakat der American Cancer Society aus den 80er-Jahren: http://comedsoc.org/Breast_Cancer_Screening.htm?m=66&s=447

20 »Why should I have a mammogram«, Informationsblatt des Gesundheitsministeriums von Arkansas und der Arkansas Foundation of Medical Care.

21 Faktenboxen wurden von Lisa Schwartz und Steven Woloshin, zwei brillanten Forschern der Dartmouth Medical School, entwickelt und getestet. Vgl. Schwartz et al. 2009 sowie Schwartz und Woloshin 2011.

22 Basiert auf dem Cochrane Review von Gøtzsche und Nielsen 2011. Die Autoren unterscheiden zwischen besseren (angemessen randomisierten) Studien und suboptimalen. In den besseren Studien ergab sich pro 1000 Frauen nur eine nichtsignifikante absolute Verminderung von 0,3 Todesfällen durch Brustkrebs, während es in den suboptimalen Studien pro 1000 Frauen eine Verminderung von 2,1 war. Die besseren Studien bevorzugend, schätzten die Autoren die Gesamtverminderung auf 0,5 von 1000. Meine großzügigere Schätzung in der Faktenbox ist 1 von 1000, was das (gerundete) Mittel der in den besseren und den suboptimalen Studien angegebenen Reduzierungen ist. Das entspricht auch Nyström (2002), der eine Verringerung von 5,0 auf 3,9 Todesfälle durch Brustkrebs pro 1000 Frauen nennt, also etwa 1 von 1000. Das Ausmaß der Verminderung schwankt etwas von Studie zu Studie. Häufig wird vorgebracht, moderne Technik und neue Behandlungsmethoden würden mehr Leben retten, weshalb diese Schätzungen viel zu pessimistisch seien. Doch tatsächlich wird der berichtete Nutzen umso *geringer*, je neuer die Studie und je besser das Mammografiegerät ist. Die Gesamtkosten für Brustkrebs-Screening belaufen sich in den USA auf rund drei Milliarden Dollar und in Deutschland auf 300 bis 400 Millionen Euro pro Jahr oder 0,1 Prozent der Gesamtausgaben für das Gesundheitssystem (news.doccheck.com/de/article).

23 Schwartz, Woloshin und Welch 2009.

24 Schwartz und Woloshin 2011.

25 Ehrenreich 2010.

26 Gigerenzer, Gaissmaier et al. 2007.

27 Knaul und Frenk 2010.

28 Ins Netz gestellt von Gary Schwitzer am 8. März 2012 unter http://www.healthnewsreview.org: »What doctors don't know and journalists don't convey about screening may harm patients«. In ihrem Eintrag über Susan G. Ko-

men for the Cure listet Wikipedia weitere Quellen der Mittelbeschaffung auf. Vgl. auch Woloshin und Schwartz 2012.

29 Deutsche Krebshilfe in ihrem »Blauen Ratgeber« *Brustkrebs* aus dem Jahr 2007 (S. 15–16).

30 Diese neue Reihe heißt »Brustkrebs erkennen«, »Darmkrebs erkennen« usw. Faktenboxen finden Sie dort allerdings noch nicht.

31 Gigerenzer, Mata und Frank 2009.

32 Diese Studie ist in der Icon-Box wiedergegeben: Wenn man alle Untersuchungen betrachtet, verschwindet sogar dieser kleine Effekt. In Abbildung 10.7 habe ich dennoch sowohl »0 von 1000« als auch »1 von 1000« als realistische Schätzung der PSA-Tests (und der Mammografie) akzeptiert und nur »10 von 1000« und höher als Überschätzung gewertet.

33 Hoffman et al. 2010.

34 Vgl. Woloshin et al. 2008, S. 129; Gigerenzer, Gaissmaier et al. 2007, Tabelle 1.

35 Nass-Griegoleit et al. 2009. Die Grundlage für diese Verwechslung wird durch die medizinische Terminologie geschaffen, in der Screening als »sekundäre Prävention« bezeichnet wird.

36 Rampura, Hapani und Wu 2011.

37 Begley 2012. Zu den Gründen, warum Replikationen selten gelingen, vgl. Ioannidis 2005.

38 Basiert auf Woloshin et al. 2008.

39 Doppelzüngigkeit gibt es nicht nur im Marketing, sondern auch bereits in den medizinischen Zeitschriften. In drei Top-Zeitschriften – *British Medical Journal* (*BMJ*), *Journal of the American Medical Association* (*JAMA*) und *The Lancet* – wurde sie zwischen 2004 und 2006 in jedem dritten Artikel gefunden (Sedrakyan und Shih 2007). Zur Doppelzüngigkeit bei Tamoxifen vgl. Schwartz et al. 1999.

40 Brandt 2007.

41 Hecht, Kassie und Hatsukami 2009.

42 Willyard 2011.

43 Doll et al. 2004.

44 Zitiert in: Proctor 2012.

45 Proctor 2012.

46 Diese Empfehlungen sind weitgehend übernommen aus dem Bericht: World Cancer Research Fund / American Institute for Cancer Research 2007: *Food, nutrition, physical activity, and the prevention of cancer: A global perspective.* Washington D.C., AICR.

47 Für Erwachsene ist der BMI nur eine grobe Richtschnur. Vor 1998 galt in den USA ein anderer Grenzwert: Nur Männer ab 28 und Frauen ab 27 galten als übergewichtig. Infolge der Absenkung des Grenzwerts waren 25 Millionen bisher »normalgewichtige« Amerikaner plötzlich »übergewichtig«. Studien ergaben, dass Menschen, die mit einem BMI von 18,5 bis 25 als »normalgewichtig« eingestuft wurden, ein etwas höheres Sterberisiko hatten als die

»Übergewichtigen«, während bei Personen mit einem BMI unter 18,5 und über 35 das Risiko am höchsten war (Orpana et al. 2008; Flegal et al. 2005). Männer mit einem BMI um 26 hatten das niedrigste Sterberisiko. Bei Frauen lag das geringste Risiko zwischen 23 und 24. Folglich scheint es, als könnten die Millionen, die über Nacht übergewichtig wurden, sich entspannt zurücklehnen und ihr Essen wieder genießen.

48 Willyard 2011.

49 Liu et al. 2011.

50 Schütze et al. 2011.

51 *Frankfurter Allgemeine Zeitung*, 4. Juni 2011.

52 Longnecker et al. 1995.

53 Brenner und Elliston 2004; Brenner und Hall 2007.

54 Holmes et al. 2005. Vgl. auch Tengs et al. 1995.

55 Gigerenzer und Muir Gray 2013.

Kapitel 11: Banken, Kühe und andere gefährliche Dinge

1 Reinhart und Rogoff 2009, Tabelle A.3.1. Zitiert in: Admati und Hellwig 2013.

2 Vgl. Admati und Hellwig 2013. Ein Teil der folgenden Analyse stützt sich auf dieses ausgezeichnete Buch.

3 Im Folgenden orientiere ich mich an Haldane 2012.

4 Orrell 2010.

5 Zitiert in: Posner 2009, S. 287.

6 Banken verwenden Fremdkapital auf weit mehr Arten, als hier beschrieben. Verschuldungsgrad = Fremdkapital/Eigenkapital. Es gibt unterschiedliche Arten der Berechnung, auf die ich hier aber nicht eingehen kann.

7 »Risk Off«, Vortrag von A. G. Haldane vom 18. August 2011, S. 4, aufzurufen unter www.bankofengland.co.uk/publications/speeches

8 Vgl. Haldane 2012. Der Verschuldungsgrad gewichtet die Risiken nicht, noch nicht einmal in der groben Form wie Basel I, folglich ist er eine Spielart von 1/N.

9 Admati und Hellwig 2013.

10 Admati und Hellwig 2013, Fußnote 24.

11 Renn 2007.

12 Ortwin Renn: »Riskante Wahrnehmung«, Gastkommentar in *Der Tagesspiegel* (31. Januar 2010). Die Geschichte über BSE bei Schafen im nächsten Abschnitt stützt sich auf eine persönliche Mitteilung von Lord Krebs, Juli 2012.

13 Krämer 2011, S. 178.

14 Doshi 2009. Die damalige Behauptung, dass Tamiflu Komplikationen verringere, stützte sich auf einen einzigen Überblicksartikel, der zehn Studien erfasste. Alle waren von Roche, dem Tamiflu-Hersteller, finanziert. Interessanterweise beruhte die Behauptung auf acht unveröffentlichten Studien, während die zwei publizierten keinen Nutzen aufzeigten. Als Peter Doshi und

die Cochrane Collaboration wiederholt versuchten, die unveröffentlichten Daten zu erhalten, um den angeblichen Nutzen zu verifizieren, kamen von Roche entweder keine Antworten oder unvollständige Daten, die eine Fülle von Widersprüchen enthielten. Anfang 2013 hatte Roche seine Daten immer noch nicht offengelegt. Daraufhin gab das *British Medical Journal* bekannt, es werde keine Studien mehr veröffentlichen, deren Daten anderen Forschern nicht zugänglich gemacht würden.

15 Jefferson et al. 2012.

16 Cohen und Carter 2010.

17 Cohen und Carter 2010.

18 Bomlitz und Brezis 2008.

Kapitel 12: Die Schule revolutionieren

1 Ripley 2009, S. 89–90.

2 Bond 2009.

3 Beck 1986.

4 Multmeier 2012 sowie Zhu und Gigerenzer 2006. Für Studien mit Erwachsenen und Bildzeichen vgl. Cosmides und Tooby 1996.

5 Zu einem Forschungsüberblick über die Beziehung zwischen Zahlenblindheit und beeinträchtigter Gesundheit vgl. Reyna und Brainerd 2007. Zu Rechtsanwälten und Richtern, die Probleme mit DNA-Evidenz haben, vgl. Gigerenzer 2002.

6 Entsprechend hat man behauptet, das Lernen von Latein helfe beim Erlernen romanischer Sprachen. Doch Schüler, die zuerst Französisch gelernt hatten, machten beim Spanischlernen weniger Fehler als Schüler, die vorher Latein gelernt hatten. Auch die Leistung in Intelligenztests verbessert Latein nicht; sein einziger Vorteil scheinen bessere grammatikalische Fähigkeiten in der Muttersprache zu sein. Haag und Stern 2003.

7 Kurz-Milcke et al. 2008, 2011; Zhu und Gigerenzer 2006.

8 Sahlberg 2011. Kritiker, denen daran gelegen ist, die tatsächlichen Unterschiede zu verschleiern, behaupten, Finnland sei zu klein, um als Vorbild für andere Länder dienen zu können. Dabei haben die meisten deutschen Bundesländer weniger Einwohner.

9 Berg und Søreide 2011.

10 www.sciencekids.de

11 Gegenwärtig versuche ich im holländischen Groningen zusammen mit der Niederländischen Krebsgesellschaft und der gemeinnützigen Organisation inspire2live, ein solches Programm für Gesundheitskompetenz von Kindern aufzubauen.

12 Wobker et al. 2012. Zinseffekte werden vernachlässigt. Die OECD hat eine Vermittlungsstelle für ein Finanzbildungsprogramm geschaffen: www.financial-education.org/home.html

13 Turkle 2011, S. 171.
14 Sorrel, C.: »Padded lamposts cause fuss in London«, 10. März 2008, www.wired.com/gadgetlab/2008/
15 Kammerl et al. 2012.
16 Strayer et al. 2006.
17 Zimmerman et al. 2007.
18 Ophir et al. 2009.
19 Zitiert in: Egidi und Marengo 2004, S. 335. Zur digitalen Gesellschaft vgl. Schirrmacher 2009.
20 Hair et al 2007.

Literatur

Admati, A. und M. Hellwig: *The bankers' new clothes: What's wrong with banking and what to do about it.* Princeton, NJ: Princeton University Press, 2013.

Agoritsas, T., D. S. Courvoisier, C. Combescure, M. Deom und T. V. Perneger: »Does prevalence matter to physicians in estimating post-test probability of disease? A randomized trial«. *Journal of General Internal Medicine* 26 (2011), S. 373–378.

Akerlof, G. A. und R. J. Shiller: *Animal spirits.* Princeton, NJ: Princeton University Press, 2009.

American Dental Association, U.S. Department of Health and Human Services: *The selection of patients for dental radiographic examinations.* Bericht 2004 (www.fda.gov/downloads/Radiation-EmittingProducts/RadiationEmittingProductsandProcedures/MedicalImaging/MedicalX-Rays/ucm116505.pdf).

Ariely, D.: *Predictably irrational.* London: Harper Collins, 2008 (dt.: *Denken hilft zwar, nützt aber nichts: Warum wir immer wieder unvernünftige Entscheidungen treffen.* München: Droemer, 2008).

Arkes, H. R. und W. Gaissmaier: »Psychological research and the prostate-cancer screening controversy«. *Psychological Science* 23 (2012), S. 547–553.

Bachmann, L. M., E. Kolb, M. T. Koller, J. Steurer und G. ter Riet: »Accuracy of Ottawa ankle rules to exclude fractures of the ankle and mid-foot: Systematic review«. *British Medical Journal* 326 (2003), S. 417 ff.

Barber, B. M. und T. Odean: »Boys will be boys: Gender, overconfidence, and common stock investment«. *The Quarterly Journal of Economics* 116 (2001), S. 261–292.

Bearden, J. N., A. Rapoport und R. O. Murphy: »Sequential observation and selection with rank-dependent payoffs: An experimental test of alternative decision rules«. *Management Science* 52 (2006), S. 1437–1449.

Beck, U.: *Risikogesellschaft. Auf dem Weg in eine andere Moderne.* Frankfurt a. M.: Suhrkamp, 1986.

Becker, G. S.: *A treatise on the family.* Cambridge, MA: Harvard University Press, 1981.

Begley, C. G.: »In cancer science, many ›discoveries‹ don't hold up«. Reuters, 28. März 2012 (abgerufen unter http://www.reuters.com).

Beilock, S. L., B. I. Bertenthal, A. M. McCoy und T. H. Carr: »Haste does not always make waste: Expertise, direction of attention, and speed versus accuracy in performing sensorimotor skills«. *Psychonomic Bulletin & Review* 11 (2004), S. 373–379.

Bennis, W. M., K. V. Katsikopoulos, D. G. Goldstein, A. Dieckmann und N. Berg: »Designed to fit minds: Institutions and ecological rationality«. In: P. M. Todd, G. Gigerenzer und ABC Research Group: *Ecological rationality. Intelligence in the world*. New York: Oxford University Press, 2012, S. 409–427.

Berg, N. und G. Gigerenzer: »Psychology implies paternalism? Bounded rationality may reduce the rationale to regulate risk-taking«. *Social Choice and Welfare* 28 (2007), S. 337–359.

Berg, M. und K. Søreide: »Prevention: Will an aspirin a day keep the colorectal cancer away?« *Nature Reviews Clinical Oncology* 8 (2011), S. 130 f.

Berlin, I.: »Two concepts of liberty«. In: A. Quinton (Hg.): *Political philosophy*. Oxford, UK: Oxford University Press, 1967, S. 141–152.

Berrington de González, A., M. Mahesh, K. P. Kim, M. Bhargavan, R. Lewis, F. Mettler und C. Land: »Projected cancer risk from computed tomography scans performed in the United States in 2007«. *Archives of Internal Medicine* 169 (2009), S. 2071–2077.

Billari, F. C., A. Prskawetz, T. Fent und B. Aparicio Diaz: »The ›Wedding-Ring‹: An agent-based marriage model based on social interaction«. *Demographic Research* 17 (2007), S. 59–82.

Bingham, C. B. und K. M. Eisenhardt: »Rational heuristics: The ›simple rules‹ that strategists learn from process experience«. *Strategic Management Journal* 32 (2011), S. 1437–1464.

Bomlitz, L. J. und M. Brezis: »Misrepresentation of health risks by mass media«. *Journal of Public Health* 30 (2008), S. 202 ff.

Bond, M.: »Risk school«. *Nature* 461 (2009), S. 1189–1192.

Bower, B.: »Simple heresy«. *Science News* 179 (4. Juni 2011), S. 26–29.

Bramwell, R., H. West und P. Salmon: »Health professionals' and service users' interpretation of screening test results: Experimental study«. *British Medical Journal* 333 (2006), S. 284 ff.

Brandt, A. M.: *The cigarette century*. New York: Basic Books, 2007.

Brenner, D. J.: »Slowing the increase in the population dose resulting from CT scans«. *Radiation Research* 174 (2010), S. 809–815.

Brenner, D. J. und C. D. Elliston: »Estimated radiation risk potentially associated with full-body CT screening«. *Radiology* 232 (2004), S. 735–738.

Brenner, D. J. und E. J. Hall: »Computed tomography – An increasing source of radiation exposure«. *New England Journal of Medicine* 357 (2007), S. 2277–2284.

Chen, X.-Y.: »Defensive medicine or economically motivated corruption? A Confucian reflection on physician care in China today«. *Journal of Medicine and Philosophy* 32 (2007), S. 635–648.

Chou, R. et al.: »Screening for HIV: A review of the evidence for the U.S. Preventive Services Task Force«. *Annals of Internal Medicine* 143 (2005), S. 55–73.

Cohen, D. und P. Carter: »WHO and the pandemic flu ›conspiracies‹«. *British Medical Journal* 340 (2010), S. 1274–1279.

Cohen, I. B.: »Howard Aiken on the number of computers needed for the nation«. *IEEE Annals of the History of Computing* 20 (1998), S. 27–32.

Covey, J.: »A meta-analysis of the effects of presenting treatment benefits in different formats«. *Medical Decision Making* 27 (2007), S. 638–654.

Cosmides, L. und J. Tooby: »Are humans good intuitive statisticians after all? Rethinking some conclusions from the literature on judgment under uncertainty«. *Cognition* 58 (1996), S. 1–73.

Czerlinski, J., G. Gigerenzer und D. G. Goldstein: »How good are simple heuristics?« In: G. Gigerenzer, P. M. Todd und ABC Research Group: *Simple heuristics that make us smart*. New York: Oxford University Press, 1999, S. 97–118.

Darwin, C.: *The Autobiography of Charles Darwin*. Hg. N. Barlow. New York: Norton, 1969 (Erstausgabe: London: Murray, 1887; dt.: *Mein Leben: 1809–1882*. Frankfurt a.M.: Insel-Verlag, 2008).

Daston, L. J.: *Classical probability in the Enlightenment*. Princeton, NJ: Princeton University Press, 1998.

Doll, R., R. Peto, J. Boreham und I. Sutherland: »Mortality in relation to smoking: 50 years' observations on male British doctors«. *British Medical Journal* (2004), S. 1519.

Delongchamps, N. B., A. Sing und G. P. Haas: »The role of prevalence in the diagnosis of prostate cancer«. *Cancer Control* (2006), S. 158–168.

DeMiguel, V., L. Garlappi und R. Uppal: »Optimal versus naive diversification: How inefficient is the 1/*N* portfolio strategy?« *Review of Financial Studies* 22 (2009), S. 1915–1953.

Dewey, J.: *The quest for certainty*. New York: Minton, Balch & Co, 1929.

Dijksterhuis, A., A. van Knippenberg, A. W. Kruglanski und C. Schaper: »Motivated social cognition: Need for closure effects on memory and judgments«. *Journal of Experimental Social Psychology* 32 (1996), S. 254–270.

DiPrete, T. A.: »Is this a great country?« *Research in Social Stratification and Mobility* 25 (2007), 89–95.

Djulbegovic, M., R. J. Beyth, M. M. Neuberger, T. L. Stoffs, J. Vieweg, B. Djulbegovic und P. Dahm: »Screening for prostate cancer: Systematic review and meta-analysis of randomized controlled trials«. *British Medical Journal* 341 (2010), c4543.

Doll, R., R. Peto, J. Boreham und I. Sutherland: »Mortality in relation to smoking: 50 years' observations on male British doctors«. *British Medical Journal* 328 (2004), S. 1519.

Domenighetti, G., A. Casabianca, F. Gutzwiller und S. Martinoli: »Revisiting the most informed consumer of surgical services: The physician-patient«. *International Journal of Technology Assessment in Health Care* 9 (1993), S. 505–513.

Donner-Banzhoff, N., H. Bastian, A. Coulter, G. Elwyn, G. Jonitz, D. Klemperer und W. D. Ludwig: »Wie können wir Evidenz besser vermitteln?« In: G. Gigerenzer und J. A. Muir Gray (Hg.): *Bessere Ärzte, bessere Patienten, bessere Medizin.* Berlin: Medizinische Wissenschaftliche Verlagsgesellschaft, 2013, S. 217–235.

Doshi, P.: »Neuraminidase inhibitors: The story behind the Cochrane review«. *British Medical Journal* 330 (2009), S. 1348–1351.

Egidi, M. und L. Marengo: »Near-decomposability, organization, and evolution: Some notes on Herbert Simon's contribution«. In: M. Augier und J. J. March (Hg.): *Models of a man: Essays in memory of Herbert A. Simon.* Cambridge, MA: MIT Press, 2004, S. 335–350.

Ehrenreich, B.: *Bright-sided: How positive thinking is undermining America.* New York: Picador, 2010 (dt.: *Smile or die: Wie die Ideologie des positiven Denkens die Welt verdummt.* München: Kunstmann, 2010).

Einstein, A.: Brief an Max Wertheimer. Albert Einstein Archive, Princeton University Library, undatiert.

Emanuel, E. J.: *Healthcare, guaranteed: A simple, secure solution for America.* New York: Public Affairs, 2008.

Enserink, M.: »What's next for disease eradication?« *Science* 330 (24. Dezember 2010), S. 1736–1739 (doi:10.1126/science.330.6012.1736).

Finkel, E. J., P. W. Eastwick, B. R. Karney, H. T. Reis und S. Sprecher: »Online dating: A critical analysis from the perspective of psychological science«. *Psychological Science in the Public Interest* 13 (2012), S. 3–66.

Firman, D. und K. Quirk: *Brace for impact.* Deerfield Beach, FL: Health Communications, Inc., 2009.

Flegal, K. M., B. I. Graubard, D. F. Williamson und M. H. Gail: »Excess deaths associated with underweight, overweight, and obesity«. *Journal of the American Medical Association* 293 (2005), S. 1861–1867.

Folkman, J. und R. Kalluri: »Cancer without disease«. *Nature* 427 (2004), S. 787 (doi:10.1038/427787a).

Franklin, B.: Brief an einen Freund. Philadelphia, 25. Juni 1745 (abgerufen unter http://www.bibliomania.com/2/9/77/124/21473/1/frameset.html).

Franklin, B.: Brief an Jonathan Williams. Passy, 8. April 1779. In: A. H. Smyth (Hg.): *The writings of Benjamin Franklin,* Vol. VII, New York: Macmillan, 1907, S. 281 f.

Friedman, D.: »Monty Hall's three doors: Construction and deconstruction of a choice anomaly«. *American Economic Review* 88 (2004), S. 933–946.

Friedman, D. und A. Nakhoda: *Monty Hall Problem.* Learning and Experimental Economics Projects of Santa Cruz (LEEPS), University of Santa Cruz, August 2008 (abgerufen unter http://leeps.ucsc.edu/misc/page/monty-hall-puzzle/).

Furedi. A.: »The public health implications of the 1995 ›pill scare‹«. *Human Reproduction Update* 5 (1999), S. 621–626 (doi:10.1093/humupd/5.6.621).

Gaissmaier, W. und G. Gigerenzer: »9/11, act II: A fine-grained analysis of regional variations in traffic fatalities in the aftermath of the terrorist attacks«. *Psychological Science* 23 (1012), S. 1449–1454.

Galesic, M. und R. Garcia-Retamero: »The risks we dread: A social circle account«. *PLoS ONE* 7 (2012), e32837.

Galesic, M., R. Garcia-Retamero und G. Gigerenzer: »Using icon arrays to communicate medical risks to low-numeracy people«. *Health Psychology* 28 (2009), S. 210–216.

Galesic, M., R. Garcia-Retamero und G. Gigerenzer: *Maximizing and satisficing: Personality trait or adaptive strategies?* Manuskript, Berlin: Max-Planck-Institut für Bildungsforschung, 2012.

Garcia-Retamero, R. und M. Galesic: »Doc, what would you do if you were me? On self-other discrepancies in medical decision making«. *Journal of Experimental Psychology: Applied* 18 (2012), S. 38–51.

Gaskell, G., A. Allansdottir, N. Allum, C. Corchero, C. Fischler, J. Hampel et al.: »Europeans and biotechnology in 2005: Pattern and trends«. *Eurobarometer* 64.3 (2006).

Gawande, A.: *The checklist manifesto.* New York: Metropolitan Books, 2009.

Ghosh, A. K. und K. Ghosh: »Translating evidence-based information into effective risk communication: Current challenges and opportunities«. *Journal of Laboratory and Clinical Medicine* 145 (2005), S. 171–180 (doi:10.1016/j.lab.2005.02.006).

Gibson, R. und J. P. Singh: *The treatment trap.* Chicago: Dee, 2010.

Gigerenzer, G.: *Adaptive thinking: Rationality in the real world.* New York: Oxford University Press, 2000.

Gigerenzer, G.: *Calculated risks: How to know when numbers deceive you.* New York: Simon & Schuster, 2002; UK-Ausgabe: *Reckoning with risk: Learning to live with uncertainty*, London: Penguin (dt.: *Das Einmaleins der Skepsis: Über den richtigen Umgang mit Zahlen und Risiken.* Berlin: Berlin Verlag, 2002).

Gigerenzer, G.: »Dread risk, September 11, and fatal traffic accidents«. *Psychological Science* 15 (2004), S. 286 f (doi:10.1111/j.0956-7976.2004.00668).

Gigerenzer, G.: »Out of the frying pan into the fire: Behavioral reactions to terrorist attacks«. *Risk Analysis* 26 (2006), S. 347–351 (doi:10.1111/j.1539-6924.2006.00753).

Gigerenzer, G. und W. Gaissmaier: »Denken und Urteilen unter Unsicherheit: Kognitive Heuristiken« [»Thinking and deciding under uncertainty: Cognitive heuristics«]. In: J. Funke (Hg.): *Enzyklopädie der Psychologie: Vol. C, II, 8. Denken und Problemlösen,* S. 329–374. Göttingen: Hogrefe, 2006.

Gigerenzer, G.: *Gut feelings: The intelligence of the unconscious.* New York: Viking, 2007; UK-Ausgabe: London: Allen Lane/Penguin (dt.: *Bauchentscheidungen: Die Intelligenz des Unbewussten und die Macht der Intuition.* München: C. Bertelsmann, 2007).

Gigerenzer, G.: *Rationality for mortals: How people cope with uncertainty.* New York: Oxford University Press, 2008.

Gigerenzer, G.: »What are natural frequencies? Doctors need to find better ways to communicate risk to patients«. *British Medical Journal* 343 (2011), d6386.

Gigerenzer, G. und H. Brighton: »Homo heuristicus: Why biased minds make better inferences«. *Topics in Cognitive Science* 1 (2009), S. 107–143.

Gigerenzer, G., K. Fiedler und H. Olsson: »Rethinking cognitive biases as environmental consequences«. In: Todd, P. M., G. Gigerenzer und ABC Research Group: *Ecological rationality: Intelligence in the world*. New York: Oxford University Press, 2012, S. 80–110.

Gigerenzer, G., W. Gaissmaier, E. Kurz-Milcke, L. M. Schwartz und S. Woloshin: »Helping doctors and patients to make sense of health statistics«. *Psychological Science in the Public Interest* 8 (2007), S. 53–96.

Gigerenzer, G. und M. Galesic: »Why do single event probabilities confuse patients?« *British Medical Journal* 344 (2012), e245 (doi:10.1136/bmj.e245).

Gigerenzer, G., M. Galesic und R. Garcia-Retamero: »Stereotypes about men's and women's intuitions: A study of two nations«. *Journal of Cross Cultural Psychology* (2013, in Druck).

Gigerenzer, G. und D. G. Goldstein: »The recognition heuristic: A decade of research«. *Judgment and Decision Making* 6 (2011), S. 100–121.

Gigerenzer, G., R. Hertwig, E. van den Broek, B. Fasolo und K. V. Katsikopoulos: »›A 30% chance of rain tomorrow‹: How does the public understand probabilistic weather forecasts?« *Risk Analysis* 25 (2005), S. 623–629.

Gigerenzer, G., R. Hertwig und T. Pachur (Hg.): *Heuristics: The foundations of adaptive behavior*. New York: Oxford University Press, 2011.

Gigerenzer, G., J. Mata und R. Frank: »Public knowledge of benefits of breast and prostate cancer screening in Europe«. *Journal of the National Cancer Institute* 101 (17), 2009, S. 1216–1220 (doi:10.1093/jnci/djp237).

Gigerenzer, G. und J. A. Muir Gray (Hg.): *Better doctors, better patients, better decisions: Envisioning health care 2020*. Cambridge, MA: MIT Press, 2011 (dt.: *Bessere Ärzte, bessere Patienten, bessere Medizin: Aufbruch in ein transparentes Gesundheitswesen*. Berlin: Medizinisch Wissenschaftliche Verlagsgesellschaft, 2013).

Gigerenzer, G. und R. Selten: *Bounded rationality: The adaptive toolbox*. Cambridge, MA: MIT Press, 2001.

Gigerenzer, G., Z. Swijtink, T. Porter, L. Daston, J. Beatty und L. Kruger: *The empire of chance: How probability changed science and everyday life*. Cambridge, UK: Cambridge University Press, 1989 (dt.: *Das Reich des Zufalls*. Heidelberg: Spektrum, 1999).

Gigerenzer, G., P. M. Todd und ABC Research Group: *Simple heuristics that make us smart*. New York: Oxford University Press, 1999.

Gigerenzer, G., O. Wegwarth und M. Feufel: »Misleading communication of risk: Editors should enforce transparent reporting in abstracts«. *British Medical Journal* 341 (2010), S. 791 f. (doi:10.1136/bmj.c4830).

Goldstein, D. G. und G. Gigerenzer: »Models of ecological rationality: The recognition heuristic«. *Psychological Review* 109 (2002), S. 75–90 (doi:10.1037/0033-295X.109.1.75).

Goldstein, D. G. und N. N. Taleb: »We don't quite know what we are talking about when we talk about volatility«. *Journal of Portfolio Management* 33 (2007), S. 84–86.

Good Stewardship Working Group: »The ›top 5‹ lists in primary care«. *Archives of Internal Medicine* 171 (2011), S. 1385–1390.

Gøtzsche, P. C. und M. Nielsen: »Screening for breast cancer with mammography«. *Cochrane Database of Systematic Reviews* 1 (2011), Artikel CD001877.

Gould, S. J.: *Bully for brontosaurus: Further reflections in natural history*. New York: Penguin Books, 1992.

Graham, I. D., I. G. Stiell, A. Laupacis et al.: »Awareness and use of the Ottawa ankle and knee rules in 5 countries: Can publication alone be enough to change practice?« *Annals of Emergency Medicine* 37 (2001), S. 259–266.

Gurian, E. A., D. D. Kinnamon, J. J. Henry und S. E. Waisbren: »Expanded newborn screening for biochemical disorders: the effect of a false-positive result.« *Pediatrics* 117 (2006), S. 1915–1921.

Haag, L. und E. Stern: »In search of the benefits of learning Latin«. *Journal of Educational Psychology* 95 (2003), S. 174–178.

Hair, M., K. V. Renaud und J. Ramsay: »The influence of self-esteem and locus of control on perceived email-related stress«. *Computers in Human Behavior* 23 (2007), S. 2791–2803.

Haldane, A. G.: »Why Banks Failed the Stress Test«. Vortrag, 9./10. Februar 2009 (www.bankofengland.co.uk/publications/documents/speeches/2009/speech374.pdf).

Haldane, A. G.: »The dog and the Frisbee«. Vortrag, Jackson Hole, 31. August 2012 (http://www.bankofengland.co.uk/publications/Pages/speeches/2012/ 596. aspx).

Hale, W. R.: »Can the Ottawa ankle decision rules be applied in the United States?« *Western Journal of Medicine* 164 (1996), S. 363.

Harris, R. und K. N. Lohr: »Screening for prostate cancer: an update of the evidence for the U.S. Preventive Services Task Force«. *Annals of Internal Medicine* 137 (2002), S. 917–929.

Hecht, S. S., F. Kassie und D. K. Hatsukami: »Chemoprevention of lung carcinogenesis in addicted smokers and ex-smokers«. *Nature Reviews Cancer* 9 (2009), S. 476–488.

Hertwig, R., J. N. Davis und F. Sulloway: »Parental investment: How an equity motive can produce inequality«. *Psychological Bulletin* 128 (2002), S. 728–745.

Hertwig, R., U. Hoffrage und ABC Research Group: *Simple heuristics for a social world*. New York: Oxford University Press, 2013.

Hewlett, J. und S. E. Waisbren: »A review of the psychosocial effects of false-positive results on parents and current communication practices in newborn screening«. *Journal of Inherited Metabolic Disease* 29 (2006), S. 677–682.

Hoffman, R. M., C. L. Lewis, M. P. Pignone, M. P. Couper, M. J. Barry, J. G. Elmore et al.: »Decision-making processes for breast, colorectal, and prostate cancer screening: The DECISIONS survey«. *Medical Decision Making* 30 (2010), S. 53S–64S.

Hoffrage, U. und G. Gigerenzer: »Using natural frequencies to improve diagnostic inferences«. *Academic Medicine* 73 (1998), S. 538 ff. (doi:10.1097/00001888-199805000-00024).

Hoffrage, U., S. Lindsey, R. Hertwig und G. Gigerenzer: »Communicating statistical information«. *Science* 290 (2000), S. 2261 f. (doi:10.1126/science.290.5500.2261).

Holmes, M. D., W. Y. Chen, D. Feskanich, C. H. Kroenke und G. A. Colditz: »Physical activity and survival after breast cancer diagnosis«. *Journal of the American Medical Association* 293 (2005), S. 2479–2486.

Huff, D.: *How to lie with statistics*. New York: Norton, 1959 (dt.: *Wie lügt man mit Statistik*. Zürich: Sanssouci, 1956).

Ioannidis, J. P. A.: »Why most published research findings are false«. *PLoS Medicine* 2 (2005), S. 696–701.

Jefferson, T., M. A. Jones, P. Doshi, C. B. Del Mar, C. J. Heneghan, R. Hama und M. J. Thompson: »Neuraminidase inhibitors for preventing and treating influenza in healthy adults and children«. *Cochrane Database of Systematic Reviews* 1 (2012), Artikel CD008965 (doi:10.1002/14651858.CD008965.pub3).

Kahneman, D.: *Thinking, fast and slow*. London: Allen Lane, 2011 (dt.: *Schnelles Denken, langsames Denken*. München: Siedler, 2012).

Kahneman, D. und A. Tversky, A.: »Subjective probability: A judgment of representativeness«. *Cognitive Psychology* 3 (1972), S. 430–454.

Kammerl, R. et al: *EXIF – Excessive Internetnutzung in Familien [Excessive Internet use in families]*. Berlin: Bundesministerium für Familie, Senioren, Frauen und Jugend, 2012.

Kant, E.: »Beantwortung der Frage: Was ist Aufklärung?« *Berlinische Monatsschrift, Dezember-Heft* (1784), S. 481–494.

Kattah, J. C., A. V. Talkad, D. Z. Wang, Y.-H. Hsieh und D. E. Newman-Toker: »HINTS to diagnose stroke in the acute vestibular syndrome«. *Stroke* 40 (2009), S. 3504–3510.

Knaul, F. und J. Frenk: *Latin America's silent breast cancer epidemic*. Harvard School of Public Health, Büro des Dekans 2010 (abgerufen unter http://search.sph.harvard.edu/).

Knight, F.: *Risk, uncertainty and profit*. Boston, MA: Houghton Mifflin Co, 1921.

Kohn, L. T., J. M. Corrigan und M. S. Donaldson (Hg.): *To err is human: Building a safer health system*. Washington, D.C.: National Academy Press, 2000.

Krämer, W.: *Die Angst der Woche: Warum wir uns vor den falschen Dingen fürchten*. München: Piper, 2011.

Krauss, S. und X. T. Wang: »The psychology of the Monty Hall problem: Discovering psychological mechanisms for solving a tenacious brain teaser«. *Journal of Experimental Psychology: General* 132 (2003), S. 3–22.

Kruglanski, A. und G. Gigerenzer: »Intuitive and deliberate judgments are based on common principles«. *Psychological Review* 118 (2011), S. 97–109.

Kritzman, M., S. Page und D. Turkington: »In defense of optimization: The myth of 1/N«. *Financial Analysis Journal* 66 (2010), S. 31–39.

Krogsboll, L. T., K. J. Jørgensen, C. Grønhøj Larsen und P. C. Gøtzsche: »General health checks in adults for reducing morbidity and mortality from disease«. *Cochrane Database of Systematic Reviews* 10 (2012), CD009009.

Krüger, L., L. Daston und M. Heidelberger (Hg.): *The probabilistic revolution. Vol. I: Ideas in history*. Cambridge, MA: MIT Press, 1987.

Krüger, L., G. Gigerenzer und M. S. Morgan (Hg.): *The probabilistic revolution. Vol. II: Ideas in the sciences*. Cambridge, MA: MIT Press, 1987.

Kurz-Milcke, E., G. Gigerenzer und L. Martignon: »Transparency in risk communication: Graphical and analog tools«. *Annals of the New York Academy of Sciences* 1128 (2008), S. 18–28.

Kurz-Milcke, E., G. Gigerenzer und L. Martignon: »Risiken durchschauen: Graphische und analoge Werkzeuge«. *Stochastik in der Schule* 31 (2011), S. 8–16.

Labarge, A. S., R. J. McCaffrey und T. A. Brown: »Neuropsychologists' ability to determine the predictive value of diagnostic tests«. *Clinical Neuropsychology* 18 (2003), S. 165–175.

Larson, C. A.: »Evidence-based medicine: An analysis of prophylactic bilateral oophorectomy at time of hysterectomy for benign conditions«. *Current Oncology* 18 (2011), S. 13 ff.

LeDoux, J. E.: *The emotional brain*. New York: Simon & Schuster, 1996 (dt.: *Das Netz der Gefühle: Wie Emotionen entstehen*. München: Hanser, 1998).

Lee, C. I., A. H. Haims, E. P. Monico, J. A. Brink und H. P. Forman: »Diagnostic CT scans: Assessment of patient, physician, and radiologist awareness of radiation dose and possible risk«. *Radiology* 231 (2004), S. 393–398.

Leeman, R. F., C. Fischler und P. Rozin: »Medical doctors' attributes and beliefs about diet and health are more like those of their lay countrymen (France, Germany, Italy, UK, and USA) than those of doctors in other countries«. *Appetite* 56 (2011), S. 558–563.

Leibniz, G. W.: »The horizon of human doctrine«. In: P. P. Wiener (Hg.): *Selections*, New York: Scribner's Sons, 1951, S. 73–77 (Originalausgabe: *Ars combinatoria*, [Jena] 1690).

Lewis, M.: *The big short*. New York: Norton, 2010.

Lin, E. C.: »Radiation risk from medical imaging«. *Mayo Clinic Proceedings* 85 (2010), S. 1142–1146.

Liu, Y., F. Hu und D. Li: »Does physical activity reduce the risk of prostate cancer?« *European Urology* 60 (2011), S. 1029–1044.

Longnecker, M. P., P. A. Newcomb, R. Mittendorf, E. R. Greenberg, R. W. Clapp, G. F. Bogdan et al.: »Risk of breast cancer in relation to lifetime alcohol consumption«. *Journal of the National Cancer Institute* 87 (1995), S. 923–929.

Luchins, E. H. und A. S. Luchins: »Introduction to the Einstein-Wertheimer correspondence«. *Methodology and Science* 12 (1979), S. 165–202.

MacDonald, K. L., J. B. Jackson, R. J. Bowman, H. F. Polesky, F. S. Rhame, H. H. Balfour et al.: »Performance characteristics of serologic tests for human immunodeficiency virus type 1 (HIV-1) antibody among Minnesota blood donors. Public health and clinical implications«. *Annals of Internal Medicine* 110 (1989), S. 617–621.

Maidique, M.: »The leader's toolbox: A deconstruction of high-stakes CEO decision-making. Poster presentation at the meeting of the Society of Judgment and Decision-Making«. Seattle 2012 (abgerufen unter http://lead.fiu.edu/news/article/38).

Makridakis, S., R. M. Hogarth und A. Gaba: »Forecasting and uncertainty in the economic and business world«. *International Journal of Forecasting* 25 (2009), S. 794–812.

Malkiel, B. G.: *A random walk down Wall Street.* New York: Norton, 2007.

Mandelbrot, B. und N. N. Taleb: »How finance gurus get risk all wrong«. *Fortune* (11. Juli 2005), S. 99f.

Martignon, L., O. Vitouch, M. Takezawa und M. R. Forster: »Naive and yet enlightened: From natural frequencies to fast and frugal trees«. In: G. Gigerenzer, R. Hertwig und T. Pachur (Hg.): *Heuristics: The foundations of adaptive behavior* (2011), New York: Oxford University Press, S. 134–150.

McCollough, C. H.: »Defending the use of medical imaging«. *Health Physics* 100 (2011), S. 318–321.

McManus, I. C., P. Richards, B. C. Winder und K. A. Sproston: »Clinical experience, performance in final examinations, and learning style in medical students: Prospective study«. *British Medical Journal* 316 (1998), S. 345–350.

Mill, J. S.: *On liberty.* London: Longman, Roberts & Green 1869 (dt.: Über die Freiheit: Ein Essay. Hamburg: Meiner, 2009).

Miller, G.: *The mating mind: How sexual choice shaped the evolution of human nature*. London: William Heinemann, 2000 (dt.: *Die sexuelle Evolution: Partnerwahl und die Entstehung des Geistes.* Heidelberg: Spektrum, 2001).

Mintzberg, H.: *Managing.* San Francisco: Berrett-Koeler, 2009.

Monti, M., L. Martignon, V. Pelligra, V. und C. Guglielmetti: *The insurance by my side: Better risk assessment for smarter insurance decision.* CAREFIN Working Paper Nr. 3 (2011), Mailand: Università Commerciale Luigi Bocconi, 2012.

Mooi, W. J. und D. S. Peeper: »Oncogene-induced cell senescence – Halting on the road to cancer«. *New England Journal of Medicine* 355 (2006), S. 1037–1046.

Multmeier, J.: *Representations facilitate Bayesian reasoning: Computational facilitation and ecological design revisited.* Berlin: Freie Universität Berlin, 2012 (unveröffentlichte Dissertation).

Munro, E.: »A simpler way to understand the results of risk assessment instruments«. *Children and Youth Services Review* 25 (2004), S. 873–883.

Muris, P., H. Merckelbach, C. Meesters und P. Van Lier: »What do children fear most often?« *Journal of Behavior Therapy and Experimental Psychiatry* 28 (1997), S. 263–267.

Nass-Griegoleit, I., B. Schultz-Zehden, M. Klusendick, J. Diener und H. Schulte: »Studie belegt hohe Akzeptanz des Mammographie-Screenings bei Frauen. Ergebnisse der ersten repräsentativen Studie in Deutschland«. *Frauenarzt* 50 (2009), S. 494–501.

Neuberg, S. L. und J. T. Newsom: »Personal need for structure: Individual differences in the desire for simple structure«. *Journal of Personality and Social Psychology* 65 (1993), S. 113–131.

Nida-Rümelin, J.: *Die Optimierungsfalle.* München: Irisiana, 2011.

Nisbett, R. E.: *The geography of thought: How Asians and Westerners think differently … and why.* New York: Free Press, 2003.

Nisbett, R. E.: *Intelligence and how to get it.* New York: Norton, 2009.

Nyström, L.: »Long-term effects of mammography screening: Updated overview of the Swedish randomised trials«. *Lancet* 359 (2002), S. 909–919.

Öhman, A. und S. Mineka: »Fears, phobias, and preparedness: Toward an evolved module of fear and fear learning«. *Psychological Review* 108 (2001), S. 483–522.

Ophir, E., C. Nass und A. D. Wagner: »Cognitive control in media multitaskers«. *Proceedings of the National Academy of Sciences of the United States of America* 106 (2009), S. 15583–15587.

Orpana, H. M. et al.: »BMI and mortality: Results from a national longitudinal study of Canadian adults«. *Obesity* 18 (2008), S. 214–218.

Orrell, D.: *Economyths.* London: Icon Books, 2010.

Ortmann, A., G. Gigerenzer, B. Borges und D. G. Goldstein: »The recognition heuristic: A fast and frugal way to investment choice?« In: C. R. Plott und V. L. Smith (Hg.): *Handbook of experimental economic results,* Vol. 1. Amsterdam: North-Holland, 2008, S. 993–1003.

Paulos, J. A.: *Innumeracy: Mathematical illiteracy and its consequences.* New York: Vintage Books, 2008.

Payer, L.: *Medicine and culture.* New York: Holt, 1996 (dt.: *Andere Länder, andere Leiden: Ärzte und Patienten in England, Frankreich, den USA und hierzulande.* Frankfurt a.M.: Campus, 1993).

Peto, J.: »Cancer epidemiology in the last century and the next decade«. *Nature* 411 (2001), S. 390–395.

Piatelli-Palmarini, M.: »Probability blindness: Neither rational nor capricious«. *Bostonia* (März/April 1991), S. 28–35.

Piatelli-Palmarini, M.: *Inevitable illusions: How mistakes of reason rule our minds.* New York: Wiley, 1994.

Picano, E. und M. Matucci-Cerinic: »Unnecessary radiation exposure from medical imaging in the rheumatology patient«. *Rheumatology* 50 (2011), S. 1537 ff.

Polya, G.: *Mathematics and plausible reasoning,* Vol. 1. Princeton, NJ: Princeton University Press, 1954.

Posner, R. A.: *A failure of capitalism.* Cambridge: Harvard University Press, 2009.

Proctor, R. N.: »The history of the discovery of the cigarette – lung cancer link: Evidentiary traditions, corporate denial, global toll«. *Tobacco Control* 21 (2012), 87–91.

Pronovost, P., D. Needham, S. Berenholtz, D. Sinopoli, H. Chu, S. Cosgrove et al.: »An intervention to decrease catheter-related bloodstream infections in the ICU«. *New England Journal of Medicine* 355 (2006), S. 2725–2732.

Quart, A.: *Branded: The buying and selling of teenagers.* Cambridge, MA: Perseus Publishing, 2003 (dt.: *Branded: Wie wir gekauft und verkauft werden.* München: Riemann, 2009).

Quigley, C.: *The corpse: A history.* London: McFarland, 1996.

Rampura, V., S. Hapani und S. Wu: »Treatment-related mortality with Bevacizumab in cancer patients: A meta-analysis«. *Journal of the American Medical Association* 305 (2011), S. 487–494.

Rebonato, R.: *Taking liberties: A critical examination of libertarian paternalism.* Palgrave: Macmillan, 2012.

Renn, O.: »Die Multidisziplinarität des Themas Risiko«. In: Berlin-Brandenburgische Akademie der Wissenschaften (Hg.): *Risiko.* Berlin 2007, S. 71–75.

Reyna, V. F. und C. J. Brainerd: »The importance of mathematics in health and human judgment: numeracy, risk communication, and medical decision making«. *Learning and Individual Differences* 17 (2007), S. 147–159.

Ripley, A.: *The unthinkable: Who survives when disaster strikes – and why.* New York: Three Rivers Press, 2009 (dt.: *Survive: Katastrophen – wer sie überlebt und warum.* Frankfurt a. M.: Fischer, 2010).

Sahlberg, P.: *Finnish lessons: What can the world learn from educational change in Finland?* New York: Teachers College Press, 2011.

Savage, L. J.: *The foundations of statistics.* New York: Dover, 1954.

Schirrmacher, F.: *Payback.* München: Blessing, 2009.

Schneider, S.: »Homo economicus – or more like Homer Simpson?« *Deutsche Bank Research* (29. Juni 2010).

Schroeder, F. H. et al.: »Prostate-cancer mortality at 11 years of follow-up«. *New England Journal of Medicine* 366 (2012), S. 981–990.

Schütze, M.: »Alcohol attributable burden of incidence of cancer in eight European countries based on results from prospective cohort study«. *British Medical Journal* 342 (2011), d1584.

Schwartz, D. T.: »Counter-point: Are we really ordering too many CT scans?« *Western Journal of Emergency Medicine* 9 (2007), S. 120 ff.

Schwartz, B., A. Ward, J. Monterosso, S. Lyubomirsky, K. White und D. R. Lehman: »Maximizing versus satisficing: Happiness is a matter of choice«. *Journal of Personality and Social Psychology* 83 (2002), S. 1178–1197.

Schwartz, L. M. und S. Woloshin: »Die Faktenbox: So werden informierte Entscheidungen zu verschreibungspflichtigen Medikamenten möglich«. In: G. Gigerenzer und J. A. Muir Gray (Hg.): *Bessere Ärzte, bessere Patienten, bessere Medizin.* Berlin: Medinzinische Wissenschaftliche Verlagsgesellschaft, 2013, S. 237–248.

Schwartz, L. M., S. Woloshin und H. G. Welch: »Risk communication in clinical practice: Putting cancer in context«. *Monograph of the National Cancer Institute* 25 (1999), S. 124–133.

Schwartz, L. M., S. Woloshin und H. G. Welch: »Using a drug facts box to communicate drug benefits and harms«. *Annals of Internal Medicine* 150 (2009), S. 516–527.

Schwartz, L. M., S. Woloshin, F. J. Fowler und H. G. Welch: »Enthusiasm for cancer screening in the United States«. *Journal of the American Medical Association* 291 (2004), S. 71–78.

Sedrakyan, A. und C. Shih: »Improving depiction of benefits and harms: Analyses of studies of well-known therapeutics and review of high-impact medical journals«. *Medical Care* 45 (2007), S. 523–528.
Seligman, M. E. P.: »On the generality of the laws of learning«. *Psychological Review* 77 (1970), S. 406–418.
Selvin, S.: »A problem in probability«. *American Statistician* 29 (1975), S. 67.
Shah, N. B. und S. L. Platt: »ALARA: Is there a cause for alarm? Reducing radiation risk from computed tomography scanning in children«. *Current Opinion in Pediatrics* 20 (1008), S. 243–247.
Sherden, W. A.: *The fortune sellers*. New York: Wiley, 1998.
Shibata, A. und A. S. Whittemore: »Re: Prostate cancer incidence and mortality in the United States and the United Kingdom«. *Journal of the National Cancer Institute* 9 (2001), S. 1109 f.
Siegrist, M., M.-E. Cousin und C. Keller: »Risk communication, prenatal screening, and prenatal diagnosis: The illusion of informed decision making«. *Journal of Risk Research* 11 (2008), S. 87–97.
Sirovich, B. E. und H. G. Welch: »Cervical cancer screening among women without a cervix«. *Journal of the American Medical Association* 291 (2004), S. 2990–2993.
Slovic, P.: »Perception of risk«. *Science* 236 (1987), S. 280–285 (doi:10.1126/science.3563507).
Smith-Bindman, R., J. Lipson, R. Marcus, K.-P. Kim, M. Mahesh, R. Gould et al.: »Radiation dose associated with common computed tomography examinations and the associated lifetime attributable risk of cancer«. *Archives of Internal Medicine* 169 (2009), S. 2078–2086.
Steimle, S.: »U.K.'s Tony Blair announces crusade to fight cancer«. *Journal of the National Cancer Institute* 91 (1999), S. 1189.
Steinman, M., M. G. Shlipak und S. J. McPhee: »Of principles and pens: Attitudes and practices of medical housestaff toward pharmaceutical industry promotions.« *American Journal of Medical Genetics* 110 (2001), S. 551–557.
Stephen, A. E., D. L. Segev, D. P. Ryan, M. E. Mullins, S. H. Kim, J. J. Schnitzer und D. P. Doody: »The diagnosis of acute appendicitis in a pediatric population: To CT or not to CT«. *Journal of Pediatric Surgery* 38 (2003), S. 367–371.
Steurer, J., U. Held, M. Schmidt, G. Gigerenzer, B. Tag und L. M. Bachmann: »Legal concerns trigger prostate-specific antigen testing«. *Journal of Evaluation in Clinical Practice 15* (2009), S. 390 ff. (doi:10.1111/j.1365-2753.2008.01024.x).
Stiftung Warentest: »Urologen im Test: Welchen Nutzen hat der PSA-Test?« *Stiftung Warentest* (Februar 2004), S. 86–89.
Stigler, S. M.: »Stigler's law of eponymy«. *Transactions of the New York Academy of Sciences* 39 (1980), S. 147–157.
Stigler, S. M.: »Who discovered Bayes' Theorem?« *American Statistician* 37 (1983), S. 290–296.
Stiglitz, J. E.: *Freefall: America, free markets, and the sinking of the world eco-*

nomy. New York: Norton, 2010. (dt.: Im freien Fall. *Vom Versagen der Märkte zur Neuordnung der Weltwirtschaft*. München: Siedler, 2010).

Stine, G. J.: *Acquired immune deficiency syndrome: Biological, medical, social, and legal issues*. Englewood Cliffs, NJ: Prentice Hall, 1996 (2. Auflage).

Strayer, D. L., F. A. Drews und D. J. Crouch: »Comparing the cell-phone driver and the drunk driver«. *Human Factors* 48 (2006), S. 381–391.

Studdert, D. M., M. M. Mello, W. M. Sage, C. M. DesRoches, J. Peugh, K. Zapert und T. A. Brennan: »Defensive medicine among high-risk specialist physicians in a volatile malpractice environment«. *Journal of the American Medical Association* 293 (2005), S. 2609–2617.

Studdert, D. M., M. M. Mello, A. A. Gawande, T. K. Gandhi, A. Kachalla, C. Yoon et al.: »Claims, errors, and compensation payments in medical malpractice litigation«. *New England Journal of Medicine* 354 (2006), S. 2024–2033.

Taleb, N. N.: *Fooled by randomness: The hidden role of chance in life and in the markets*. London: Thomson, 2004.

Taleb, N. N. und M. Blyth: »The black swan of Cairo«. *Foreign Affairs* 90 (2011), S. 33–39.

Tankard, J. W.: »The H. G. Wells quote on statistics: A question of accuracy«. *Historia Mathematica* 6 (1979), S. 30–33.

TAP Study Group: »Photodynamic therapy of subfoveal choroidal neovascularization in age-related macular degeneration with verteporfin«. *Archives of Ophthalmology* 119 (2001), S. 198–207.

Tengs, T. O., M. E. Adams, J. S. Pliskin, D. G. Safran, J. E. Siegel, M. C. Weinstein und J. D. Graham: »Five-hundred life-saving interventions and their cost-effectiveness«. *Risk Analysis* 15 (1995), S. 369–390.

Tetlock, P. E.: *Expert political judgment*. Princeton, NJ: Princeton University Press, 2005.

Thaler, R. H.: *Quasi rational economics*. New York: Russell Sage Foundation, 1991.

Thaler, R. H. und C. R. Sunstein: *Nudge*. New Haven, CT: Yale University Press, 2008 (dt.: *Wie man kluge Entscheidungen anstößt*. Berlin: Econ, 2009).

Todd, P. M., F. C. Billari und J. Simão: »Aggregate age-at-marriage patterns from individual mate-search heuristics«. *Demography* 42 (2005), S. 559–574.

Todd, P. M., G. Gigerenzer und ABC Research Group: *Ecological rationality: Intelligence in the world*. New York: Oxford University Press, 2012.

Todd, P. M. und G. F. Miller: »From pride and prejudice to persuasion: Satisficing in mate search«. In: Gigerenzer, G., P. M. Todd und ABC Research Group (Hg.): *Simple heuristics that make us smart*. New York: Oxford University Press, 1999, S. 287–308.

Todd P. M. und S. L. Minard: »Simple heuristics for deciding what to eat«. In: S. Preston (Hg.): *Interdisciplinary science of consumption*. MIT Press (in Druck).

Törngren, G. und H. Montgomery: »Worse than chance? Performance and confidence among professionals and laypeople in the stock market«. *Journal of Behavioral Finance* 5 (2004), S. 148–153.

Trunkey, D. D.: »Health care reform: What went wrong«. *Annals of Surgery* 252 (2010), S. 417–425.

Tu, X. M., E. Litvak und M. Pagano: »Issues in human immunodeficiency virus (HIV) screening programs«. *American Journal of Epidemiology* 136 (1992), S. 244–255.

Turkle, S.: *Alone together.* New York: Basic Books, 2011 (dt.: *Verloren unter 100 Freunden.* München: Riemann, 2012).

Twain, M.: *Pudd'nhead Wilson.* New York: Webster & Co., 1894 (dt.: *Knallkopf Wilson. Eine Geschichte.* Zürich: Manesse, 2010).

Twenge, J. M., B. Gentile, N. DeWall, D. Ma, K. Lacefield und D. R. Schurtz: »Birth cohort increases in psychopathology among young Americans, 1938–2007«. *Clinical Psychology Review* 30 (2010), S. 145–154.

Vazquez, F. und P. Federico: *Bank funding structures and risk.* IMF-Arbeitspapier, Januar 2010.

Vitouch, O., S. Strauss und O. Lading: *Kognitive Täuschungen durch Prozentangaben: Der Fall der staatlich geförderten Pensionsvorsorge.* Abschlussbericht, Österreichische Nationalbank, Projekt Nr. 11109, Universität Klagenfurt, Fachbereich Psychologie, 2007.

Volz, K. G. und G. Gigerenzer: »Cognitive processes in decision under risk are not the same as in decisions under uncertainty«. *Frontiers in Decision Neuroscience* 6, S. 105, 2012 (doi:10.3389/fnins.2012.00105).

Wegwarth, O., W. Gaissmaier und G. Gigerenzer: »Deceiving numbers: Survival rates and their impact on doctors' risk communication«. *Medical Decision Making* 31 (2011), S. 386–394 (doi:10.1177/0272989X10391469).

Wegwarth, O., L. M. Schwartz, S. Woloshin, W. Gaissmaier und G. Gigerenzer: »Do physicians understand cancer screening statistics? A national survey of primary care physicians in the United States«. *Annals of Internal Medicine* 156 (2012), S. 340–349.

Welch, H. G., L. M. Schwartz und S. Woloshin: »Are increasing 5-year survival rates evidence of success against cancer?« *Journal of the American Medical Association* 283 (2000), S. 2975–2978.

Welch, H. G., L. M. Schwartz und S. Woloshin: *Overdiagnosed. Making people sick in the pursuit of health.* Boston, MA: Beacon Press, 2011.

Wells, H. G.: *World Brain.* London: Adamintine Press, 1938/1994.

Wertheimer, M.: Brief an Albert Einstein (Sommer 1934). Albert Einstein Archive, Princeton University Library, 1934.

Willyard, C.: »Lifestyle: Breaking the cancer habit«. *Nature* 471 (2011), S. 16f.

Wobker, I., M. Lehmann-Waffenschmidt, P. Kenning und G. Gigerenzer: *What do people know about the economy? A test of minimal economic knowledge in Germany.* Manuskript. Friedrichshafen: Zeppelin Universität, 2012.

Woloshin, S. und L. M. Schwartz: »How a charity oversells mammography«. *British Medical Journal* 345 (2012), e5132 (doi:10.1136/bmj.e5132).

Woloshin, S., L. M. Schwartz und H. G. Welch: *Know your chances: Understanding health statistics.* Berkeley: University of California Press, 2008.

Wübben, M. und F. v. Wangenheim: »Instant customer base analysis: Managerial heuristics often ›get it right‹«. *Journal of Marketing* 72 (2008), S. 82–93 (doi:10.1509/jmkg.72.3.82).

Yamamoto, K.: »Children's ratings of the stressfulness of experiences«. *Developmental Psychology* 15 (1979), S. 581 f.

Young, J. M., P. Glasziou und J. E. Ward: »General practitioners' self rating of skills in evidence based medicine: A validation study«. *British Medical Journal* 324 (2002), S. 950 f.

Zhu, L. und G. Gigerenzer: »Children can solve Bayesian problems: The role of representation in mental computation«. *Cognition* 98 (2006), S. 287–308.

Zimmerman, F. J., D. A. Christakis und A. N. Meltzoff: »Associations between media viewing and language development in children under age 2 years«. *Journal of Pediatrics* 151 (2007), S. 364–368.

Glossar

1/N: Verteile deine Ressourcen gleichmäßig auf N Alternativen. Auch als Equality-Heuristik bekannt.

A-posteriori-Wahrscheinlichkeit: Die Wahrscheinlichkeit eines Ereignisses nach neuer Evidenz, das heißt die aktualisierte A-priori-Wahrscheinlichkeit. Sie wird auch Nachtestwahrscheinlichkeit genannt. Sie lässt sich mithilfe der *Bayes-Regel* oder – intuitiver – *natürlicher Häufigkeiten* errechnen.

A-priori-Wahrscheinlichkeit: Die Wahrscheinlichkeit eines Ereignisses vor neuer Evidenz. Die *Bayes-Regel* gibt an, wie A-priori-Wahrscheinlichkeiten im Licht neuer Evidenz zu aktualisieren sind. Häufig werden *Basisraten* als A-priori-Wahrscheinlichkeiten verwendet.

Absolute Risikoreduktion: Ein Maß für die Wirksamkeit einer Behandlung, definiert als der Anteil der Personen, die durch eine Behandlung geheilt oder gerettet werden (von allen Personen, die daran teilnehmen). Wenn eine Behandlung beispielsweise die Zahl der Menschen, die an einer Krankheit sterben, von 6 auf 4 von 1000 verringert, beträgt die absolute Risikoreduktion 2 von 1000 oder 0,2 Prozent. Siehe auch *Relative Risikoreduktion.*

Adaptiver Werkzeugkasten (adaptive toolbox): Das Repertoire an Heuristiken (Faustregeln), das ein Mensch, eine Institution oder Kultur zur Verfügung hat, um mit Ungewissheit intelligent umzugehen.

Anspruchsniveau: Eine Stopp-Regel, die festlegt, wann eine Alternative gut genug ist und die Suche eingestellt werden kann. Beim *Satisficing* legt man beispielsweise ein Anspruchsniveau fest und wählt dann die erste Alternative, die diesem Niveau genügt. Siehe *Satisficing.*

Anzahl der notwendigen Behandlungen (number needed to treat; NNT*):* Ein gut verständliches Maß für den Nutzen einer Behandlung. Nehmen wir etwa Patienten mit hohem Risiko für eine Herzerkrankung, die seit vier Jahren den Cholesterinsenker Sortis nehmen. Aus Studien wissen wir, dass von je 100 Patienten einer vor einem Schlaganfall bewahrt wurde. Hier beträgt die NNT zur Rettung eines Lebens 100. Mit anderen Worten: 99 Patienten haben keinen Nutzen von dem Medikament. Die absolute Risikoreduktion ist 1 von 100, das ist der Kehrwert von NNT. NNT zeigt sehr transparent, wie viele Patienten von einem Medikament oder einer Therapie profitieren.

Basisrate: Die Basisrate eines Merkmals (oder Ereignisses) in einer Population ist der Anteil der Individuen, die dieses Merkmal aufweisen (etwa Prostatakrebs haben). Auch als Prävalenz bezeichnet.

Bauchentscheidung: Eine Intuition oder Bauchentscheidung ist ein Urteil, (1) das rasch im Bewusstsein auftaucht, (2) dessen tiefere Gründe uns nicht vollständig bewusst sind, (3) das aber stark genug ist, dass wir danach handeln. Eine Bauchentscheidung ist weder eine Laune noch ein sechster Sinn, weder Hellseherei noch Gottes Stimme. Sie ist eine Form unbewusster Intelligenz.

Bayes-Regel: Mit ihr lässt sich die Wahrscheinlichkeit von Hypothesen im Licht neuer Evidenz berechnen. Als Urheber gilt der englische Pfarrer Thomas Bayes. Für den einfachen Fall, dass eine Hypothese H (beispielsweise eine Erkrankung) entweder zutrifft oder nicht zutrifft (man spricht hier von einer binären Hypothese) und dass Daten D vorliegen (etwa ein positiver Test), lautet die Bayes-Regel:

$p(H|D) = p(H)p(D|H)/[p(H)p(D|H) + p(\text{nicht } H)p(D|\text{nicht } H)]$

Dabei ist p(H|D) die A-posteriori-Wahrscheinlichkeit, p(H) die A-priori-Wahrscheinlichkeit, p(D|H) die Wahrscheinlichkeit von D, wenn H gilt, und p(D|nicht H) die Wahrscheinlichkeit von D, wenn H nicht gilt.

Viele Menschen haben Probleme, diese Regel zu verstehen. Aber es gibt Hilfe. Die Berechnung von p(H|D) wird intuitiver, wenn der Input in natürlichen Häufigkeiten statt in Wahrscheinlichkeiten gegeben wird. Bei natürlichen Häufigkeiten lautet die Bayes-Regel:

$p(H|D) = a/(a + b)$

wobei a die Zahl von D und H-Fällen und b die Zahl von D und Nicht-H-Fällen ist. Siehe *Natürliche Häufigkeiten.*

Bedingte Wahrscheinlichkeit. Die Wahrscheinlichkeit eines Ereignisses A unter der Bedingung, dass ein Ereignis B eingetreten ist: p(A|B). Ein Beispiel für eine bedingte Wahrscheinlichkeit ist die Wahrscheinlichkeit eines positiven Ersttrimestertests, wenn der Fötus ein Downsyndrom hat – sie liegt bei 0,90. Die Wahrscheinlichkeit p(A) ist beispielsweise keine bedingte Wahrscheinlichkeit. Bedingte Wahrscheinlichkeiten werden immer wieder missverstanden, und zwar auf zwei Weisen: Die eine ist die Verwechslung von p(A|B) mit der Wahrscheinlichkeit von A *und* B; die andere ist die Verwechslung von p(A|B) mit der Wahrscheinlichkeit von B, falls A eingetreten ist, also p(B|A). Diese Verwirrung kann man verringern, indem man bedingte Wahrscheinlichkeiten durch natürliche Häufigkeiten ersetzt. Siehe *Natürliche Häufigkeiten.*

Bias-Varianz-Dilemma: Eine statistische Theorie, die den Weniger-ist-mehr-Effekt erklärt, das heißt deutlich macht, wann und warum einfache Heuristiken zu genaueren Vorhersagen führen können als komplexere Verfahren. Die Grundidee ist, dass der Gesamtfehler bei einer Vorhersage aus drei Komponenten besteht:

$\textit{Gesamtfehler} = \textit{Bias}^2 + \textit{Varianz} + \textit{Rauschen}$

Rauschen ist ein irreduzibler (Mess-)Fehler, während sich die beiden anderen Fehlerarten beeinflussen lassen. Bias ist der Unterschied zwischen mittlerer Schätzung und tatsächlichem Zustand, Varianz die Variabilität (Instabilität) der einzelnen (auf verschiedenen Stichproben basierenden) Schätzungen um deren Mittelwert. Beispielsweise hat 1/N keine freien Parameter und daher nur Bias (unabhängig von spezifischen Stichproben nimmt es immer die gleiche Verteilung vor). Komplexe Modelle mit vielen freien Parametern haben in der Regel weniger Bias, aber dafür mehr Varianz. Zu viel Varianz ist einer der Gründe, warum weniger mehr sein kann.

Biologisch vorbereitetes Lernen: Ermöglicht stellvertretendes Lernen in gefährlichen Situationen, in denen persönliche Erfahrung tödlich wäre. Biologisch vorbereitete Objekte (oder Situationen) waren einst in der menschlichen Evolutionsgeschichte gefährlich – zum Beispiel Schlangen, Spinnen und Dunkelheit. Wenn ein Kind beobachtet, wie jemand angesichts eines biologisch vorbereiteten Objekts Furcht zeigt, wird diese Furcht oft in einer einzigen Beobachtung erworben. Beispielsweise ist bei manchen Arten die Furcht vor Giftschlangen nicht angeboren, aber das Konzept einer Schlange biologisch vorbereitet. Die Furcht vor Schlangen wird durch die Beobachtung erworben, dass jemand anderer sie zeigt. Bei biologisch nicht vorbereiteten Objekten wie Schusswaffen findet dieses schnelle Lernen nicht statt. In modernen Lebenswelten, in denen das (einst gefährliche) Objekt keine Gefahr mehr darstellt, kann uns biologisch vorbereitetes Lernen die Furcht vor den falschen Dingen eingeben.

Blickheuristik: »Fixiere das Objekt, und passe deine Geschwindigkeit so an, dass der Blickwinkel konstant bleibt.« Eine schnelle und einfache Heuristik zur Steuerung von Bewegungsabläufen, wie etwa sicher zu landen, Bälle zu fangen oder Objekte im Raum abzupassen.

Defensives Entscheiden: Eine Person oder Gruppe hält A für die beste Option, entscheidet sich aber für die weniger gute Option B, um sich für den Fall zu schützen, dass etwas schiefgeht und sie zur Verantwortung gezogen werden könnte. Diese Form des Selbstschutzes (»S«) gehört zum SIC-Syndrom, einem zentralen Dilemma des modernen Gesundheitswesens. Siehe *SIC-Syndrom.*

Design: Eine der drei Interpretationen der Wahrscheinlichkeit (neben *relativer Häufigkeit* und *Überzeugungsgrad*). Nach dieser Interpretation geht es bei der Wahrscheinlichkeit um die Konstruktion, nicht um das Zählen (wie bei relativen Häufigkeiten). Beispielsweise sind elektronische Spielautomaten für eine bestimmte Gewinnwahrscheinlichkeit programmiert. Das Design wird auch als Propensität bezeichnet. Historisch geht diese Interpretation auf das Glücksspiel zurück, etwa die Konstruktion von Würfeln und Rouletterädern.

Diversifizierung: Ein Prinzip der Ressourcenallokation. Es geht darum, den Schaden zu vermeiden, der droht, wenn man alles auf eine Karte setzt. Bei Geldanlagen ist 1/N eine einfache Diversifizierungsheuristik, während das Minimum-Varianz-Portfolio eine komplexe Optimierungsmethode ist.

Doppelzüngigkeit: Ein Trick, um den Nutzen eines Medikaments (einer Behandlung) größer und den Schaden kleiner erscheinen zu lassen. Meist wird der Nutzen in Form relativer Risiken (große Zahlen) und der Schaden in Form absoluter Risiken (kleine Zahlen) angegeben. Stellen Sie sich beispielsweise ein Arzneimittel vor, das die Sterblichkeit durch Schlaganfall von 2 auf 1 von 100 Patienten senkt, aber die Sterblichkeit durch Krebs von 1 auf 2 von 100 erhöht. Doppelzüngig wäre die Mitteilung, dass das Medikament die Sterblichkeit durch Schlaganfall um 50 Prozent senkt, die Sterblichkeit durch Krebs aber nur um 1 von 100 oder 1 Prozentpunkt erhöht. Eine andere Form der Doppelzüngigkeit liegt vor, wenn ein Krankenhaus den Nutzen von dort durchgeführten Screenings anhand gesteigerter Überlebensraten angibt (große, aber irreführende Zahlen), den Nutzen der Konkurrenten aber durch Sterberaten (kleine, aber korrekte Zahlen). Doppelzüngigkeit wird nicht nur in der Werbung verwendet; sie ist auch bei jedem dritten Artikel in führenden medizinischen Zeitschriften nachgewiesen worden.

Einzelfall-Wahrscheinlichkeit: Eine Wahrscheinlichkeit, die sich auf ein einzelnes Ereignis bezieht, für das keine Referenzklasse angegeben ist. Einzelfall-Wahrscheinlichkeiten können zu Missverständnissen führen, weil die Menschen dazu neigen, unterschiedliche *Referenzklassen* einzusetzen. Beispielsweise warnte die Mayo Clinic aufgrund eines Berichts der US-Gesundheitsbehörde davor, Kindern zunehmend Antidepressiva zu geben: »Die Analyse zeigte, dass Kinder, die Antidepressiva nahmen, mit einer Wahrscheinlichkeit von 4 Prozent suizidale Gedanken und Verhaltensweisen entwickelten, während bei Kindern, die eine Zuckertablette (Placebo) bekamen, die Wahrscheinlichkeit nur 2 Prozent betrug.« Was bedeutet es für ein Kind, eine 4-prozentige Wahrscheinlichkeit für suizidale Gedanken oder Verhaltensweisen zu haben? Einige Eltern mögen denken:

1. Mein Kind könnte in 4 Prozent der Zeit Selbstmordgedanken haben,
2. 4 Prozent der Tabletten haben Fehler und verursachen daher Selbstmordgedanken, oder
3. 4 Prozent der Kinder, die Antidepressiva nahmen, wurden von Selbstmordgedanken heimgesucht.

Gemeint hatte die Behörde (3), aber die Eltern müssen sich aufs Raten verlegen. Diese missverständliche Kommunikation lässt sich vermeiden, wenn man (wie in 1–3) Häufigkeiten anstelle von Einzelfall-Wahrscheinlichkeiten verwendet, weil Häufigkeiten eine Referenzklasse (Zeit, Tabletten oder Kinder) angeben.

Faktenbox: Eine Tabelle für transparente Risikokommunikation, in der die wissenschaftliche Evidenz zu einem Arzneimittel, einer Behandlung oder einer Screening-Methode zusammengefasst wird. Die Box zeigt Nutzen und Schaden für Patienten mit und ohne Behandlung auf. Alle Zahlen werden in verständlichen Häufigkeiten angegeben. Faktenboxen verwenden keine irreführenden Statistiken wie relative Risiken, Doppelzüngigkeit und 5-Jahres-Überlebensraten für Screenings.

Falsch-negativ-Rate: Der Anteil von negativen Tests bei Menschen, die eine Krankheit (oder ein Merkmal) aufweisen, wird als Falsch-negativ-Rate bezeichnet. Sie wird in der Regel als bedingte Wahrscheinlichkeit oder als Prozentsatz ausgedrückt. Beispielsweise hat das Mammografie-Screening je nach Alter eine Falsch-negativ-Rate von 5 bis 20 Prozent, das heißt, 5 bis 20 Prozent der Frauen mit Brustkrebs erhalten ein negatives Testergebnis. Die Falsch-negativ-Rate und die Sensitivität (Trefferquote) eines Tests addieren sich zu 100 Prozent.

Falsch-negatives Testergebnis: Ein falsch-negatives Ergebnis liegt vor, wenn ein Test negativ ist (etwa ein Schwangerschaftstest kein Anzeichen für eine Schwangerschaft findet), das Ereignis aber vorliegt (die Frau schwanger ist).

Falsch-positiv-Rate: Der Anteil von positiven Tests bei Menschen ohne Erkrankung heißt Falsch-positiv-Rate. Sie wird in der Regel als bedingte Wahrscheinlichkeit oder als Prozentsatz ausgedrückt. Beispielsweise hat das Mammografie-Screening je nach Alter eine Falsch-positiv-Rate von 5 bis 10 Prozent, das heißt, 5 bis 10 Prozent der Frauen ohne Brustkrebs erhalten trotzdem ein positives Testergebnis. Die Falsch-positiv-Rate und die Spezifität (die Wahrscheinlichkeit eines negativen Ergebnisses bei Nichtvorliegen einer Erkrankung) eines Tests ergeben in der Addition 100 Prozent. Die Raten der beiden Fehlerarten sind voneinander abhängig: Sinkt die Falsch-positiv-Rate eines Tests, steigt die Falsch-negativ-Rate und umgekehrt.

Falsch-positives Testergebnis: Ein falsch-positives Ergebnis (falscher Alarm) liegt vor, wenn ein Test positiv ausfällt (beispielsweise ein positiver Schwangerschaftstest), aber das Ereignis nicht gegeben ist (die Frau nicht schwanger ist).

Faustregel: Siehe *Heuristik*.

Fehler: Jeder Test kann zweierlei Fehler machen: Das Ergebnis kann *falsch-positiv* oder *falsch-negativ* sein. Diese Fehler können unterschiedliche Ursachen haben, darunter menschliches Versagen (wenn beispielsweise im Labor zwei Proben verwechselt oder die Ergebnisse falsch in den Computer eingegeben werden) und medizinische Gründe (zum Beispiel ein positiver HIV-Test infolge von Rheuma- oder Lebererkrankungen, die nichts mit HIV zu tun haben). Fehler können verringert, aber nie ganz ausgeschlossen werden. Es gibt auch positive Fehler, die unentbehrlich für Anpassung und Überleben sind, wie die Kopierfehler (Mutationen) in der DNA zeigen.

Fehlerkultur: Die Art und Weise, wie Einzelne oder Institutionen mit Fehlern umgehen. In einer positiven Fehlerkultur werden Fehler zugegeben, damit man ihre Ursachen analysieren und sicherere Bedingungen schaffen kann. In einer negativen Fehlerkultur verheimlicht man Fehler, um sich zu schützen, konzentriert sich auf Schuldzuweisungen, statt die Fehlerursachen zu beseitigen, und neigt dazu, die Fehler in Zukunft zu wiederholen. Siehe *Defensives Entscheiden*.

Franklins Gesetz: »In dieser Welt ist nichts gewiss außer dem Tod und den Steuern.« Erinnert daran, dass allem menschlichen Verhalten Ungewissheit innewohnt, weil es nicht gefeit ist gegen menschliche und technische Fehler, begrenztes Wissen, Unvorhersehbarkeit, Täuschung und eine Fülle anderer Ursachen.

Fremdkapitalaufnahme: Eine Methode, um die Gewinne (und Verluste) zu steigern, indem man Geld borgt und es investiert. Fremdkapital wird von Einzelpersonen und Banken verwendet. Das Fremdkapitalverhältnis, der Verschuldungsgrad (*leverage ratio*), lässt sich grob definieren als Fremdkapital geteilt durch Eigenkapital. Wenn jemand beispielsweise ein Haus kauft, das 100 000 Euro kostet, aber nur 10 000 Euro besitzt, liegt ein Verschuldungsgrad von 10:1 vor.

Früherkennung: Screening-Tests an Menschen ohne Symptome, um Morbidität und Mortalität zu senken. Früherkennung (Screening) ist nicht mit Vorsorge zu verwechseln. Screening soll eine bereits vorhandene Krankheit entdecken, während bei der Vorsorge die Aussicht verringert werden soll, die Krankheit überhaupt zu bekommen. Die Verwechslung dieser beiden Begriffe wird durch die Verwendung des Begriffs »sekundäre Prävention« für Screening noch verstärkt. Früherkennung kann die Sterblichkeit reduzieren oder nicht. Wenn es beispielsweise keine wirksame Therapie gibt, wird die Früherkennung einschließlich Behandlung die Sterblichkeit nicht verringern.

Genauigkeit-Aufwand-Konflikt (accuracy-effort trade-off): Die Auffassung, dass der Preis für weniger Aufwand (etwa an Zeit, Informationssuche und Berechnungen) weniger Genauigkeit ist. Dieser Konflikt gilt zwar in einer Welt bekannter Risiken, aber nicht immer, wenn einige der Risiken unbekannt sind. Unter Ungewissheit können einfache Heuristiken Aufwand ersparen und gleichzeitig genauer sein. Siehe *Weniger ist mehr.*

Gute Fehler: Fehler, die das Lernen beschleunigen und zu Innovation führen.

Häufigkeit: Eine Anzahl von Beobachtungen in einer Ereignisklasse. Häufigkeiten lassen sich als relative Häufigkeiten, absolute Häufigkeiten oder natürliche Häufigkeiten ausdrücken. *Relative Häufigkeit* ist eine der drei Interpretationen von Wahrscheinlichkeit (neben *Überzeugungsgrad* und *Design*).

Heuristik: Eine Faustregel oder Heuristik ist eine bewusste oder unbewusste Strategie, die Teile der Information ausklammert, um bessere Urteile zu fällen. Sie ermöglicht uns, ohne langes Suchen nach Information, aber doch mit großer Genauigkeit eine rasche Entscheidung zu fällen. Heuristiken sind notwendig in einer Welt, in der nicht alle Risiken bekannt sind (»Ungewissheit«), während die Wahrscheinlichkeitstheorie in einer Welt hinreichend ist, in der alle Risiken bekannt sind (»Risiko«). Rationales Denken ist auf Werkzeuge beider Art angewiesen. Heuristiken lassen sich danach unterscheiden, welche Information sie verwenden. Sie arbeiten (1) mit bloßer Wiedererkennung wie die Rekognitionsheuristik, (2) mit einem guten Grund (*One-Reason-Decision-Making*) wie die Hiatus-Heuristik, (3) mit einer Sequenz von Gründen wie *Take-the-Best,* und (4) mit sozialer Information wie »Mach, was deine Freunde machen«. Die verbreitete Ansicht, dass Heuristiken stets zweitbeste Lösungen sind und dass uns mehr Informationen und Überlegungen immer weiterbringen, ist falsch. Siehe *Weniger-ist-mehr* und *Bias-Varianz-Dilemma.*

Hiatus-Heuristik: »Hat ein Kunde neun Monate oder länger keinen Kauf getätigt, stufe ihn als inaktiv ein, andernfalls als aktiv.« Die Regel gehört zu den Heuristiken der Klasse »Ein guter Grund genügt«. Mit ihrer Hilfe sagen Manager voraus, welche Kunden in Zukunft noch kaufen werden. Es hat sich gezeigt, dass sie zuverlässiger sein kann als komplizierte Optimierungsmethoden. Die Anzahl der Monate kann variieren.

Icon-Box: Ein visuelles Werkzeug für transparente Kommunikation, das die wissenschaftliche Evidenz für ein Medikament, eine Therapie oder eine Screening-Methode zusammenfasst. Eine Icon-Box zeigt zwei Gruppen von Individuen:

diejenigen, die sich einer Behandlung unterzogen haben, und diejenigen, die dies nicht taten (Kontrollgruppe). Jedes Individuum wird durch ein Icon, ein Symbol, dargestellt, das Nutzen oder Schaden anzeigt. Icon-Boxen verwenden keine irreführenden Statistiken wie relative Risiken und 5-Jahres-Überlebensraten für Screenings. Sie sind leicht verständlich wie Faktenboxen, nur optisch ansprechender. Faktenboxen sind geeigneter für seltene Krankheiten oder kleinere Effekte, bei denen Tausende von Icons erforderlich wären. Siehe *Faktenbox*.

Illusion der Gewissheit: Die Überzeugung, dass ein Ereignis absolut gewiss ist, obwohl dies nicht zutrifft. Die Illusion mag von Nutzen sein, wenn sie etwa Beruhigung bringt, aber auch von Schaden, etwa bei Selbstmord nach einem falschen positiven HIV-Test. Manchmal beruht sie auf sozialen Zwängen. Beispielsweise definieren sich manche sozialen Gruppen durch moralische und politische Illusionen der Gewissheit, und wer als Mitglied akzeptiert werden möchte, muss diese teilen.

Interessenkonflikte: Eine Person oder Institution hat zwei oder mehr Interessen, die einander widersprechen. Betrachten Sie Gesundheits- und Bankwesen. Einerseits würden Ärzte und Anlageberater gerne das Beste für ihre Patienten und Kunden tun, andererseits würden sie dann möglicherweise Geld verlieren. Das kann dazu führen, dass Patienten unnötigen Operationen oder teuren Scans unterzogen und Bankkunden zu Geldanlagen überredet werden, die profitabler für die Bank als für sie selbst sind. Interessenkonflikte (*Conflicts of Interest* – »C«) gehören zum SIC-Syndrom, einem zentralen Dilemma des modernen Gesundheitswesens. Siehe *SIC-Syndrom*.

Intuition: Siehe *Bauchentscheidung*.

Laplace-Regel: Die Wahrscheinlichkeit, dass etwas erneut geschieht, wenn es n Male zuvor geschehen ist, ausgedrückt in der Formel (n+1)/(n+2). Die Regel lässt sich, gleiche A-priori-Wahrscheinlichkeiten vorausgesetzt, von der *Bayes-Regel* ableiten.

Maximierung: Bedeutet, den besten Wert zu bestimmen, das heißt das Maximum (oder Minimum) einer Kurve. In einer Welt unbekannter Risiken kann man jedoch nicht den besten Wert errechnen. Mit Ungewissheit so umzugehen, als wäre sie ein bekanntes Risiko (die Truthahn-Illusion), kann zu fragilen Lösungen und Misserfolg führen. Die Alternative ist *Satisficing*, das heißt der Versuch, eine Alternative zu finden, die gut genug ist. Siehe *Anspruchsniveau* und *Satisficing*.

Natürliche Häufigkeiten: Häufigkeiten, die der Art und Weise entsprechen, in der Menschen vor Erfindung von Büchern und Wahrscheinlichkeitstheorie Informationen registrierten. Im Gegensatz zu Wahrscheinlichkeiten und relativen Häufigkeiten handelt es sich um »rohe« Beobachtungen, die nicht im Hinblick auf die Basisraten des betreffenden Ereignisses normiert wurden. Beispielsweise hat ein Arzt 100 Personen beobachtet, von denen 10 eine neue Krankheit aufweisen, die anderen nicht. Von diesen 10 zeigen 8 ein Symptom, während 4 von den 90 ohne Krankheit das Symptom ebenfalls erkennen lassen. Zerlegt man diese 100 Fälle in vier Zahlen (Krankheit und Symptom: 8; Krankheit und kein Symptom: 2; keine Krankheit und Symptom: 4; keine Krankheit und kein Symptom: 86), erhält man vier natürliche Häufigkeiten: 8, 2, 4 und 86. Natürliche Häufigkeiten machen es einfach, die Bayes-Regel anzuwenden. Wenn unser Arzt einen neuen Patienten mit dem Symptom sieht, kann er die Wahrscheinlichkeit, dass dieser auch die Krankheit hat, auf Anhieb beziffern: Sie beträgt 8/(8 + 4), das heißt zwei Drittel. Diese Wahrscheinlichkeit heißt A-posteriori-Wahrscheinlichkeit. Werden die Beobachtungen des Arztes in bedingte Wahrscheinlichkeiten oder relative Häufigkeiten umgeformt (indem man zum Beispiel die natürliche Häufigkeit 4 durch die Basisrate 90 teilt und eine Falsch-positiv-Rate von 0,044 oder 4,4 Prozent erhält), wird die Rechnung schwierig. Natürliche Häufigkeiten helfen den Menschen, die A-posteriori-Wahrscheinlichkeiten sofort zu erfassen, während bedingte Wahrscheinlichkeiten den Verstand vernebeln. Siehe *Bayes-Regel.*

Negatives Testergebnis: In der Regel eine gute Nachricht: Es wurde kein Hinweis auf eine Erkrankung gefunden.

Null-Risiko-Illusion: Wenn bekannte Risiken mit absoluter Gewissheit verwechselt werden, handelt es sich um die Null-Risiko-Illusion.

Positives Testergebnis: In der Regel keine gute Nachricht: Es wurde ein Hinweis auf eine mögliche Erkrankung gefunden.

Prävalenz: Siehe *Basisrate.*

Prozentsätze: Relative Häufigkeiten, mit 100 multipliziert, heißen Prozentsätze. Sie werden als Zahlen zwischen 0 und 100 ausgedrückt, Wahrscheinlichkeiten und relative Häufigkeiten hingegen als Zahlen zwischen 0 und 1. Die meisten Menschen finden den Umgang mit Prozentsätzen leichter. Nehmen Sie die Aussage: »Rund 80 Prozent der amerikanischen Frauen, die rauchen, setzen das Rauchen auch während der gesamten Schwangerschaft fort.« Vergleichen Sie das mit: »Bei amerikanischen Frauen, die rauchen, besteht eine Wahrscheinlichkeit von 0,8, dass sie das Rauchen während der gesamten Schwangerschaft fortsetzen.« Die Wahrscheinlichkeitsaussage ist umständlicher und für die breite Öffentlichkeit schwerer verständlich. Deshalb wurden in diesem Buch durchgehend Prozentsätze verwendet.

Randomisierte Studie: Ein Studiendesign zur Bestimmung des Nutzens oder Schadens einer Behandlung mittels Randomisierung als Kontrollmethode. Die Teilnehmer werden nach Zufallsauswahl entweder einer Behandlungs- oder einer Kontrollgruppe zugewiesen. Nach einiger Zeit werden die beiden Gruppen hinsichtlich eines Kriteriums, etwa der Sterblichkeit, verglichen, um die Wirksamkeit der Behandlung zu ermitteln. Mittels Randomisierung kontrolliert man den Einfluss anderer Variablen – wie Alter, Bildungsstand und Gesundheit –, die sonst alternative Erklärungen (neben der Behandlung) für einen zwischen den Gruppen beobachteten Unterschied liefern könnten.

Referenzklasse: Die Klasse von Ereignissen oder Objekten, auf die sich eine relative Häufigkeit bezieht. Bei der Häufigkeitsinterpretation des Wahrscheinlichkeitsbegriffs gibt es keine Wahrscheinlichkeit ohne eine genau bezeichnete

Referenzklasse. Diese Auffassung schließt die Wahrscheinlichkeiten von Einzelereignissen aus, die definitionsgemäß keine Referenzklasse bestimmen.

Rekognitionsheuristik: »Wenn du nur eine von zwei Alternativen erkennst, die andere jedoch nicht, schließe daraus, dass die erkannte Alternative den höheren Wert in Bezug auf das Kriterium besitzt.« Diese Heuristik führt zu genauen Schlussfolgerungen, wenn zwischen Erkennen (Rekognition) und dem Kriterium (zum Beispiel die Größe einer Stadt) eine Korrelation besteht.

Relative Häufigkeiten: Eine von drei Interpretationen der Wahrscheinlichkeit (die anderen sind *Überzeugungsgrad* und *Design*). Die Wahrscheinlichkeit eines Ereignisses wird als relative Häufigkeit in einer Referenzklasse definiert. Historisch geht diese Interpretation auf Sterblichkeitstabellen zurück, welche die Grundlage für die Berechnung der Lebensversicherungstarife lieferten. Relative Häufigkeiten sind auf wiederholte Ereignisse beschränkt, die in großer Zahl zu beobachten sind.

Relative Risikoreduktion: Ein relatives Maß für den Nutzen einer Behandlung. Wenn eine Therapie beispielsweise die Zahl der Todesfälle von 6 auf 4 von 1000 verringert, beträgt die relative Risikoreduktion 33,3 Prozent. Über relative Risikoreduktion zu berichten ist beliebt, weil die Zahlen dann größer erscheinen als bei der absoluten Risikoreduktion (die im gewählten Beispiel 2 von 1000 oder 0,2 Prozentpunkte betragen würde). Relative Risiken vermitteln nicht, wie groß das Risiko absolut ist, und werden daher oft missverstanden. Wenn eine Behandlung beispielsweise die Zahl der Sterbefälle von 6 auf 4 von *10 000* vermindert, ist die relative Risikoreduktion immer noch dieselbe (33,3 Prozent), obwohl die absolute Risikoreduktion auf 0,02 Prozentpunkte zurückgegangen ist.

Risiko: Wenn sich die mit einem Ereignis assoziierte Ungewissheit anhand empirischer Beobachtungen oder kausalen Wissens (Design) quantifizieren lässt, wird die Ungewissheit als Risiko bezeichnet. Relative Häufigkeiten und Wahrscheinlichkeiten sind Möglichkeiten, Risiken auszudrücken. Anders als bei der im allgemeinen Sprachgebrauch üblichen Verwendung des Wortes muss ein Risiko in der beschriebenen Bedeutung nicht mit Schaden verknüpft sein; es kann ein positives, neutrales oder negatives Ereignis bezeichnen. Die klassische Unterscheidung zwischen bekannten Risiken (»Risiko«) und unbekannten Risiken (»Ungewissheit«) wird dem Wirtschaftswissenschaftler Frank Knight zugeschrieben. Siehe *Ungewissheit.*

Risikoscheu: Die Neigung, eine sichere Option einer weniger gewissen vorzuziehen. Manchmal wird angenommen, Risikoscheu sei ein Persönlichkeitsmerkmal. Doch wenn überhaupt, sind nur wenige Menschen prinzipiell risikoscheu oder prinzipiell risikobereit. Die meisten verkörpern beides, nur in verschiedenen Bereichen, wie der sorglose Kettenraucher, der befürchtet, von genverändertem Mais Krebs zu bekommen. Risikoscheu ist keine allgemeine Eigenschaft, sondern bereichsspezifisch. Die *soziale Nachahmung der Furcht* erklärt, dass es solche Muster sozial erworbener Risiken gibt, die einzugehen die Menschen bereit oder die zu vermeiden sie bestrebt sind.

Satisficing: Eine *Heuristik* zur Auswahl einer Alternative (zum Beispiel eines Hauses oder eines Ehepartners) aus einer größeren Menge von Objekten. Man setzt ein *Anspruchsniveau* fest und beendet die Suche, wenn das erste Objekt gefunden wurde, das dem Niveau genügt. Das Anspruchsniveau kann abgesenkt werden, wenn nach längerer Zeit noch keine Alternative gefunden wurde, die gut genug ist.

Schockrisiko-Furcht (dread risk fear): Menschen lassen sich leicht in Furcht vor realen oder vorgestellten Situationen versetzen, in denen – wie beim Anschlag vom 11. September 2001 – viele Menschen plötzlich sterben. Infolge eines evolutionär erworbenen Musters von Furcht und Flucht neigen sie dazu, solche Situationen zu vermeiden. Im Gegensatz dazu fällt es schwer, in Menschen die Furcht vor Situationen zu wecken, in denen genauso viele Menschen übers Jahr verteilt sterben – etwa durch Autofahren oder Rauchen. Schockrisiko-Furcht mag in der Menschheitsgeschichte adaptiv gewesen sein, als unsere Vorfahren in kleinen Verbänden lebten und der plötzliche Tod eines beträchtlichen Teils der Gruppe das Überleben aller gefährdete.

Screening: Siehe *Früherkennung.*

Sensitivität: Die Sensitivität oder Empfindlichkeit eines Tests ist der Prozentsatz von Individuen, bei denen die Krankheit zutreffend festgestellt wurde. Formal ist Sensitivität die *bedingte Wahrscheinlichkeit* p(positiv|Krankheit) eines positiven Testergebnisses bei gegebener Krankheit. Sensitivität und *Falsch-negativ-Rate* addieren sich zu 100 Prozent. Man bezeichnet die Sensitivität auch als Trefferquote.

SIC-Syndrom: Ein Schlüsselproblem des Gesundheitswesens, dessen sich jeder Patient bewusst sein sollte. Viele Ärzte
praktizieren 1. defensive Medizin (Selbstschutz),
verstehen 2. keine Gesundheitsstatistiken (*Innumeracy* bzw. Zahlenblindheit) oder
orientieren sich 3. am Profit statt am ärztlichen Ethos (*Conflicts of Interest* bzw. Interessenkonflikte).
[Im Englischen bezeichnet das Wort *sick*, das genauso ausgesprochen wird, ein krankes System.] Die drei Mängel gehen Hand in Hand und schaden den Patienten durch ärztliche Entscheidungen für die zweitbeste Alternative, durch *Überdiagnose* und *Überbehandlung.*

Soziale Nachahmung von Furcht: Das psychologische Prinzip »Fürchte, was deine soziale Gruppe fürchtet« ermöglicht uns, Gefahren kennenzulernen, ohne sie persönlich erleben zu müssen. Es schützt uns, wenn die persönliche Erfahrung tödlich sein könnte. Zugleich aber kann es uns Furcht vor den falschen Dingen vermitteln.

Spezifität: Die Spezifität eines Tests ist der Prozentsatz von Individuen, bei denen das Nichtvorliegen der Krankheit zutreffend festgestellt wurde. Formal ist Spezifität die *bedingte Wahrscheinlichkeit* p(negativ|keine Krankheit) eines negativen Testergebnisses bei nicht gegebener Krankheit. Spezifität und *Falsch-positiv-Rate* addieren sich zu 100 Prozent.

Sterblichkeitsreduktion: Ein Maß für den Nutzen einer Behandlung in Form von geretteten Leben. Die Sterblichkeitsreduktion lässt sich auf viele Arten darstellen, unter anderem als Reduktion des relativen Risikos, als Reduktion des absoluten Risikos und als erhöhte Lebenserwartung. Im Kontext des Screenings sind Sterblichkeitsraten die geeignete Statistik, nicht Überlebensraten. Siehe *Überlebensrate*.

Take-the-Best: Eine Heuristik, um festzustellen, welche von zwei Alternativen einen besseren Wert bei einem Kriterium aufweist. Sie besteht aus drei Bausteinen. Suchregel: Frage die Merkmale (Gründe) in der Reihenfolge ihrer Validität ab. Stoppregel: Beende die Suche, wenn das erste Merkmal gefunden ist, das eine Entscheidung erlaubt. Entscheidungsregel: Ziehe den Schluss, dass das Objekt mit dem höheren Wert bei dem Merkmal auch den höheren Kriteriumswert besitzt.

Truthahn-Illusion: Die Illusion des berechenbaren Risikos (oder Truthahn-Illusion) verwechselt Ungewissheit mit bekannten oder berechenbaren Risiken. Das Ergebnis ist eine *Illusion der Gewissheit*. Unter anderem erwächst sie aus der irrigen Meinung, dass sich jedes Problem mit der Wahrscheinlichkeitstheorie, etwa der *Bayes-Regel*, lösen lasse.

Überbehandlung: Ist eine Folge von *Überdiagnose*. Darunter sind überflüssige Operationen, Strahlenbehandlungen oder andere Eingriffe bei Befunden zu verstehen, die streng genommen Krankheiten, aber ohne klinische Bedeutung sind. Überbehandlung bringt keinen Nutzen, sondern nur potenziellen Schaden für den Patienten. Eine ihrer Ursachen ist das *SIC-Syndrom*.

Überdiagnose: Die Entdeckung einer Pseudokrankheit. Beispielsweise lassen sich durch Screening Veränderungen erkennen, die pathologisch die Definition einer Krebserkrankung erfüllen, aber während der Lebenszeit des Patienten keine Symptome hervorrufen würden. Da der technologische Fortschritt immer empfindlichere Screening-Techniken hervorbringt, ist die Überdiagnose zu einem enormen Problem in der Gesundheitspflege geworden. Sie lässt die Zahl überflüssiger Tests ansteigen, schürt Ängste und trägt zur Kostensteigerung im Gesundheitswesen bei. Sie ist auch einer von zwei Gründen (der andere ist der *Vorlaufzeit-Bias*), warum 5-Jahres-*Überlebensraten* im Zusammenhang mit Screening irreführend sind: Die Entdeckung von Pseudokrankheiten bläht die 5-Jahres-Überlebensrate auf.

Überlebensrate: Ein Maß für den Nutzen einer Behandlung: 5-Jahres-Überlebensrate = (Zahl der Patienten mit einer Krebsdiagnose, die fünf Jahre nach der Diagnose noch leben) / (Gesamtzahl der Patienten mit einer Krebsdiagnose). Im Kontext des Screenings sind Veränderungen der Überlebensraten irreführend, weil sie nichts über Veränderungen der Sterberaten aussagen. Die Gründe dafür sind *Vorlaufzeit-Bias* und *Überdiagnose*. Trotzdem werben viele Institutionen mit Überlebensraten für das Screening und täuschen die Öffentlichkeit auf diese Weise über seinen Nutzen.

Überzeugungsgrad: Eine der drei Interpretationen der Wahrscheinlichkeit (neben *relativen Häufigkeiten* und *Design*). Die Wahrscheinlichkeit eines Ereignisses gibt hier den Grad der subjektiven Überzeugung an, dass das Ereignis eintritt. Historisch gesehen stammt diese Interpretation aus dem Rechtswesen, wo man die Glaubwürdigkeit von Zeugen beurteilen musste. Der Grad der Überzeugung muss dabei den Wahrscheinlichkeitsgesetzen folgen (so müssen sich die einzelnen Wahrscheinlichkeiten etwa zu 1 addieren), das heißt, Überzeugungen müssen diesen Gesetzen folgen, um als subjektive Wahrscheinlichkeiten zu gelten.

Ungewissheit: Ungewissheit bedeutet, dass einige Risiken unbekannt sind. Die klassische Unterscheidung zwischen bekannten Risiken (»Risiko«) und unbekannten Risiken (»Ungewissheit«) stammt von dem Wirtschaftswissenschaftler Frank Knight. Ungewissheit in der hier zugrunde gelegten Definition meint mehr als unbekannte Wahrscheinlichkeiten (»Ambiguität«), sie kann auch bedeuten, dass nicht alle Alternativen und Konsequenzen bekannt sind. Ungewissheit verlangt Werkzeuge, die über die Wahrscheinlichkeitstheorie hinausgehen, zum Beispiel intelligente Faustregeln (*Heuristiken*). Optimierung (die Bestimmung der besten Vorgehensweise) ist in einer ungewissen Welt definitionsgemäß nicht möglich. Daher geht es darum, eine robuste Vorgehensweise zu finden, mit guten Chancen, sich in künftigen Welten zu bewähren.

Vorlaufzeit-Bias: Einer von zwei Gründen, warum *Überlebensraten* ein irreführendes Bild von den Vorteilen des Screenings vermitteln (der andere ist die *Überdiagnose*). Selbst wenn sich der Todeszeitpunkt aufgrund von Screening nicht ändert – das heißt, wenn kein Leben gerettet oder verlängert wird –, verlegt die Früherkennung den Zeitpunkt der Diagnose vor und führt auf diese Weise zu erhöhten Überlebensraten.

Wahrscheinlichkeit: Ein Maß, das die mit einem Ereignis verknüpfte Ungewissheit quantifiziert. Eine Wahrscheinlichkeit wird als Zahl zwischen 0 und 1 ausgedrückt. Wenn ein Ereignis A nicht eintreten kann, ist die Wahrscheinlichkeit p(A) gleich 0; ist der Eintritt des Ereignisses gewiss, ist p(A) gleich 1; alle anderen Werte für p(A) liegen zwischen 0 und 1. Bei einer Menge von Ereignissen, A und B, die sich gegenseitig ausschließen (disjunkt) und erschöpfend (vollständig) sind, addieren sich die Wahrscheinlichkeiten der einzelnen Ereignisse zu 1.

Weniger ist mehr: Das scheinbar paradoxe Phänomen, dass die Verwendung von weniger Information, weniger Berechnungen oder weniger Zeit zu besseren Urteilen führen kann. Allerdings heißt *Weniger ist mehr* nicht, dass keine Information am besten ist, sondern dass es einen Punkt gibt, an dem mehr Information (Rechnen) schadet, selbst wenn sie nichts kostet. Laut dem *Genauigkeit-Aufwand-Konflikt* sollte es keinen Weniger-ist-mehr-Effekt geben. Das trifft auf eine Welt bekannter Risiken zu, aber nicht auf eine Welt teilweise unbekannter Risiken. *Heuristiken* können zu *Weniger ist mehr* führen. Zur Frage, wann und warum dies geschieht, siehe *Bias-Varianz-Dilemma*.

Zahlenblindheit: Statistische Zahlenblindheit ist die Unfähigkeit, mit Zahlen zu denken, die Risiken darstellen. Wie Analphabetismus ist Zahlenblindheit heilbar. Sie ist nicht einfach ein geistiger Defekt im »Inneren« eines bedauernswerten Verstandes, sondern geht zurück auf mangelnde Bildung und irreführende Risikokommunikation. Zahlenblindheit (*Innumeracy* – »I«) ist Teil des SIC-Syndroms bei Ärzten, ein Schlüsselproblem der modernen Gesundheitsfürsorge. Siehe *SIC-Syndrom*.

Personenregister

Sachregister

Abbildungsnachweis

Seite 15, Abb. 1.1: Max-Planck-Institut für Bildungsforschung
Seite 21, Abb. 1.2: Gerd Gigerenzer
Seite 32, Abb. 2.1: Gerd Gigerenzer
Seite 36, Abb. 2.2: Bridgeman Art Library
Seite 38, Abb. 2.3: Max-Planck-Institut für Bildungsforschung
Seite 49, Abb. 2.4: Max-Planck-Institut für Bildungsforschung
Seite 53, Abb. 2.5: Gerd Gigerenzer
Seite 63, Abb. 3.1: Max-Planck-Institut für Bildungsforschung
Seite 65, Abb. 3.2: ©1995, Edward H. Adelson. These checkershadow images may be reproduced and distributed freely. http://web.mit.edu/persci/people/adelson/checkershadow_illusion.html
Seite 95, Abb. 4.1: Max-Planck-Institut für Bildungsforschung
Seite 119, Abb. 5.1: Gerd Gigerenzer
Seite 123, Abb. 5.2: Gerd Gigerenzer
S.134/135, Abb. 5.3: Max-Planck-Institut für Bildungsforschung
Seite 149, Abb. 6.1: Gerd Gigerenzer
Seite 155, Abb. 6.2: Gerd Gigerenzer
Seite 163, Abb. 6.3: Gerd Gigerenzer
Seite 165, Abb. 6.4: Gerd Gigerenzer
Seite 170, Abb. 7.1: Max-Planck-Institut für Bildungsforschung
Seite 172, Abb. 7.2: Max-Planck-Institut für Bildungsforschung
Seite 177, Abb. 7.3: Gerd Gigerenzer
Seite 181, Abb. 7.4: Max-Planck-Institut für Bildungsforschung
Seite 186, Abb. 7.5: Gerd Gigerenzer
Seite 200, Abb. 8.1: Gerd Gigerenzer
Seite 203, Abb. 8.2: Gerd Gigerenzer
Seite 215, Abb. 9.1: Gerd Gigerenzer
Seite 220, Abb. 9.2: Gerd Gigerenzer
Seite 221, Abb. 9.3: Gerd Gigerenzer
Seite 225, Abb. 9.4: Gerd Gigerenzer
Seite 237, Abb. 9.5: Gerd Gigerenzer
Seite 246, Abb.10.1: Gerd Gigerenzer
Seite 247, Abb.10.2: Gerd Gigerenzer
Seite 249, Abb.10.3: Gerd Gigerenzer
Seite 250, Abb.10.4: Harding Zentrum für Risikokompetenz. May be reproduced freely.

Seite 258, Abb.10.5: Gerd Gigerenzer

Seite 260, Abb.10.6: Aus dem Buch von G. Gigerenzer, W. Gaissmaier, E. Kurz-Milcke, L. M. Schwartz, S. W. Woloshin (2007): »Helping doctors and patients make sense of health statistics«. *Psychological Science in the Public Interest,* 8, S. 53–96 (erschienen 2008)

Seite 264, Abb.10.7: Harding Zentrum für Risikokompetenz. May be reproduced freely.

Seite 272, Abb.10.8: Gerd Gigerenzer

Seite 278, Abb.10.9: Aus dem Buch von G. Gigerenzer, W. Gaissmaier, E. Kurz-Milcke, L. M. Schwartz und S. W. Woloshin (2007): »Helping doctors and patients make sense of health statistics«. *Psychological Science in the Public Interest,* 8, S. 53–96 (erschienen 2008)

Seite 280, Abb.10.10: Gerd Gigerenzer

Seite 307, Abb.11.1: Max-Planck-Institut für Bildungsforschung

Seite 317, Abb.12.1: Max-Planck-Institut für Bildungsforschung

Seite 318, Abb.12.2: Gerd Gigerenzer

Welche Irrtümer und Ängste, Mythen und Traditionen den Blick auf die Zukunft verstellen

Wie kommt es, dass wir die Aussichten für die Zukunft meist eher negativ bewerten? Anhand vieler anschaulicher Beispiele zeigt der bekannte Zukunftsforscher und standhafte Optimist Matthias Horx, wie wir unsere Vorstellung der Zukunft und unsere Erwartungen in Kopf und Bauch zusammensetzen und von welchen scheinbar unerschütterlichen Glaubenssätzen, Denktraditionen und Gefühlen wir uns dabei leiten lassen. Aber es geht auch anders: Den Mythen der Zukunft stellt Horx die spannenden Erkenntnisse unterschiedlichster Forschungsrichtungen entgegen, die er zu einem neuen Bild der Zukunft zusammenfügt: ein Bild, das zu kluger Gelassenheit angesichts des unablässigen Wandels aufruft.

www.pantheon-verlag.de